KB092981

실전 예제로
기초부터 **탄탄히** 배우는

자바
프로그래밍

실전 예제로
기초부터 **탄탄히** 배우는

자바
프로그래밍

초판 인쇄일 2024년 3월 29일
초판 발행일 2024년 4월 5일

지은이 오정원
발행인 박정모
등록번호 제 9-295호
발행처 도서출판 혜지원
주소 (10881) 경기도 파주시 회동길 445-4(문발동 638) 302호
전화 031) 955-9221~5 **팩스** 031) 955-9220
홈페이지 www.hyejiwon.co.kr
인스타그램 @hyjiwonbooks

기획 김태호
진행 이찬희
표지 디자인 김보리
본문 디자인 조수안, 유니나
영업마케팅 김준범, 서지영
ISBN 979-11-6764-065-9
정가 31,000원

Copyright ⓒ 2024 by 오정원 All rights reserved.

No Part of this book may be reproduced or transmitted in any form, by any means
without the prior written permission on the publisher.

이 책은 저작권법에 의해 보호를 받는 저작물이므로 어떠한 형태의 무단 전재나 복제도 금합니다.
본문 중에 인용한 제품명은 각 개발사의 등록상표이며, 특허법과 저작권법 등에 의해 보호를 받고 있습니다.

실전 예제로
기초부터 탄탄히 배우는

자바
프로그래밍

오정원 지음

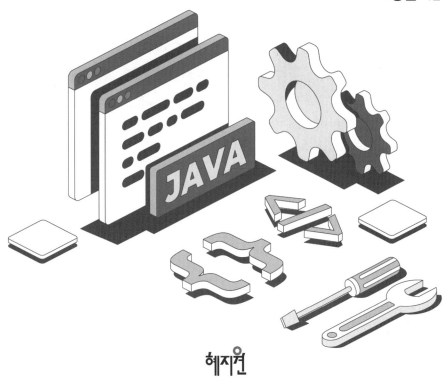

혜지원

머리말

자바 언어로 개발과 강의를 시작한 지가 벌써 20년 이상이 흘렀다. 자바 언어를
사용하면서 다른 언어도 접해 보았지만 자바 언어로 개발과 강의를 진행할 기회가
많아서 거의 대부분의 생활을 자바 언어와 동행했다.

지금 내가 가지고 있는 대부분은 자바 언어가 가져다 준 것이다. 자바 언어는 대표
적인 강점인 플랫폼 독립성과 풍부한 API로 거의 모든 시스템 개발에 적극 사용
되고 있다. 여기에 더해서 Java 9 버전 이전까지는 이전 API와의 호환성을 위해서
과거에 제공하던 모든 API 클래스들을 rt.jar 파일에 전부 묶어서 제공하여 런타
임 시 무거운 단점이 있었으나 Java 9에서는 API 자체를 모듈화하면서 런타임 환
경을 가볍게 만들었다. 따라서, 앞으로 이전보다 더 많은 디바이스에서 자바를 사
용할 것으로 예상된다.

자바 언어는 웹에 강한 언어로 발전해 왔지만, 현재에는 모바일, IoT, 빅 데이터
프로세싱 등 사용되지 않는 영역이 거의 없을 정도이다. 본 교재에서는 자바의 다
양한 프로그램 개발을 위한 자바의 기본 문법에 중점을 두어 설명한다. 모든 API
를 책 한 권에서 다룰 수는 없으므로 향후 각 분야별 전문 서적을 추가 공부하는
것도 좋은 방법이 될것이다.

본 교재는 자바 언어를 처음 접하는 학습자들에게 적합하도록 집필하였다. 언어는 처음에 접할 때는 이해가 잘 가지 않아도 반복해서 학습하면 이해가 가는 경우가 많다. 언어 공부는 정독보다는 다독이 중요하다는 것을 기억하고 독자들이 책을 여러 번 학습하여 이 책이 독자들이 만족할 만한 정도의 도움이 되기를 바란다.

끝으로 항상 바쁜 업무로 잘 챙겨 주지 못해도 항상 옆을 지켜주는 아내와 아들과 딸에게 감사의 마음을 전하며, 책이 무사히 출판되도록 아낌없이 지원해 준 혜지원 출판부에도 감사의 말을 전한다.

저자   오정원

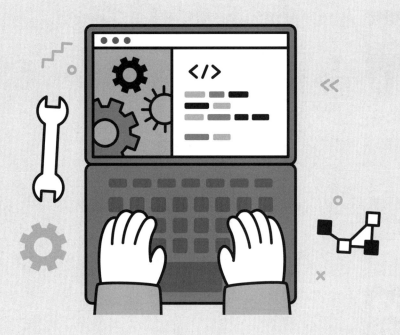

목차

자바의 개요 및 환경 설정

이 장에서는 자바의 역사 및 특징에 대해 살펴보고, 자바로 프로그래밍을 할 수 있는 개발 환경을 세팅한다. Java 8에서는 람다 표현식(Lambda Expression)이 추가되었고, 스트림 API(Stream API)가 지원되며, java.time 패키지가 추가되고 새로운 자바스크립트 엔진인 나즈 혼(Nashorn)을 사용하게 되었으나 나즈혼(Nashorn)은 Java 11에서 Deprecate된다. Java 9에서는 JDK를 모듈화하였고, 자바 애플리케이션의 모듈화를 지원한다. Java 11에서는 코어 에서 JavaFX, Applets, Web Start, Java EE와 CORBA Modules를 제거하였다.

자바의 탄생

자바는 미국의 Sun Microsystems사에서 개발한 대표적인 객체 지향 프로그래밍 언어이다. 처음에는 가전제품 탑재용으로 제임스 고슬링 등이 oak라는 언어로 개발을 시작하였으나, 당시 하드웨어적인 제반 환경이 마련되어 있지 않아서 프로젝트는 실패한다.

1995년 5월 Sun World에서 공식 발표

1996년 1월 JDK1.0 발표

1996년 2월 자바, JavaScript를 지원하는 Netscape 2.0 발표

1996년 8월 MS, 자바 지원하는 IE 3.0 발표

1996년 12월 시만텍, 최초의 비주얼 자바 툴인 비주얼 카페 발표

1997년 2월 SUN, JDK 1.1 정식 버전 릴리즈

1998년 2월 SUN, JFC 발표

1998년 12월 SUN, 자바 2 플랫폼 릴리즈

1999년 6월 SUN, JSP 발표

2000년 5월 HotSpot VM을 장착한 JDK 1.3 발표

2001년 5월 P2P 프로토콜 Jxta 1.0 발표

2001년 7월 JDK1.4 beta 버전 출시

2004년 10월 JDK 1.5 타이거 → j2se 5.0

2006년 12월 JDK 1.6 머스탱 → JDK 6.0

2009년 4월 썬 마이크로시스템즈가 오라클과 인수 합병

2011년 7월 Java SE 7 릴리즈

2014년 3월 Java SE 8 릴리즈

2017년 9월 Java SE 9 릴리즈

2018년 3월 Java SE 10 릴리즈

2018년 9월 Java SE 11 릴리즈

2023년 9월 JDK 21 릴리즈 - Squenced Collection, Virture Threads, Record Patterns, Pattern Matching for switch 기능 등 추가

2024년 3월 JDK 22 릴리즈

최근 자바 언어는 웹 프로그래밍을 위한 서버사이드 언어나 안드로이드에서 모바일 프로그래밍 개발 용도로 사용된다. 기업에서는 스프링 프레임워크나 전자 정부 프레임워크 지원으로 애플리케이션 개발의 대표적인 언어로 사용되고 있다. 또한 아파치 스파크나 하둡 등 빅 데이터 프로세싱 언어로도 폭넓게 사용되고 있다. 자바 언어를 학습할 때는 서버사이드 언어나 모바일 프로그래밍, 빅 데이터 프로세싱에 도움이 될 수 있도록 기본적인 문법을 정확히 이해하는 것이 중요하다.

02 자바의 특징

1 자바는 가장 대표적인 객체 지향 언어이다.

자바는 처음 개발할 때부터 객체 지향 언어로 개발하였기 때문에 객체 지향 개념을 가장 정확하게 적용하고 있는 언어라고 할 수 있다.

2 자바는 플랫폼에 독립적인 언어이다.

플랫폼에 상관하지 않고 한 번 작성되어 컴파일된 class 파일은 어떤 플랫폼에서도 동일하게 실행된다(Write Once Run Anywhere).

• 기존 언어들

다른 언어들은 각 운영체제에 맞게 프로그래밍을 진행해야 하며 해당 운영체제(플랫폼)에 맞게 컴파일하여 실행해야 한다. 즉, 동일한 프로그램이 있어도 운영체제에 따라(윈도우용, 리눅스용 등) 다르게 컴파일해야 한다.

• 자바 언어

자바로 프로그램을 작성하여 컴파일한 후 클래스(.class) 파일을 생성하고 각 운영체제에 JVM(Java Virtual Machine)을 설치한 후 클래스 파일을 실행하면, 각 운영체제에 설치된 JVM의 인터프리터가 중간 단계의 코드인 클래스 파일(.class)을 각 운영체제에 맞는 최종 파일로 생성해 준 뒤 프로그램이 실행된다.

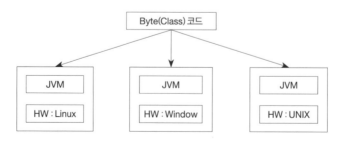

3 자바는 언어 차원에서 스레드를 지원해 준다.

자바는 API(Application Programming Interface)에서 스레드 기능을 지원하기 때문에 스레드를 사용한 프로그램 작성이 용이하다.

예를 들어, 채팅 프로그램을 구현할 때 채팅 클라이언트 역할을 하는 애플리케이션에서는 전송 명령을 요청했을 때 사용자가 입력한 메시지를 채팅 서버 애플리케이션으로 전송하는 작업과 다른 사용자가 전송한 메시지를 서버로부터 전송받아 애플리케이션 화면에 출력해 주는 작업을 동시에 처리해야 한다. 이런 경우 채팅 클라이언트 애플리케이션의 두 동작을 스레드로 처리하면 작업을 거의 동시에 실행하는 것처럼 효과적으로 처리할 수 있다.

또한 웹 프로그래밍에서 사용되는 서블릿의 경우에도 각 웹 클라이언트의 요청 하나하나를 스레드 단위로 처리해 주기 때문에 성능이 우수하며, 네트워크 프로그래밍에서도 스레드를 이용하여 다운로드 등을 처리하면 성능이 훨씬 좋아진다.

안드로이드 프로그래밍에서도 복잡하거나 시간이 많이 걸리는 작업을 별도의 스레드를 생성해서 처리하면 보다 효과적으로 작업을 수행할 수 있다.

4 프로그래머를 위한 언어이다.

C와 같은 포인터 개념이 없어서 메모리를 직접 제어하지 않고 JVM을 통해서 메모리를 관리한다. 또한 객체 지향 언어 자체가 현실 세계에서 벌어지는 일들을 추상화시킨 언어이므로, 개념상으로도 현실 세계와 유사하여 학습하기가 쉽다. 객체 생성 또한 객체의 생성자는 있어도 소멸자는 존재하지 않고, 더 이상 사용이 되지 않는 객체가 존재하면 GC(Garbage Collector)가 자동으로 소멸시켜 준다.

5 인터프리터에 의해 실행된다.

자바 언어는 소스 코드를 작성하고 컴파일 시 중간 코드인 바이트 코드(byte code = class 파일)가 생성되며, 생성된 바이트 코드를 각 플랫폼에 설치된 JVM에서 인터프리터가 해당 플랫폼에 적합한 코드로 변환하여 실행한다. 따라서, 한 번 작성되어 컴파일된 class 파일은 플랫폼을 가리지 않고 동일하게 실행될 수 있다.

6 보안이 강한 언어이다.

자바는 네트워크 프로그래밍 시 허가가 없으면 외부에서 애플리케이션 구조나 데이터에 접근하지 못하게 할 수 있다.

7 **RTTI(Run Time Type Information)를 지원한다.**

RTTI는 다형성에 나오는 개념으로, 간단하게 설명하면 호출하는 메소드를 run time 시에 결정한다는 것이다. 이 개념이 적용되기 때문에 뒷부분에서 학습하게 될 다형성 기능을 사용할 수 있다.

8 **분산환경에 적합하다.**

자바는 원래 네트워크 프로그래밍 용도로 개발되었기 때문에 이를 위한 다양한 API들이 제공되고, 분산 환경 프로그래밍에 적합한 언어이다.

9 **견고한 구조를 가진다.**

엄격한 타입 채킹을 지원하며, 프로그램 실행 시에도 에러를 처리한다.

10 **동적이다.**

프로그래밍 실행 시에 필요한 라이브러리들을 연결하는 기능을 제공한다.

JDK (Java Development Kit)의 종류

JDK란 자바 개발을 위한 도구들의 모음이다. 개발을 위한 API, 도큐먼트, 컴파일러, 실행 도구 및 배포 도구 등을 포함한다.

1 Java SE

자바로 프로그래밍을 할 때 가장 기본적이고 핵심적인 패키지들이 포함되어 있다. 웹 프로그래밍이나 모바일 프로그래밍을 할 때 기본적으로 사용되는 부분이다. Java SE만을 이용하여 데스크탑에서 실행할 수 있는 애플리케이션 개발이 가능하다. 그러나 최근에는 인터넷이 연결되지 않은 프로그램이나 모바일용이 아닌 프로그래밍은 자바로 거의 개발하지 않는 추세이다.

2 Java EE

웹 애플리케이션에서 서버 측 프로그램을 위한 다양한 API가 지원된다. 미들웨어 서버(WAS)에서 제공하는 각종 기능에 대한 라이브러리를 제공하고, 엔터프라이즈 웹 애플리케이션을 개발하기 위한 완벽한 API를 제공한다.

3 Java ME

스마트폰이나 모바일 기기 등 소형 기기를 지원하기 위한 자바 플랫폼이다. IoT(Internet of Things) 애플리케이션의 모바일이나 디바이스에 주로 사용된다.

04 개발 환경 설정

1 JDK(Java Development Kit) 설치하기

자바로 프로그램을 개발하려면 자바 컴파일러 등 자바 프로그램 개발에 필요한 통합 개발 도구와 실행 환경을 제공해 주는 JDK를 설치해야 한다. 이 책에서는 윈도우 11 환경에서 JDK를 설치하도록 하겠다.

01 드라이브에 작업 디렉터리인 javaStudy 디렉터리를 생성한다. 앞으로 책에서 작업하는 모든 파일은 javaStudy 디렉터리에 저장한다.

02 https://www.oracle.com/kr/java/technologies/downloads/ 사이트에 접속한다.

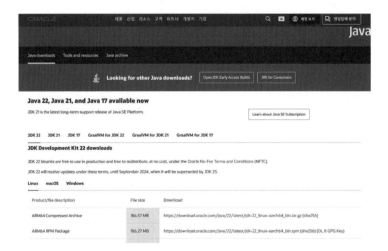

03 아래 화면 그림에서 JDK 21, Windows를 차례대로 클릭한 후 박스로 표시되어 있는 "https://download.oracle.com/java/21/latest/jdk-21_windows-x64_bin.exe (sha256)" 를 클릭하여 다운로드한다.

04 아래 화면 그림에서 "jdk-21_windows-x64_bin.exe"를 더블클릭하여 JDK 설치를 시작한다.

05 실행 파일을 더블 클릭하여 JDK 설치를 시작한다. 아래 그림에서 Next 버튼을 클릭한다.

06 JDK 설치 경로를 선택하는 화면이다. 원하는 경로에 JDK를 설치하기 위해서 Change 버튼을 클릭한다.

07 JDK 설치 경로를 "C:\javaStudy\Java\jdk-21\"로 지정 또는 입력하고 "OK" 버튼을 누른다.

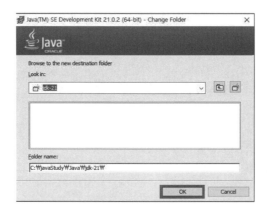

08 Next 버튼을 클릭해서 JDK 설치를 진행한다.

09 그림과 같이 출력되면 JDK 설치가 완료된 것이다. Close 버튼을 클릭하여 설치를 마무리한다.

2 환경 변수 설정하기

JDK를 설치하였으면 JDK에서 제공하는 자바 개발 및 실행에 필요한 파일들을 어느 위치에서나 실행할 수 있도록 환경 변수를 설정해 주어야 한다. JDK에서 제공하는 실행 환경과 실행 도구들은 bin 디렉터리에 제공되기 때문에 bin 디렉터리까지를 PATH 환경 변수로 설정해 주어야 한다.

01 아래 화면에서 주소 표시줄을 마우스로 클릭한 후 "C:\javaStudy\Java\jdk-21\bin" 경로를 복사한다.

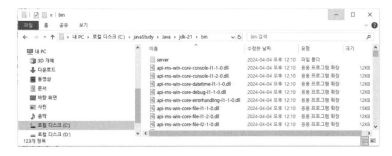

02 아래 화면 그림과 같이 검색 창에 시스템을 입력하고 박스로 표시된 시스템을 클릭한다.

03 정보 메뉴를 클릭한다.

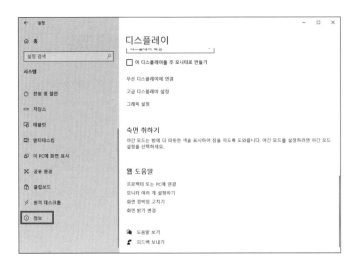

04 관련 설정 아래에 있는 고급 시스템 설정을 클릭한다.

05 고급 탭에서 환경 변수 버튼을 클릭한다.

06 Path 환경 변수를 선택한 후 편집 버튼을 클릭한다.

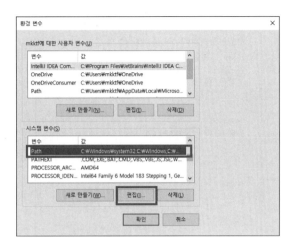

07 "새로 만들기" 버튼을 클릭한 후 "C:\javaStudy\Java\jdk-21\bin" 경로를 입력한 후 "확인" 버튼을 클릭한다.

08 확인 버튼을 클릭한다.

09 확인 버튼을 클릭한다.

10 윈도우 키 + R 을 눌러 실행 창을 연후 CMD 명령을 입력하고 엔터 키를 입력한다.

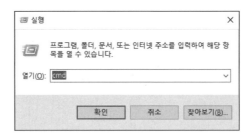

11 명령 창에서 java - version 명령을 실행하여 설치된 자바 버전을 확인한다. 시스템에 설치된 자바 버전이 출력되면 JDK가 제대로 설치된 것이다.

```
Microsoft Windows [Version 10.0.19045.4170]
(c) Microsoft Corporation. All rights reserved.

C:\Users\User>java -version
java version "21.0.2" 2024-01-16 LTS
Java(TM) SE Runtime Environment (build 21.0.2+13-LTS-58)
Java HotSpot(TM) 64-Bit Server VM (build 21.0.2+13-LTS-58, mixed mode, sharing)

C:\Users\User>
```

12 명령 창에서 exit를 실행하여 명령 창을 종료한다.

3 이클립스 설치하기

이클립스는 자바로 애플리케이션을 개발할 때 가장 널리 사용되는 IDE 툴이다.

01 http://www.eclipse.org 사이트로 접속한 후 Download 버튼을 클릭한다.

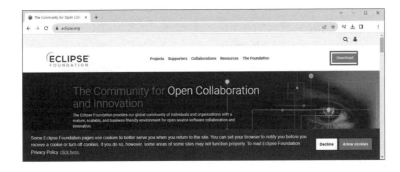

02 자신의 시스템 사양에 적합하고 용도에 맞는 이클립스 버전을 선택하기 위해서 Download Packages를 클릭한다.

03 원하는 이클립스 버전 선택 시 대부분의 기능을 모두 사용할 수 있는 Eclipse IDE for Java Developers에서 사용 시스템의 사양에 맞는 종류를 클릭한다.

04 Download 버튼을 클릭해 다운로드를 진행한다.

05 다운로드한 압축 파일을 C:\javaStudy 경로에 넣고 압축을 해제한다. eclipse.exe 파일의 바로가기 아이콘을 바탕화면에 생성한다.

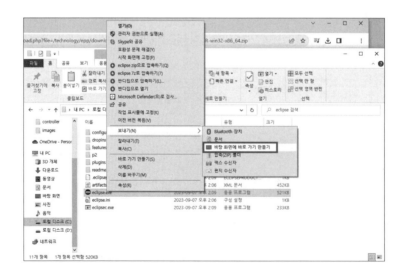

06 바로가기 아이콘의 이름을 JavaStudy로 변경한다.

07 바로가기 아이콘을 더블 클릭하여 실행한 후 WorkSpace 디렉터리를 다음과 같이 설정한 후 Launch 버튼을 클릭하여 실행한다.

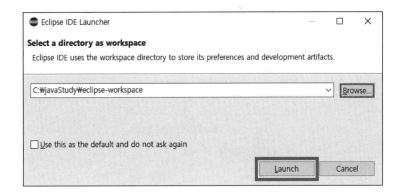

08 Welcome 화면이 출력되면 X 버튼을 클릭하여 Welcome 화면을 닫는다.

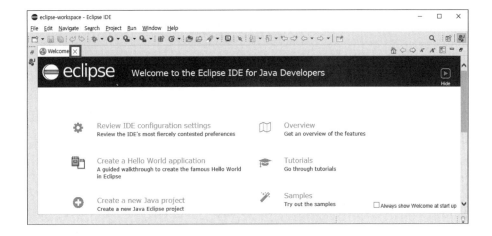

09 화면 오른쪽 상단의 New 아이콘()을 클릭하여 Open Perspective 화면을 연다.

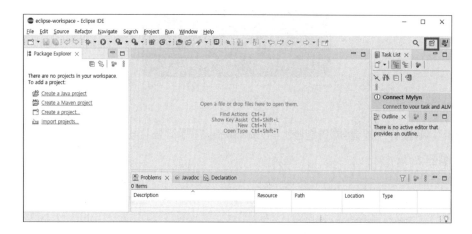

10 팝업 창에서 Java(default)를 선택한 후 Open 버튼을 클릭한다.

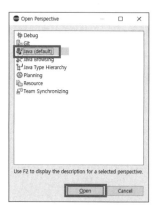

11 하단 Package Explorer에서 Create a Java Project를 선택한다.

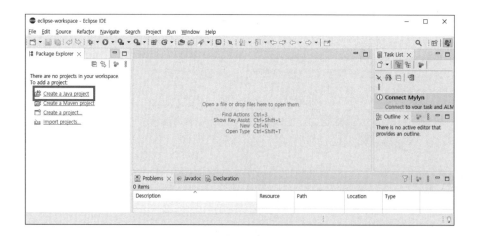

12 Project name을 HelloTest로 설정한 후 Finish 버튼을 클릭한다. 만약 Use default location이 체크되어 있지 않을 경우 체크하면 된다.

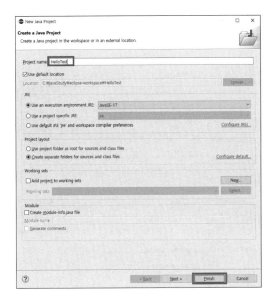

13 src 디렉터리에 우클릭 후 New → Class 메뉴를 선택한다.

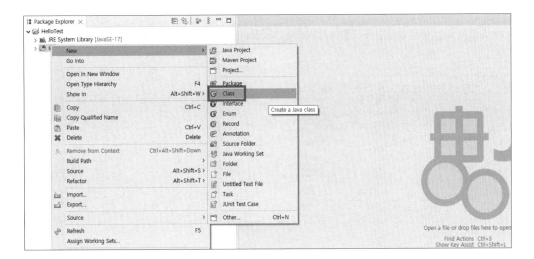

14 Name을 Hello로 지정한 후 하단의 public static void main 체크 박스를 체크하고 Finish 버튼을 클릭한다. 이는 Hello.java 파일을 만들고 그 안에서 main 메소드를 자동으로 생성한다는 의미이다. main 메소드에 대해서는 다음 장에서 설명하고, 지금은 해당 자바 프로그램이 실행되기 위해서는 반드시 존재해야 하는 것으로만 이해하고 넘어가자.

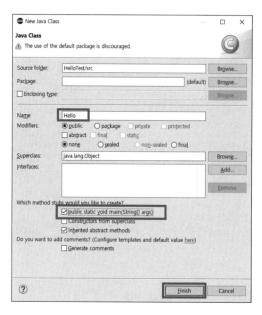

15 Hello.java 파일 생성 후 글꼴을 조절하기 위해서 Window → Preference 메뉴를 클릭한다.

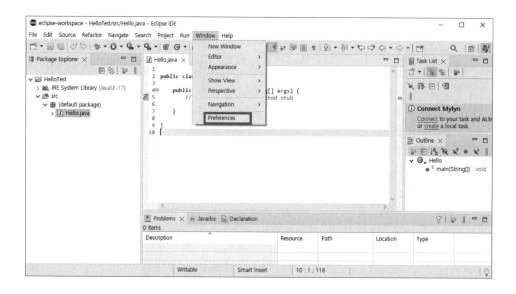

16 General → Appearance → Colors and Fonts 메뉴를 클릭한다.

17 하단 그림에서 Text Font 메뉴를 더블 클릭한다. 폰트를 설정한 후 Apply and Close 버튼을 클릭한다.

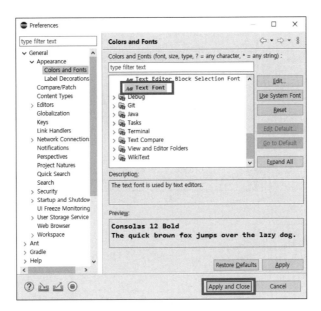

18 Hello.java를 더블 클릭하면 해당 파일이 열린다.

지금은 코드 내용을 자세히 이해하지 못해도 상관없다. Eclipse 사용법만 익힌다고 생각하자.

19 코드 상의 라인 번호가 출력되지 않을 경우, 코드의 좌측 경계 왼쪽 부분을 클릭하면 다음과 같은 팝업 창이 출력된다. 팝업 창에서 Show Line Numbers를 체크하여 코드 상의 라인 번호를 표시할 수 있다.

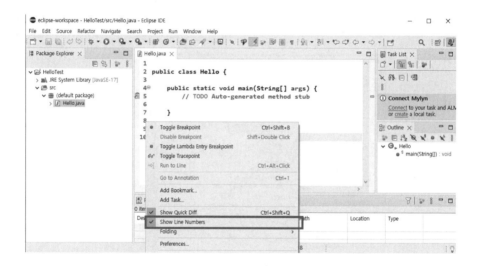

20 해당 프로그램을 실행하기 위해서 Hello.java 소스 파일에서 우측 버튼을 클릭한 후 Run As → Java Application 메뉴를 클릭한다.

21 이클립스 툴에 의해 java 파일이 자동으로 컴파일되어 실행되는 것을 확인할 수 있다.

22 자바 프로그램을 단축키로 실행할 때는 Alt + Shift + x를 누른 후 j를 누르면 된다.

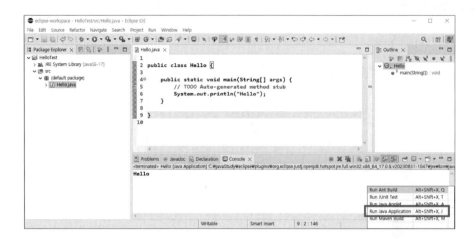

23 자바 프로그램을 조금 더 쉽게 실행하려면 이클립스 상단의 도구 바의 ▶를 클릭하면 된다.

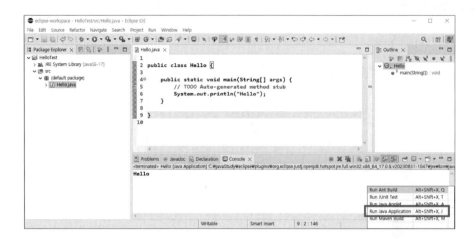

자바의 기본 문법 - 1

이 장에서는 자바 프로그램이 작성되고 실행되는 단계를 학습하고 기본적인 자바 코드의 구조를 살펴본다. 또한 우리가 현실 세계에서도 사람과 대화를 할 때 각 언어의 문법에 맞게 대화를 해야 하듯이 자바 언어로 컴퓨터에 명령을 지시할 때도 올바르게 명령할 수 있도록 식별자, 자바 주석, 변수 선언, 데이터 타입, 형 변환, 연산자 등의 자바 기본 문법을 학습한다.

01 자바 프로그램의 실행 단계

자바 프로그램은 편집기에 소스 코드를 작성한 후 일반 문자로 작성된 코드를 컴퓨터가 알 수 있는 형태로 변경하는 컴파일 단계를 거쳐서 최종 실행된다.

1 소스 코드 작성

편집기에 자바 코드를 작성한 후 파일의 확장자를 *.java로 저장한다. 편집기는 유니코드만 지원하면 어떤 편집기도 가능하다.

2 소스 코드 컴파일

소스코드 컴파일 단계에서는 javac.exe 컴파일러를 실행해서 소스 코드를 컴파일 한다. 이 단계에서는 사람이 알아볼 수 있는 문자 형태를 컴퓨터가 알 수 있는 형태로 변환한다. 컴파일을 실행하는 명령은 아래와 같다.

```
>javac HelloTest.java
```

위 명령을 cmd 창에서 실행하면 Byte Code 형태인 HelloTest.class 파일이 생성된다.

3 실행 단계

컴파일을 통해서 생성된 class 파일을 java.exe 실행파일을 이용해서 실행한다. 클래스 파일명에서 확장자는 생략한다. 아래 명령을 실행하면 각 플랫폼에 설치되어 있는 JVM에서 실행한다.

```
>java HelloTest
```

클래스 파일을 JVM에서 실행하면 다음의 단계를 거치면서 자바 프로그램이 실행된다.

```
Class File Loader → Verifier → Interpreter → Runtime
```

즉, 클래스를 로딩하고 클래스 파일이 유효한지를 체크하고 인터프리터가 바이트 코드를 해당 플랫폼에서 실행할 수 있도록 변환한 뒤 실행한다.

4 예제 작성

C:\javaStudy\eclipse-workspace에 예제 자바 파일을 하나 작성해서 테스트해 보겠다.

01 메모장(notepad)을 실행한 후 다음과 같이 작성한다.

02 eclipse-workspace 디렉터리에 확장자를 .java로 저장한다.

저장하는 자바 소스 파일명은 위에서 작성한 자바 코드의 클래스명(class 예약어 뒤에 나온 이름)과 같아야 한다.

03 HelloTest.java 파일을 저장한다.

04 윈도우 키+ R을 눌러 실행 창을 연 후 CMD 명령을 입력하고 엔터 키를 입력한다.

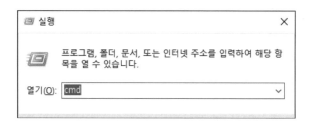

05 명령 창에서 cd C:\javaStudy\eclipse-workspace를 입력하고, javac HelloTest.java 명령으로 소스 코드를 컴파일한 후 java HelloTest 명령으로 자바 프로그램을 실행한다.

Hello라는 문자열이 출력되면 프로그램이 잘 실행된 것이다.

5 **예제 코드로 작성한 HelloTest.java 코드를 분석하여 자바 코드가 어떻게 구성되는지 살펴보자.**

➡ Chapter1₩HelloTest₩src₩Hello.java

```
1    class HelloTest{
2        public static void main(String args[]){
3                System.out.println("Hello");
4        }
5    }
```

🖥 코드 분석

1	이 부분은 클래스 이름을 정의하는 부분이다. 자바 프로그램의 최소 단위는 클래스로 이루어진다. class 예약어 뒤에 클래스 명을 지정하고, 클래스 영역은 "{ }" 로 묶어 주어야 한다. 예약어란 프로그램에서 이미 특정한 기능을 하는 쓰임이 정해진 단어를 의미한다.
2	main 메소드를 정의하는 부분이다. 메소드라는 이름이 생소하겠지만, 특정 기능을 수행하는 단위로 이해하면 된다. C 프로그램에서 함수에 해당한다. main 메소드는 JVM 이 해당 프로그램을 실행할 때 가장 먼저 호출하는 메소드이다. 따라서, HelloTest 프로그램을 실행하면 프로그램이 main 메소드 블록({ }) 부분부터 실행되게 된다. main 메소드의 형태는 "public static void main(String args[ ])" 라고 이미 정해져 있으므로 함부로 변경할 수 없다. 즉, 이 메소드에서 public이나 void 등 일부 예약어를 제거하거나 변경하면 main 메소드가 JVM에서 제대로 호출되지 못한다. JVM이 이미 해당 형태로 되어 있는 메소드를 호출하게 프로그램되어 있기 때문이다. main 메소드에서 유일하게 변경될 수 있는 부분은 (String[ ] args)에서 args라는 변수명뿐이다. args는 단순한 변수명이므로 a나 b 등 다른 이름으로 사용해도 상관없다. 또한, "[ ]" 문자는 자바에서 배열을 의미하는데, 배열을 학습할 때 배우겠지만 "[ ]"문자는 배열 변수명 앞에 와도 되고 뒤에 와도 된다. 따라서 상단 코드에서 String[ ] args 를 String args[ ]로 변경하는 것도 가능하다. 배열은 아직 학습하지 않았으므로 이 정도로 알고 넘어가자.
3	System.out.println("Hello") 이 부분이 Hello 문자열을 출력하는 부분이다.

참고해요 - System 클래스란?

System이라는 클래스는 어디서 가져와서 기능을 사용한 것일까? 바로 자바에서 제공하는 API에서 기능을 가져다 사용한 것이다.

자바에서 제공되는 API 라이브러리들은 JDK 8 버전까지는 자바 프로그래밍을 할 때 필요한 기능을 가져다 사용할 수 있도록 jdk\jre\lib 디렉터리에 rt.jar라는 압축 파일에 압축되어 제공된다.

rt.jar 파일을 압축 프로그램을 이용해서 열어 보면 디렉터리별로 자바 프로그래밍을 할 때 사용할 수 있는 API 라이브러리들이 제공되는 것을 확인할 수 있다.

Java\lang 디렉터리 안에 HelloTest.java 파일에서 가져다 사용한 System.class 파일이 존재하는 것을 확인할 수 있다.

상단과 같이 JDK 8 버전까지는 자바의 하위 호환성을 위해서 지금까지 자바에서 제공하던 모든 API를 rt.jar 파일에 묶어서 제공했기 때문에 사용하지 않는 라이브러리도 무조건 자바 실행 환경에 포함되어야 했다. 따라서, 자바 실행 환경은 무거워질 수밖에 없었다. 따라서, JDK 9부터는 이런 단점을 보완하기 위해서 JDK를 모듈화하였다.

또한 API 라이브러리에 대한 설명을 보여주고 있는 문서를 자바에서 제공해 준다. 우선 http://www.oracle.com/technetwork/java/index.html 사이트로 접속한다. 아래 그림의 좌측 하단 부분에서 Essential Links 아래 Java APIs 링크를 클릭한다.

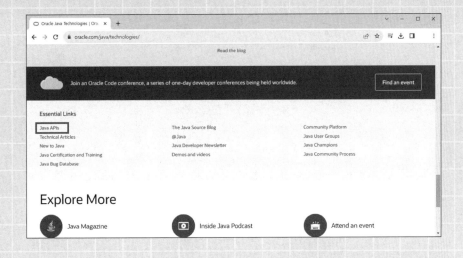

아래 그림에서 Java SE Technical Documentation 링크를 클릭한다.

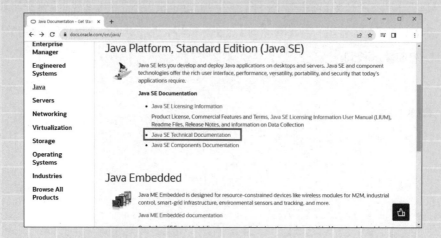

Other releases 링크를 클릭한다.

JDK 9 링크를 클릭한다.

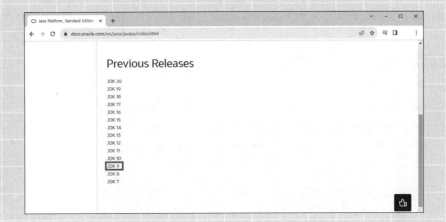

API Documentation 메뉴를 클릭한다.

그림과 같이 JDK 9부터는 JDK 모듈화를 제공하는 것을 확인할 수 있다.

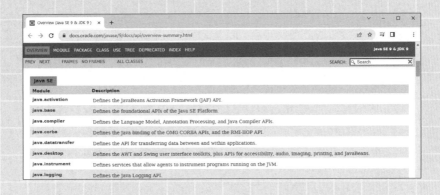

상단 메뉴 바에서 FRAMES 링크를 클릭한다.

Modules에서 java.base 모듈을 클릭한다.

java.base 모듈에 속하는 패키지 목록이 출력된다. 하단 패키지 목록 중에서 java.lang 패키지를 클릭한다. Java.lang 패키지에는 자바 프로그램 개발 시 가장 코어가 되는 클래스들이 속해 있다.

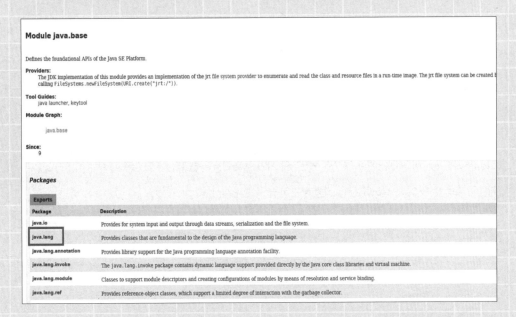

java.lang 패키지의 Class Summary 영역에서 HelloTest.java에서 사용한 System 클래스를 확인할 수 있다.

SecurityManager	The security manager is a class that allows applications to implement a security policy.
StackTraceElement	The Short class wraps a value of primitive type short in an object.
StackTraceElement	An element in a stack trace, as returned by **Throwable.getStackTrace()**.
StackWalker	A stack walker.
StrictMath	The class StrictMath contains methods for performing basic numeric operations such as the elementary
String	The String class represents character strings.
StringBuffer	A thread-safe, mutable sequence of characters.
StringBuilder	A mutable sequence of characters.
System	The System class contains several useful class fields and methods.
System.LoggerFinder	The LoggerFinder service is responsible for creating, managing, and configuring loggers to the underlyi
Thread	A *thread* is a thread of execution in a program.
ThreadGroup	A thread group represents a set of threads.
ThreadLocal<T>	This class provides thread-local variables.

System을 클릭하면 하단과 같은 화면이 출력된다.

Field Summary

Fields		
Modifier and Type	**Field**	**Description**
static `PrintStream`	`err`	The "standard" error output stream.
static `InputStream`	`in`	The "standard" input stream.
static `PrintStream`	`out`	The "standard" output stream.

이 부분에 System 클래스에 속해 있는 필드 세 개가 출력되는데 그중 out 필드를 클릭하면 아래와 같은 화면이 출력되면서 out 필드에 관한 설명 부분이 출력된다.

---

out

`public static final PrintStream out`

The "standard" output stream. This stream is already open and ready to accept output data. Typically this stream corresponds to display output or another output destination specified by the h or user.

For simple stand-alone Java applications, a typical way to write a line of output data is:

```
System.out.println(data)
```

See the `println` methods in class `PrintStream`.

See Also:
`PrintStream.println()`, `PrintStream.println(boolean)`, `PrintStream.println(char)`, `PrintStream.println(char[])`, `PrintStream.println(double)`, `PrintStream.println(float)`, `PrintStream.println(int)`, `PrintStream.println(long)`, `PrintStream.println(java.lang.Object)`, `PrintStream.println(java.lang.String)`

HelloTest.java 프로그램에서는 상단에서 제시된 out 필드에서 제공되는 메소드 중 PrintStream. println(java.lang.String) 메소드의 기능을 사용해서 "Hello" 문자열을 출력한 것이다.

PrintStream는 출력 스트림이다. 아직 잘 이해가 가지 않겠지만 출력 스트림은 내용을 출력하는 기능을 하는 클래스이다.

out 필드는 출력 스트림 중 하나로 데이터를 콘솔에 출력하는 기능을 하는 객체이다.

자바 코딩을 할 때는 상단에서 소개한 API 문서를 참조해서 코딩하는 습관을 들이는 것이 중요하다. 모든 API를 외워서 코딩하는 것은 불가능하기 때문이다.

식별자

1 식별자란?

식별자란 프로그램 구성 단위들의 이름이다. 일상 생활에서도 사람에게 이름을 부여하여 구분하듯이 프로그램 단위들도 이름으로 구분된다. 식별자란 자바 코드에서 사용되는 변수, 메소드, 클래스, 배열 등의 이름이다.

- **식별자를 정의하는 규칙 – Identifier 규칙**

  A~Z, a~z, _, $ 문자를 사용할 수 있지만, 대소문자를 구분한다.

  숫자는 두 번째 문자부터 나올 수 있다.

  예약어는 식별자로 사용할 수 없다.

2 자바의 예약어

예약어는 자바에서 이미 쓰임이 정해져 있는 단위의 이름이다. 모두 외울 필요는 없으며, 외울 수도 없다. 대략 어떤 것들이 있는지 살펴보겠다.

```
abstract, boolean, break, byte, case, catch, char, class, const, continue,
default, do, double, else, extends, false, finally, float, for, goto,
if, implements, import, instanceof, int, interface, long, native, new,
null, package, private, protected, public, return, short, static, super,
synchronized, switch, this, throw, throws, transient, true, try, void,
volatile, while
```

3 자바 식별자의 이름을 주는 관습

이 부분에서 설명하는 Naming Convention은 지키지 않아도 컴파일 오류는 발생하지 않지만, 코딩 관습상 지키는 것을 권장하는 규칙들이다.

클래스	클래스는 첫 문자를 대문자로 시작한다. 두 단어가 합쳐질 경우에는 두 번째 단어의 첫 문자는 대문자로 작성한다. `HelloTest`

메소드	소문자로 시작하는 동사로 작성한다. 두 단어가 합쳐질 경우에는 두 번째 단어의 첫 문자를 대문자로 작성한다.
	
	`run()`
	
	`getAge()`

변수	소문자로 시작하는 명사로 작성한다. 두 단어가 합쳐질 때는 두 번째 단어의 첫 문자를 대문자로 작성한다.
	
	`int age;`
	
	`int maxCount;`

상수	모든 문자를 대문자로 작성한다. 두 단어가 합쳐질 경우에는 두 단어 사이에 "_" 문자를 사용한다.
	
	`int ANGLE=30;`
	
	`int MAX_ANGLE = 100;`

03 자바 주석

1 주석의 의미

주석이란 컴파일되지 않는 부분을 정의하는 부분이다. 주로 코드에 대한 설명을 추가할 때 사용된다.
자바에서는 다음과 같은 형태로 주석을 처리한다.

주석 표시	기능
//	한 줄 주석
/* */	여러 줄 주석
/** */	여러 줄 주석. 자바 도큐먼트를 생성할 때 주로 사용됨.

2 주석을 적용한 예제

→ Chapter2₩src₩CommentTest1.java

```
1    public class CommentTest1 {
2        /**
3         * 작성자 : 오정원
4         * 작성일 : 2019.2.10
5         */
6        public static void main(String[] args) {
7            // 한 줄 주석
8            System.out.println("한 줄 주석");
9            /* 여러 줄 주석
10            여러 줄 주석
11           */
12           System.out.println("여러 줄 주석");
13       }
14   }
```

코드 분석

2~5	여러 줄 주석(블록 주석)을 처리한 부분이다. 일반적으로 코드 상단에 코드 작성자, 코드 작성일, 코드 버전 등을 주석으로 표시한다.

7	한 줄 주석을 처리한 부분이다. 이클립스에서는 단축키로 "Ctrl + 7"을 입력하면 토글 주석으로 처리할 수 있다. "Ctrl + 7"을 한 번 입력하면 한 줄 주석이 처리되고, 주석 처리된 라인에서 다시 "Ctrl + 7"을 입력하면 주석이 해제된다.
9~11	여러 줄 주석을 처리한 부분이다. 이클립스에서는 주석 처리할 부분을 드래그해서 블록을 잡고 "Ctrl + Shift + /"를 입력하면 해당 블록이 주석으로 처리된다. 해당 블록의 주석을 해제하려면 "Ctrl + Shift + \"를 입력하면 된다.

 실행결과

```
한 줄 주석
여러 줄 주석
```

실행 결과를 보면 알 수 있듯이 주석 처리된 부분은 컴파일이 되지 않기 때문에 결과로 출력되지 않는 것을 확인할 수 있다.

➡ Chapter2₩src₩CommentTest2.java

```java
1    /**
2     *
3     * <font color="green" size="7">
4     * This is a document comment test;
5     * </font>
6     *
7     */
8    public class CommentTest2 {
9        int age;
10       String name;
11
12       /**
13        * Gets the age.
14        *
15        * @return The age.
16        */
17       public int getAge() {
18           return age;
19       }
20
21       /**
22        * Sets the age.
23        *
24    * @param age The age to set.
```

```
25              */
26      public void setAge(int age) {
27          this.age = age;
28      }
29
30      /**
31       * Gets the name.
32       *
33       * @return The name.
34       */
35      public String getName() {
36          return name;
37      }
38
39      /**
40       * Sets the name.
41       *
42       * @param name The name to set.
43       */
44      public void setName(String name) {
45          this.name = name;
46      }
48  }
```

코드 분석

1~7	해당 클래스에 대한 자바 document를 생성할 때 html로 해당 클래스의 설명을 표시해 주는 주석 부분이다. 이 부분은 document에서 html 영역으로 인식된다
8~46	자바 document에 설명이 생성되게 할 메소드를 정의한 영역이다. 지금은 이 메소드 부분을 완벽히 이해하려 하지 말고 document 주석을 사용하는 방법만 익히도록 한다.

CMD 화면을 실행한 후 자바 document를 생성하기 위해 CommentTest2.java 파일을 C:\javaStudy\eclipse-workspace에 복사한다.

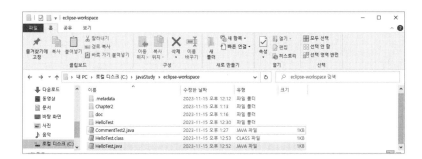

CMD 창에서 아래와 같이 javadoc 명령을 실행하여 자바 도큐먼트를 생성한다.

```
> javadoc -d doc CommentTest2.java 명령을 실행한다.
```

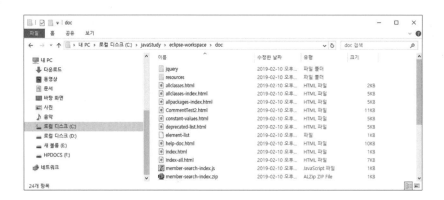

위 명령을 실행하면 C:\javaStudy\eclipse-workspace\doc 디렉터리 안에 해당 클래스의 도큐먼트가 생성된다.

상단의 doc 디렉터리에서 index.html을 실행한다.

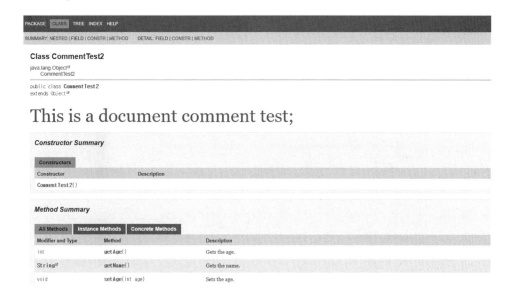

위 그림처럼 document 주석 부분이 초록색 문자로 "This is a document comment test"라고 출력되는 것을 확인할 수 있다.

이클립스에서는 자바 도큐먼트를 생성하는 툴을 제공한다. 이클립스에서 Project → Generate Javadoc 메뉴를 클릭한다.

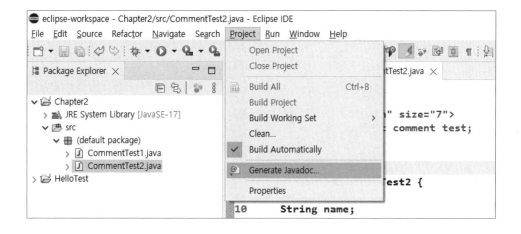

위 그림과 같이 Generate Javadoc 메뉴를 실행하면 옵션을 선택하는 화면이 출력된다.

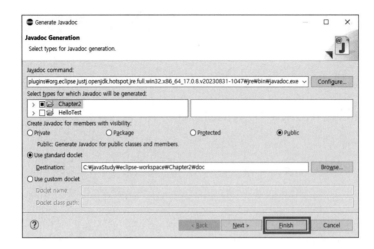

상단 그림에서 Finish 버튼을 클릭하면 도큐먼트를 생성할 폴더를 물어본다. 폴더를 선택하고 Yes To All 버튼을 클릭한다.

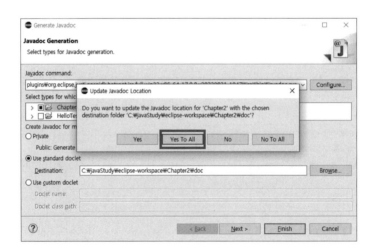

아래 그림과 같이 doc 폴더가 생성된 것을 확인할 수 있다.

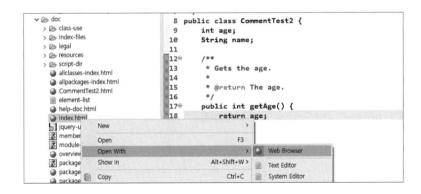

아래 그림과 같이 index.html 파일을 우클릭한 후 Open With → Web Browser 메뉴를 클릭한다.

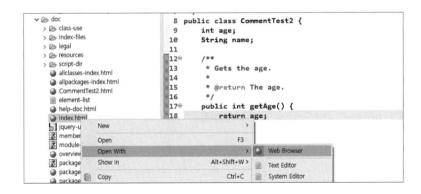

아래 그림과 같이 index.html 파일이 브라우저에서 실행된다.

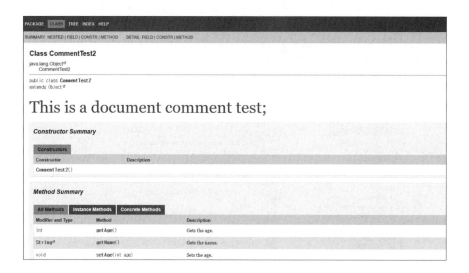

실전 예제로 기초부터 탄탄히 배우는 자바 프로그래밍

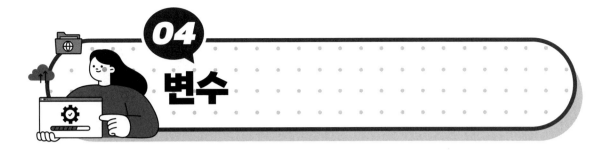

1 변수란?

변수란 특정 타입의 데이터를 메모리상에 담을 수 있는 영역을 의미한다. 4바이트 정수 값을 a라는 이름의 변수에 저장하려면 아래 명령을 실행해야 한다.

```
int a = 1;
```

박스에 있는 명령이 실행되면 a 변수 영역에 1값이 저장된다.

만약 3 + a라는 명령을 실행하면 메모리에 저장되어 있는 a 영역의 값 1을 가져와서 3과 더해 주는 연산을 수행한다. 이렇게 프로그램상에서 작업할 때 특정 값을 메모리에 저장해 두고 사용하는 기능을 하는 것이 변수이다.

변수 선언

프로그램에서 변수를 사용하려면 변수를 선언해야 한다. 동일한 프로그램 내에서 변수의 이름은 유일해야 한다. 자바 언어에서 변수를 선언하는 형태는 아래와 같다.

```
데이터 타입 변수명;
int age;
```

동일한 데이터 타입의 변수는 동시에 여러 개를 선언할 수 있다.

```
데이터 타입 변수1, 변수2,….
Int x, y;
```

변수에 값 할당

```
변수명 = 값
age = 10;
```

동일한 데이터 타입의 변수는 동시에 여러 개를 초기화할 수 있다.

```
int x = 10, y = 20;
```

상단에서 살펴본 것처럼 자바의 모든 명령 문장의 마지막에는 ";"을 입력해 주어야 한다. 명령 문장 마지막에 ";"이 입력되지 않으면 명령문이 종료되었다고 판단하지 않는다.

2 데이터 타입

프로그래밍에서 값을 메모리에 할당할 때 변수 영역이 메모리를 무한대로 사용하게 할 수는 없다. 2바이트 크기의 데이터를 저장하기 위해서 굳이 4바이트의 변수 영역을 할당받을 필요는 없는 것이다. 자바에서 변수를 사용할 때 적당한 크기와 적당한 데이터 형태로 메모리를 할당받게 하여 메모리 사용의 효율성을 보장하도록 제공되는 것이 데이터 타입이다.

- **기본형(Primitive type)**

  8개(boolean, char, byte, short, int, long, float, double)

  실제 값을 저장

- **참조형(Reference type)**

  기본형을 제외한 나머지(String, System 등)

  객체의 주소를 저장(4byte, 0x00000000~0xffffffff)

- **기본형 데이터 타입의 종류: byte(1), char(2), short(2), int(4), long(8), float(4), double(8)**

byte(1byte) : 8비트, 2의 보수(-128 ~ 127)
short(2byte) : 16비트(-32768 ~ 32767)
char(2byte) : 16비트, 유니코드(0 ~ 65535)
int(4byte) : 32비트(-2147483648 ~ 2147483647)
long(8byte) : 64비트(-9223372036854775808 ~ 9223372036854775807)

float(4byte) : 32비트

double(8byte) : 64비트

boolean(1byte) : true, false

➡ Chapter2₩src₩DataTypeTest.java

```java
1   public class DataTypeTest {
2       /**
3        * @param args
4        */
5       public static void main(String[] args) {
6           // TODO Auto-generated method stub
7           //boolean
8           boolean var_boolean = true;
9
10          //byte
11          byte var_byte  = 127;
12
13          //short
14          short var_short = 32767;
15
16          //char
17          char var_char1 = 66;
18          char var_char2 = 'A';
19          char var_char3 = '\u0041';
20          char var_char4 = '가';
21          char var_char5 = '□';
22
23          //그 이상의 숫자들
24          //int
25          int var_int = 100000;
26          int num0 = 011; // 8진수
27          int num0X = 0X12; //16진수
28          int num0B = 0B0111; //2
29          int binaryInt = 0b1111_0000_1010_0000;
30
31          //long
32          long var_long = 1000000;
33          long positionNumber = 122_122_122_122L;
34
35          //float
36          float var_float = 3.14f;
```

```
37
38          //double
39          double var_double = 3.14;
40
41          //출력
42          System.out.println("var_boolean = " + var_boolean);
43          System.out.println("var_byte = " + var_byte);
44          System.out.println("var_short = " + var_short);
45          System.out.println("var_char1 = " + var_char1);
46          System.out.println("var_char2 = " + var_char2);
47          System.out.println("var_char3 = " + var_char3);
48          System.out.println("var_char3 = " + var_char4);
49          System.out.println("var_char3 = " + var_char5);
50          System.out.println("var_int = " + var_int);
51          System.out.println("num0 = " + num0);
52          System.out.println("num0X = " + num0X);
53          System.out.println("num0B = " + num0B);
54          System.out.println("binaryInt = " + binaryInt);
55          System.out.println("var_long = " + var_long);
56          System.out.println("positionNumber = " + positionNumber);
57          System.out.println("var_float = " + var_float);
58          System.out.println("var_double = " + var_double);
59       }
60   }
```

코드 분석

8	boolean 타입의 변수에 값을 할당하는 부분이다. boolean 타입의 변수에는 true, false 값만 입력이 가능하다.
11	byte 타입의 변수에 값을 할당하는 부분이다. byte 타입의 변수에는 최대값 127까지만 할당이 가능하다. 상단 data 타입을 설명한 표를 참조하기 바란다. 만약 해당 변수의 값의 범위를 벗어나는 값(128 등)을 할당하면 컴파일 오류가 발생한다.
14	short 타입의 변수에 값을 할당하는 부분이다. 2바이트의 정수를 할당할 수 있다.
17~21	char 타입의 변수에 값을 할당하는 부분이다. char 타입에는 2byte 크기의 정수 값(각 문자의 코드 값으로 인식됨)을 할당하거나, 문자 하나를 할당한다. 문자 하나를 할당할 때는 "" 로 문자를 싸 주어야 한다. 또한 "" 사이에 16진수로 문자 코드 값을 입력할 수도 있다. char 타입에 숫자를 입력하면 해당 문자 코드에 대한 문자로 인식된다. 자바 에서는 문자를 유니코드로 다루기 때문에 전세계 언어를 다룰 수 있다.
21	일본어를 할당한 부분이다.
25~29	int 타입의 변수에 값을 할당하는 부분이다.
26	8진수 값을 할당하는 부분이다. 값을 출력하면 10진수로 변환되어 9가 출력된다.

27	16진수 값을 할당하는 부분이다.
28	2진수 값을 할당하는 부분이다.
29	2진수의 비트 위치별로 값을 할당하는 부분이다. 출력하면 10진수 값으로 계산되어 출력된다.
32~33	long 타입의 변수에 값을 할당하는 부분이다.
33	각 자릿수별로 값을 할당하는 부분이다.
36	float 타입의 변수에 값을 할당하는 부분이다. 실수 값을 사용하면 기본적으로 double 타입으로 인식되기 때문에 입력하는 값 뒤에 "f" 접미사를 붙여야 float 타입으로 인식되어 문법적인 오류가 발생하지 않는다. 접미사는 대소문자를 구분하지 않는다. 즉, "F"도 가능하다. float 타입분만이 아니고, double이나 long 타입에도 "d" 나 "l" 접미사를 사용하여 해당 타입의 데이터임을 인식시킬 수 있다. 역시 대소문자는 구분하지 않는다. 그렇지만 "d" 나 "l" 접미사는 생략이 가능하다.
39	double 타입의 변수에 값을 할당하는 부분이다. 실수 값은 기본적으로 double 타입으로 인식되기 때문에 뒤에 접미사를 붙이지 않아도 double 타입의 변수에 정확히 할당된다.
42~58	각 변수에 할당된 값들을 콘솔로 출력하는 부분이다.

실행 결과

```
var_boolean = true
var_byte = 127
var_short = 32767
var_char1 = B
var_char2 = A
var_char3 = A
var_char3 = 가
var_char3 = ざ
var_int = 100000
num0 = 9
num0X = 18
num0B = 7
binaryInt = 61600
var_long = 1000000
positionNumber = 122122122122
var_float = 3.14
var_double = 3.14
```

실행 결과를 살펴보면 char 타입의 변수에 할당한 값들은 숫자를 입력하여도 해당 문자 코드에 해당하는 문자가 출력되는 것을 확인할 수 있다.

참조형 데이터 타입은 자바에서 제공하는 기본형 데이터 타입 이외에 클래스로 정의해서 사용하는 데이터 타입을 의미한다. 참조형 데이터 타입에 대해서는 지금 단계에서 설명해도 이해가 잘 되지 않을 것이므로 클래스 부분을 학습할 때 설명하도록 하겠다.

- **var 키워드**

  java 10부터 도입된 키워드이다.

  변수 선언 시 타입을 생략할 수 있으며, 컴파일러가 타입을 추론한다.

  단, var 키워드는 전역 변수에는 사용할 수 없으며 로컬 변수에만 사용할 수 있다.

```
var 키워드
var num = 1;
var var_string = "var Test";
var var_long = 1000000L;
var var_double = 3.14;
```

➡ Chapter2₩src₩VarTest1.java

```java
1    public class VarTest1 {
2
3        public static void main(String[] args) {
4            // TODO Auto-generated method stub
5            var num = 1;
6            var var_string = "var Test";
7            var var_long = 1000000L;
8            var var_double = 3.14;
9
10           System.out.println(num);
11           System.out.println(var_string);
12           System.out.println(var_long);
13           System.out.println(var_float);
14           System.out.println(var_double);
15       }
16   }
```

🖳 코드 분석

5~8	int, String, long, double이 아닌 var 키워드를 사용하였다. 변수 타입을 따로 지정하지 않아도 var 키워드를 사용하면 할당되어 있는 값이 잘 출력되는 것을 확인할 수 있다.

```
1
var Test
1000000
3.14
```

➡ Chapter2₩src₩VarTest2.java

```
1    public class VarTest2 {
2
3        public static void main(String[] args) {
4            // TODO Auto-generated method stub
5            var num;
6            var i = null;
7            private var test = "Error Test";
8            var p = (String s) -> System.out.println("String = " + s);
9            var arr = {1, 2, 3};
10       }
11   }
```

🖥️ 코드 분석

위 코드는 오류가 발생하게 된다.

var를 사용할 때는 아래 사항을 주의해야 한다.

1. 초기화 없이 사용할 수 없다.
2. var 타입 변수에는 null 값이 들어갈 수 없다.
3. 로컬 변수에만 선언이 가능하다.
4. 람다 표현식을 사용할 경우 명시적인 타입을 지정해 줘야 한다.
5. 배열을 선언할 때, var 대신 타입을 명시해 줘야 한다.

➡ Chapter2₩src₩VarTest3.java

```
1    public class VarTest3 {
2
3        public static void main(String[] args) {
4            // TODO Auto-generated method stub
5            var str = "Var Test2";
6
7            if(str instanceof String) {
8                System.out.println("str 변수의 타입은 String입니다.");
9            }
10       }
11   }
```

코드 분석

str의 타입을 확인하기 위해 instanceof 연산자를 사용하였다.

instanceof 연산자는 객체가 어떤 클래스인지, 어떤 클래스를 상속받았는지 확인하는 데 사용하는 연산자이며, 객체의 타입을 확인하는 데에도 사용한다.

즉, 7번 라인 코드에서 if(str instanceof String)의 경우 변수 str이 String 타입일 경우 8번 라인 코드가 실행되고 "str 변수의 타입은 String입니다."라는 문자열이 출력되게 한다.

이 예제 코드를 실행할 경우 var 키워드를 사용한 변수 str의 타입이 String으로 추론되므로 "str 변수의 타입은 String 입니다." 문자열이 출력되는 것을 확인할 수 있다.

실행 결과

str 변수의 타입은 String입니다.

05 형 변환

자바에서는 기본적으로 변수에 값을 할당할 때 좌측 변수의 데이터 타입과 우측에 할당하는 값의 데이터 타입이 일치하여야 한다. 그러나 때에 따라서는 좌측 변수의 데이터 타입과 일치하지 않는 값을 해당 변수에 할당해야 하는 경우가 있다. 이럴 경우 기본적으로 컴파일 오류가 발생하지만, 자바 자체적으로 자동으로 좌측에 할당되는 값을 변수의 데이터 타입으로 변경하는 경우도 있고, 자동으로 변경될 수 없는 상황이어서 명시적으로 캐스팅 연산자 "(   )"를 이용해서 원하는 타입으로 형 변환을 해야 하는 경우가 있다.

형 변환 방법을 살펴보도록 하자.

1 변수에 값을 할당하는 경우의 형 변환

자바에서 작은 타입의 데이터를 보다 큰 데이터 타입의 변수에 할당할 때는 자동으로 할당되는 값의 데이터 타입이 변수의 데이터 타입으로 자동 형 변환되어 할당된다. 일상 생활에서 작은 물건을 큰 물건에 담을 때는 문제없이 담을 수 있는 것과 같은 이치이다.

```
byte var_byte = 10;
int result = var_byte;
//10값이 int 타입으로 자동으로 형 변환이 되어 result 변수에 할당된다.
```

큰 데이터 타입의 데이터를 작은 데이터 타입의 변수에 할당할 때는 자동으로 데이터 타입이 변수 타입으로 변환될 수 없기 때문에 명시적으로 형 변환을 해 주어야 한다. 일상 생활에서 큰 물건을 작은 상자에 담으려면 해당 물건을 상자의 크기로 잘라야 담을 수 있는 것과 마찬가지이다. 하지만, 큰 데이터 타입의 데이터를 작은 타입의 크기로 강제로 줄이므로 값 손실이 발생할 수 있다. 가령 4바이트로 구성된 int 형의 데이터를 1byte 크기인 byte 타입의 데이터로 변경하기 위해서 앞의 3바이트를 버린다면 당연히 값 손실이 발생한다.

```
int var_int  = 100;
byte result = var_int;
```

```
//우측 값의 데이터 타입이 int형이고 좌측 변수의 데이터 타입이 byte 타입이므로 우측 값의 데이터 타입이 좌
측 변수의 데이터 타입보다 크다.
//따라서, 자동으로 형 변환되지 않아 컴파일 오류가 발생한다.
//우측의 값을 좌측 변수의 데이터 타입으로 명시적으로 형 변환해 주어야 한다.
byte result = (byte)var_int;
```

2 연산 시 형 변환

int형보다 작은 타입의 정수 타입끼리 연산을 하면 int형으로 자동 형 변환된 후 연산된다.

```
byte var_byte1 = 40;
byte var_byte2 = 50;
byte result = var_byte1 + var_byte2;
//우측의 수식 "var_byte1 + var_byte2"의 연산 결과가 자동으로 int 형으로 변환되므로 byte 타입의 변
수에 값을 담을 수 없으므로 컴파일 오류가 발생한다.
```

컴파일 오류가 발생하지 않으려면 다음과 같이 명시적으로 우측 수식의 결과를 byte 타입으로 형 변
환해 주어야 한다.

```
byte result = (byte)(var_byte1 + var_byte2)
//정상적으로 실행된다.
```

```
short var_short1 = 40;
short var_byte2 = 50;
short result = var_short1 + var_short2;
//우측의 "var_short1 + var_short2" 수식을 실행하면 우측의 연산 결과가 자동으로 int 타입으로 변환되
므로 좌측에 있는 short 타입의 변수에 할당될 수 없다.
```

좌측 변수에 값이 제대로 할당되려면, 명시적으로 우측의 연산결과를 short 타입으로 형 변환해 주어
야 한다.

```
short result = (short)(var_short1 + var_short2)
```

다음 코드와 같은 상황을 주의해야 한다.

char 타입에 문자를 할당하고 연산을 해도 해당 문자 코드 값으로 정수 연산이 된다.

```
char c1 = 'A';
int result = c1 + 1;
//상단의 연산에서 c1은 데이터 형이 int 형으로 변환되면서 'A' 문자 코드 값인 65로 변경된다.
//따라서, result 값은 66이 된다.
```

그 이외의 연산에서는 피연산자 중 보다 큰 타입으로 데이터 타입이 변환된 후 연산된다.

```
int var_int = 100;
long var_long = 100;
long result = var_int + var_long;
//우측의 연산에서 long 타입의 데이터와 int 타입의 데이터가 연산되므로, int 타입의 데이터가 자동으로 long
타입의 데이터 타입으로 변환되어 연산되기 때문에 result 변수의 타입은 long이어야지 값이 제대로 할당된다.
```

그러나, 실수 타입과 정수 타입을 연산할 때는 무조건 실수 타입으로 형 변환된다.
실수 형태로 표현할 수 있는 값의 범위가 정수로 표현할 수 있는 값의 범위보다 넓기 때문이다.

```
long var_long = 100;
float var_float = 3.14f;
float result = var_long + var_float;
//상단 코드에서 우측에 있는 수식 "var_long + var_float"의 결과가 float 타입으로 변경되기 때문에
result 변수의 데이터 타입은 float 타입이어야지 코드가 정상적으로 실행된다.
```

double 타입과 float 타입이 연산될 때는 당연히 보다 표현 범위가 넓은 double 타입으로 형 변환된다.

```
float var_float = 3.14f;
double var_double = 4.14;
double result = var_float + var_double;
//상단의 코드 예에서 우측의 수식 "var_float + var_double"의 결과가 double 타입으로 반환되므로 result
변수의 타입은 double로 정의되어야 코드가 제대로 실행된다.
```

또한 당연하지만 boolean 타입과 숫자 타입은 타입이 전혀 다르기 때문에 연산할 수 없다.

```
boolean var_boolean = false;
int var_int = 10;
var_boolean + var_int;
//연산할 수 없으므로 컴파일 오류가 발생한다.
```

➡ Chapter2₩src₩ConversionTest.java

```java
1    public class ConversionTest {
2       /**
3        * 형 변환 예제
4        */
5       public static void main(String[] args) {
6           // TODO Auto-generated method stub
7           //큰 타입으로 자동변환
8           byte var_byte1 = 10;
9           int var_int1 = var_byte1;
10          System.out.println("var_int1 = " + var_int1);
11
12          //명시적 형 변환: 큰 타입의 값을 작은 타입의 변수에 할당
13          //명시적으로 형 변환해 주지 않으면 컴파일 오류 발생
14          int var_int2 = 100;
15          byte var_byte2 = (byte)var_int2;
16
17          //char 와 short
18      short var_short1 = 200;
19          char var_char1 = (char)var_short1;
20          System.out.println("var_char1 = " + var_char1);
21
22          //int 타입보다 작은 타입의 정수 연산 : int 형으로 변환됨.
23          //int형보다 작은 타입의 변수에 값을 할당하려면 명시적으로 형 변환해 주어야 함.
24          byte var_byte3 = 20;
25          byte var_byte4 = 40;
26          byte var_result1 = (byte)(var_byte3 + var_byte4);
27
28          char var_char2 = 'A';
29          int var_int_result1 = var_char2 + 1;
30          System.out.println("var_int_result1 = " + var_int_result1);
31
32          //연산 시 피연산자 중 보다 큰 타입으로 형 변환된 후 연산됨.
```

```
33            int var_int3 = 100;
34            long var_long1 = 100;
35            long var_long_result1 = var_int3 + var_long1;
36            System.out.println("var_long_result1 = " + var_long_result1);
37
38            //정수와 실수를 연산하면 실수 타입으로 자동 형 변환됨.
39            long var_long2 = 100;
40            float var_float1 = 3.14f;
41            float var_float_result1 = var_long2 + var_float1;
42            System.out.println("var_float_result1 = " + var_float_result1);
43
44            //float 타입과 double 타입을 연산하면 double 타입으로 변환
45            float var_float2 = 3.33f;
46            double var_double3 = 4.22;
47            double var_long_result2 = var_float2 + var_double3;
48            System.out.println("var_long_result2 = " + var_long_result2);
49        }
50    }
51
```

코드 분석

9	int 형의 변수 var_int1에 byte 형의 데이터 var_byte1의 값을 할당하면 var_byte1 데이터가 자동으로 좌측 변수의 타입인 int 형으로 변환되어 할당된다.
15	var_int2에 할당되어 있는 int 타입의 값을 byte 형의 변수인 var_byte2 영역에 할당하려 하면 4byte 크기의 데이터를 1byte의 영역에 할당하려 하는 경우이므로 값이 제대로 할당될 수 없다. 따라서, 우측 int 형의 데이터를 byte 타입으로 형 변환해서 할당하고 있다. 이렇게 명시적으로 큰 타입의 데이터를 작은 타입의 데이터 형으로 변환할 경우에는 강제로 4바이트 중 앞의 3바이트를 버려야 하므로 값 손실이 발생할 수 있다.
19	char 타입과 short 타입은 모두 2바이트 크기의 정수 값을 할당할 수 있는 데이터 타입이지만, char의 경우 맨 좌측 비트 값을 값 비트로 사용하는 비 부호형 정수 값을 저장하고 short 의 경우 맨 좌측 비트를 부호 비트로 사용하는 부호형 정수 값을 저장하므로 서로 저장할 수 있는 값의 범위가 다르다. 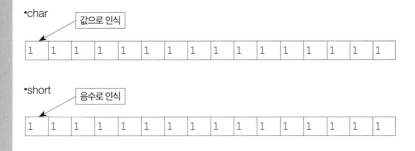

	위 그림으로 표현한 char 값은 65535가 되고, short 값은 -1이 된다. 따라서, 19라인처럼 short 타입의 데이터를 char 타입의 변수에 할당하려면 명시적으로 형 변환을 해 주어야 한다.
26	자바에서 int 타입보다 작은 정수 데이터 값을 연산하면 자동으로 int 형으로 형 변환된 후 연산이 되므로 var_byte3 + var_byte4의 연산 결과 값은 int 형으로 반환된다. 해당 실행문은 int 타입의 데이터를 byte 타입의 변수인 var_result1에 할당하게 되므로 컴파일 오류를 발생한다. 따라서, 코드가 제대로 실행되려면 연산 결과값을 명시적으로 byte 형으로 형 변환해 주어야 하는 것이다.
29	28라인에서 var_char2 변수에 문자 하나를 할당했지만, 정수형과 연산이 되면 char 타입의 데이터는 자동으로 int 타입의 데이터로 형 변환되면서 'A' 문자의 문자 코드 값인 65로 변경되어 연산된다. 따라서, 29라인처럼 연산의 결과값은 int 형의 변수에 값을 할당하여야 한다.
35	long var_long_result1 = var_int3 + var_long1; 연산 시 피연산자 중 큰 타입으로 피연산자들이 자동 형 변환된 후 연산되기 때문에 int 타입의 데이터와 long 타입의 데이터를 연산하면 int 타입의 피연산자가 자동으로 long 타입으로 변환된 후 연산되므로 long 타입의 변수에 연산 결과를 할당해야 한다.
41	float var_float_result1 = var_long2 + var_float1; 정수와 실수를 연산하면 바이트에 상관없이 실수 타입으로 무조건 형 변환된 후 연산된다. 실수 형태로 표현할 수 있는 값의 범위가 정수 타입으로 표현할 수 있는 값의 범위보다 넓기 때문이다.
47	double var_long_result2 = var_float2 + var_double3 같은 실수 타입끼리 연산을 할 때는 바이트 수가 더 큰 타입으로 형 변환된 후 연산된다. 따라서, float 타입과 double 타입을 연산하면 double 타입의 데이터를 결과 값으로 반환한다.

실행결과

```
var_int1 = 10
var_char1 = ?
var_int_result1 = 66
var_long_result1 = 200
var_float_result1 = 103.14
var_long_result2 = 7.549999923706054
```

06 연산자

1 연산자의 우선순위

연산자 종류	연산자 종류	우선순위
최우선 연산자	., [], ()	
단항 연산자	+ +, - -, !, ~, +/-	
산술 연산자	+, -, *, /, %	
쉬프트 연산자	>>, <<, >>>	위로 갈수록 우선순위가 높고 아래로 갈수록 우선순위가 낮다.
비교 연산자	>, <, > =, < =, = =, ! =	우선순위가 같으면 좌측 연산자부터 연산된다.
비트 연산자	&, |, ^, ~	
논리 연산자	&&, ||, !	
삼항 연산자	(조건식) ? :	
대입 연산자	=, * =, / =, % =, + =, - =	

2 산술 연산자

➡ Chapter2₩src₩OperationTest1.java

```
1    public class OperationTest1 {
2        /**
3         * 산술 연산자 테스트
4         */
5        public static void main(String[] args) {
6            // TODO Auto-generated method stub
7            int result=0;
8            int var_int1 = 10;
9            int var_int2 = 2;
10
11           // + 연산
12           result = var_int1 + var_int2;
13           System.out.println("var_int1 + var_int2 = " + result);
14
15           // - 연산
16           result = var_int1 - var_int2;
```

```
17          System.out.println("var_int1 - var_int2 = " + result);
18
19          // * 연산
20          result = var_int1 * var_int2;
21          System.out.println("var_int1 * var_int2 = " + result);
22
23          // / 연산
24          result = var_int1 / var_int2;
25          System.out.println("var_int1 / var_int2 = " + result);
26
27          // % 연산
28          result = var_int1 % var_int2;
29          System.out.println("var_int1 % var_int2 = " + result);
30      }
31  }
```

🔧 코드 분석

7	연산 결과를 저장할 변수를 선언하고 초기값을 0으로 설정함.
8~9	피연산자 값을 저장할 변수들을 int 형으로 선언하고 값을 초기화함.
12	+ 연산 실행
16	− 연산 실행
20	* 연산 실행
24	/ 연산 실행. 나누어서 몫을 반환함.
28	% 연산 실행. 나누어서 나머지를 반환함.

🖱 실행결과

```
var_int1 + var_int2 = 12
var_int1 - var_int2 = 8
var_int1 * var_int2 = 20
var_int1 / var_int2 = 5
var_int1 % var_int2 = 0
```

두 번째 산술 연산 예제에서는 국어, 영어, 수학 점수를 정수로 입력받아서 총점과 평균을 계산해 출력하는 프로그램을 테스트해 보겠다.

본 예제가 정확히 실행되려면 프로그램을 실행할 때 인수로 국어, 영어, 수학 점수를 전달해 주어야 한다. 프로그램에서 값을 받을 수 있는 방법은 여러 가지 방법이 있지만, 본 예제에서는 public static void main(String[] args) 메소드에 문자열 타입으로 인수를 받도록 하겠다.

아직 배열을 배우지는 않았지만 String[] args 이 부분은 프로그램을 실행할 때 던져진 인자 값들을 String의 배열로 받겠다는 의미이다. 배열은 하나의 변수 이름으로 같은 데이터 타입의 값들을 여러 개 저장할 수 있는 형태를 의미한다.

프로그램을 실행할 때 인자를 "aaa" "bbb" 두 개를 넣어 주면 다음과 같은 배열 방에 인자가 두 개 전송되어 온다.

"aaa"	"bbb"
args[0]	args[1]

프로그램을 실행할 때 인자를 "aaa" "bbb" "ccc" 세 개를 넘겨주면 다음과 같이 args 배열의 저장 영역이 세 개 생성되면서 각 인자 값이 문자열 형태로 저장된다.
자바에서 문자열 데이터를 다룰 때는 [" "]로 묶어준다.

"aaa"	"bbb"	"ccc"
args[0	args[1]	args[2]

상단 그림에 표시된 것처럼 전송된 각 인자 값에 접근할 때는 배열의 인덱스 값을 이용하면 되며, 배열의 인덱스 값은 0 부터 시작한다. 즉, 첫 번째 인자 값을 얻어 오려면

```
String args1 = args[0];
```

두 번째 인자 값을 얻어 오려면

```
String args2 = args[1];
```

라는 코드를 사용하면 된다. 자바에서는 문자열 타입을 String으로 사용한다. 따라서 문자열 변수를 선언할 때는

```
String 변수명;
```

과 같은 방식으로 사용하면 된다.

프로그램을 실행할 때 인자 값을 전달해 주는 예제를 작성해 보겠다.

➡ Chapter2₩src₩ArgsTest.java

```
1    public class ArgsTest {
2       /**
3        * 인자 값 테스트
4        */
5       public static void main(String[] args) {
6          // TODO Auto-generated method stub
7          String args1 = args[0];
8          String args2 = args[1];
9
10         System.out.println("args1 = " +  args1);
11         System.out.println("args2 = " +  args2);
12      }
13   }
```

🔧 코드 분석

7	첫 번째 인자 값을 args1 변수에 할당한다.
8	두 번째 인자 값을 args2 변수에 할당한다.

1. CMD 창에서 인자를 전달하는 방법

2. Eclipse 툴에서 인자를 전달하는 방법

01 ArgsTest.java 코드에서 우측 버튼을 클릭하고 Run → Run Configurations 메뉴를 클릭한다.

02 출력된 다이얼로그 박스에서 Search 버튼을 클릭한다.

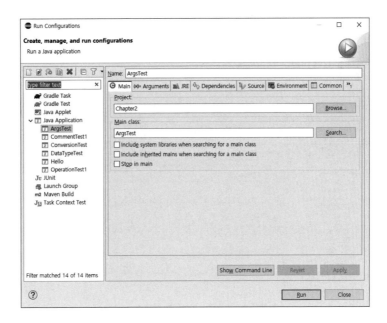

03 하단 그림과 같은 화면에서 ArgsTest를 선택하고 OK 버튼을 클릭한다.

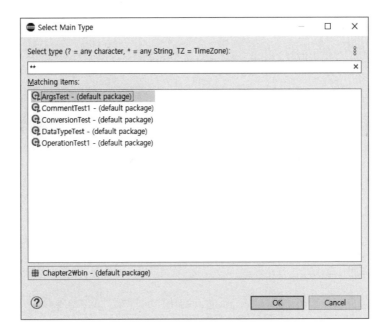

04 ArgsTest.java 코드에서 인자를 두 개를 받아서 처리하고 있으므로 aaa bbb 두 개를 입력하고 Run 버튼을 클릭한다. Arguments 탭에서 인자를 여러 개 지정할 때는 인자 사이를 스페이스 바로 구분해도 된다. aaa bbb 라고 옆으로 입력해도 된다.

또한, 하단 그림처럼 엔터를 쳐서 아래로 내려도 된다.

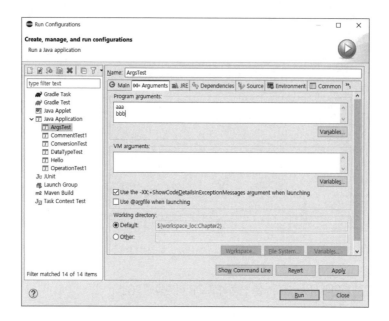

05 하단 그림처럼 인자 값이 제대로 출력되는 것을 확인할 수 있다.

자, 이제 인자 값으로 국어, 영어, 수학 점수를 받아서 총점과 평균을 구하는 예제를 작성해 보겠다.

→ Chapter2₩src₩OperationTest2.java

```
1    public class OperationTest2 {
2        /**
3         * 총점, 평균 구하기 예제
4         */
5        public static void main(String[] args) {
6            // TODO Auto-generated method stub
7            int total = 0;
8            int avg = 0;
9            int kor = Integer.parseInt(args[0]);
10           int mat = Integer.parseInt(args[1]);
11           int eng = Integer.parseInt(args[2]);
12
13           total = kor + mat + eng;
14           avg = total / 3;
15
16           System.out.println("total = " + total);
17           System.out.println("avg = " + avg);
18       }
19   }
```

⚙ 코드 분석

7	총점을 저장할 변수를 정의하였다.
8	평균을 저장할 변수를 정의하였다.
9~11	인자로 전달되어 오는 국어, 영어, 수학 성적을 받아서 int 타입의 각 변수에 할당하였다. 할당 연산자(=) 우측에 보면 Integer.parseInt(String str)라는 메소드의 인자 값으로 args를 지정한다. args 배열로 전송되어 오는 인자 값들은 문자열(String) 형태로 전송되어 오지만 연산을 수행할 때는 int 타입으로 되어 있어야 연산이 제대로 실행되므로 String 타입을 int 형으로 변경하는 부분이다. Integer.parseInt 메소드는 자바 API에서 제공되는 메소드로 String 타입의 데이터를 int 타입으로 변경해 주는 메소드이다.
13	총점을 구하는 부분이다.
14	평균을 구하는 부분이다.
16~17	총점과 평균값을 출력하는 부분이다.

OperationTest2.java 파일에서 우측 버튼을 클릭하고 Run As → Run Configurations 메뉴의 Arguments 탭에서 인자 값을 다음과 같이 입력하고 Run 버튼을 클릭하여 프로그램을 실행한다.

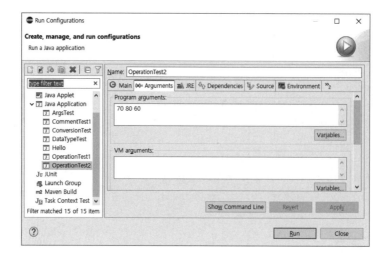

실행결과

```
total = 210
avg = 70
```

3 비교 연산자

비교 연산자는 두 값을 비교하여 결과로 boolean 타입의 데이터를 반환한다.

→ Chapter2₩src₩OperationTest3.java

```java
1    public class OperationTest3 {
2      /**
3       * 비교 연산자 테스트
4       */
5      public static void main(String[] args) {
6        // TODO Auto-generated method stub
7        int x = 10;
8        int y = 5;
9        boolean result = false;
10
11        // >
12        result = x > y;
13        System.out.println("x > y = " + result);
```

```
14
15          // <
16          result = x < y;
17          System.out.println("x < y = " + result);
18
19          // >=
20          result = x >= y;
21          System.out.println("x >= y = " + result);
22
23          // <=
24          result = x <= y;
25          System.out.println("x <= y = " + result);
26
27          // <=
28          result = x == y;
29          System.out.println("x == y = " + result);
30
31          // !=
32          result = x != y;
33          System.out.println("x!= y = " + result);
34      }
35  }
```

코드 분석

7~9	연산에 사용되는 x, y 변수와 연산 결과 값을 저장하는 result 변수를 선언하고 값을 초기화하는 부분이다.
12	x 값이 y 값보다 크면 true를 반환한다.
16	x 값이 y 값보다 작으면 true를 반환한다.
20	x 값이 y 값보다 크거나 같으면 true를 반환한다.
24	x 값이 y 값보다 작거나 같으면 true를 반환한다.
28	x 값이 y 값과 같으면 true를 반환한다. 자바에서 비교 연산자는 == 임을 기억하자. =은 대입 연산자며 비교 연산자가 아니다.
32	x 값이 y 값과 같지 않으면 true를 반환한다.
	참고해요 "+" 연산자는 덧셈 연산자로도 사용되지만 문자열 연결자이기도 하다. + 연산자에 의해서 문자열과 문자열이 아닌 다른 타입의 데이터와 연산을 하면 다른 타입의 데이터가 자동으로 문자열 타입으로 변경된 후 연산된다.

```
x > y = true
x < y = false
x >= y = true
x <= y = false
x == y = false
x != y = true
```

4 논리 연산자

논리 연산자는 boolean 타입의 데이터를 연산해서 결과 값으로 boolean 타입의 데이터를 반환하는
연산자이다.

➜ Chapter2₩src₩OperationTest4.java

```
1    public class OperationTest4 {
2        /**
3         * 논리 연산자 테스트
4         */
5        public static void main(String[] args) {
6            // TODO Auto-generated method stub
7            int x = 100;
8            int y = 200;
9            boolean result = false;
10
11           // &&
12           result = x < y && y >= 200;
13           System.out.println("x < y && y >= 200 = " + result);
14
15           result = x < y && y < 200;
16           System.out.println("x < y && y < 200 = " + result);
17
18           result = x > y && y++ > 200;
19           System.out.println("x > y && y++ > 200 = " + result);
20           System.out.println("y = " + y);
21
22           //||
23           result = x < y || y >= 200;
24           System.out.println("x < y || y >= 200 = " + result);
25
26           result = x < y || y < 200;
```

```
27                System.out.println("x < y || y < 200 = " + result);
28
29                result = x > y || y++ > 200;
30                System.out.println("x > y || y++ > 200 = " + result);
31                System.out.println("y = " + y);
32
33                result = x < y || y++ > 200;
34                System.out.println("x < y || y++ > 200 = " + result);
35                System.out.println("y = " + y);
36
37                // !
38                result = !(x>y);
39                System.out.println("x>y = " + result);
40          }
41     }
```

🖥️ 코드 분석

12	배열을 선언한 부분이다. int[] ages; String[] names 로 선언해도 된다.
15	x < y 의 연산 결과 값이 true이지만, y < 200 연산의 결과 값이 false이므로 && 연산의 결과 값은 false를 반환한다.
18	&& 연산자와 || 연산자의 경우 앞의 피연산자 값으로 뒤의 피연산자 값에 상관없이 결과 값이 예상될 경우에는 뒤의 피연산자 부분을 실행하지 않는다. 불필요한 연산을 수행하지 않으면서 프로그램의 성능을 향상시키기 위함이다. && 연산자의 경우 앞의 피연산자 값이 false이면 뒤의 피연산자를 연산하지 않고, || 연산자의 경우 앞의 피연산자 값이 true이면 뒤의 피연산자 부분을 연산하지 않는다. x > y 수식의 연산 결과가 false 를 반환하므로 뒤의 피연산자 y++ > 200 부분을 실행하지 않으며, y 변수에 대한 ++(1씩 변수 값을 증가 시키는 연산자) 연산이 실행되지 않으므로 20라인의 y 값은 200이 출력된다.
23	x < y 연산의 결과값이 true이고, y >= 200 연산의 결과 값이 true이므로 || 연산의 결과값은 true를 반환한다.
26	x < y 연산의 결과값이 true이므로 y < 200 연산의 결과값이 false를 반환해도 || 연산의 결과값은 true를 반환한다.
29	x > y 연산의 결과 값이 false이므로 || 연산자 뒤의 수식까지 실행하며 y++ > 200 연산이 실행되어 y 값이 1만큼 증가되므로 31라인에서 y 값이 201로 증가된다. ++ 연산은 y++와 같이 피연산자 뒤에 위치하므로 비교 연산자(>) 먼저 연산된 후 실행된다.
33	x < y 연산의 결과가 true를 반환하므로 || 연산자 뒤의 피연산자를 연산하지 않아도 || 연산의 결과는 무조건 true이기에 뒷부분 y++ > 200 연산 부분을 실행하지 않는다. 따라서 y++ 연산이 실행되지 않아 y 값은 201 값 그대로 유지된다.
38	배열의 각 인덱스 영역에 접근하여 해당 영역에 존재하는 값들을 출력하는 부분이다.

```
x < y && y >= 200 = true
x < y && y < 200 = false
x > y && y++ > 200 = false
y = 200
x < y || y >= 200 = true
x < y || y < 200 = true
x > y || y++ > 200 = false
y = 201
x < y || y++ > 200 = true
y = 201
x > y = true
```

5 증감 연산자

증감 연산자는 변수 값을 1씩 증가시키거나(++) 1씩 감소시키는(--) 연산자이며, 수의 앞에 오느냐 뒤에 오느냐에 따라서 연산이 실행되는 시점이 달라진다. 만약 변수 앞에 증감 연산자가 오면 증감 연산자를 먼저 실행하고 다른 연산을 실행하며, 증감 연산자가 변수의 뒤에 오면 다른 연산 먼저 실행하고 증감 연산자를 실행한다.

예제를 통해서 자세히 살펴보자.

➜ Chapter2₩src₩OperationTest5.java

```
1    public class OperationTest5 {
2        /**
3         * 증감 연산자 테스트
4         */
5        public static void main(String[] args) {
6            // TODO Auto-generated method stub
7            int var_inc = 1;
8            int var_dec = 1;
9            int result = 0;
10
11           // ++
12           result = var_inc++;
13           System.out.println("result = " + result);
14           System.out.println("var_inc = " + var_inc);
15
16           result = ++var_inc;
```

```
17              System.out.println("result = " + result);
18              System.out.println("var_inc = " + var_inc);
19
20              // --
21              result = var_dec--;
22              System.out.println("result = " + result);
23              System.out.println("var_dec = " + var_dec);
24
25              result = --var_dec;
26              System.out.println("result = " + result);
27              System.out.println("var_dec = " + var_dec);
28          }
29      }
```

코드 분석

12	result = var_inc++ 수식에서 증가 연산자가 var_inc 변수 뒤에 지정되어 있으므로 현재 var_inc 값 1을 먼저 result 변수에 할당하고 var_inc 값을 하나 증가시킨다. 따라서 result 값은 1이 되고, var_inc 값은 값을 할당한 다음 증가 연산이 실행되었으므로 2가 된다.
16	result = ++var_inc 수식에서 증가 연산자가 var_inc 변수의 앞에 지정되어 있으므로 var_inc의 현재 값 2를 3으로 증가시키고 result 변수에 값을 대입한다. 따라서 수식을 실행하고 나면 result 값은 3, var_inc 값은 3이 된다.
21	result = var_dec-- 수식에서 감소 연산자가 var_dec 변수 뒤에 지정되어 있으므로 var_dec의 현재 값 1을 먼저 result 변수에 할당하고, var_dec 변수의 현재 값 1을 0으로 감소시킨다. 따라서 수식을 실행한 후 result 값은 1, var_dec 값은 0이 된다.
25	result = --var_dec 수식에서 감소 연산자가 var_dec 변수의 앞에 지정되어 있으므로 var_dec의 현재 값 0을 -1로 감소시킨 후 var_dec 값 -1을 result 변수에 할당한다. 따라서, 수식을 실행한 후 var_dec 값은 -1 result 값은 -1이 된다.

실행결과

```
result = 1
var_inc = 2
result = 3
var_inc = 3
result = 1
var_dec = 0
result = -1
var_dec = -1
```

6 비트 연산자

피연산자 값들을 비트로 변경하여 연산하는 연산자이다. & 연산자는 피연산자의 값이 모두 1일 때 1을 반환, | 연산자는 피연산자의 값 중 하나만 1이면 1을 반환, ^ 연산자는 피연산자 중 하나는 1, 나머지 피연산자는 0일 때 1을 반환한다.

비트 연산자는 논리연산자로도 사용이 가능하지만, |와 &는 &&나 ||와 달리 앞의 피연산자의 결과로 연산의 결과가 예상되어도 뒤의 피연산자를 무조건 연산한다.

& 연산 방식

1번 값	2번 값	연산 결과
0	0	0
1	0	0
0	1	0
1	1	1

1번 값	2번 값	연산 결과
false	false	false
true	false	false
false	true	false
true	true	true

| 연산 방식

1번 값	2번 값	연산 결과
0	0	0
1	0	1
0	1	1
1	1	1

1번 값	2번 값	연산 결과
false	false	false
true	false	true
false	true	true
true	true	true

^ 연산 방식

1번 값	2번 값	연산 결과
0	0	0
1	0	1
0	1	1
1	1	0

1번 값	2번 값	연산 결과
false	false	false
true	false	true
false	true	true
true	true	false

➜ Chapter2₩src₩OperationTest6.java

```java
1    public class OperationTest6 {
2        /**
3         * 비트 연산자 테스트
4         */
5        public static void main(String[] args) {
6            // TODO Auto-generated method stub
7            int x = 8;
8            int y = 3;
9            int result = 0;
10           boolean bResult = false;
11
12           /* 비트로 변경
13            * 8 : 00000000 00000000 00000000 00001000
14            * 3 : 00000000 00000000 00000000 00000011
15            */
16
17           // &
18           result = x & y;
19           System.out.println("x & y = " + result);
20           bResult = true & false;
21           System.out.println("true & false = " + bResult);
22
23           // |
24           result = x | y;
25           System.out.println("x | y = " + result);
```

```
26          bResult = true | false;
27          System.out.println("true | false = " + bResult);
28
29          // ^
30          result = x ^ y;
31          System.out.println("x ^ y = " + result);
32          bResult = true ^ false;
33          System.out.println("true ^ false = " + bResult);
34      }
35  }
```

⚙️ 코드 분석

13~14	주석 부분에 8과 3값을 비트로 변경한 예가 나와 있다. 비트 연산 시에는 피연산자 데이터 값이 int 형으로 변경되어 연산되므로 4바이트로 표현되어 있다. 00000000 00000000 00000000 00001000은 8값 00000000 00000000 00000000 00000011은 3값
18	두 값을 논리곱 연산하면 모든 비트가 0이 되기 때문에 연산 결과는 0이다.
20	true 값과 false 값을 논리곱 연산을 수행했기 때문에 연산 결과는 false를 반환한다.
24	8 과 3을	연산을 시행하면 결과 비트는 다음과 같다. 00000000 00000000 00000000 00001011 따라서 연산 결과는 11이 된다.
26	true 값과 false 값을 논리합 연산했기 때문에 연산 결과 값은 true이다.
30	8과 3을 exclusive or 연산했기 때문에 결과 비트는 다음과 같다. 00000000 00000000 00000000 00001011 따라서 연산 결과는 11이다.
32	true 값과 false 값을 exclusive or 연산을 실행했기 때문에 결과값은 true이다. ^ 연산자는 피연산자의 값이 다를 때 1이나 true를 반환한다.

🖱️ 실행 결과

```
x & y = 0
true & false = false
x | y = 11
true | false = true
x ^ y = 11
true ^ false = true
```

7 쉬프트 연산자

쉬프트 연산자는 해당 값을 비트로 바꾼 후 왼쪽이나 오른쪽으로 지정한 자릿수만큼 이동시키는 연산자이다.

연산자	설명
>>	오른쪽으로 비트 이동. 만약 맨 왼쪽 비트가 1이면 오른쪽으로 비트 이동하면서 남는 비트 영역을 부호 비트로 채운다(부호 비트 이동).
>>>	오른쪽으로 비트 이동. 오른쪽으로 비트 이동하면서 좌측에 남는 비트 영역을 무조건 0으로 채운다(비부호 비트 이동).
<<	좌측으로 해당 값만큼 비트 이동. 오른쪽에 비는 비트 영역을 0으로 채움.

```
int x = 3;
x<< 2;
```

3의 비트 값

| 0 | 0 | 0 | 0 | 0 | 0 | 0 | 0 | 0 | 0 | 0 | 0 | 0 | 0 | 0 | 0 | 0 | 0 | 0 | 0 | 0 | 0 | 0 | 0 | 0 | 0 | 0 | 0 | 0 | 0 | 1 | 1 |

2자리 좌측 이동 후

| 0 | 0 | 0 | 0 | 0 | 0 | 0 | 0 | 0 | 0 | 0 | 0 | 0 | 0 | 0 | 0 | 0 | 0 | 0 | 0 | 0 | 0 | 0 | 0 | 0 | 0 | 0 | 0 | 1 | 1 | 0 | 0 |

결과 값 : 12

```
x >> 1
```

| 0 | 0 | 0 | 0 | 0 | 0 | 0 | 0 | 0 | 0 | 0 | 0 | 0 | 0 | 0 | 0 | 0 | 0 | 0 | 0 | 0 | 0 | 0 | 0 | 0 | 0 | 0 | 0 | 0 | 1 | 1 | 0 |

결과 값 : 6

```
int x = -1
x >> 1
```

-1의 비트 값

| 1 | 1 | 1 | 1 | 1 | 1 | 1 | 1 | 1 | 1 | 1 | 1 | 1 | 1 | 1 | 1 | 1 | 1 | 1 | 1 | 1 | 1 | 1 | 1 | 1 | 1 | 1 | 1 | 1 | 1 | 1 | 1 |

비트 이동 후

| 1 | 1 | 1 | 1 | 1 | 1 | 1 | 1 | 1 | 1 | 1 | 1 | 1 | 1 | 1 | 1 | 1 | 1 | 1 | 1 | 1 | 1 | 1 | 1 | 1 | 1 | 1 | 1 | 1 | 1 | 1 | 1 |

상단의 예에서 볼 수 있듯이 >>는 부호형 우측 쉬프트 연산자이므로 좌측에 남는 공간이 부호 비트 1로 채워진다.

결과 값 : -1

```
x>>> 1

비트 이동 후

┌─┬─┬─┬─┬─┬─┬─┬─┬─┬─┬─┬─┬─┬─┬─┬─┬─┬─┬─┬─┬─┬─┬─┬─┬─┬─┬─┬─┬─┬─┬─┬─┐
│0│1│1│1│1│1│1│1│1│1│1│1│1│1│1│1│1│1│1│1│1│1│1│1│1│1│1│1│1│1│1│1│
└─┴─┴─┴─┴─┴─┴─┴─┴─┴─┴─┴─┴─┴─┴─┴─┴─┴─┴─┴─┴─┴─┴─┴─┴─┴─┴─┴─┴─┴─┴─┴─┘
```

상단 결과에서 볼 수 있듯이 >>>는 비부호 우측 쉬프트 이동이기 때문에 좌측에 남는 공간이 무조건 0으로 채워진다.

결과 값 : 2147483647

◆ Chapter2₩src₩OperationTest7.java

```java
1    public class OperationTest7 {
2        /**
3         * 쉬프트 연산자 테스트
4         */
5        public static void main(String[] args) {
6            // TODO Auto-generated method stub
7            int x = 3;
8            int result = 0;
9
10           // <<
11           result = x << 2;
12           System.out.println("x << 2 = " + result);
13
14           // >>
15           x = -1;
16           result = x >> 1;
17           System.out.println("x >> 1 = " + result);
18
19           // >>>
20           result = x >>> 1;
21           System.out.println("x >>> 1 = " + result);
22       }
23   }
```

코드 분석

11	x 값인 3을 좌측으로 2비트 이동한다.
16	x 값인 −1을 우측으로 부호형 1비트 이동한다. 부호형이기 때문에 좌측에 남는 공간이 부호 비트인 1로 채워진다.
20	x 값인 −1 값을 우측으로 비부호 1비트 이동한다. 비부호 우측 비트 이동이기 때문에 우측 이동하면서 남는 공간이 0으로 채워진다.

```
x << 2 = 12
x >> 1 = -1
x >>> 1 = 2147483647
```

8 복합 연산자(연산 후 대입 연산자)

연산자를 실행하고 변수에 값을 대입하는 연산자이다.

+=, -=, *=, /=, %=을 사용할 수 있다.

```
int x = 5;
x += 5;
```

상단의 수식은 다음 수식과 같은 의미이다.

```
int x = 5;
x = x + 5;
```

즉, 연산 후 대입 연산자는 복합 연산자에 지정된 대입 연산자가 아닌 다른 연산을 먼저 실행하고 연산 결과를 변수에 대입한다.

➔ Chapter2₩src₩OperationTest8.java

```
1    public class OperationTest8 {
2
3        /**
4         * 복합 연산자 테스트
5         */
6        public static void main(String[] args) {
7            // TODO Auto-generated method stub
8            int x = 5;
9
10           // +=
11           x += 5;
12           System.out.println("x += 5 = " + x);
13           x += 3.1;
14           System.out.println("x += 3.1 = " + x);
```

```
15
16            // *=
17            x *= 2;
18            System.out.println("x *= 2 = " + x);
19
20            // /=
21            x /= 2;
22            System.out.println("x /= 2 = " + x);
23
24            // -=
25            x -= 5;
26            System.out.println("x -= 5 = " + x);
27
28            // %=
29            x %= 2;
30            System.out.println("x %= 2 = " + x);
31        }
32    }
```

코드 분석

11	x 변수의 현재 값 5에 5값을 더한 후 x 변수에 할당한다. 따라서 x 변수의 값은 10이된다.
13	x 변수의 현재 값 10에 3.1이라는 실수 값을 더하고 x 변수에 값을 할당한다. 만약 x = x + 3.1;이라는 문장을 실행했다면 우측의 연산 결과가 double로 리턴되기 때문에 컴파일 오류가 발생하지만, 복합 연산자는 연산 결과를 좌측 변수의 타입으로 자동으로 형 변환을 해 주는 기능이 있으므로, 13라인의 수식이 오류 없이 실행되어 x 값은 13으로 변경된다.
17	현재 x 값인 13에 2를 곱한 후 x 변수에 값을 할당하는 연산식이므로 x 변수 값은 26으로 변경된다.
21	x 변수의 현재 값 26을 2로 나눈 후 x 변수에 값을 할당하는 수식이므로 x 값은 13으로 변경된다.
25	현재의 x 값인 13에서 5를 빼는 연산식을 실행하는 부분이므로 x 값은 8로 변경된다.
29	x의 값의 현재 값인 8을 2로 나눈 나머지 값을 구하는 연산식이므로 x 값은 0이 된다.

실행 결과

```
x += 5 = 10
x += 3.1 = 13
x *= 2 = 26
x /= 2 = 13
x -= 5 = 8
x %= 2 = 0
```

9 ‍삼항 연산자

삼항 연산자는 하나의 조건에 대해서 조건을 만족할 때 반환될 값과 조건을 만족하지 않을 때 반환된 값을 정의하는 연산자이다.

문법 형태

(조건식) ? 조건식이 참일 때 반환될 값 : 조건이 거짓일 때 반환될 값

➡ Chapter2₩src₩OperationTest9.java

```
1    public class OperationTest9 {
2        /**
3         * 삼항 연산자 테스트
4         */
5        public static void main(String[] args) {
6            // TODO Auto-generated method stub
7            int num = Integer.parseInt(args[0]);
8            String msg = (num % 2 == 0) ? "짝수" : "홀수";
9            System.out.println(num + "은 " + msg + "입니다.");
10       }
11   }
```

코드 분석

7	프로그램을 실행할 때 넣어 주는 인자 값을 정수 타입의 값으로 변환한 후 받는 부분이다. 프로그램을 실행할 때 인자 값을 넣어 주면 무조건 String 타입으로 전송되어 오기 때문에 Integer.parseInt 메소드를 사용하여 문자열 타입을 정수 타입으로 변환한 후 정수 타입의 변수에 값을 할당한다.
8	삼항 연산자를 사용하여 num 값을 2로 나누어서 나머지가 0이면 짝수 문자열을 msg 변수에 할당하고, 나머지가 0이 아니면 "홀수" 문자열을 msg 변수에 할당하는 부분이다.
9	msg 변수에 저장되어 있는 결과 문자열을 출력하는 부분이다. 문자열끼리 연결하기 위해서 +(String Concatenation) 연산자를 이용하고 있다.

실행 결과

3은 홀수입니다.

상단과 같은 실행 결과가 제대로 출력되기 위해서는 이클립스에서 해당 코드를 실행할 때 해당 코드에서 우측 버튼을 누른 후 Run As → Run Configurations 메뉴를 클릭하여 하단 그림과 같은 다이얼로그 창을 출력한 후 num 값을 인수로 입력하고 Run 버튼을 클릭하여 실행하여야 한다.

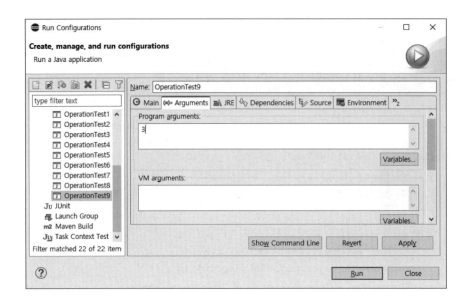

실전 예제로 기초부터 탄탄히 배우는 자바 프로그래밍

자바의
기본 문법 - 2

이 장에서는 코딩을 하면서 전체 프로그램의 실행 순서를 제어하기 위해 빈번하게 사용되는
조건문, 반복문 등의 제어문에 대해서 학습할 것이다. 제어문은 프로그래밍을 하면서 원하는
대로 프로그램의 흐름을 제어하기 위하여 필수적이고 핵심적인 부분이므로 다양한 예제를 통
해서 문법을 이해할 수 있도록 진행하겠다.

01 조건문

조건문은 특정 조건식의 결과 값에 따라서 프로그램의 실행을 결정하는 제어문이며, 프로그램 내에서 매우 빈번하게 사용되는 예약어이다.

1 if 문장

if 문은 조건식의 결과에 따라서 프로그램의 흐름을 결정하는 역할을 한다.

1. 단순 if 문

조건식의 결과 값이 true이면 실행문을 실행하고 조건식의 결과 값이 false이면 실행문을 실행하지 않는 문장이다. 조건식의 결과 값에 따라 실행될 실행문이 하나이면 "{ }"는 생략 가능하지만, 코드의 가독성을 위해서 생략하지 않는 것이 권장된다.

```
if(조건식)
{
 실행할 문장;
}
```

→ Chapter3\src\FlowTest1.java

```java
1    public class FlowTest1 {
2        /**
3         * 단순 if 문 테스트
4         */
5        public static void main(String[] args) {
6            // TODO Auto-generated method stub
7            int score = 30;
8            if(score >= 90){
9                System.out.println("당신은 우등생입니다.");
10           }
11       }
12   }
```

코드 분석

8	score 값이 90보다 크거나 같은지를 비교하는 조건식 부분이다.
9	if 문의 조건식이 true를 반환하면 실행되는 명령문 부분이다. 본 예제에서는 if 문의 조건에서 false 값을 반환하므로 아무것도 출력되지 않으며, if 조건식이 만족될 때 실행될 문장이 하나이므로 "{ }"는 생략할 수 있다. 즉, 8라인부터 10라인까지의 코드를 하단 코드와 같이 대체해도 상관없다. 　　　　　if(score)= 90) 　　　　　　　System.out.println("당신은 우등생입니다.");

실행결과

하단의 결과처럼 아무것도 출력되지 않는다.

---

2. if else 문장

단순 if 문에 더하여 조건이 만족하지 않을 경우에 실행될 문장도 지정해 주는 문장이다. else 구문에서도 실행될 문장이 하나이면 "{ }"를 생략할 수는 있지만, 가독성을 위해서 생략하지 않는 것이 권장된다.

```
if(조건식)
{
조건식에서 true를 반환할 때 실행될 문장;
}
else
{
조건식에서 false를 반환할 때 실행될 문장;
}
```

➡ Chapter3\src\FlowTest2.java

```
1    public class FlowTest2 {
2        /**
3         * if ~ else 문장 테스트
4         */
5        public static void main(String[] args) {
6            // TODO Auto-generated method stub
```

```
7              int score = 30;
8              if(score >= 90){
9                  System.out.println("당신은 우등생입니다.");
10             }
11             else{
12                 System.out.println("당신은 우등생이 아닙니다.");
13             }
14         }
15     }
```

코드 분석

8	score 값이 90보다 크거나 같은지를 비교하는 if 문장이다.
9	if 문의 조건식이 true를 반환하면 실행되는 문장이다. 본 예제에서는 if 문의 조건에서 false 값을 반환하므로 9라인은 실행되지 않으며, if 조건식이 만족될 때 실행될 문장이 하나이므로 "{ }"는 생략할 수 있다. 즉, 8라인부터 10라인까지의 코드를 하단 코드와 같이 대체해도 상관없다. if(score >= 90) System.out.println("당신은 우등생입니다.");
11	8라인의 if 문 조건식에서 false를 반환했을 때 실행될 문장의 블록이 시작되는 부분이다. 실행할 문장이 하나일 때는 하단 코드 11~13라인 코드를 하단 코드로 대체해도 동일한 결과가 출력된다. else System.out.println("당신은 우등생이 아닙니다.");

실행 결과

당신은 우등생이 아닙니다.

윤년 구하는 공식이 다음과 같을 때 인자 값으로 연도 값을 받아서 해당하는 해가 윤년인지 아닌지를 판단하여 출력하는 코드를 작성해 보자.

윤년인 경우

- 연도를 4로 나누어 떨어지고 100으로 나누어 떨어지지 않는 경우
- 연도를 400으로 나누어 떨어지는 경우

```
1    public class FlowTest3 {
2        /**
3         * 윤년 구하기
4         */
5        public static void main(String[] args) {
6            // TODO Auto-generated method stub
7            int year = Integer.parseInt(args[0]);
8            boolean leapYear = false;
9            leapYear = (year%4==0 && year % 100 != 0 || year % 400 == 0);
10           if(leapYear){
11               System.out.println(year + "년은 윤년입니다.");
12           }
13           else{
14               System.out.println(year + "년은 윤년이 아닙니다.");
15           }
16       }
17   }
```

코드 분석

7	프로그램 실행 시 인자로 넣은 값을 정수 타입으로 변환하며 year 변수에 할당하는 부분이다.
8	윤년인지 아닌지 결과를 boolean 타입으로 저장할 leapYear 변수의 값을 false로 초기화시킨 부분이다.
9	윤년 구하는 공식에 의해서 윤년인지 아닌지를 판단하는 부분이다.
10~12	윤년인 경우에 실행될 영역이다.
13~15	윤년이 아닐 경우에 실행될 영역이다.

상단의 예제가 제대로 실행되려면 프로그램을 실행할 때 FlowTest3.java 코드에서 마우스 우측 버튼을 클릭하고 Run As → Run Configurations 박스를 출력하여 옆의 그림과 같이 년도를 인자 값으로 설정한 후 Run 버튼을 클릭하여 프로그램을 실행해야 한다.

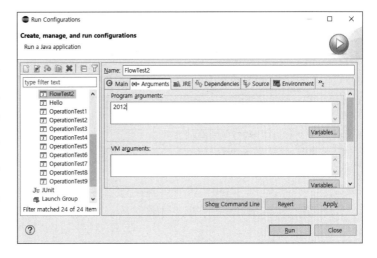

2012년은 윤년입니다.

3. 다중 if 문

조건식을 여러 개 지정하는 if 문장이다. 조건식이 true를 반환하면 해당 조건식 블록의 명령 문장이 실행된다.

```
If(조건식1)
{
  실행 문장1;
}
else if(조건식2)
{
  실행 문장2;
}
............
............
else
{
  상단의 if 문장들의 조건식이 모두 false를 반환할 때 실행될 문장들
}
```

→ Chapter3₩src₩FlowTest4.java

```
1    public class FlowTest4 {
2      /**
3       * 다중 if문 테스트
4       */
5      public static void main(String[] args) {
6        // TODO Auto-generated method stub
7        int age = Integer.parseInt(args[0]);
8        String generation = "";
9        if(age/10==0){
10           generation = "10대 이하";
11       }
12       else if(age/10 == 1){
13           generation = "10대";
14       }
```

```
15              else if(age/10 == 2){
16                  generation = "20대";
17              }
18              else if(age/10 == 3){
19                  generation = "30대";
20              }
21              else if(age/10 == 4){
22                  generation = "40대";
23              }
24              else if(age/10 == 5){
25                  generation = "50대";
26              }
27              else if(age/10 >= 6){
28                  generation = "50대 이상";
29              }
30              else{
31                  generation = "사람이 아니다.";
32              }
33              System.out.println("당신은 " + generation + "입니다.");
34          }
35      }
```

코드 분석

7	프로그램 실행 시 인자로 넣은 값을 정수 타입으로 변환하여 age 변수에 할당하는 부분이다. 본 예제에서는 프로그램을 실행할 때 인자로 나이 값을 넘겨주어야 한다. 인자를 지정하는 방법은 앞의 예제에서도 설명하였으므로 다시 설명하지 않겠다.
8	나이대를 문자열로 저장할 generation변수를 정의하였고 ""으로 초기화하였다.

9~32	인자로 넘어온 나이를 10으로 나눈 후 나머지 값에 따라서 각 나이대를 나타내는 문자열을 generation 변수에 할당하는 부분이다. 아래와 같이 조건식으로 사용된 age/10 값을 변수에 할당하고 비교문에서 사용해도 된다.
	int generationValue = age / 10;
	if(generationValue == 0) …

33	최종적으로 인자로 넘어온 나이의 나이대를 출력하는 부분이다.

인자로 44 값을 넘겨주고 프로그램을 실행하면 다음과 같은 결과가 출력된다.

실행결과

당신은 40대입니다.

이번에는 다중 if 문장을 이용해서 로그인을 처리하는 예제를 작성해 보겠다. 아이디와 비밀번호는 인자로 받아서 처리하도록 한다. 정상적으로 로그인 처리를 하려면 인자로 넘어온 아이디와 비밀번호를 데이터베이스에 저장되어 있는 값과 비교해서 처리해야 하지만, 지금 단계에서는 다중 if 문을 이해하기 위한 용도로만 아이디와 비밀번호의 값을 임의로 정해 놓고 로그인 처리에 사용한다.

처리 조건은 아래와 같다.

1. 주어지는 아이디 : java, 비밀번호 : java
2. 아이디 자체가 일치하지 않으면 "당신은 우리 회원이 아닙니다."라고 출력함.
3. 아이디는 일치하지만 비밀번호가 일치하지 않으면 "비밀번호가 일치하지 않습니다."라고 출력함.
4. 아이디와 비밀번호가 일치하면 "환영합니다."라고 출력함.

또한 본 예제를 처리하기 위해서는 if 문 조건식에서 인자로 전송되어 온 값을 1번에서 지정된 아이디와 비밀번호와 비교처리를 해야 한다. 그런데 인자는 문자열 타입으로 넘어오고 자바에서 문자열은 String이라는 클래스 형태의 레퍼런스 타입으로 지원이 된다. 즉, 자바에서 문자열은 객체로 인식된다.

2장에서 데이터 타입을 설명할 때 자바에서 제공되는 기본형 데이터 타입의 종류를 설명하였다. 기본형 데이터 타입과 레퍼런스 타입은 JVM에 저장되는 형태가 다르다. JVM 구조는 크게 구분하면 Class Area(Method Area), Stack, Heap 영역으로 나누어진다.

Class Area : 클래스에 대한 정보가 저장됨. 메소드 정보, static 영역 등	
Stack : 메소드 실행 기록 정보가 저장되며, 로컬 변수가 생성된다.	Heap : 객체가 저장된다.

상단에 설명한 JVM 구조에서 기본 타입의 변수를 선언하고 값을 초기화하면 Stack 영역에 변수 영역이 생성되면서 값 자체가 변수 영역에 할당된다.

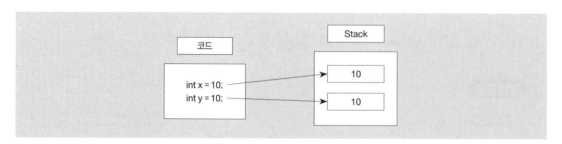

클래스 타입인 레퍼런스 변수에 값을 초기화하면 다음과 같은 메모리 구조를 가진다.

String 클래스 관련 부분에서 자세히 학습하겠지만 객체를 생성할 때는 자바에서 new라는 연산자를 이용해서 생성자를 호출한다. 지금은 생성자에 대해선 객체를 Heap 영역에 생성할 때 호출되는 단위 정도로만 이해하자.

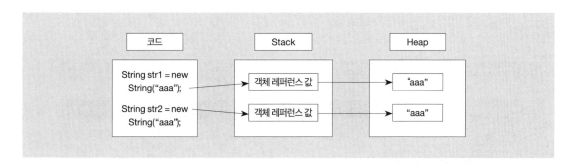

상단에 출력된 그림에서 레퍼런스 변수(str1, str2)는 Stack 영역에 생성된 각 레퍼런스 변수 영역에 값 자체가 저장되는 것이 아니고 Heap 영역에 생성된 각 객체를 가리키는 값이 저장된다. 따라서 2 장에서 소개한 비교 연산자(==)를 이용해서 두 값이 같은지를 비교하는 경우에 기본 데이터 타입의 경우 변수 영역에 값(위의 예제에서는 10) 자체가 저장되어 있으므로 x == y 연산을 수행하면 결과는 true를 반환한다.

레퍼런스 변수의 경우 str1 변수와 str2 변수의 영역에는 "aaa"라는 문자열 값이 저장되어 있는 것이 아니라 Heap 영역에 생성된 각 문자열 객체를 가리키는 레퍼런스 값이 저장되어 있기 때문에(각 객체가 생성되어 있는 위치 값은 객체마다 다르다) str1 == str2 연산식은 무조건 false이다.

그렇다면 이번 예제에서 두 문자열 객체를 어떻게 비교해야 문자열의 값 자체를 비교할 수 있을까? 이런 프로그램에 필요한 기능을 제공하는 것이 API이다.

API 문서를 찾아보면 String 클래스에서 제공되는 메소드가 있다. String 클래스에서 boolean equals(Object obj) 메소드가 제공되는데 이 메소드는 두 문자열 객체가 가지고 있는 실제 내용 문자열을 비교해서 true나 false를 반환하는 메소드이다. 메소드에 명시한 boolean은 해당 기능을 실행한 후 결과로 반환해 주는 값의 데이터 타입을 의미하며 "( )" 안에 지정한 Object obj 부분은 equals 메소드를 호출할 때 "( )" 안에 객체를 인자로 제공해야 한다는 의미이다. Object 클래스는 자바에서 최상위 클래스이다. 지금 단계에서는 이해하기 힘들겠지만 자바의 모든 객체 타입을 표현할 때 Object로 표현한다는 정도로 이해하자.

메소드 사용 방법은 레퍼런스 변수 뒤에 "."을 찍어서 호출하면 된다.

```
str1.equals(str2)
```

equals 메소드를 API 문서에서 검색하려면 API 페이지에서 java.base 모듈의 java.lang 패키지를 클릭한다.

상단 그림에서 상자로 표시된 java.lang 패키지 링크를 클릭하면 하단 그림과 같은 화면이 출력된다. 하단에 출력된 그림 화면에서 박스로 표시되어 있는 String 클래스를 클릭한다.

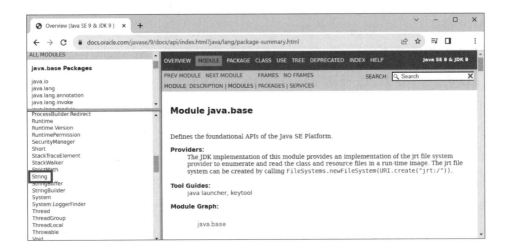

상단 그림으로 출력된 화면에서 우측 설명창의 상단에 링크되어 있는 Method를 클릭한 후 스크롤을 아래 부분으로 약간 내리면 하단 그림과 같이 equals 메소드에 대한 설명 부분을 참조할 수 있다.

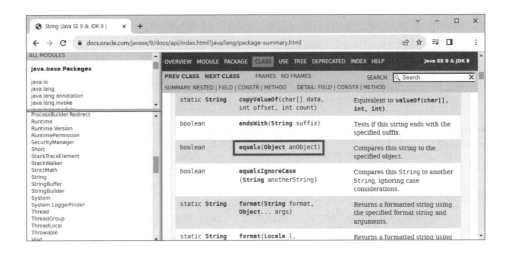

→ Chapter3₩src₩LoginTest.java

```java
1    public class LoginTest {
2        /**
3         * 로그인 테스트
4         */
5        public static void main(String[] args) {
6            // TODO Auto-generated method stub
7            String id = args[0];
8            String passwd = args[1];
9
10           if(!id.equals("java")){
11               System.out.println("당신은 우리 회원이 아닙니다.");
12           }
13           else if(!passwd.equals("java")){
14               System.out.println("비밀번호가 일치하지 않습니다.");
15           }
16           else{
17               System.out.println("환영합니다.");
18           }
19       }
20   }
```

코드 분석

7~8	인자로 전송되어 온 아이디와 비밀번호를 받아서 각 변수에 할당하는 부분이다.
10~12	인자로 전송되어 온 아이디 문자열이 "java" 문자열이 아닐 경우 실행될 문장을 지정하는 조건 블록이다.
13~15	아이디는 일치하면서 비밀번호가 일치하지 않을 경우 실행될 문장을 지정하는 조건 블록이다. 이 else if 구문이 실행되려면 반드시 앞에서 비교한 if 문을 만족하지 않아야 한다. 이전에 제시된 조건이 만족되면 절대 if else 블록이 실행될 수 없다.
16~18	앞에 제시된 if 문들을 모두 만족하지 않았을 경우, 즉 로그인이 성공했을 때 실행될 부분을 정의한 부분이다.

실행결과① 아이디와 비밀번호 인자를 모두 틀리게 지정한 경우

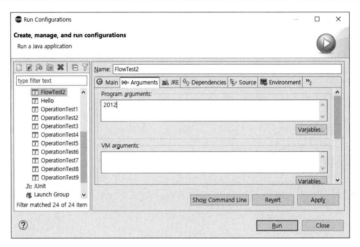

당신은 우리 회원이 아닙니다.

실행결과② 아이디는 맞게 비밀번호는 틀리게 지정한 경우

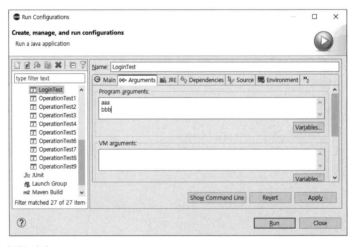

비밀번호가 일치하지 않습니다.

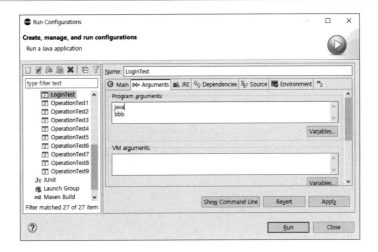

환영합니다.

상단에서 살펴본 로그인 예제에서 연산 부분과 출력 부분을 분리하면 코드의 재사용성을 향상시킬 수 있다.

→ Chapter3₩src₩LoginTestTuning.java

```java
1    public class LoginTestTuning {
2
3        public static void main(String[] args) {
4            // TODO Auto-generated method stub
5            String dbId = "java";
6            String dbPasswd = "java";
7
8            String userId = args[0];
9            String userPasswd = args[1];
10
11           int loginResult;
12
13           if(!userId.equals(dbId)){
14               loginResult = 1;
15           }
16           else if(!userPasswd.equals(dbPasswd)){
17               loginResult = 2;
18           }
19           else{
20               loginResult = 3;
```

```
21            }
22
23        if(loginResult == 1) {
24            System.out.println("당신은 우리 회원이 아닙니다.");
25        }
26        else if(loginResult == 2) {
27            System.out.println("비밀번호가 일치하지 않습니다.");
28        }
29        else {
30            System.out.println("환영합니다.");
31        }
32    }
33
34  }
```

코드 분석

5~6	등록되어 있는 사용자의 아이디와 비밀번호를 임의적으로 정하는 부분이다.
8~9	로그인 시도를 위해서 사용자가 입력하는 아이디와 비밀번호를 인자로 받는 부분이다.
11	로그인 처리한 결과를 정수 타입으로 저장할 변수를 선언한 부분이다. 아이디가 일치하지 않으면 1, 아이디는 일치하지만 비밀번호가 일치하지 않으면 2, 로그인이 성공하면 3값을 할당한다.
23~31	로그인을 실행한 결과 값을 가지고 있는 loginResult 변수 값에 따라서 로그인 처리 결과를 출력하는 부분이다.

다음 예제는 수식을 입력받아 사칙 연산을 해 주는 코드를 다중 if 문을 사용하여 작성해 보겠다. 주의할 점은 * 연산 수식을 입력할 때는 "*"는 정규식 표현이므로 "*" 기호를 X로 변경하여 요청해야 한다는 점이다.

➡ Chapter3\src\CalcTest.java

```
1   public class CalcTest {
2       /**
3        * operation 테스트
4        */
5       public static void main(String[] args) {
6           // TODO Auto-generated method stub
7           int num1 = Integer.parseInt(args[0]);
8           int num2 = Integer.parseInt(args[2]);
9
10          String operation = args[1];
```

```
11              int result = 0;
12        boolean rightOperator = true;
13
14          if(operation.equals("+")){
15              result = num1 + num2;
16          }
17          else if(operation.equals("-")){
18              result = num1 - num2;
19          }
20          else if(operation.equals("/")){
21              result = num1 / num2;
22          }
23          else if(operation.equals("X")){
24              result = num1 * num2;
25          }
26          else {
27              rightOperator = false;
28          }
29
30          if(rightOperator){
31              System.out.println(num1 + operation + num2 + " = " + result);
32          }
33          else{
34              System.out.println("연산자가 잘못되었습니다.");
35          }
36      }
37  }
```

🔧 코드 분석

7~8	수식 중 피연산자 부분의 인자 두 개를 받아서 정수형으로 변환한 후 각 변수에 할당하는 부분이다.
10	연산자를 인자로 받아 문자열 변수에 할당하는 부분이다.
11	수식의 연산 결과를 저장할 변수를 정의하고 값을 0으로 초기화한 부분이다.
12	입력한 연산자가 올바른지 판단한 값을 저장할 변수를 선언한 부분이다.
14~25	각 연산자 종류별로 수식을 연산한 결과를 result 변수 값으로 할당하는 부분이다.
26~28	올바르지 않은 연산자를 입력한 경우 rightOperator 값을 false로 변경하는 부분이다.
30~32	연산자 인자가 올바르게 넘어왔으면, 즉 사칙 연산자 중 하나가 넘어왔으면 연산된 결과를 수식과 함께 출력해 주는 부분이다.
33~35	올바르지 않은 연산자가 인자로 넘어왔을 때 메시지를 출력해 주는 부분이다.

인자 값으로 3 + 5를 입력했을 경우의 실행 결과는 다음과 같다. 주의할 점은 인자 값을 지정할 때 "3", "+", "5" 문자 사이에 스페이스 바나 엔터를 쳐서 각각이 다른 인자임을 구분해서 입력해 주어야 한다는 점이다.

 실행결과

```
3+5 = 8
```

4. 중첩 if 문
중첩 if 문은 if 문 안에 내부 if 문을 중첩해서 사용하는 if 문을 의미한다.

```
if (조건식1)
{
  if (조건식2)
    {

    }
}
```

중첩 if 문을 이용해서 국어, 영어, 수학 성적을 인자로 입력받아서 총점이 180점 이상이면 합격, 단 한 과목이라도 40점 이하가 있으면 과락이라는 규칙으로 합격, 불합격을 결정하는 예제를 작성해 보도록 하겠다.

→ Chapter3₩src₩FlowTest5.java

```
1    public class FlowTest5 {
2        /**
3         * 중첩 if 문 테스트
4         */
5        public static void main(String[] args) {
6            // TODO Auto-generated method stub
7            int kor = Integer.parseInt(args[0]);
8            int mat = Integer.parseInt(args[1]);
9            int eng = Integer.parseInt(args[2]);
10           int total = 0;
11
12           //total 점수 계산
13           total = kor + mat + eng;
```

```
14
15              //외부 if 문장
16              if(total >= 180){
17                  //내부 if문
18                  if(kor < 40 || mat < 40 || eng < 40){
19                      System.out.println("당신은 과락입니다. 불합격입니다.");
20                  }
21                  else{
22                      System.out.println("당신은 합격입니다.");
23                  }
24              }
25              else{
26                  System.out.println("당신은 총점이 부족합니다. 불합격입니다.");
27              }
28          }
29      }
```

코드 분석

7~9	국어, 영어, 수학 점수를 인자로 받아서 각 int 형의 변수에 할당하는 부분이다. 인자 값이 문자열 타입으로 전송되어 오기 때문에 Integer.parseInt 메소드를 사용하여 문자열을 정수 타입으로 변경한 후 변수에 값을 할당한다.
10	국어, 영어, 수학 점수의 총합을 저장할 변수를 선언하는 부분이다.
13	국어, 영어, 수학 점수의 총합을 계산하는 부분이다.
16~24	총합이 180점 이상일 경우에 실행될 영역을 정의한 조건 블록이다.
18~20	총합이 180점 이상이면서 한 과목이라도 40점 이하의 점수가 있을 경우 실행될 조건 블록이다.
21~23	총합이 180점 이상이면서 모든 과목이 40점 이상일 경우 실행될 부분을 정의한 조건 블록이다.
25~27	총합이 180점 이하일 경우 실행될 부분을 정의한 부분이다.

실행결과 ① 인자로 60 60 60 을 입력한 경우

당신은 합격입니다.

실행결과 ② 인자로 100 60 30 을 입력한 경우

당신은 과락입니다. 불합격입니다.

실행결과 ③ 인자로 50 50 50 을 입력한 경우

당신은 총점이 부족합니다. 불합격입니다.

2 switch 문장

switch 문장은 조건이 여러 개일 때 다중 if 문장 대신 사용할 수 있는 조건문이다.

```
switch (인자 값 : 변수나 표현식)
{
  case 비교 값1:
    실행문1;
break;
  case 비교 값2:
    실행문2;
break;
  .......................
  default:
   실행문;
}
```

상단의 문법에서 switch의 인자 값으로 사용된 결과 값이 비교 값1이면 실행문1을 실행한 뒤 break 문장에 의해서 switch 문을 빠져나가고, 인자 값으로 사용된 결과 값이 비교 값2이면 실행문2를 실행하고 break 문을 만나서 switch 문을 빠져나간다. 만약 나열되어 있는 case 문장 중에 제공된 인자 값과 일치하는 비교 값이 없으면 default 영역의 실행문을 실행하고 switch 문장을 빠져나간다. default 부분은 생략 가능하다.

각 case 문에 break 예약어를 입력하지 않으면 break 문장을 만날 때까지 실행 문장을 계속해서 실행하니 주의해야 한다.

회사 직급을 인자로 받아서 각 직급별 연봉을 출력해 주는 예제를 작성해 보겠다.

➜ Chapter3₩src₩FlowTest6.java

```java
1    public class FlowTest6 {
2        /**
3         * switch 문장 테스트
4         */
5        public static void main(String[] args) {
6            // TODO Auto-generated method stub
7            String job = args[0];
8            int salary = 0;
9
```

```
10              switch(job){
11          case "사원":
12              salary = 20000000;
13              break;
14          case "대리":
15              salary = 35000000;
16              break;
17          case "과장":
18              salary = 5000000;
19              break;
20          case "부장":
21              salary = 8000000;
22              break;
23          }
24          System.out.println("당신의 연봉은 " + salary + "원입니다.");
25      }
26  }
```

코드 분석

7	인자 값으로 전송되어 온 직급을 job 변수에 할당하는 부분이다.
8	각 직급별 연봉을 저장할 salary 변수 값을 0으로 초기화하는 부분이다.
10~23	switch~case 문장을 이용해서 각 직급별 연봉을 salary 변수에 할당하는 부분이다.
24	해당 직급의 연봉을 출력하는 부분이다.

하단 내용은 인자로 부장을 입력하고 프로그램을 실행했을 경우의 프로그램 실행 결과이다.

실행 결과

당신의 연봉은 8000000원입니다.

FlowTest6.java의 예제 코드에서 case 블록의 break 예약어를 제거하고 프로그램을 작성하면 실행 결과가 어떻게 되는지 확인해 본다.

```
1    public class FlowTest7 {
2        /**
3         * switch 문장 테스트
4         */
5        public static void main(String[] args) {
6            // TODO Auto-generated method stub
7            String job = args[0];
8            int salary = 0;
9
10           switch(job){
11           case "사원":
12               salary = 20000000;
13           case "대리":
14               salary = 35000000;
15           case "과장":
16               salary = 5000000;
17           case "부장":
18               salary = 8000000;
19           }
20           System.out.println("당신의 연봉은 " + salary + "원 입니다.");
21       }
22   }
```

 코드 분석

상단의 코드는 FlowTest6.java 코드에서 case 블록의 break 예약어만 제거한 코드이다.
따라서, 어떤 직급을 인자로 주어도 마지막 case 문장의 실행문까지 모두 실행되기 때문에 항상 부장 연봉이 출력된다.

하단의 실행 결과는 직급을 대리로 입력하고 실행한 화면이다.

 실행 결과

당신의 연봉은 8000000원입니다.

switch 문장을 이용해서 나이를 인자로 입력받아 나이대를 출력하는 코드를 작성해 보겠다.

```java
1    public class FlowTest8 {
2        /**
3         * switch 문장 테스트
4         */
5        public static void main(String[] args) {
6            // TODO Auto-generated method stub
7            int age = Integer.parseInt(args[0]);
8            String generation = "";
9
10           switch(age){
11           case 1:case 2:case 3:case 4:case 5:case 6:case 7:case 8:case 9:
12               generation = "10대 이하";
13               break;
14
15           case 11:case 12:case 13:case 14:case 15:case 16:case 17:case 18:case 19:
16               generation = "10대";
17               break;
18
19           case 21:case 22:case 23:case 24:case 25:case 26:case 27:case 28:case 29:
20               generation = "20대";
21               break;
22
23           case 31:case 32:case 33:case 34:case 35:case 36:case 37:case 38:case 39:
24               generation = "30대";
25               break;
26
27           case 41:case 42:case 43:case 44:case 45:case 46:case 47:case 48:case 49:
28               generation = "40대";
29               break;
30
31           case 51:case 52:case 53:case 54:case 55:case 56:case 57:case 58:case 59:
32               generation = "50대";
33               break;
34
35           default :
36               generation = "60대 이상";
37           }
38           System.out.println("당신은 " + generation + "입니다.");
39       }
40   }
```

7	인자로 넘어온 나이 값을 int 형의 변수 age의 값으로 할당하는 부분이다. 인자가 String 타입으로 전송되어 오기 때문에 Integer.parseInt 메소드를 사용해서 int 타입으로 변환한 후에 할당했다.
8	나이대를 문자열로 저장할 generation 변수를 String 타입으로 선언하면서 ""으로 초기화시킨 부분이다.
10~37	각 나이별로 나이대를 지정하는 부분이다.
35~36	인자로 넘어온 나이 값이 case문에 하나도 만족하지 않으면 실행될 영역을 지정한 부분이다.
38	인자 값에 대해서 구해진 나이대를 출력하는 부분이다.

인자값으로 70을 입력하고 실행한 결과는 다음과 같다.

실행 결과

당신은 60대 이상입니다.

다음 예제(CalcTestBySwitchCase.java)는 사칙연산에 관한 예제(CalcTest.java)를 switch ~ case 문장을 사용하여 변경한 예제이다.

➡ Chapter3₩src₩CalcTestBySwitchCase.java

```java
1    public class CalcTestBySwitchCase {
2
3        public static void main(String[] args) {
4            // TODO Auto-generated method stub
5            int num1 = Integer.parseInt(args[0]);
6            int num2 = Integer.parseInt(args[2]);
7
8            String operation = args[1];
9            int result = 0;
10             boolean rightOperator = true;
11
12           switch (operation) {
13           case "+":
14               result = num1 + num2;
15               break;
16           case "-":
17               result = num1 - num2;
18               break;
19           case "/":
20               result = num1 / num2;
```

```
21              break;
22          case "X":
23              result = num1 * num2;
24              break;
25          default:
26              rightOperator = false;
27              break;
28          }
29
30          if(rightOperator){
31              System.out.println(num1 + operation + num2 + " = " + result);
32          }
33          else{
34              System.out.println("연산자가 잘못되었습니다.");
35          }
36      }
37
38  }
```

코드 분석

12~28	CalcTest.java 예제의 사칙 연산 부분을 switch ~ case 문장으로 변경한 부분이다. 조건 값으로 연산자가 저장되어 있는 operation 값을 사용하며 case 구문에서 각 연산자별로 연산을 수행하여 결과값을 result 변수에 할당한다.
26	operation 변수에 할당한 값, 즉 연산자로 넘어온 인자 값이 "+", "−", "X", "/" 문자 값이 아니면 rightOperation 변수에 false 값을 할당하여 연산자를 잘못 입력하였음을 지정한다.
30~35	rightOperation 변수 값이 true이면, 즉 연산자가 올바르면 해당 연산을 수행한 결과를 출력하며, rightOperation 변수 값이 false이면 "연산자가 잘못되었습니다."라는 문자열을 출력하는 부분이다.

이번에는 연도와 달 값을 인자로 받은 후 해당 달의 총 일수를 구하는 예제를 작성해 보자.

→ Chapter3₩src₩DayCountOfMonth.java

```
1   import java.util.Scanner;
2
3   public class DayCountOfMonth {
4
5       public static void main(String[] args) {
6           // TODO Auto-generated method stub
7           Scanner scan = new Scanner(System.in);
8           int year = Integer.parseInt(args[0]);
```

```
 9           int month = Integer.parseInt(args[1]);
10           int dayCount = 0;
11           boolean rightMonth = true;
12
13           switch (month) {
14           case 1:
15           case 3:
16           case 5:
17           case 7:
18           case 8:
19           case 10:
20           case 12:
21               dayCount = 31;
22               break;
23           case 4:
24           case 6:
25           case 9:
26           case 11:
27               dayCount = 30;
28               break;
29           case 2:
30               if(year%4==0 && year % 100 != 0 || year % 400 == 0) {
31                   dayCount = 29;
32               }
33               else {
34                   dayCount = 28;
35               }
36               break;
37           default:
38               rightMonth = false;
39               break;
40           }
41
42           if(rightMonth) {
43               System.out.println(year + "년 " + month + "월은 총 " + dayCount + "일입니다.");
44           }
45           else {
46               System.out.println("달 값이 올바르지 않습니다.");
47           }
48       }
```

```
49
50      }
```

코드 분석

13	인자로 넘어온 달 값이 올바른지 확인하는 변수를 선언한 부분이다.
	인자로 넘어온 달 값이 1월에서 12월 사이가 아니면 38라인에서 false 값을 할당한다.
14~20	총 일수가 31일인 달들을 비교 값으로 사용하는 부분이다.
23~26	총 일수가 30일인 달들을 비교 값으로 사용하는 부분이다.
29~36	인자로 2월달이 넘어왔을 때 총 일수를 구하는 부분이다.
	30라인에서 인자로 넘어온 연도가 윤년인지를 판단하여 윤년일 때는 총 일수를 29일로 할당하고, 윤년이 아닐 경우는 총 일수를 28일로 할당한다.
42~44	인자로 올바른 달 값이 넘어온 경우 총 일수를 출력하는 부분이다.
45~47	인자로 넘어온 달 값이 올바르지 않을 경우 "달 값이 올바르지 않습니다." 라고 출력하는 부분이다.

연도로 2016을, 달 값으로 2를 인자로 지정하고 예제를 실행하면 하단과 같은 결과가 출력된다.

실행결과

```
2016년 2월은 총 29일입니다.
```

02 반복문

반복문은 일정한 실행문을 반복해서 실행할 수 있는 문장이다.

1 for 문장

규칙적으로 반복 회수가 정해져 있는 반복문을 실행할 때 사용되는 반복문이다.

```
for (①초기 값; ② ⑤조건식; ④증감식)
{
 ③⑥ 실행문;
}
③ - 1
⑥ - 1
```

실행 순서는 상단 박스에 붙여진 번호 순서와 같다.

① 우선 초기값을 먼저 설정하고

② 조건식을 실행한다.

③ 조건을 만족하면 실행문을 실행하고

③ - 1. 조건을 만족하지 않으면 블록 밖으로 빠져나간다.

④ 실행문을 실행한 후에는 증감식 부분을 실행하고

⑤ 다시 조건식을 비교한다.

⑥ 조건식이 만족하면 실행문을 실행하고

⑥ - 1. 만족하지 않으면 블록 밖으로 빠져나가면서 for 반복문을 벗어난다.

　실행문을 실행하였으면 계속해서 증감식을 실행하고 조건식을 비교하여 조건에 만족하면 실행문을
　실행, 만족하지 않으면 for 문 밖으로 빠져나간다.

0부터 50까지의 합을 구하는 예제를 작성해 보자.

```
1    public class FlowTest9 {
2        /**
3         * 단순 for 문 테스트
4         */
5        public static void main(String[] args) {
6            // TODO Auto-generated method stub
7            int sum = 0;
8
9            for(int i=0;i<=50;i++){
10               sum += i;
11           }
12           System.out.println("0부터 50까지의 합은 " + sum + "입니다.");
13       }
14   }
```

🔧 코드 분석

7	0부터 50까지의 합을 저장할 sum 변수의 값을 0으로 초기화하는 부분이다.
9~11	0부터 50까지 i 값을 1씩 증가시키면서 sum 변수에 더하는 부분이다.
12	0부터 50까지의 합을 출력하는 부분이다.

🖱 실행 결과

0부터 50까지의 합은 1275 입니다.

이번에는 상단의 코드 부분에서 수식까지 같이 출력하는 코드를 작성해 보겠다.

```
1    public class FlowTest10 {
2        /**
3         * 단순 for 문 테스트
4         */
5        public static void main(String[] args) {
6            // TODO Auto-generated method stub
7            int sum = 0;
8            String exp = "";
9
10           for(int i=0;i<=50;i++){
```

```
11              sum += i;
12              exp += (i==0) ? "" + i : " + " + i;
13          }
14          System.out.println(exp + " = " + sum);
15      }
16  }
```

코드 분석

8	수식을 저장할 변수를 exp 이름으로 정의하였고, "" 값으로 초기화한 부분이다.
10~13	i 값을 0부터 50까지 증가시키면서 수식(exp) 변수 값과 총합(sum) 값을 생성하는 부분이다.
12	수식을 생성할 때 삼항 연산자를 이용해서 i 값이 0일 때는, 즉 처음 나오는 피연산자일 경우에는 "+" 문자를 앞에 붙이지 않고 i 값을 문자열에 연결해 주고, i 값이 0 이 아닐 때는 "+" 문자를 앞에 추가하고 i 값을 수식 문자열에 연결해 주는 부분이다.

실행 결과

```
0 + 1 + 2 + 3 + 4 + 5 + 6 + 7 + 8 + 9 + 10 + 11 + 12 + 13 + 14 + 15 + 16 + 17 + 18 + 19
+ 20 + 21 + 22 + 23 + 24 + 25 + 26 + 27 + 28 + 29 + 30 + 31 + 32 + 33 + 34 + 35 + 36 +
37 + 38 + 39 + 40 + 41 + 42 + 43 + 44 + 45 + 46 + 47 + 48 + 49 + 50 = 1275
```

이클립스에서는 한 줄로 출력된다.

아래는 0부터 50까지 2씩 증가하며 50까지의 합을 구해 주는 예제이다.

→ Chapter3₩src₩FlowTest11.java

```
1   public class FlowTest11 {
2       /**
3        * 단순 for 문 테스트
4        */
5       public static void main(String[] args) {
6           // TODO Auto-generated method stub
7           int sum = 0;
8           String exp = "";
9
10          for(int i=0;i<=50;i=i+2){
11              sum += i;
```

```
12                  exp += (i==0) ?  ""  + i : " + " + i;
13          }
14          System.out.println(exp + " = " + sum);
15      }
16  }
```

코드 분석

| 10 | 증감식 부분을 i = i + 2 로 변경하여 실행문이 실행될 때마다 i 값을 2씩 증가시키는 부분이다. |

실행 결과

0 + 2 + 4 + 6 + 8 + 10 + 12 + 14 + 16 + 18 + 20 + 22 + 24 + 26 + 28 + 30 + 32 + 34 + 36 + 38 + 40 + 42 + 44 + 46 + 48 + 50 = 650

i 값을 50부터 1씩 감소시키면서 50부터 1까지의 합을 계산하는 예제이다.

➔ Chapter3₩src₩FlowTest12.java

```
1   public class FlowTest12 {
2       /**
3        * 단순 for 문 테스트
4        */
5       public static void main(String[] args) {
6           // TODO Auto-generated method stub
7           int sum = 0;
8           String exp = "";
9
10          for(int i=50;i>=1;i--) {
11              sum += i;
12              exp += (i==50) ?  ""  + i : " + " + i;
13          }
14          System.out.println(exp + " = " + sum);
15      }
16  }
```

코드 분석

| 10~13 | 50부터 시작해서 1씩 감소하면서 i 값이 1보다 크거나 같을 때까지 for문을 실행하는 부분이다. |
| 12 | i 값이 50일 때가 for 문의 시작 부분이기 때문에 i 값이 50일 때 "+" 문자를 앞 부분에 추가하지 않고 i 값을 수식 문자열에 연결하고 있으며, i 값이 50 값이 아닐 때는 "+" 문자를 앞 부분에 추가하지 않고 i 값을 수식에 추가하는 부분이다. |

50 + 49 + 48 + 47 + 46 + 45 + 44 + 43 + 42 + 41 + 40 + 39 + 38 + 37 + 36 + 35 + 34 + 33 + 32 + 31 + 30 + 29 + 28 + 27 + 26 + 25 + 24 + 23 + 22 + 21 + 20 + 19 + 18 + 17 + 16 + 15 + 14 + 13 + 12 + 11 + 10 + 9 + 8 + 7 + 6 + 5 + 4 + 3 + 2 + 1 = 1275

인자로 특정 정수 값을 입력받아서 해당 정수부터 1까지의 합을 구하는 예제이다.

➡ Chapter3₩src₩FlowTest13.java

```java
1    public class FlowTest13 {
2        /**
3         * 단순 for문 테스트
4         */
5        public static void main(String[] args) {
6            // TODO Auto-generated method stub
7            int num = Integer.parseInt(args[0]);
8            int sum = 0;
9            String exp = "";
10
11           for(int i=num;i>=1;i--){
12               sum += i;
13               exp += (i==num) ?  "" + i : " + " + i;
14           }
15           System.out.println(exp + " = " + sum);
16       }
17   }
```

코드 분석

7	인자 값으로 반복할 시작 값을 받아서 정수형의 변수 num의 초기 값으로 대입한 부분이다.
11	for 문의 초기값을 인자로 전송된 num 값으로 초기화한 부분이다.
13	i 값이 인자로 전송되어 온 초기 값일 경우에 "+" 문자를 앞 부분에 추가하지 않고 i 값을 수식에 추가하고, i 값이 인자로 전송되어 온 값이 아닐 때는 "+" 문자를 앞 부분에 추가하고 i 값을 수식에 추가하는 부분이다.

인자 값으로 30을 지정하고 프로그램을 실행한 결과이다.

30 + 29 + 28 + 27 + 26 + 25 + 24 + 23 + 22 + 21 + 20 + 19 + 18 + 17 + 16 + 15 + 14 + 13 + 12 + 11 + 10 + 9 + 8 + 7 + 6 + 5 + 4 + 3 + 2 + 1 = 465

1부터 50까지의 숫자 중 짝수의 합만 구하는 예제이다.

➜ Chapter3₩src₩FlowTest14.java

```java
1    public class FlowTest14 {
2        /**
3         * 단순 for 문 테스트
4         */
5        public static void main(String[] args) {
6            // TODO Auto-generated method stub
7            int sum = 0;
8            String exp = "";
9
10           for(int i=1;i<=50;i++){
11               if(i%2==0)
12               {
13               sum += i;
14               exp += (i==2) ? "" + i : " + " + i;
15               }
16           }
17           System.out.println(exp + " = " + sum);
18       }
19   }
```

코드 분석

11~15	i 값이 짝수일 때 실행될 영역을 지정한 부분이다.
14	i 값이 첫 번째 짝수인 2일 때만 "+" 문자를 앞에 붙이지 않고 수식에 i 값을 추가하고, 2가 아닌 경우에는 "+" 문자를 앞에 붙이고 i 값을 추가하는 부분이다.

실행결과

2+4+6+8+10+12+14+16+18+20+22+24+26+28+30+32+34+36+38+40+42+44+46 +48+50=650

2 다중 for 문

다중 for 문이란 for 문 안에 for 문을 중첩해서 사용하는 for 문을 의미한다.

다중 for 문을 사용하면 바깥쪽 for 문의 변수 값 하나에 대해서 안쪽 for 문의 변수 값이 처음부터 끝까지 한 번씩 실행된다. 이중 for 문이든 삼중 for 문이든 마찬가지다.

```
1    public class FlowTest15 {
2        /**
3         * 다중 for 문 테스트
4         */
5        public static void main(String[] args) {
6            // TODO Auto-generated method stub
7            for(int outer=1;outer<=3;outer++){
8                for(int inner=1;inner<=3;inner++){
9                    System.out.println("outer = " + outer + ", inner = " + inner);
10               }
11           }
12       }
13   }
```

코드 분석

바깥쪽 for 문의 변수 값 하나에 대해서 안쪽 for 문의 변수 값 inner가 1부터 3까지 반복적으로 실행된다.

실행결과

```
outer = 1, inner = 1
outer = 1, inner = 2
outer = 1, inner = 3
outer = 2, inner = 1
outer = 2, inner = 2
outer = 2, inner = 3
outer = 3, inner = 1
outer = 3, inner = 2
outer = 3, inner = 3
```

다음 예제는 이중 for 문을 이용해서 다음과 같은 모양으로 숫자를 출력하는 코드이다.

```
1
2   3
4   5   6
7   8   9   10
11  12  13  14  15
1   2   3   4   5
6   7   8   9
10  11  12
13  14
15
```

```
1    public class FlowTest16 {
2        /**
3         * 다중 for문 테스트
4         */
5        public static void main(String[] args) {
6            // TODO Auto-generated method stub
7            int num = 0;
8            for(int x=1;x<=5;x++){
9                for(int y=1;y<=x;y++){
10                   System.out.print(++num + "\t");
11               }
12               System.out.println();
13           }
14           num = 0;
15           for(int x=1;x<=5;x++){
16               for(int y=1;y<=(6-x);y++){
17                   System.out.print(++num + "\t");
18               }
19               System.out.println();
20           }
21       }
22   }
```

🖳 코드 분석

7	출력할 값을 저장할 변수 num 값을 0으로 초기화시킨 부분이다.
8~13	첫 라인부터 5라인까지 출력될 숫자를 하나씩 증가시키면서 출력해 주는 for 문 영역을 정의하였다. 바깥쪽 for 문을 1부터 5까지 반복하여 실행한다. 12라인에서 안쪽 for문이 실행되면 줄 바꿈을 해 준다. 즉, 바깥 쪽 for 문의 변수 값은 라인 번호와 같은 의미가 된다.
9	안쪽 for 문의 변수 값의 조건식이 y<=x 로 지정되었다. 즉, 1부터 라인 번호까지 반복적으로 처리함으로써 1라인에는 숫자 한 개, 2라인에는 숫자 두 개와 같은 식으로 숫자들이 출력된다.
10	++num을 사용해서 현재 num 값을 1씩 증가시킨 후 값을 출력하고 있으며, "\t"를 이용하여 숫자 뒤에 tab 키를 추가하여 숫자들 사이의 간격을 일정하게 유지시켜 주고 있다.
16	안쪽 for 문의 조건식으로 y<=(6-x) 로 사용하여 x값이 1일 때는 다섯 번 반복, 2일 때는 네 번 반복과 같은 유형으로 반복하며 숫자를 출력한다.

하단과 같은 모양이 출력되는 프로그램을 아래의 방식으로 작성해 보자

1. 이중 for 문을 두 개를 사용해서 작성
2. 이중 for 문 하나를 사용해서 작성
3. 삼항 연산자를 사용해서 작성

```
        1
       123
      12345
     1234567
    123456789
     1234567
      12345
       123
        1
```

상단의 모양을 출력하려면 각 라인별로 스페이스바의 개수와 출력되는 숫자의 최대값을 구하는 수식을 찾는 것이 핵심이다. 1라인부터 5라인까지는 각 라인별로 스페이스 바의 개수가 감소하고, 출력되는 숫자는 증가한다. 6라인부터 9라인까지는 각 라인별로 스페이스 바의 개수가 증가하고, 출력되는 숫자는 감소한다. 즉, 1라인부터 5라인까지와 6라인부터 9라인까지의 각 라인별로 스페이스 바를 구하는 수식과 최대 숫자 값을 구하는 수식이 다르다.

이중 for 문 두 개를 사용해서 작성해 보자. (1라인부터 5라인까지 이중 for 문 하나, 6라인부터 9라인까지 이중 for 문 하나)

1라인부터 5라인까지 각 라인별로 스페이스 바 개수와 최대 숫자 값을 분석해 보자.

	라인 번호	스페이스 바	최대 숫자
1	1	4	1
123	2	3	3
12345			
1234567			
123456789			

상단 분석 내용을 보면 라인 번호 1일 때 스페이스 바가 4개이고 최대 숫자 값이 1, 라인 번호가 2일 때 스페이스 바가 3개이고 최대 숫자 값이 3이다. 라인 번호가 i 변수에 할당되어 있다고 가정하면 스

페이스 바의 개수를 구하는 수식은 5 – i이고 최대 숫자 값을 구하는 수식은 2 * i – 1이다.

6라인부터 9라인까지 각 라인별로 스페이스 바 개수와 최대 숫자 값을 분석해 보자.

	라인 번호	스페이스 바	최대 숫자
1234567	1	1	7
12345	2	2	5
123			
1			

상단 분석 내용을 보면 라인 번호 1일 때 스페이스 바가 1개이고 최대 숫자 값이 7, 라인 번호가 2일 때 스페이스 바가 2개이고 최대 숫자 값이 5이다. 라인 번호가 i 변수에 할당되어 있다고 가정하면 스페이스 바의 개수를 구하는 수식은 i이고 최대 숫자 값을 구하는 수식은 9 – 2 * i이다.

지금까지 분석한 내용으로 코드를 작성하면 아래와 같다.

→ Chapter3₩src₩DoubleForTest1.java

```java
1    public class DoubleForTest1 {
2        /**
3         * 다중 for문 테스트
4         */
5        public static void main(String[] args) {
6            for (int i = 1; i <= 5; i++) {
7                for (int j = 1; j <= 5 - i; j++) {
8                    System.out.print(" ");
9                }
10               for (int j = 1; j <= 2 * i - 1; j++) {
11                   System.out.print(j);
12               }
13               System.out.println();
14           }
15           for (int i = 1; i <= 4; i++) {
16               for (int j = 1; j <= i; j++) {
17                   System.out.print(" ");
18               }
19               for (int j = 1; j <= 9 - 2 * i; j++) {
20                   System.out.print(j);
21               }
22               System.out.println();
```

```
23            }
24        }
25    }
```

⚙ 코드 분석

상단의 예제 코드에서 이중 for 문 두 개를 이중 for 문 하나로 합쳐서 해결해 보자.

➡ Chapter3₩src₩DoubleForTest2.java

```java
1    public class DoubleForTest2 {
2        /**
3         * 다중 for문 테스트
4         */
5        public static void main(String[] args) {
6            for (int i = 1; i <= 9; i++) {
7                if (i <= 5) {
8                    for (int j = 1; j <= 5 - i; j++) {
9                        System.out.print(" ");
10                   }
11                   for (int j = 1; j <= 2 * i - 1; j++) {
12                       System.out.print(j);
13                   }
14               } else {
15                   for (int j = 1; j <= i - 5; j++) {
16                       System.out.print(" ");
17                   }
18                   for (int j = 1; j <= 19 - 2 * i; j++) {
19                       System.out.print(j);
20                   }
21               }
22               System.out.println();
23           }
24       }
25   }
```

6	이중 for 문 두 개를 이중 for 문 하나로 변경한 예제이다. 핵심적인 부분은 이중 for 문 두 개의 각 내부에서 스페이스 바와 숫자를 출력하는 내부 for 문 두 개를 하나의 이중 for 문에 안에 삽입하는 것이다. 출력되는 숫자가 증가되는 부분과 감소되는 부분을 하나의 이중 for 문으로 처리하기 위해서 행수를 9로 지정하는 부분이다
7~14	출력되는 숫자가 증가되는 1라인부터 5라인까지를 출력하기 위한 부분이다.
14~21	출력되는 숫자가 감소되는 6라인부터 9라인까지를 출력하기 위한 부분이다. 14라인의 else 블록에 진입하기 위해서는 i 값이 6이 되어야 한다. 즉, 이중 for 문 두 개로 숫자가 감소되는 부분을 출력할 때는 i 값이 1일 때 스페이스 바의 개수가 1이고, 최대 숫자 값이 7이었지만 하나의 이중 for 문으로 최대 숫자 값이 감소되는 부분을 처리할 때는 i 값이 6일 때 스페이스 바의 개수가 1이고, 최대 숫자 값이 7이다. 따라서 i 값에 따라서 스페이스 바의 개수를 구하는 수식과 최대 숫자 값을 구하는 수식을 다르게 적용하고 있다.

상단의 예제 코드를 삼항 연산자를 사용해서 해결해 보자.

→ Chapter3₩src₩DoubleForTest3.java

```java
1    public class DoubleForTest3 {
2        /**
3         * 다중 for문 테스트
4         */
5        public static void main(String[] args) {
6                for (int i = 1; i <= 9; i++) {
7                int spaceCount = (i <= 5) ? 5 - i : i - 5;
8                int maxNumber = (i <= 5) ? 2 * i - 1 : 19 - 2 * i;
9                for (int j = 1; j <= spaceCount; j++) {
10                   System.out.print(" ");
11               }
12               for (int j = 1; j <= maxNumber; j++) {
13                   System.out.print(j);
14               }
15               System.out.println();
16           }
17           }
18    }
```

코드 분석

7~8	각 라인별(i 값)로 스페이스 바의 개수와 최대 숫자 값을 구하는 부분이다. 라인 번호가 5라인보다 작거나 같은지의 조건에 따라서 다른 수식을 적용한다. 구해진 수식은 9라인과 12라인에서 스페이스 바와 숫자를 출력할 때 조건 값으로 사용된다.

3 while

while 문은 규칙적인 반복을 하는 for 문과 달리 조건이 만족하는 동안 실행 문장을 반복해서 실행하는 반복문이다.

```
while (조건식)
{
  실행문;
}
```

조건식이 true를 반환하면 실행 문장을 반복해서 실행한다.

FlowTest17.java 예제는 1부터 50까지의 합을 구하는 예제이다.

→ Chapter3₩src₩FlowTest17.java

```java
1    public class FlowTest17 {
2      /**
3       * while 문 테스트
4       */
5      public static void main(String[] args) {
6        // TODO Auto-generated method stub
7        int sum = 0;
8        int i = 1;
9        while(i<=50){
10         sum += i;
11         i++;
12       }
13       System.out.println("1 부터 50까지의 합은 " + sum + "입니다.");
14     }
15   }
```

🖥️ 코드 분석

7	1부터 50까지의 합을 저장할 변수 sum 값을 0으로 초기화시킨 부분이다.
8	sum 값에 계속해서 더할 i 변수 값을 1로 초기화시키는 부분이다.
9~12	i 값이 50보다 작거나 같을 때까지 실행문을 실행하는 부분이다.
10	sum 값에 i 값을 반복해서 더해 주는 부분이다.
11	실행문이 한 번 실행될 때마다 i 값을 1씩 증가시키는 부분이다.
13	1부터 50까지의 합을 출력하는 부분이다.

1 부터 50까지의 합은 1275입니다.

→ Chapter3₩src₩FlowTest18.java

```java
1    public class FlowTest18 {
2        /**
3         * while 문 테스트
4         */
5        public static void main(String[] args) {
6            // TODO Auto-generated method stub
7            int sum = 0;
8            int i = 1;
9            while(true){
10               sum += i;
11               i++;
12               if(i==51) break;
13           }
14           System.out.println("1부터 50까지의 합은 " + sum + "입니다.");
15       }
16   }
```

코드 분석

9	while 반복문의 조건식에 true를 지정하여 무한히 반복한다.
12	i 값이 51이 되면 while 문장을 빠져나온다.

 실행결과

1부터 50까지의 합은 1275입니다.

아래는 입력한 단 값에 해당하는 구구단을 출력하는 예제이다.

→ Chapter3₩src₩FlowTest19.java

```java
1    public class FlowTest19 {
2        /**
3         * while 문 테스트
4         */
5        public static void main(String[] args) {
6            // TODO Auto-generated method stub
7            int danNumber = Integer.parseInt(args[0]);
```

```
 8            if(danNumber >=2 && danNumber <= 9){
 9                int num = 1;
10                int result = 0;
11                while(num <= 9){
12                    result = danNumber * num;
13                    System.out.println(danNumber + " * " + num + " = " + result);
14           num++;
15                }
16            }
17            else{
18                System.out.println("단 값이 잘못되었습니다.");
19            }
20        }
21    }
```

코드 분석

7	출력할 단 값을 인자로 받아서 정수 타입의 변수 danNumber 변수의 값으로 초기화시키는 부분이다. 본 예제는 단 값을 인자로 입력받아 해당 단을 출력하는 예제이다.
8~16	인자로 전송되어오는 단 값이 2에서 9 사이이면 올바른 단이 인자로 넘어왔다고 판단하고 해당 단을 출력해 주는 부분이다.
9	단에 곱해질 값을 저장할 num 변수 값을 1로 초기화한 부분이다.
10	단 수식을 계산한 값을 저장할 변수 result 값을 0으로 초기화시켜 준 부분이다.
11~15	인자로 넘어온 단 값에 1부터 9까지 곱하는 수식을 출력하는 부분이다.
12	단 값에 num 값을 곱한 값을 계산하여 result 값으로 할당하는 부분이다.
13	해당 단의 수식을 출력하는 부분이다.
14	num 값을 1씩 증가시키는 부분이다.
17~19	인자 값으로 넘어온 단 값이 2부터 9 사이의 값이 아니면 "단 값이 잘못되었습니다." 라는 메시지를 출력해 주는 부분이다.

실행결과 ❶ 단 값으로 3을 입력하고 실행했을 경우

```
3 * 1 = 3
3 * 2 = 6
3 * 3 = 9
3 * 4 = 12
3 * 5 = 15
3 * 6 = 18
3 * 7 = 21
3 * 8 = 24
3 * 9 = 27
```

단 값이 잘못되었습니다.

4 do while 문

do ~ while 문장은 while 문장과 비슷하지만 조건식이 뒤에 있다. 즉, do 문장을 먼저 실행하고 조건식을 비교한다. 조건식을 만족하지 않아도 한 번은 실행되기 때문에 주로 값을 먼저 입력받은 후에 값을 비교하는 조건식을 사용할 경우에 사용한다.

```
do
{
  실행문;
}while(조건식);
```

➡ Chapter3₩src₩FlowTest20.java

```
1    public class FlowTest20 {
2        /**
3         * do ~ while 문장 테스트
4         */
5        public static void main(String[] args) {
6            // TODO Auto-generated method stub
7            int i = 0;
8
9            //while
10           while(i>=1){
11               System.out.println("while area");
12           }
13
14           //do ~ while
15           do{
16               System.out.println("do ~ while area");
17           }while(i>=1);
18       }
19   }
```

10~12	while 문장 영역이다. 조건이 i)=1이지만 현재 i 값은 0으로 초기화되어 있기 때문에 조건을 만족하지 않는다. 따라서, while 실행문 부분은 한 번도 실행되지 않는다.
15~17	do ~ while 문장 부분이다. 역시 조건식은 while 문과 같지만 실행문을 실행한 후에 값을 비교하기 때문에 실행문이 실행된다.

실행 결과

```
do ~ while area
```

이번에는 숫자 맞추기 예제를 do ~ while 문을 이용해서 구현해 보겠다. 임의의 난수를 발생시키고 숫자를 콘솔에서 입력받아 난수 값을 맞추는 예제를 작성하겠다. 본 예제가 실행되면 사용자가 난수 값을 맞출 때까지 사용자로부터 반복적으로 숫자를 받아야 한다. 그러나 우리는 사용자로부터 값을 받을 수 있는 방법으로 인자 값을 받는 방법밖에 배우지 않았다.

본 예제를 완성하기 위해서 자바 API에서 사용자로부터의 입력을 편리하게 받을 수 있는 Scanner 클래스를 소개한다. 패키지 프레임에서 java.util 패키지를 클릭하고 하단 프레임에서 classes 부분의 Scanner 클래스 링크를 클릭하면 하단과 같이 Scanner에 대한 설명 부분을 확인할 수 있다.

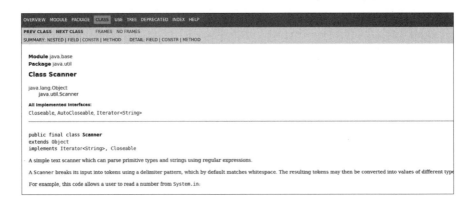

➡ Chapter3₩src₩ScannerTest.java

```
1    import java.util.Scanner;
2    public class ScannerTest {
3        /**
4         * Scanner 테스트
5         */
6        public static void main(String[] args) {
```

```
7                // TODO Auto-generated method stub
8                Scanner sc = new Scanner(System.in);
9
10               //next
11               System.out.print("문자열 입력 : ");
12               String nextString = sc.next();
13               System.out.println("nextString = " + nextString);
14
15               //nextInt
16               System.out.print("숫자 입력 : ");
17               int nextIntNum = sc.nextInt();
18               System.out.println("nextIntNum = " + nextIntNum);
19           }
20      }
```

코드 분석

1	import에 대해서 자세히 배우지는 않았지만 지금은 java.lang 패키지가 아닌 다른 패키지에 존재하는 클래스를 사용할 때는 해당 클래스 경로를 import 예약어로 지정해 주어야 한다고 알고 있자. 콘솔에서 데이터를 읽어 들일 수 있는 Scanner 객체를 생성하는 부분이다.
8	next() 메소드를 이용해서 입력한 데이터를 문자열 타입으로 얻어 오는 부분이다.
12	스페이스 바나 엔터를 만날 때까지의 데이터를 읽어 들인다.
17	nextInt() 메소드를 이용해서 입력한 데이터를 정수 타입으로 읽어 들이는 부분이다.

실행 결과

```
문자열 입력 : 문자열
nextString = 문자열
숫자 입력 : 7
nextIntNum = 7
```

→ Chapter3₩src₩FlowTest21.java

```
1    import java.util.Scanner;
2    public class FlowTest21 {
3        /**
4         * do ~ while 테스트
5         */
6        public static void main(String[] args) {
7            // TODO Auto-generated method stub
```

```
 8            Scanner sc = new Scanner(System.in);
 9            int number = (int)(Math.random()*100)+1;
10            int inNumber = 0;
11
12            do{
13                System.out.println("숫자를 입력하세요...");
14                    System.out.print("숫자 입력 : ");
15                inNumber = sc.nextInt();
16
17                if(inNumber == number){
18                    System.out.println("맞췄습니다.");
19                    break;
20                }
21                else if(inNumber < number){
22                    System.out.println("숫자가 너무 작아요");
23                }
24                else {
25                    System.out.println("숫자가 너무 커요");
26                }
27            }
28            while(true);
29        }
30    }
```

코드 분석

8	콘솔로부터 데이터를 읽어 들이는 역할을 하는 Scanner 객체를 생성하는 부분이다.
9	자바 API에서 제공해 주는 Math.random() 메소드를 사용해서 난수를 구하는 부분이다. Math.random() 메소드는 0.0보다 크거나 같고 1.0보다 작은 double 형의 데이터를 반환해 주기 때문에 (int)(Math.random()*100) 수식에서 반환할 수 있는 값은 0부터 99까지 값이다. 따라서 (int)(Math.random()*100)+1 수식에서 반환하는 값은 1부터 100까지의 숫자이다.
10	사용자 입력한 값을 정수 형태로 저장할 inNumber 변수의 값을 0으로 초기화시킨 부분이다.
15	사용자 입력한 값을 int 형으로 읽어 들이는 부분이다.
17~20	사용자가 난수 값을 맞췄을 때 실행되는 영역을 정의하였다. 사용자가 올바른 값을 입력하였으면 메시지를 출력하고 break 예약어를 이용하여 do ~ while 문장을 빠져나가서 프로그램을 종료한다.
21~23	사용자 입력한 숫자가 난수 값보다 작을 때 실행되는 영역을 정의한 부분이다.
24~26	사용자 입력한 숫자가 난수 값보다 클 경우 실행될 영역을 정의한 부분이다.

숫자를 입력하세요...
숫자 입력 : 50
숫자가 너무 커요
숫자를 입력하세요...
숫자 입력 : 30
숫자가 너무 커요
숫자를 입력하세요...
숫자 입력 : 20
숫자가 너무 커요
숫자를 입력하세요...
숫자 입력 : 10
숫자가 너무 작아요
숫자를 입력하세요...
숫자 입력 : 15
숫자가 너무 커요
숫자를 입력하세요...
숫자 입력 : 13
숫자가 너무 커요
숫자를 입력하세요...
숫자 입력 : 12
맞췄습니다.

do ~ while 문장을 학습했으니 조건문에서 작성했던 로그인 예제(LoginTestTunning.java)를 로그인이 성공할 때까지 아이디와 비밀번호를 반복적으로 물어보게 변경해 보자.

→ Chapter3₩src₩LoginWhile.java

```java
1    import java.util.Scanner;
2
3    public class LoginWhile {
4
5        public static void main(String[] args) {
6            // TODO Auto-generated method stub
7            Scanner scan = new Scanner(System.in);
8            String dbId = "java";
9            String dbPasswd = "java";
10           int loginResult;
11
12           do {
13               System.out.print("아이디 : ");
```

```
14          String userId = scan.next();
15          System.out.print("비밀번호 : ");
16          String userPasswd = scan.next();
17
18          if(!userId.equals(dbId)){
19              loginResult = 1;
20          }
21          else if(!userPasswd.equals(dbPasswd)){
22              loginResult = 2;
23          }
24          else{
25              loginResult = 3;
26          }
27
28          if(loginResult == 1) {
29              System.out.println("당신은 우리 회원이 아닙니다.");
30          }
31          else if(loginResult == 2) {
32              System.out.println("비밀번호가 일치하지 않습니다.");
33          }
34          else {
35              System.out.println("환영합니다.");
36          }
37          }
38          while(loginResult != 3);
39      }
40
41  }
```

코드 분석

7	콘솔로부터 데이터를 읽어 들이는 역할을 하는 Scanner 객체를 생성하는 부분이다.
12~38	loginResult 변수 값이 3이 아닐 경우(즉, 로그인에 실패한 경우) 사용자로부터 반복해서 아이디와 비밀번호를 입력받게 처리한 부분이다.

실행결과

```
아이디 : aaa
비밀번호 : 1111
당신은 우리 회원이 아닙니다.
아이디 : java
```

비밀번호 : 1111
비밀번호가 일치하지 않습니다.
아이디 : java
비밀번호 : java
환영합니다.

03 기타 분기문

1 break 문

가장 가까운 반복문이나 switch 문장을 빠져나간다 .

➡ Chapter3₩src₩FlowTest22.java

```java
1    import java.util.Scanner;
2    public class FlowTest22 {
3        /**
4         * @param args
5         */
6        public static void main(String[] args) {
7            // TODO Auto-generated method stub
8            Scanner sc = new Scanner(System.in);
9            String answer = "서울";
10           String inString = "";
11           do{
12               System.out.println("대한민국의 수도를 입력하세요");
13                   System.out.print("수도 이름 입력 : ");
14               inString = sc.next();
15               if(inString.equals(answer)){
16                   System.out.println("대한 민국의 수도는 " + answer + "입니다.");
17                   break;
18               }
19               System.out.println("다시 입력해 주세요");
20           }
21           while(true);
22       }
23   }
```

🖥 코드 분석

8	콘솔로부터 데이터를 읽어 들이는 역할을 하는 Scanner 객체를 생성하는 부분이다.
9	맞춰야 할 수도 이름을 초기화시키는 변수를 정의한 부분이다.
10	사용자가 입력한 수도 이름을 저장할 변수를 "" 값으로 초기화시킨 부분이다.
14	사용자가 입력한 수도 이름을 읽어 들이는 부분이다.

15~18	수도 이름을 맞췄을 때 실행될 영역을 지정한 부분이다.
17	수도 이름을 맞췄을 때 break 문에 의해서 do 블록을 빠져나간다.
19	수도 이름을 맞추지 못했으면 "다시 입력해 주세요"라는 문자열을 출력하고 반복적으로 입력을 받는 부분이다.

실행결과

대한민국의 수도를 입력하세요
수도 이름 입력 : 부산
다시 입력해 주세요
대한민국의 수도를 입력하세요
수도 이름 입력 : 춘천
다시 입력해 주세요
대한민국의 수도를 입력하세요
수도 이름 입력 : 서울
대한 민국의 수도는 서울입니다.

중첩 반복문 안에서 break 문을 만나면 가장 가까운 반복문을 빠져나가지만 label을 지정해서 지정한 영역의 반복문을 빠져나가게 처리할 수 있다.

➡ Chapter3₩src₩FlowTest23.java

```java
1    public class FlowTest23 {
2        /**
3         * break 테스트
4         */
5        public static void main(String[] args) {
6            // TODO Auto-generated method stub
7            int num=0;
8            char c = 'A';
9            aaa: while(true){
10               while(true){
11                   num++;
12                   System.out.print(c++ + " ");
13                   if(num % 5 == 0){
14                       break;
15                   }
16                   if(num == 26) {
17                       break aaa;
18                   }
19               }
20               System.out.println();
21           }
22       }
23   }
```

7	while 문 안에서 실행문 실행 횟수를 저장할 변수를 선언한 부분이다.
8	while 문 안에서 출력할 문자를 변수에 초기화시킨 부분이다.
9	바깥쪽 while 문 시작 부분을 정의하였고 바깥쪽 while 문 영역에 aaa 레이블을 지정하였다.
10	안쪽 while 문 영역의 시작 부분을 정의하였다.
11	문자를 한 번 출력할 때마다 num 값을 1씩 증가시키는 부분이다.
12	문자를 출력하면서 문자 코드 값을 1씩 증가시키는 부분이다. System.out.print 메소드를 사용하여 줄을 바꾸지 않고 문자를 옆으로 계속 출력한다.
13~15	옆으로 문자 다섯 개를 출력하였으면 안쪽 while 문을 빠져나가서 20라인을 실행하면서 줄을 바꾼다.
16~18	num 값이 26이 되면 aaa 레이블이 지정되어 있는 바깥쪽 while 문을 빠져나가면서 프로그램을 종료하는 부분이다.

실행 결과

```
A B C D E
F G H I J
K L M N O
P Q R S T
U V W X Y
Z
```

2 continue 문장

continue 문장은 가장 가까운 반복문을 빠져나가는 것이 아니고, 가장 가까운 반복문의 증감식 부분으로 프로그램 제어를 이동시킨다.

```
aaa: for(초기값;조건식;증감식)
{
  실행문;
  for(초기값;조건식;증감식)
  {
   실행문;
   continue;  // 안쪽 for 문의 증감식으로 이동
   continue aaa; // 바깥쪽 for 문의 증감식으로 이동
  }
}
```

```
1    public class FlowTest24 {
2        /**
3         * continue 테스트
4         */
5        public static void main(String[] args) {
6            // TODO Auto-generated method stub
7            aaa: for(char c='A';c<='C';c++){
8                for(int x=1;x<=3;x++){
9                    if(x==2)continue;
10                   if(c=='B') continue aaa;
11                   System.out.println("c = " + c + ",x = " + x);
12               }
13           }
14       }
15   }
16
```

🔧 코드 분석

7~13	바깥쪽 for 문을 지정한 부분이다. 바깥쪽 for 문에 aaa라는 레이블을 지정하였다.
8~12	안쪽 for 문 영역을 지정한 부분이다.
9	x 값이 2일 때 안쪽 for 문의 시작 부분 라인의 증감식으로 이동하게 하여 2가 출력되지 않도록 한 부분이다.
10	c 변수 값이 'B'가 되었을 때 aaa 레이블이 지정된 부분 7라인의 증감식으로 이동하게 함으로써 B문자가 출력되지 않게 처리한 부분이다.

🖱 실행 결과

```
c = A,x = 1
c = A,x = 3
c = C,x = 1
c = C,x = 3
```

자바의
기본 문법 - 3

지금까지는 필요한 데이터를 메모리에 저장할 때 주로 변수를 이용하였다. 변수는 하나의 저장 영역에 하나의 이름으로 값만 저장할 수 있다. 변수만 사용할 경우 만약 한 회사의 특정 부서에 있는 사원들의 연봉을 변수에 저장하려면 연봉을 저장할 변수를 해당 부서의 사원 수만큼 생성해야 한다. 이렇게 되면 코드가 너무 복잡해지고 각 변수마다 관련성 없이 독립적으로 존재하여 관리하기 어렵다. 이럴 때 자바에서는 배열을 이용한다. 배열은 관련 있는 여러 개의 데이터를 하나의 이름으로 한 곳에 저장한다. 또한 배열에는 객체 타입, 기본 데이터 타입 모두 저장이 가능하다.

01 1차원 배열

1 배열 선언

```
데이터타입[] 배열변수명;또는
데이터타입 배열변수명[];
```

```
int[] ages;
int ages[];

String[] names;
String names[];
```

2 배열 생성

배열은 자바에서 객체로 취급하므로 new 연산자로 배열 객체를 생성한다(자바에서 객체를 생성할 때는 new 연산자를 사용한다). 배열은 생성할 때 크기를 미리 지정하여 메모리를 할당받는다. 배열의 크기를 지정하면 해당 크기만큼의 데이터 개수를 저장할 수 있다. 배열의 크기는 한 번 지정되면 변경할 수 없다.

```
ages = new int[3];
names = new String[3];
```

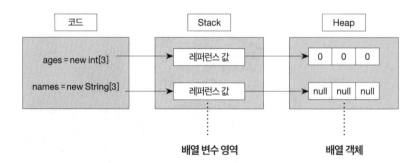

배열 객체가 생성된 후의 메모리 구조

상단 그림에서 보면 알 수 있듯이 배열 객체를 생성하면 Stack 영역에 배열 변수 영역이 생성되고, Heap 영역에는 배열 객체가 생성된다. 그리고 배열 변수 영역에는 배열 객체를 가리키는 레퍼런스 값이 저장된다. 배열 객체에는 처음에 배열을 생성할 때 지정한 데이터 타입의 기본값이 초기화된다. int 타입의 기본값은 0이고, String 타입의 기본값은 null이다.

배열 인덱스 ··········	ages[0]	ages[1]	ages[2]
	0	0	0

배열 객체의 각 방 영역에는 배열 인덱스가 부여되고 이 인덱스로 각 영역에 접근이 가능하다. 인덱스는 배열 객체의 영역마다 부여되고, 인덱스 값은 0부터 시작한다.

배열에 값을 입력할 때는 다음과 같이 배열 이름과 몇 번 방에 넣을지 알려주는 인덱스 값과 함께 작성하면 된다.

```
배열 이름[인덱스 값] = 데이터;
```

이때 주의할 점은 배열의 데이터 타입과 입력하는 데이터 값의 데이터 타입이 일치해야 한다는 점이다. 또한 접근할 수 있는 인덱스 값의 범위는 0부터 (배열 크기 - 1)까지이다. 그럼 이제 int 타입의 ages 배열과 String 타입의 names 배열에 직접 값을 넣어 보자.

다음은 ages 배열에 값을 할당하는 코드이다.

```
ages[0] = 2;
ages[3] = 3;
// 에러 발생
```

배열의 크기는 한 번 생성하면 변경할 수 없고, 메모리에 존재하지 않는 영역에는 값을 할당할 수 없기 때문에 ages[3] = 3; 은 실행하면 에러가 발생한다. 위의 코드를 실행하면 Heap 영역은 하단 그림과 같이 변경된다.

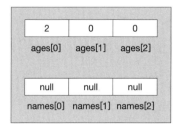

다음은 names 배열에 값을 할당하는 코드이다.

```
names[0]="oh"
```

상단 코드를 실행하면 하단 그림과 같이 Heap 영역의 배열 객체가 변경된다.

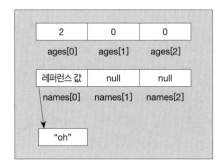

상단의 그림과 같이 names 배열은 String 타입의 배열이기 때문에 생성한 문자열 객체 "oh"는 Heap 영역에 생성되고, 배열에는 문자열 객체 "oh"를 가리키는 레퍼런스 값이 저장되게 된다.

예제로 살펴보기 　1차원 배열 객체 생성 후 값 초기화하고 초기화된 데이터 출력하기

➜ Chapter4₩src₩ArrayTest1.java

```
1    public class ArrayTest1 {
2        public static void main(String[] args) {
3            //배열 선언
4            int ages[];
5            String names[];
6
7            //배열 객체 생성
8            ages = new int[3];
9            names = new String[3];
10
11           //초기화
12           ages[0] = 1;
13           ages[1] = 2;
14           ages[2] = 3;
15           names[0] = "홍길동";
16           names[1] = "전우치";
17           names[2] = "이도";
```

```
18
19          //값 출력
20          for(int i=0;i<3;i++){
21              System.out.println("ages[" + i + "] = " + ages[i]);
22              System.out.println("names[" + i + "] = " + names[i]);
23          }
24      }
25  }
```

🔧 코드 분석

4~5	배열을 선언한 부분이다. int[] ages; String[] names로 선언해도 된다.
8~9	각 배열 객체를 생성하는 부분이다. 배열 객체를 생성할 때는 자바에서는 배열을 객체 취급하므로 new 연산자를 사용하여야 한다. 자바에서 객체를 생성할 때는 new 연산자를 사용한다.
12~17	배열의 각 인덱스 영역에 값을 할당하는 부분이다. 인덱스는 0부터 시작한다.
20~25	배열의 각 인덱스 영역에 접근하여 해당 영역에 존재하는 값들을 출력하는 부분이다.

🖱 실행 결과

```
ages[0] = 1
names[0] = 홍길동
ages[1] = 2
names[1] = 전우치
ages[2] = 3
names[2] = 이도
```

예제로 살펴보기 ┃ 배열 객체의 각 요소 값을 차례대로 출력하기 - 배열의 length 속성 사용

for 문으로 반복하여 배열의 인덱스 영역에 접근할 때는 배열에서 제공되는 length 속성을 이용해서 처리할 수 있다. length 속성은 배열의 길이(크기)를 저장하고 있는 속성이다.

→ Chapter4₩src₩ArrayTest2.java

```
1   public class ArrayTest2 {
2       public static void main(String[] args) {
3           int num = 3;
4           int[] array1 = new int[3];
```

```
 5
 6          for(int i=0;i<array1.length;i++){
 7              array1[i] = num++;
 8          }
 9
10          for(int i=0;i<array1.length;i++){
11              System.out.println("array1[" + i + "] = " + array1[i]);
12          }
13      }
14  }
```

코드 분석

4	배열을 선언하면서 동시에 생성하는 부분이다.
6~8	3부터 시작하여 값을 1씩 증가시키면서 배열의 0번 인덱스 영역부터 차례대로 값을 할당한다. for 문에서 마지막 인덱스를 지정할 때 array1.length 값보다 하나 작은 값을 지정하고 있다. length 속성 값은 1부터 시작하고, 인덱스 값은 0부터 시작하기 때문에 length 속성 값이 인덱스 값보다 1만큼 더 크기 때문이다.
10~12	배열의 각 인덱스 영역에 해당하는 방의 데이터 값을 출력하는 부분이다.

실행 결과

```
array1[0] = 3
array1[1] = 4
array1[2] = 5
```

예제로 살펴보기 배열 요소의 값을 초기화시키면서 배열 객체를 생성하는 예제

배열의 각 인덱스의 값을 초기화시키면서 배열 객체를 생성하는 방법은 다음과 같다.

```
String names[] = {"홍길동","전우치","이도"};
String names[] = new String[]{"홍길동","전우치","이도"};
```

배열 선언과 배열 객체 생성을 분리할 때는 두 번째 방식을 사용해야 한다.

```
String names[];
names = new String[]{"홍길동","전우치","이도"};
```

메소드에 파라미터로 배열 객체를 생성해서 전달해 줄 경우에는 두 번째 방식을 사용해야 한다. printInfo(String[] infos)라는 메소드가 정의되어 있을 경우 메소드를 호출하는 부분에서는 printInfo(new String[]{"info1","info2"}) 와 같은 형태로 호출해야 한다.

→ Chapter4₩src₩ArrayTest3.java

```java
1   public class ArrayTest3 {
2       public static void main(String[] args) {
3           String cities[] = {"서울","대구","춘천","울산","광주","천안"};
4           String nations[] = new String[]{"대한민국","미국","영국","일본","프랑스"};
5
6           //배열 값 출력
7           for(int i=0;i<cities.length;i++){
8               System.out.println("cities[" + i + "] = " + cities[i]);
9           }
10          for(int i=0;i<nations.length;i++){
11              System.out.println("nations[" + i + "] = " + nations[i]);
12          }
13      }
14  }
15
```

코드 분석

3~4	배열에 값을 초기화하면서 배열 객체를 생성하는 부분이다.
7~9	cities 배열의 각 인덱스 영역에 저장되어 있는 문자열 값을 출력하는 부분이다.
10~12	nations 배열의 각 인덱스 영역에 저장되어 있는 문자열들을 출력하는 부분이다.

실행 결과

```
cities[0] = 서울
cities[1] = 대구
cities[2] = 춘천
cities[3] = 울산
cities[4] = 광주
cities[5] = 천안
nations[0] = 대한민국
nations[1] = 미국
nations[2] = 영국
nations[3] = 일본
nations[4] = 프랑스
```

→ Chapter4₩src₩ArrayTest4.java

```java
1    import java.util.Scanner;
2    public class ArrayTest4 {
3        public static void main(String[] args) {
4            String names[] = new String[]{"홍길동","전우치","이도","세종대왕","이민지","
5    이나라","이민수"};
6            Scanner sc = new Scanner(System.in);
7            int index=-1;
8            do{
9                System.out.println("검색할 이름을 입력하세요");
10               System.out.print("이름:");
11               String name = sc.next();
12               for(int i=0;i<names.length;i++){
13                   if(name.equals(names[i])){
14                       index = i;
15                   }
16               }
17               if(index != -1){
18                   System.out.println(name + "은 배열의 " + index + "인덱스 방에서 찾았
19    습니다.");
20                   break;
21               }
22               System.out.println("해당하는 이름이 존재하지 않습니다.");
23           }
24           while(true);
25       }
26   }
```

코드 분석

4~5	사용자가 입력한 이름을 검색할 소스 배열 객체를 생성하는 부분이다.
11	사용자가 입력한 이름을 읽어서 변수에 저장하는 부분이다.
12~16	사용자가 입력한 이름을 배열에서 찾는 부분이다.
13~15	사용자가 입력한 이름이 for 문에서 해당 인덱스에 저장되어 있는 이름과 같으면 해당 인덱스를 index 변수에 저장하는 부분이다.
17~21	index 값이 -1이 아니면, 즉 같은 이름을 특정 인덱스 영역에서 찾아서 index에 초기값으로 설정한 -1 이외의 값이 저장되어 있으면, 해당 이름이 저장되어 있는 인덱스 값을 출력하고 break 문으로 do ~ while 문을 빠져나간다.

사용자가 입력한 이름이 배열에 존재하지 않으면 메시지를 출력하고 while 문을 계속 실행한다.

🖱 실행 결과

검색할 이름을 입력하세요
이름:
오정원
해당하는 이름이 존재하지 않습니다.
검색할 이름을 입력하세요
이름:
김철민
해당하는 이름이 존재하지 않습니다.
검색할 이름을 입력하세요
이름:
홍길동
홍길동은 배열의 0인덱스 방에서 찾았습니다.

예제로 살펴보기 | 배열 객체에 저장되어 있는 값을 출력하기 - 개선된 for 문 테스트

개선된 for 문은 배열이나 컬렉션에 저장되어 있는 요소를 하나씩 지정한 변수(상단 코드에서는 name)에 할당하면서 요소 처음부터 마지막까지 반복 실행하는 for 문이다.

➜ Chapter4₩src₩ArrayTest5.java

```
1    public class ArrayTest5 {
2        public static void main(String[] args) {
3            String names[] = new String[]{"홍길동","전우치","이도","세종대왕","이민지","
4    이나라","이민수"};
5
6            for(String name : names){
7                System.out.println(name);
8            }
9        }
10   }
```

⚙ 코드 분석

3~4	배열 객체의 값을 초기화시키면서 배열 객체를 생성하는 부분이다.
6~8	개선된 for 문에서 names 배열 객체에 저장되어 있는 요소 값들을 name 변수에 할당하면서 실행 문장을 실행하는 영역을 정의한 부분이다.

홍길동
전우치
이도
세종대왕
이민지
이나라
이민수

System.arraycopy 메소드를 이용한 배열 복사

```
System.arraycopy(srcArray,srcStartIndex,dstArray,dstStartIndex,copyLength);
```

srcArray	복사할 데이터가 저장되어 있는 소스 배열 객체
srcStartIndex	소스 배열의 몇 번째 인덱스 위치부터 복사를 시작할지를 지정하는 속성
dstArray	소스 배열 객체의 요소를 복사할 대상 배열 객체
dstStartIndex	대상 배열 객체의 몇 번 인덱스 위치부터 복사한 요소를 붙여 넣을지를 지정하는 속성
copyLength	요소를 몇 개 복사할지를 지정하는 속성

예제로 살펴보기 ｜ 배열 객체 두 개를 하나의 배열 객체에 복사해서 저장하기 - System.arraycopy

➡ Chapter4₩src₩ArrayTest6.java

```java
1    public class ArrayTest6 {
2       public static void main(String[] args) {
3          String cities[] = {"서울","대구","춘천","울산","광주","천안"};
4          String nations[] = new String[]{"대한민국","미국","영국","일본","프랑스"};
5          String newArray[] =  new String[cities.length+nations.length];
6
7          System.arraycopy(cities, 0, newArray, 0, cities.length);
8          System.arraycopy(nations, 0, newArray, cities.length, nations.length);
9
10         for(String str:newArray){
11            System.out.println(str);
12         }
```

```
13        }
14    }
```

코드 분석

5	원본 배열 객체 두 개의 요소들을 하나로 합쳐서 저장할 배열 객체를 생성하는 부분이다. 크기를 지정할 때 cities 배열의 크기와 nations 배열의 크기를 더해서 지정했다.
7	cities 배열 객체의 요소를 0번 인덱스부터 cities 배열의 크기만큼 newArray 배열의 0번 인덱스부터 newArrray 배열 객체로 복사하는 부분이다.
8	nations 배열 객체의 요소를 cities 배열 객체를 복사한 다음 위치부터 newArray 배열에 복사하는 부분이다.
10~12	nations 배열 객체의 요소를 cities 배열 객체를 복사한 다음 위치부터 newArray 배열에 복사하는 부분이다.

실행결과

서울
대구
춘천
울산
광주
천안
대한민국
미국
영국
일본
프랑스

다차원 배열

다차원 배열 객체의 생성

```
int[][] multiArray = new int[2][2];
int[] multiArray[] = new int[2][2];
int multiArray[][] = new int[2][2];
```

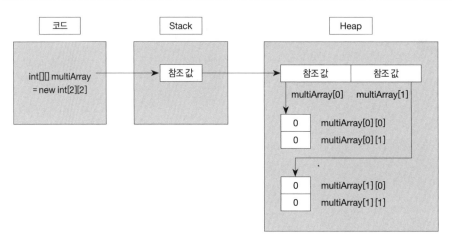

상단의 그림처럼 2차원 배열 객체를 생성하면 1차원 배열 객체에 실제 값이 저장되는 것이 아니고 1차원 배열 객체에는 각각 2차원 배열 객체를 가리키는 참조 값이 들어간다. 따라서 배열 객체에 원하는 값을 저장할 때는 2차원 배열 객체에 저장해야 한다.

```
int[][] multiArray = new multiArray[2][2];
multiArray[0]=1;  (X)
multiArray[0][0]=1; (o)
```

2차원 배열 객체를 생성할 때는 크기를 지정하지 않아도 된다.

```
int[][] multiArray = new int[2][];
multiArray[0]=new int[2];
multiArray[1]=new int[1];
//이 방식으로 배열 객체를 생성할 때는 2차원 배열 객체의 크기를 가변적으로 지정할 수 있다.
```

→ Chapter4₩src₩ArrayTest7.java

```
1    public class ArrayTest7 {
2        public static void main(String[] args) {
3            int[][] multiArray = new int[2][2];
4            char c = 'A';
5
6            for(int i=0;i<multiArray.length;i++){
7                for(int j=0;j<multiArray[i].length;j++){
8                    multiArray[i][j] = c++;
9                }
10           }
11
12           for(int i=0;i<multiArray.length;i++){
13               for(int j=0;j<multiArray[i].length;j++){
14                   System.out.println("multiArray[" + i + "][" + j + "] = " +
15       (char)multiArray[i][j]);
16               }
17           }
18       }
19   }
```

코드 분석

3	2차원 배열 객체를 생성한다.
4	c 변수에 배열에 저장할 문자 값으로 'A' 문자를 초기화한다.
6~10	2차원 배열 객체의 각 인덱스 영역에 c 변수에 저장되어 있는 문자 값을 1씩 증가시키면서 저장한다. multiArray[i] 즉, 1차원 배열 객체에 저장되어 있는 값도 레퍼런스 값(각 2차원 배열 객체를 가리키는 값)이기 때문에 length 속성 값을 사용할 수 있다.
12~16	2차원 배열 객체의 각 인덱스에 저장되어 있는 문자 값을 출력하는 부분이다.

실행 결과

```
multiArray[0][0] = A
multiArray[0][1] = B
multiArray[1][0] = C
multiArray[1][1] = D
```

```
1    public class ArrayTest8 {
2        public static void main(String[] args) {
3            int[][] recArray = new int[5][5];
4
5            for(int i=0;i<recArray.length;i++){
6                for(int j=0;j<recArray[i].length;j++){
7                    if(i==0 || i==recArray.length-1 || j==0 || j == recArray[i].length - 1){
8                        recArray[i][j] = 1;
9                    }
10               }
11           }
12
13           for(int i=0;i<recArray.length;i++){
14               for(int j=0;j<recArray[i].length;j++){
15                   System.out.print(recArray[i][j] + "");
16               }
17               System.out.println();
18           }
19       }
20   }
```

코드 분석

3	2차원 배열 객체를 생성한다.
5~11	1차원 배열의 인덱스가 0(결과 화면상 제일 상단 행)이나 마지막(결과 화면상 제일 하단 행)인 경우, 그리고 2차원 배열 객체의 인덱스가 0(결과 화면상 제일 왼쪽 열)이나 마지막(결과 화면상 제일 오른쪽 열)인 경우의 영역에 1값을 설정하였다. 값을 설정하지 않은 부분은 배열 객체를 생성할 때 0으로 초기화된다.
13~18	2차원 배열 객체에 저장되어 있는 값을 차례대로 출력한다.
17	한 행이 출력된 후 줄을 바꿔 주는 부분이다.

실행결과

```
1 1 1 1 1
1 0 0 0 1
1 0 0 0 1
1 0 0 0 1
1 1 1 1 1
```

→ Chapter4₩src₩ArrayTest9.java

```
1    public class ArrayTest9 {
2        public static void main(String[] args) {
3            int[][] recArray = new int[5][5];
4
5            for(int i=0;i<recArray.length;i++){
6                for(int j=0;j<recArray[i].length;j++){
7                    if(i==0 || i==recArray.length-1 || j==0 || j == recArray[i].
8    length - 1 || i == j){
9                        recArray[i][j] = 1;
10                   }
11               }
12           }
13
14           for(int i=0;i<recArray.length;i++){
15               for(int j=0;j<recArray[i].length;j++){
16                   System.out.print(recArray[i][j] + "");
17               }
18               System.out.println();
19           }
20       }
21   }
```

코드 분석

7	대각선으로 1값이 들어가려면 i 값과 j 값이 같을 때, 즉 행 번호와 열 번호가 같을 때 1을 할당하면 된다. 따라서 1값을 할당하는 조건으로 i == j 조건을 추가하였다.

실행 결과

```
1 1 1 1 1
1 1 0 0 1
1 0 1 0 1
1 0 0 1 1
1 1 1 1 1
```

이번에는 배열을 응용한 예제를 작성해 보자. 이 예제는 초보자들에게는 매우 어려운 예제이다. 현재 단계에서 이해가 되지 않으면 이 책의 뒷부분까지 모두 공부하고 다시 이해해도 된다.

요구사항

체육 대회를 하기 위해서 족구 팀을 나누려 한다. 족구 팀은 총 5개 팀으로 나뉜다. 우선 각 팀에는 팀장1, 팀장2, 팀장3, 팀장4, 팀장5 학생을 팀장으로 배정한다. 어느 팀장이 어느 팀의 팀장이 될지는 랜덤하게 결정하고, 동일한 팀장이 두 개의 팀에 배정될 수 없다. 나머지 학생들을 각 팀에 팀원으로 배정하여 총 5팀을 랜덤하게 구성하여 출력한다. 각 팀당 팀원은 6명이다.

프로그램의 실행 결과는 아래와 같다.

팀장 : 팀장3
팀원 : 6,15,25,10,14
팀장 : 팀장1
팀원 : 11,3,7,2,24
팀장 : 팀장2
팀원 : 18,19,17,1,5
팀장 : 팀장5
팀원 : 21,8,13,22,9
팀장 : 팀장4
팀원 : 4,12,16,20,23

➡ Chapter4₩src₩TeamGenerater.java

```
1    public class TeamGenerater {
2
3        public static void main(String[] args) {
4            // TODO Auto-generated method stub
5            String[] member = {"팀장1","팀장2","팀장3","팀장4","팀장5","1","2","3","4
6    ","5","6","7","8","9","10","11","12","13","14","15","16","17","18","19","
7    20","21","22","23","24","25"};
8
9            String[][] team = new String[5][6];
10           int index = -1;
11           for(int i=0;i<5;i++) {
12               index = (int)(Math.random() * 5);
13               team[i][0] = member[index];
14               for(int j=0;j<i;j++) {
15                   if(team[j][0]==member[index]) {
```

```
16                   i--;
17                   break;
18               }
19           }
20       }
21
22       String[] oldMember = new String[25];
23       index = -1;
24       int teamIndex = 0;
25       int oldMemberIndex = 0;
26       for (;;) {
27
28           for (int j = 1; j < team[teamIndex].length; j++) {
29               index = (int)(Math.random() * 25) + 5;
30               team[teamIndex][j] = member[index];
31               oldMember[oldMemberIndex++] = member[index];
32
33               for(int a=0;a<oldMemberIndex-1;a++) {
34                   if(oldMember[a]==member[index]) {
35                       j--;
36                       oldMemberIndex--;
37                       break;
38                   }
39               }
40           }
41           if(teamIndex < 4) {
42           teamIndex++;
43           }
44           else {
45               break;
46           }
47       }
48
49       for (int i = 0; i < team.length; i++) {
50           System.out.println("팀장 : " + team[i][0]);
51           System.out.print("팀원 : ");
52           for (int j = 1; j < team[i].length; j++) {
53               System.out.print((j == 1) ? team[i][j] : "," + team[i][j]);
54           }
55           System.out.println();
```

```
56              }
57
58          }
59
60      }
```

코드 분석

5~7	각 팀에 배정할 팀장들과 멤버들을 배열 객체에 초기값으로 설정하면서 배열 객체를 생성한 부분이다. 각 팀장들과 팀원들은 하나의 팀에만 배정되며 무작위로 배정된다.
9	2차원 배열을 이용해서 생성될 족구 팀을 배열로 생성한 부분이다. 1차원 배열의 크기를 5로 지정하여 총 5팀을 정의하였고 각 팀은 6명(2차원 배열의 크기)으로 이루어진다.
10	member 배열의 임의의 인덱스 값을 저장할 index 변수의 값을 -1로 초기화하였다. 배열의 인덱스 값은 0부터 시작하므로 index 배열에 인덱스 값이 할당되면 -1이 아닌 값이 된다. index 값은 12라인에서 0부터 4까지의 값이 할당된다. 팀장들의 이름은 member 배열의 0번 인덱스 영역부터 4번 인덱스 영역까지 저장되어 있기 때문이다.
11~20	team 배열의 1차원 배열(각 팀)별로 0번 인덱스 영역(팀장이 배정되는 영역)에 무작위로 팀장의 이름을 member 배열의 0번 인덱스부터 4번 인덱스 영역의 이름을 가져와서 할당하는 부분이다. 13라인이 각 팀의 팀장으로 member 배열의 팀장 이름을 할당하는 부분이다. 14~19 라인은 member 배열에서 새로운 팀에 배정하기 위해서 가져온 팀장 이름이 이미 이전 팀의 팀장으로 배정되었는지를 확인하는 부분이다. 이미 다른 팀에 배정된 이름이면 해당 팀에는 다른 팀장을 배정해야 하기 때문에 팀 번호(j 인덱스)를 하나 감소시키고 12라인에서 member의 다른 인덱스 값을 무작위로 가져와서 다른 팀장 이름을 배정하게 한다.
22~48	각 팀당 팀장 이외의 팀원을 배정하는 부분이다.
22	각 팀에 이미 배정된 팀원들의 이름을 저장할 배열이다. 새로 배정될 팀원이 이미 다른 팀에 배정되었는지를 확인하는 데 비교될 값을 가지는 배열 객체이다. member 배열 객체에서 각 팀장을 제외한 팀원은 총 25명이므로 배열의 크기는 25이다.
23	각 팀에 배정될 팀원 이름을 가지고 있는 member 배열 객체의 인덱스 값을 무작위로 구해서 저장할 변수이다. 이 값은 29라인에서 5부터 29까지의 범위 내에서 생성된다.
24	team 배열의 1차원 인덱스 번호(각 팀을 구분하는 데 사용)이다. 이 번호는 27라인에서 0번 인덱스(첫 번째 팀)부터 시작한다.
28	각 팀의 1번 인덱스부터 마지막 인덱스 영역까지를 반복하는 부분이다. 0번 인덱스 영역에는 팀장이 할당되어 있다
25	oldMember 배열 객체의 인덱스 번호를 저장하는 데 사용될 변수를 oldMemberIndex로 정의하였다.
30	각 팀의 팀원을 팀별로(j별로) 할당하는 부분이다.
31	29라인에서 할당한 팀원을 oldMember 배열 객체에 저장한다. oldMemberIndex 값을 하나씩 증가시키면서 0번 인덱스 영역부터 차례대로 담는다. oldMemberIndex++ 부분에서 증감 연산자가 변수 뒤에 위치하므로 30라인 작업이 수행된 후에 oldMemberIndex 값이 증가된다.

33~41	현재 할당한 팀원이 이미 다른 팀에 배정되어 있는지를 체크하는 부분이다. 33라인에서 oldMember에 저장되어 있는 값을 0번 인덱스 값부터 마지막 인덱스 값까지 가져와서 방금 할당한 값과 비교한다. 35라인이 방금 할당된 팀원 이름과 oldMember에 저장되어 있는 팀원 이름을 비교하는 부분이다. 만약, 방금 할당한 팀원 이름이 기존에 배정된 이름이면 j 값(각 팀에 팀원 이름이 새롭게 저장될 영역의 인덱스 값)과 oldMemberIndex 값을 하나 감소시키고 33라인의 for문을 빠져나간다. 28라인의 for 문에서는 j 값을 하나 증가시키며, 31라인에서는 oldMemberIndex 값을 하나 증가시킨다.
42~47	teamIndex 값이 4보다 작으면(마지막 팀까지 작업하지 않았으면) teamIndex 변수 값을 하나 증가시키고 팀원을 각 팀에 배정하는 작업을 계속하고, 마지막 팀까지 작업을 했으면 작업을 종료하는 부분이다.
50~59	각 팀의 정보를 출력하는 부분이다.

실행결과

```
팀장 : 팀장3
팀원 : 6,15,25,10,14
팀장 : 팀장1
팀원 : 11,3,7,2,24
팀장 : 팀장2
팀원 : 18,19,17,1,5
팀장 : 팀장5
팀원 : 21,8,13,22,9
팀장 : 팀장4
팀원 : 4,12,16,20,23
```

또 다른 형태로 요구사항을 해결해 보자.

→ Chapter9₩src₩HashSetTest.java

```java
1    public class HashSetTest {
2
3        public static void main(String[] args) {
4
5            String[][] team = new String[5][6];
6            String[] player = {"111", "222", "333", "444", "555","a", "b", "c","d","e","
7    f","g","h","i","j","k","l","m","n","o","p","q","r","s","t","u","v","w","x","y"};
8
9            for(int i = 0; i < 5; i++) {
10               int leaderIndex = (int)(Math.random()*5);
11               if(player[leaderIndex] == null) {
12                   i--;
13                   continue;
14               }
15               else {
```

```java
16              team[i][0] = player[leaderIndex];
17              player[leaderIndex] = null;
18          }
19
20      }
21
22      for(int i = 0; i < 5; i++) {
23          for(int j = 1; j <= 5; j++) {
24              int memberIndex = (int)(Math.random()*25)+5;
25              if(player[memberIndex] == null) {
26                  j--;
27                  continue;
28              }
29              else {
30                  team[i][j] = player[memberIndex];
31                  player[memberIndex] = null;
32              }
33          }
34      }
35      System.out.println();
36      for(int i = 0; i <= 4; i++) {
37          System.out.println((i+1) + "팀장 : " + team[i][0]);
38          System.out.print("팀원 : ");
39          for(int j = 1; j <=5; j++) {
40              System.out.print(team[i][j] + " ");
41          }
42          System.out.println();
43      }
44
45      }
46
47  }
```

🛠️ 코드 분석

6~7	각 팀에 팀장과 팀원으로 배치할 이름을 배열 객체에 저장하는 부분이다.
10	0번 인덱스부터 4번 인덱스까지 player 배열 객체의 인덱스를 얻어 오는 부분이다. player 배열 객체의 0번 인덱스부터 4번 인덱스까지가 팀장 이름이다.
16	각 팀의 0번 인덱스 즉, 첫번째 영역에 팀장의 이름을 할당하고, player 배열에서 한 번 사용된 이름 영역에는 null을 할당한다.

11	팀에 할당할 이름 즉, player[index] 영역에 null 값이 할당되었으면, 즉 이미 특정팀에 할당된 이름이 있는 인덱스 영역이면 12라인에서 반복 횟수를 하나 줄여서 10라인에서 player 배열의 다른 인덱스 값을 얻어 오게 한 부분이다. 11라인에서 반복적으로 비교하면서 기존에 사용되지 않은 이름을 가져올 때까지 반복한다.
22~34	각 팀의 팀원을 배정하는 부분이다. 22라인이 각 팀을 반복하는 부분이고, 23라인의 for 문이 각 팀별 팀원 4명을 반복하는 부분이다. 각 팀 배열의 0번 인덱스 영역에는 팀장 이름이 배정되었으므로 팀원은 1번 인덱스부터 4번 인덱스까지 배정한다. 24라인은 player 배열의 5번 인덱스부터 29번 인덱스 중에서 랜덤하게 인덱스 번호를 얻어 오는 부분이다. 1번 인덱스부터 4번 인덱스까지는 팀장으로 사용했다.
25~28	이미 사용된 이름이면 24라인으로 돌아가서 다른 인덱스를 얻어 오는 부분이다.
30~31	각 팀의 팀원 이름을 배정하고 사용된 player 배열의 인덱스 영역에는 null 값을 할당하는 부분이다.
36~43	각 팀의 팀장과 팀원을 출력하는 부분이다.

🖱 실행결과

```
1팀장 : 444
팀원 : u g t i p
2팀장 : 333
팀원 : j k v s l
3팀장 : 222
팀원 : c a x o y
4팀장 : 555
팀원 : n d r f b
5팀장 : 111
팀원 : e h q m w
```

Chapter
05

클래스
기본

이 장에서는 객체 지향 언어의 핵심인 클래스의 기본에 대해서 살펴보겠다. 객체 지향 언어에서는 현실 세계에서 특징할 수 있는 모든 것을 객체로 정의하고 현실 세계에서 일어나는 모든 현상들은 객체들 사이의 상호 작용에 의해서 일어난다고 가정하는 데서 시작된다. 예를 들면 에어컨 리모컨을 객체로 정의하고, 에어컨 리모컨으로 온도 상승 버튼을 누르면 에어컨 설정 온도가 올라가고, 온도 하강 버튼을 누르면 에어컨 설정 온도가 내려가는 상호작용을 한다. 이런 객체 지향 개념을 프로그램적으로 추상화시켜서 표현하는 언어가 객체 지향 언어이다. 그리고 자바에서 객체 지향 언어의 핵심적인 개념이 클래스이다.

01 클래스(Class)

클래스는 자바에서 생성되는 프로그램의 최소 단위이며 객체를 설계해 놓은 것이다. 만약 에어컨 리모컨 역할을 하는 프로그램을 구현한다면 다음과 같은 단계를 거친다.

1 객체 모델링

객체의 특성과 기능을 도출하는 단계이다. 객체의 특성은 해당 객체가 다른 객체들과 구분이 되는 특징이 되는 성질 단위이고, 기능은 객체가 할 수 있는 행위이다. 에어컨 리모컨 객체의 특성과 기능을 표로 나타냈다.

특성	제조사, 색상, 가격, 크기, 현재 온도 등
기능	켜진다, 꺼진다, 온도를 올린다, 온도를 내린다 등

2 클래스 설계

클래스는 자바 언어 프로그램의 최소 단위이다. 클래스는 특정 객체를 프로그램으로 어떻게 만들지 설계하는 것이다. 마치 집을 지을 때 설계도면을 만들고, 그 설계도면을 보고 집을 짓는 것과 같은 개념이다. 클래스의 구조는 다음과 같다.

```
class 클래스 이름
{
 변수 정의;
   메소드 정의;
}
```

앞서 객체 모델링에서 도출한 객체의 특성은 클래스에서 변수가 되고, 객체의 기능은 메소드가 된다. 클래스 내부에 작성한 변수는 멤버 변수라고 부른다. 메소드는 클래스 내부의 함수라고 보면 된다.

이를 바탕으로 에어컨 리모컨 클래스를 작성해 보자.

➜ Chapter5₩src₩AirCon.java

```java
1    class AirCon {
2        //변수 정의
3        String company;
4        String color;
5        int price;
6        int size;
7        int temp;
8
9        //메소드 정의
10       void onPower(){
11           System.out.println("power on");
12       }
13       void offPower(){
14           System.out.println("power off");
15       }
16       void upTemp(){
17           temp++;
18       }
19       void downTemp(){
20           temp--;
21       }
22   }
```

코드 분석

1	클래스 이름을 정의한 부분이다.
3~7	변수를 정의한 부분이다. 모델링 단계에서 특성으로 도출한 단위들이 클래스에서 변수 단위가 된다.
10~21	메소드를 정의한 부분이다. 모델링 단계에서 기능으로 도출한 단위들이 클래스에서 메소드 단위가 된다. 자바에서 메소드를 정의할 때의 형태는 "리턴 타입 메소드명() { }"이다. 리턴 타입은 해당 메소드의 기능을 실행한 후 메소드를 호출한 쪽으로 특정 값을 반환해 줄 때 반환해 주는 값의 데이터 타입을 지정하는 것이다. int 타입의 데이터를 반환해 준다면 메소드 유형은 "int 메소드이름(){ }" 형태가 된다. 상단의 코드처럼 메소드를 실행하고 나서 특정 값을 반환해 주지 않는다면 리턴 타입에 void를 사용하면 된다. 메소드 이름 뒤의 () 안에는 메소드 실행 시에 필요한 값을 받을 변수를 정의하는 부분이다. 이 변수 이름을 매개 변수라고 한다. 예를 들어 두 정수를 받아서 두 수의 합을 구하는 메소드를 정의한다면 메소드 정의부는 void add(int x, int y) 와 같은 형태로 정의하면 된다.
10~12	에어컨의 전원을 켜는 기능을 정의한 메소드 영역이다. 본 예제에서는 간단히 메시지를 출력했다.
13~15	에어컨의 전원을 끄는 기능을 정의한 메소드 영역이다.
16~18	현재 온도를 올리는 기능을 정의한 메소드 영역이다.

위의 예제는 에어컨 리모컨에 대한 클래스를 정의한 것이다. 클래스를 정의하는 것은 객체에 대한 정의만 한 것이기 때문에 아직 클래스 내의 메소드나 변수를 사용할 수는 없다. 클래스로 정의한 기능을 사용하기 위해서는 메모리상에 클래스의 객체를 생성해야 한다. 그럼 이제 객체를 생성하는 단계로 넘어가 보자.

3 객체 생성

1. 참조형 변수 선언

자바에서 객체의 위치는 레퍼런스 값으로 변수에 저장되어 사용하기 때문에 우선 변수를 선언해야 한다. 객체의 레퍼런스 값을 저장하는 변수는 참조형 변수라고 하며 모양은 일반 변수와 같지만 값을 다른 방식으로 저장하기 때문에 주의할 필요가 있다.

```
int age;          // 데이터 타입 변수명;  (기본형)
AirCon airCon;    // 클래스 타입 레퍼런스 변수명;  (참조형)
```

age는 데이터 타입이 int 타입이고 값을 대입하면 age 변수에 바로 저장된다. 그러나 airCon은 데이터 타입이 클래스이고 참조형 변수이기 때문에 객체를 가리키는 레퍼런스 값이 저장된다. 만일 두 변수에 값을 저장한다면 하단의 그림과 같은 모양이 된다.

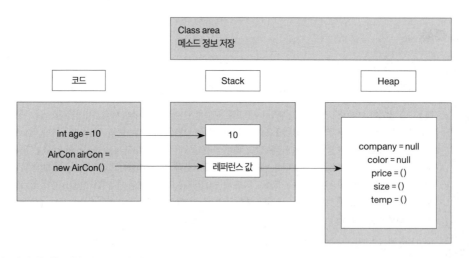

2. 객체 생성 후 참조형 변수에 대입

객체를 가리킬 참조형 변수를 선언했다면 다음에는 객체를 생성해야 한다. 객체를 생성할 때는 new

연산자를 사용하면 된다. 그리고 생성한 객체를 이전에 만들어 둔 참조형 변수에 대입하자.

```
AirCon airCon;                         // 타입이 AirCon 클래스 타입인 airCon 레퍼런스 변수를 선언한다.
airCon = new AirCon();                 //new 연산자를 사용해서 메모리상에 airCon 객체를 생성한다.
AirCon airCon = new AirCon();          // 한 줄로 표현한 객체 생성식이다.
```

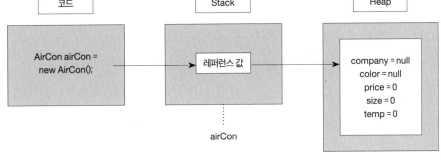

그림으로 표현하면 상단과 같은 형태로 airCon 객체가 메모리 상에 생성된다. airCon 객체가 생성되면 상단의 그림과 같이 Stack 영역에는 참조형 변수 airCon이 있고, 이 변수에는 객체를 가리키는 레퍼런스 값이 저장된다. 그리고 객체는 Heap 영역에 생성된다. 객체에 정의된 각 변수 값은 아직 초기화하지 않았으므로 상단처럼 해당 데이터 타입의 기본값으로 자동 초기화된다. 메소드 정보는 Class Area에 저장되고 생성된 객체 안에 해당 메소드를 호출할 수 있는 값이 저장된다.

상단과 같은 구조로 메모리에 객체가 생성되면 "." 연산자를 사용해서 해당 객체의 변수나 메소드를 호출해서 사용할 수 있다.

```
airCon.size = 10;                      //airCon 객체의 size 변수에 10을 할당한다.
airCon.company = "좋은회사";            //airCon 객체의 company 변수에 "좋은회사" 값을 할당한다.
airCon.upTemp();                       //airCon 객체의 클래스 AirCon에 정의된 upTemp()메소드를
                                         호출하여 온도를 올린다. 따라서 airCon 객체의 temp 변수의
                                         값에 1이 더해진다.
```

4 객체의 변수와 메소드 사용하기

객체를 생성했으니 이제 객체를 통해서 클래스의 변수와 메소드를 사용할 수 있다. 다음 예제를 통해서 AirCon 클래스의 변수와 메소드를 사용해보자.

→ Chapter5₩src₩AirConUse1.java

```
1   public class AirConUse1 {
2       public static void main(String[] args) {
3           AirCon airCon = new AirCon();
4
5           //변수사용
6           airCon.color = "White";
7           airCon.temp = 10;
8           airCon.price = 10000;
9
10          //메소드 사용
11          airCon.upTemp();
12          System.out.println("airCon.temp = " + airCon.temp + ", airCon.color = "
13  + airCon.color +   ", airCon.price = " + airCon.price + "원 ");
14          airCon.onPower();
15          airCon.offPower();
16          airCon.downTemp();
17          System.out.println("airCon.temp = " + airCon.temp + ", airCon.color = "
18  + airCon.color+ ", airCon.price = " + airCon.price + "원 "
19                  );
20      }
21  }
```

코드 분석

1	클래스 이름을 정의한 부분이다. 앞 부분에 지정되어 있는 public은 접근 제한자이다. 이 부분은 본 예제에서는 그냥 넘어가고 접근 제한자 부분에서 자세히 다룰 것이다.
3	airCon 객체를 생성하는 부분이다.
6~8	각 변수에 값을 할당하는 부분이다.
11	온도를 증가시키는 메소드를 호출하는 부분이다.
12~13	현재 온도와 색상 그리고 가격을 출력하는 부분이다.
14	전원을 켜는 메소드를 호출하는 부분이다.
15	전원을 끄는 메소드를 호출하는 부분이다.
16	현재 온도를 1 감소시키는 메소드를 호출하는 부분이다.
17~18	현재의 온도와 색상 그리고 가격을 출력하는 부분이다. 6~8라인에서 할당한 값들이 출력되고, 온도는 16라인에서 downTemp() 메소드를 호출해서 1 감소시켰으므로 10이 출력된다.

```
airCon.temp = 11, airCon.color = White, airCon.price = 10000원
power on
power off
airCon.temp = 10, airCon.color = White, airCon.price = 10000원
```

5 같은 클래스를 사용해서 객체를 여러 개 생성한 경우

한 클래스로 객체를 여러 번 생성해도 생성된 객체들은 모두 독립적이다. 같은 설계도를 보고 아파트를 지어도 각각의 아파트가 서로 별개의 아파트인 것처럼 말이다. 객체는 각각 독립적으로 생성되므로 각 변수 값은 따로 저장된다. 따라서 객체에 저장되는 변수 값은 다른 객체의 변수 값에 영향을 미치지 않는다. 이는 다음 그림과 같다.

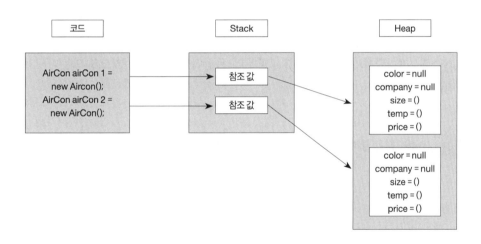

airCon1 변수와 airCon2 변수는 서로 다른 참조 값이 저장되어 있다. 즉, 이 두 변수는 서로 다른 객체를 가리키고 있다. 참조 값은 Heap 영역의 객체 위치를 뜻하는 값이고 생성된 모든 객체는 각자 다른 위치에 저장되므로 이들의 참조 값은 모두 다르다. 따라서 airCon1 객체와 airCon2 객체의 변수들은 사용한 클래스는 같지만 각자 다른 위치에 저장되어 있기 때문에 별개로 값을 저장하고 사용된다. 하지만 다음과 같이 airCon2 참조 변수에 airCon1 참조 변수를 대입하면 어떻게 될까? 이렇게 되면 두 변수의 레퍼런스 값은 같아진다. 즉 같은 객체를 가리키게 된다.

```
airCon2 = airCon1;
```

이제 두 변수 모두 airCon1 참조 변수의 레퍼런스 값을 가지게 되어 같은 객체를 가리키게 되었다. 다음 그림을 보고 자세히 살펴보자.

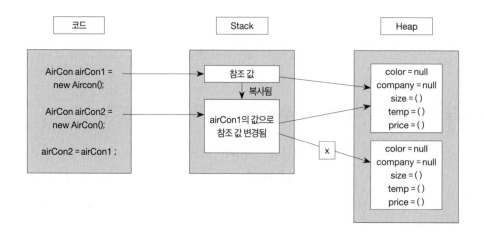

상단의 그림처럼 airCon1 변수의 참조 값을 airCon2 참조 변수에 할당하면 airCon2 변수도 airCon1 변수와 동일한 객체를 참조하게 된다. 이렇게 되면 두 변수 중 어떤 것을 가져와서 값을 변경하거나 호출해도 한 객체의 것을 이용하기 때문에 독립적인 결과를 가져오지 않는다. 다음 예제를 통해서 자세히 살펴보겠다.

예제로 살펴보기 / **같은 클래스로 여러 개의 객체 만들기 예제**

➡ Chapter5₩src₩AirConUse2.java

```
1    public class AirConUse2 {
2        public static void main(String[] args) {
3            AirCon airCon1 = new AirCon();
4
5            //변수사용
6            airCon1.color = "White";
7            airCon1.temp = 10;
8            airCon1.price = 10000;
9
10           //메소드 사용
11           airCon1.upTemp();
12           System.out.println(
13               "airCon1.temp = " + airCon1.temp +
14               ", airCon1.color = " + airCon1.color+
15               ", airCon1.price = " + airCon1.price + "원 "
```

```
16                        );
17            airCon1.onPower();
18            airCon1.offPower();
19            airCon1.downTemp();
20            System.out.println(
21                    "airCon1.temp = " + airCon1.temp +
22                    ", airCon1.color = " + airCon1.color +
23                    ", airCon1.price = " + airCon1.price + "원 "
24                    );
25
26            //두 번째 객체 생성
27            AirCon airCon2 = new AirCon();
28            System.out.println(
29                    "airCon2.temp = " + airCon2.temp +
30                    ", airCon2.color = " + airCon2.color+
31                    ", airCon2.price = " + airCon2.price + "원 "
32                    );
33
34            //airCon2 변수에 airCon1 변수 참조 값 할당
35            airCon2 = airCon1;
36            System.out.println(
37                    "airCon2.temp = " + airCon2.temp +
38                    ", airCon2.color = " + airCon2.color+
39                    ", airCon2.price = " + airCon2.price + "원 "
40                    );
41        }
42    }
```

코드 분석

27	두 번째 객체인 airCon2 객체를 생성하는 부분이다.
28 ~ 32	airCon2 레퍼런스가 가리키는 객체의 각 변수 값들을 출력하는 부분이다. airCon2는 airCon1과 다른 객체이므로 객체가 처음 생성될 때 설정된 데이터 타입의 기본 값으로 출력된다.
35	airCon2 변수에 airCon1 변수의 참조 값을 대입하는 부분이다. 참조 값이 같아졌으므로 가리키는 객체가 같아졌다. 이제 두 변수 모두 airCon1 객체를 참조하는 것이다.
36 ~ 40	airCon2 레퍼런스 변수가 참조하는 객체의 변수 값들을 출력하는 부분이다. 이제 airCon1 변수가 가리키는 객체를 참조하기 때문에 airCon1 객체의 속성값이 출력된다.

```
airCon1.temp = 11, airCon1.color = White, airCon1.price = 10000원
power on
power off
airCon1.temp = 10, airCon1.color = White, airCon1.price = 10000원
airCon2.temp = 0, airCon2.color = null, airCon2.price = 0원
airCon2.temp = 10, airCon2.color = White, airCon2.price = 10000원
```

6 변수 종류

자바에서의 변수는 대괄호 "{ }"로 묶인 영역 어디서든지 선언할 수 있다. 변수는 선언된 위치에 따라 종류가 결정되며, 그 영역의 기준은 클래스이다. 클래스 내부에 위치하면 멤버 변수, 메소드 내부에 선언되면 로컬 변수이다. 멤버 변수는 다시 인스턴스 변수와 스태틱 변수로 나뉜다. 이는 static이라는 키워드 유무에 따른 것이다. 그럼 인스턴스 변수, 스태틱 변수 그리고 로컬 변수 이렇게 세 가지 변수 종류를 자세히 살펴보자.

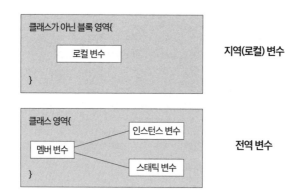

1. 인스턴스 멤버 변수

클래스 영역에 정의되고 static 키워드가 없는 변수를 인스턴스 멤버 변수라고 한다. 또한 그냥 줄여서 인스턴스 변수라고도 부른다. 인스턴스 변수는 객체가 생성될 때 각 객체별로 초기화된다. 인스턴스 멤버 변수는 변수를 선언할 때 초기화하지 않으면 컴파일러에 의해서 해당 데이터 타입의 기본 값으로 자동 초기화된다. 기본 값은 다음과 같다.

데이터 타입	기본 값
정수 타입	0
실수 타입	00
문자 타입(char)	' ', '₩u0000'
boolean	false
참조형	null

2. static 멤버 변수

클래스 내부에서 정의되면서 static 키워드가 붙은 멤버 변수를 static 멤버 변수라고 한다. 또한 줄여서 스태틱 변수라고도 한다. static 멤버 변수 또한 정의할 때 초기화하지 않으면 컴파일러가 자동으로 해당 데이터 타입의 기본 값으로 초기화한다. static 멤버 변수는 클래스를 로드할 때 Class Area 의 Static 영역에 바로 초기화된다. 따라서 해당 클래스 타입으로 생성된 모든 객체에서 공유된다. static 멤버 변수는 다른 클래스에서 객체를 생성하지 않고도 해당 클래스 이름으로 바로 참조가 가능하다.

3. 로컬 변수

메소드나 초기화 블록 안에 정의되는 변수가 로컬 변수이다. 로컬 변수는 변수를 정의할 때 초기화하지 않으면 컴파일 오류가 발생한다. 로컬 변수는 변수가 정의된 메소드 안에서만 사용할 수 있다. 로컬 변수는 메소드가 실행될 때 Stack 영역에 초기화되었다가 메소드 실행이 종료되면 자동으로 메모리에서 소멸된다.

예제로 살펴보기 | **변수 종류 테스트 예제**

→ Chapter5₩src₩VariableKind.java

```
1    public class VariableKind {
2         //인스턴스 멤버 변수
3         int memVar;
4
5         //static 멤버 변수
6         static int staticVar;
7
8         public static void main(String[] args) {
9              //로컬 변수
```

```
10          int localVar;
11
12          VariableKind vk1 = new VariableKind();
13          System.out.println("vk1.memVar = " + vk1.memVar);
14          System.out.println("vk1.staticVar = " + vk1.staticVar);
15          System.out.println("VariableKind.staticVar = " + VariableKind.staticVar);
16          System.out.println("staticVar = " + staticVar);
17
18          VariableKind vk2 = new VariableKind();
19          vk2.memVar = 100;
20          vk1.staticVar = 20;
21          System.out.println("vk1.memVar = " + vk1.memVar);
22          System.out.println("vk2.memVar = " + vk2.memVar);
23          System.out.println("vk1.staticVar = " + vk1.staticVar);
24          System.out.println("vk2.staticVar = " + vk2.staticVar);
25          //System.out.println("localVar = " + localVar);
26      }
27   }
```

🖥️ 코드 분석

3	인스턴스 멤버 변수 memVar을 정의한 부분이다.
6	static 멤버 변수 staticVar을 정의한 부분이다.
10	main 메소드 안에 로컬 변수 localVar을 정의한 부분이다.
12	vk1 객체를 생성하는 부분이다. 인스턴스 멤버 변수를 static 메소드 안에서 사용하려면 객체를 생성해야 한다. 인스턴스 멤버 변수는 객체를 생성할 때 초기화되기 때문이다.
13	3라인에서 인스턴스 멤버 변수를 선언할 때 값을 초기화시키지 않았으므로 0이 출력된다. 초기화하지 않은 인스턴스 멤버 변수는 컴파일러가 자동으로 해당 데이터 타입의 기본 값으로 초기화하기 때문이다.
14	static 멤버 변수도 컴파일러에 의해서 자동으로 기본값으로 초기화되기 때문에 0이 출력된다.
15	static 멤버 변수는 클래스를 로딩할 때 바로 초기화되므로 클래스 이름으로 접근할 수 있다. 다른 클래스에서 접근할 경우에도 클래스 이름만으로 접근 가능하다.
16	동일한 레벨인 static 메소드에서는 static 변수를 이름만으로 바로 접근할 수 있다. 둘 다 클래스를 로딩할 때 바로 인식되기 때문이다.
18	두 번째 객체인 vk2를 생성하는 부분이다.
19	vk2 레퍼런스 변수를 통해서 memVar 변수에 값 100을 할당하였다.
20	Vk1 레퍼런스 변수를 통해서 staticVar 변수에 값 20을 할당하였다.
21~22	memVar 값을 출력하는 부분이다. 인스턴스 변수인 memVar 값은 객체마다 각각 할당되기 때문에 vk1.memVar은 0, vk2의 memVar 값은 100이 출력된다.

23~24	static 변수는 JVM Class Area의 static 영역에 초기화되고 모든 객체에서 공유된다. 따라서vk2의 staticVar 값도 동일한 변수를 가리키므로 vk1.staticVar, vk2.staticVar 모두 값 20이 출력된다.
25	로컬 변수는 값을 초기화하지 않았을 때 컴파일러가 값을 자동으로 초기화해 주지 않는다. 초기화하지 않은 로컬 변수를 호출하면 컴파일 오류가 발생하므로, 21라인의 주석을 해제하면 컴파일 오류가 발생한다.

🖱 실행 결과

```
vk1.memVar = 0
vk1.staticVar = 0
VariableKind.staticVar = 0
staticVar = 0
vk1.memVar = 0
vk2.memVar = 100
vk1.staticVar = 20
vk2.staticVar = 20
```

02 메소드(Method)

메소드는 클래스가 수행할 수 있는 기능을 정의하는 단위이다.

1 메소드 구조

메소드의 구조는 다음과 같다.

```
리턴 타입 메소드 이름(파라미터 변수1,파라미터 변수2,...)
{
   구현 내용;
}
```

메소드는 리턴 타입, 메소드 이름, 파라미터 그리고 무슨 일을 하는지 서술한 구현 코드로 이루어져 있다. 리턴 타입은 메소드가 리턴하는 값의 데이터 타입을 지정하는 부분이다. 리턴 값이란 메소드에서 최종적으로 반환하는 값인데 값을 반환할 때는 return 예약어를 사용한다. 메소드 이름은 우리가 메소드를 사용할 때 메소드 이름으로 호출하기 때문에 필요하다. 파라미터 변수는 아예 없을 수도 있고 여러 개가 있을 수도 있다. 인자는 메소드를 호출하는 부분에서 던져 주는 값을 의미하는 용어이고, 파라미터 변수는 메소드에서 받는 값을 저장하는 변수이다.

파라미터 변수라는 용어와 인자라는 용어는 혼용해서 사용하는 경우가 많지만 정확히 표현하면 호출하는 쪽에서 던져 주는 값을 인자, 받는 쪽의 값을 파라미터 변수라고 부른다.

다음 표는 메소드의 다양한 리턴 타입과 메소드를 호출하는 예시를 보여주고 있다.

리턴 타입	메소드 정의	메소드 호출

int	int add(int x, int y)
	{
	return x + y;
	}
		int result = add(10,10)

long	long add(int x, int y)
	{
	return x + y;
	}
		long result = add(10,10)

float	float add(int x, int y)
	{
	return x + y;
	}
	리턴 타입이 정확히 일치하지 않아도 자동으로 형 변환이
	가능한 형태이면 문법적으로 오류를 발생하지 않는다.
		float result = add(10,10)

void	void onPower( )
	{
	       System.out.println("전원을 켰습니다.");
	}
	만약 리턴하는 값이 없으면 리턴 타입 부분에 void를 지정
	한다.
		onPower( );

void	void onPower( )
	{
	       System.out.println("전원을 켰습니다.");
	   return;
	}
	리턴 타입이 void이면 return 키워드를 사용하지 않거나,
	return 다음 리턴하는 값을 지정하지 않아도 된다.
		onPower( );

```
1    void calculate(int x,int y,String opt)
2    int result = 0;
3    {
4    if(opt.equals("+")) {
5    result = x + y;
6    return;
7     }
8     System.out.println("+ 연산자를 연산자 종류로 넣어주세요");
9     }
```

Return은 메소드를 호출한 부분으로 특정 값을 반환해 주는 용도로도 사용이 되지만, 메소드 수행을 강제로 종료하는 기능으로도 사용된다.

상단 메소드의 경우 세 번째 파라미터로 "+" 연산자가 전송되어 오면 "+" 연산을 실행하고 바로 메소드 실행을 종료하므로 8번째 줄의 코드가 실행되지 않고 6번째 줄에서 종료된다.

기본적으로 가변 길이 인자 타입을 사용하지 않는 한 메소드 정의부에서 정의한 파라미터의 개수와 메소드를 호출하는 부분의 메소드 인자 데이터 타입과 개수는 일치해야 한다.

2 인자 전달 방식

기본적으로 자바에서 메소드에 인자를 전달할 때는 인자 값이 복사되어 전송된다. 직접 예제를 만들어 설명하도록 하겠다.

예제로 살펴보기 | **인수 전달 방식 테스트 예제**

➡ Chapter5₩src₩ArgsTest.java

```java
1    class Args{
2        int x;
3        void add(int x){
4            x = x + 50;
5        }
6        void add(Args arg){
7            arg.x = arg.x + 40;
8        }
9        void addNew(Args arg){
10           arg = new Args();
11       }
12       void add(int[] arr){
13           arr[0]++;
14       }
15   }
16   public class ArgsTest {
17       public static void main(String[] args) {
18           Args arg = new Args();
19           arg.x = 100;
20           int[] arr = new int[1];
21
22           arg.add(arg.x);
23           System.out.println("arg.x = " + arg.x);
24
25           arg.add(arg);
26           System.out.println("arg.x = " + arg.x);
27
28           arg.addNew(arg);
29           System.out.println("arg.x = " + arg.x);
30
31           arg.add(arr);
32           System.out.println("arr[0] = " + arr[0]);
```

```
33        }
34    }
```

코드 분석

상단 예제 코드의 자바 소스 파일의 경우 하나의 자바 소스 파일에 Args 클래스와 ArgsTest 클래스 두 개를 생성하였다. 이렇게 자바 소스 파일 하나에 클래스를 여러 개 정의하는 것은 가능하지만 하나의 소스 파일에는 하나의 public 클래스만 생성될 수 있다. 즉, 클래스를 여러 개 정의하여도 하나의 클래스에만 public 접근 제한자를 지정할 수 있고, 소스 파일을 저장할 때는 반드시 public 접근 제한자가 지정된 클래스 이름으로 자바 소스 파일명을 지정해야 한다.

2	Args 클래스에서 정의한 인스턴스 멤버 변수 x이다. 객체 생성 시 0으로 자동 초기화된다.
3~5	메소드에서 int 타입의 값을 파라미터 x 변수에 받고, 그 x 변수에 50을 더하는 메소드이다. 메소드 안에 있는 x 변수는 메소드에서 정의한 로컬 변수다. 로컬 변수는 메소드 실행이 종료되면 메모리에서 자동으로 제거되므로 메소드 실행 후에도 x 멤버 변수의 값에는 변화가 없다.
6~8	객체의 레퍼런스 값이 복사되어 arg 변수에 할당되기 때문에 arg 변수에서 가리키는 객체가 29라인에서 파라미터로 전송되어 오는 레퍼런스 값이 가리키는 객체와 동일하다. 따라서 메소드를 실행하고 나면 26라인에서 출력하는 x 멤버 변수 값이 변경된다.
9~11	처음 31 라인에서 레퍼런스 값을 인자로 전송했을 때는 arg 변수에 18 라인에서 생성한 객체를 가리키는 레퍼런스 값이 할당되지만, arg = new Args(); 부분에서 새로운 객체를 만들어서 새로운 객체의 레퍼런스 값이 다시 arg 변수에 할당되기 때문에 최종적으로 메소드 안에 있는 arg 변수는 18라인에서 생성된 객체를 가리키지 않는다. 따라서 메소드를 실행한 후 18라인에서 생성된 객체에는 아무런 변화가 없다.
12~14	배열도 객체이다. 따라서 메소드로 배열의 레퍼런스 값이 복사되어 전송되어 오기 때문에 arr[0]++ 를 실행하면 24라인에서 생성된 배열의 0번 인덱스의 값이 1로 증가된다.

실행결과

```
arg.x = 100
arg.x = 140
arg.x = 140
arr[0] = 1
```

상단 예제의 각 부분을 그림으로 좀 더 자세히 설명하겠다.

1. Args arg = new Args();

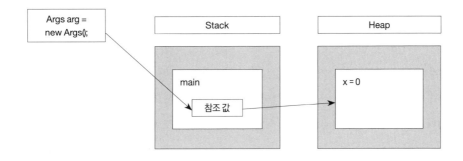

상단과 같이 Args arg = new Args()를 실행하면 우선 Stack 부분에 main 메소드가 실행되기 위한 메모리 영역이 확보되고 그 안에 arg 변수 영역이 생성되며 변수 영역에는 생성되는 객체를 참조하는 참조 값이 생성된다. 그리고 Heap 영역에는 객체가 생성되고 멤버 변수인 x 값은 0으로 초기화된다.

2. arg.x = 100

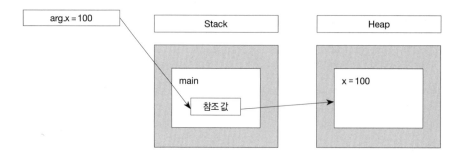

상단의 코드가 실행되면 arg 레퍼런스 변수가 가리키는 객체의 x 값이 100으로 변경된다.

3. int[] arr = new int[1];

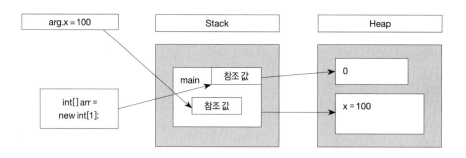

상단과 같이 배열을 생성하면 main 메소드 실행 영역에 arr 배열 변수 영역이 생성되고 Heap 영역에 생성된 배열 객체를 가리키게 된다.

4. arg.add(arg.x);를 실행하게 되면 Stack 영역에 호출된 add(int x) 메소드가 실행될 영역이 확보가 되고 로컬 변수 x에 대해서 작업이 이루어진다.

메소드 안에서 선언된 x 변수는 Args 클래스에 정의된 x 변수와는 전혀 관계가 없는 로컬 변수이다. Stack 영역에 잠시 초기화되었다가 메소드 실행이 마무리되면 바로 소멸된다.

Stack 영역의 변화를 살펴보자. Stack 영역에서 항상 현재 실행되고 있는 메소드가 Stack의 가장 윗부분을 차지하고, 메소드 실행이 완료되면 해당 영역을 반납하고 바로 밑에 있는 메소드가 실행된다.

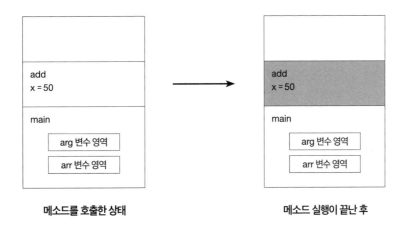

| 메소드를 호출한 상태 | 메소드 실행이 끝난 후 |

좌측 그림에서 add 메소드가 다 실행되고 나면 로컬 변수인 x 변수 값은 add 메소드 영역 전체가 사라지면서 같이 사라진다. 하단에서 그림으로 설명하는 메소드 영역도 실행이 완료되면 상단 그림처럼 사용하던 메모리를 반납하면 main 메소드의 "arg.add(arg.x);" 명령의 다음 코드 라인이 실행되게 된다. 따라서 Heap 영역의 객체 안에 초기화 되어 있는 멤버 변수에 영향을 주지 않는다.

5. 25라인의 arg.add(arg) 메소드를 실행하면 arg 레퍼런스 값이 복사되어 메소드로 전송된다. 따라서 add 메소드 영역의 로컬 변수인 arg 레퍼런스 변수는 main 메소드 영역의 arg 변수가 참조하는 같은 객체를 가리킨다.

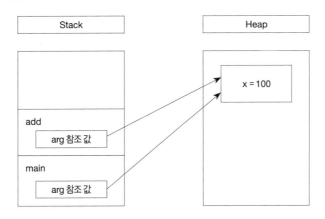

상단 그림처럼 add(Args obj) 메소드 안에 있는 obj가 같은 객체를 가리키기 때문에 obj.x = obj.x + 40을 실행하면 main에서 생성된 obj가 가리키는 객체의 x 값이 140으로 변경된다.

6. 28라인의 arg.addNew(arg);를 실행하면 처음 메소드를 호출하면서 레퍼런스 값을 복사해서 전송했을 때는 addNew 메소드 안에서 정의된 obj 레퍼런스 변수의 값이 상단 그림과 같게 main에서 정의된 obj 레퍼런스 변수 값과 같았지만,

"arg = new Args();" 부분이 시행되면서 메소드 안에서 정의된 arg 변수에는 새로 생성되는 객체의 레퍼런스 값이 저장되면서 main 메소드에서 정의된 arg 변수가 가리키는 객체와 다른 객체를 가리키기 때문에 main에서 정의된 arg 변수가 가리키는 객체에 아무런 영향을 주지 않는다.

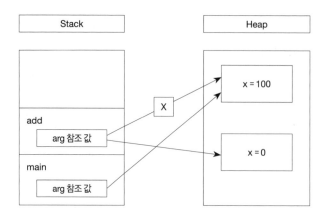

7. 31라인의 arg.add(arr); 부분이 실행되면 배열 객체를 가리키는 레퍼런스 값이 복사되어 메소드의 파라미터로 전송되기 때문에 main에서 생성된 arr 변수가 가리키는 배열 객체와 같은 배열 객체를 add 메소드에서 정의한 arr 변수가 가리키게 된다. 따라서 add(int[] arr) 메소드에서 arr[0]++; 코드가 실행되면 main 메소드에서 정의한 arr 변수가 가리키는 배열의 0번 인덱스의 값이 1로 증가된다.

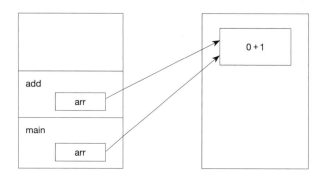

3 가변 인자 메소드 (Variable Arguments)

JDK 1.4까지는 메소드 정의부에서 정의된 파라미터와 호출하는 부분에서 던져 주는 인자의 개수가 데이터 타입과 정확히 일치해야 했다. 그러나 JDK 1.5에서는 인자의 개수를 가변적으로 받을 수 있는 방식이 추가되었다. 가변적으로 넘어온 인자들은 배열 타입으로 받아진다. 그리고 메소드 내부에서 if 문으로 파라미터 조건에 따라 맞춰서 처리된다.

가변 인자 메소드는 다음과 같이 정의한다.

정의하는 부분

```
void printInfo(String ... infos)
{
 System.out.println(infos[0]);
}
```

가변적으로 인자받기 - Variable Argument Test

➔ Chapter5₩src₩VariableArgument.java

```
1     public class VariableArgument {
2         void printInfo(String ...infos){
3             if(infos.length != 0){
4                 for(int i=0;i<infos.length;i++){
5                     System.out.println(infos[i]);
6                 }
7             }
8             else{
9                 System.out.println("인자가 없네요");
10            }
11            System.out.println("----------------------------");
12        }
13        public static void main(String[] args) {
14            VariableArgument vt = new VariableArgument();
15
16            System.out.println("인자가 없을 때 : ");
17            vt.printInfo();
18
19            System.out.println("인자가 한 개일 때 : ");
20            vt.printInfo("오정원");
21
22            System.out.println("인자가 두 개일 때 : ");
23            vt.printInfo("오정원","전산부");
24
25            System.out.println("인자가 세 개일 때 : ");
26            vt.printInfo("오정원","전산부","1억");
27        }
28    }
```

2~12	인자를 가변적으로 받아서 처리할 수 있는 메소드를 정의했다.
3~7	인자가 하나라도 넘어왔을 때 아래의 for 문을 실행하면서 파라미터 값을 출력하도록 정의했다.
8~10	인자가 하나도 없을 경우 넘어온 인자가 없다는 메시지를 출력한다.
16~26	인자의 개수를 변경하면서 printInfo 메소드를 호출하는 영역이다. 파라미터라는 용어와 인자라는 용어는 혼용해서 사용하는 경우가 많지만 정확히 표현하면 호출하는 쪽에서 던져 주는 값을 인자, 받는 쪽의 값을 파라미터 변수라고 부른다.

실행결과

```
인자가 없을 때 :
인자가 없네요
----------------------------
인자가 한 개일 때 :
오정원
----------------------------
인자가 두 개일 때 :
오정원
전산부
----------------------------
인자가 세 개일 때 :
오정원
전산부
1억
----------------------------
```

4 메소드 오버로딩 (Method Overloading)

메소드 오버로딩이란 같은 이름의 메소드를 한 클래스에 여러 개 정의할 수 있는 기능을 의미한다. 메소드 오버로딩이 성립하기 위해서는 다음과 같은 규칙이 지켜져야 한다.

1. 파라미터의 타입이나 개수가 달라야 한다.

```
void printInfo(int x);
void printInfo(String x);
void printInfo(String x,String y)
```

2. 파라미터 변수의 이름은 오버로딩 성립에 영향을 주기 않는다. 다음 코드의 경우 오버로딩이 되지 않는다.

```
void printInfo(String x);
void printInfo(String name);
```

3. 리턴 타입은 오버로딩 성립에 영향을 주지 않는다. 다음의 경우 오버로딩이 되지 않는다.

```
void printInfo(String name)
int printInfo(String name)
```

상단의 예에서 보았듯이 오버로딩이 성립되려면 파라미터 변수가 달라야 한다. 컴파일러가 같은 이름의 메소드를 파라미터 변수로 구분하기 때문이다.

우리가 지금까지 사용한 API 중 대표적으로 오버로딩을 구현하고 있는 메소드가 바로 println 메소드이다. 오버로딩이 자바에서 지원되지 않는다면 println 메소드를 출력하는 각 타입마다 다른 이름으로 생성해야 했을 것이다.

```
PrintStream.println(), PrintStream.println(boolean), PrintStream.println(char),
PrintStream.println(char[]), PrintStream.println(double), PrintStream.
println(float), PrintStream.println(int), PrintStream.println(long), PrintStream.
println(java.lang.Object), PrintStream.println(java.lang.String)
```

예제로 살펴보기 　메소드 오버로딩 예제 - 보일러 클래스

➡ Chapter5₩src₩OverloadingTest.java

```
1    class Boiler{
2        int temp;
3
4        void upTemp(){
5            temp++;
6        }
7        void upTemp(int amount){
8            temp = temp + amount;
9        }
10   }
11
12   public class OverloadingTest {
13       public static void main(String[] args) {
```

```
14              Boiler boiler = new Boiler();
15
16              System.out.println("현재 온도 = " + boiler.temp);
17
18              boiler.upTemp();
19              System.out.println("bo.tempUp() 메소드 호출 후 현재 온도 = " + boiler.temp);
20
21              boiler.upTemp(20);
22              System.out.println("bo.tempUp(20) 메소드 호출 후 현재 온도 = " + boiler.temp);
23          }
24      }
```

🔧 코드 분석

4~10	오버로딩을 사용해서 인자 값을 받지 않고 온도를 무조건 1씩 증가시키는 메소드와 인자 값을 받아서 온도를 증가시키는 메소드를 정의한다.
16~22	각 메소드를 호출해서 온도를 증가시키고 증가된 온도 값을 출력한다.

🖱 실행결과

```
현재 온도 = 0
bo.tempUp() 메소드 호출 후 현재 온도 = 1
bo.tempUp(20) 메소드 호출 후 현재 온도 = 21
```

5 static 메소드와 인스턴스 메소드

static 예약어가 지정된 메소드를 스태틱(static) 메소드, 그렇지 않은 메소드를 인스턴스 메소드라고 한다.

스태틱 메소드

```
static void printInfo(String name)
{
  실행문;
}
```

인스턴스 메소드

```
void printInfo(String name)
{
  실행문;
}
```

스태틱 메소드와 인스턴스 메소드의 가장 큰 차이점은 호출 조건이다. 스태틱 메소드는 객체를 생성하지 않아도 클래스 이름으로 바로 호출할 수 있다. 반면에 인스턴스 메소드는 반드시 객체를 생성한 후에 객체를 통해서만 메소드를 호출할 수 있다.

또한 스태틱 메소드 안에서는 인스턴스 변수를 사용할 수 없다. static 예약어가 붙으면 인스턴스보다 초기화 시점이 빠르기 때문이다. 따라서 스태틱 메소드 내에서는 인스턴스 메소드도 호출할 수 없다. 인스턴스 변수나 인스턴스 메소드를 스태틱 메소드 안에서 참조하려면 객체를 생성한 후 객체를 통해서 참조해야 한다.

예제로 살펴보기 | **스태틱 메소드 예제**

→ Chapter5₩src₩StaticMethod.java

```
1    public class StaticMethod {
2    //인스턴스 멤버 변수
3        int memVar;
4    //스태틱 멤버 변수
5        static int staticVar;
6    //인스턴스 메소드
7        void memMethod1(){
8            int local = memVar;
9            local = staticVar;
10           staticMethod1();
11           memMethod2();
12           System.out.println("memMethod1");
13       }
14       void memMethod2(){
15           System.out.println("memMethod2");
16       }
17   //스태틱 메소드
18       static void staticMethod1(){
19           //int local = memVar;
```

```
20          //memMethod1()
21          StaticMethod st = new StaticMethod();
22          int local = st.memVar;
23          st.memMethod2();
24          staticMethod2();
25          System.out.println("staticMethod1");
26      }
27      static void staticMethod2(){
28          System.out.println("staticMethod2");
29      }
30      //메인 메소드 (스태틱)
31      public static void main(String[] args) {
32          //StaticMethod.memMethod1();
33          StaticMethod st = new StaticMethod();
34          st.memMethod1();
35          StaticMethod.staticMethod2();
36          staticMethod2();
37          int local = staticVar;
38          //local = memVar;
39      }
40  }
```

⚙ 코드 분석

8	인스턴스 메소드 안에서는 인스턴스 변수를 사용할 수 있다.
9	인스턴스 메소드 안에서는 static 변수를 사용할 수 있다. static 변수가 먼저 초기화 되기 때문이다. 즉, 메모리에 먼저 생성되기 때문이다.
10	인스턴스 메소드에서 static 메소드를 참조할 수 있다.
11	같은 클래스 안에 있는 인스턴스 메소드끼리는 상호 호출이 가능하다.
19	static 메소드에서는 인스턴스 변수를 참조할 수 없다. 주석을 해제하면 컴파일 오류가 발생한다.
20	static 메소드 안에서는 인스턴스 메소드를 호출할 수 없다.
21 ~ 23	static 메소드에서 인스턴스 변수나 인스턴스 메소드를 사용하려면 객체를 생성한 후 객체를 통해서 사용해야 한다.
24	static 메소드 안에서 다른 static 메소드를 호출할 수 있다.
32	main 메소드도 static 메소드이므로 인스턴스 메소드를 호출할 수 없다.
33 ~ 34	main 메소드 안에서 인스턴스 메소드를 호출하려면 객체를 생성한 후 객체를 통해서 호출해야 한다.
35	static 메소드는 객체를 생성할 필요없이 클래스 이름을 이용하여 바로 호출이 가능하다. 다른 클래스에서 호출할 때도 클래스 이름만으로 바로 호출이 가능하다.
36	같은 static 메소드 안에서는 static 메소드 이름으로 바로 호출이 가능하다.

| 37 | static 메소드 안에서는 static 변수를 참조할 수 있다. |
| 38 | static 메소드 안에서는 인스턴스 변수를 참조할 수 없다. |

 실행 결과

```
memMethod2
staticMethod2
staticMethod1
memMethod2
memMethod1
staticMethod2
staticMethod2
```

이번에는 Factorial과 인자로 전송된 값까지의 제곱의 합을 구하는 예제를 작성한다.
요구사항은 아래와 같다.

1번 클래스
클래스명 : Calculate
메소드 :
1. int getFactorial(int num)
: 파라미터로 전송된 숫자의 팩토리얼 값을 구해서 리턴함.
값이 5인 경우 : 5 * 4 * 3 * 2 * 1
2. int getPower(int num)
: 파라미터로 전송된 값까지의 제곱의 합을 구해 리턴
값이 3인 경우 : 1 * 1 + 2 * 2 + 3 * 3

2번 클래스
클래스명 : CalculateMain
기능
2-1. 프로그램을 실행하면 다음과 같이 연산할 값을 입력받는다.
연산할 값 : 3

출력결과:
factorial : 결과 값
power : 결과 값

```java
1    import java.util.Scanner;
2    class Calculate {
3
4        int factorial = 1;
5        int power =0;
6
7        int getFactorial(int num){
8            for (int i = num; i > 0; i--) {
9                factorial *= i;
10            }
11            return factorial;
12        }
13        int getPower(int num){
14            for (int i = num; i > 0; i--) {
15                power += i*i;
16            }
17            return power;
18        }
19
20    }
21
22    public class CalculateMain {
23
24        public static void main(String[] args) {
25            // TODO Auto-generated method stub
26
27            Scanner sc = new Scanner(System.in);
28
29            System.out.print("연산할 값 : ");
30            int num = sc.nextInt();
31
32            Calculate ca = new Calculate();
33            System.out.println("factorial : " + ca. getFactorial(num));
34            System.out.println("power : " + ca. getPower(num));
35
36        }
37
38    }
```

2~20	factorial 연산과 power 연산을 하는 메소드를 정의한 Calculate 클래스 영역이다.
4~5	Factorial 연산과 power 연산의 결과 값을 저장할 변수를 선언한 부분이다. Factorial 변수는 * 연산을 반복적으로 수행해야 하므로 초기값을 1로 할당했고, power 연산은 power 변수에 + 연산을 해야 하기 때문에 초기값을 0으로 설정하였다.
7~12	인자 값으로 넘어온 num 값을 하나씩 감소시키면서 1까지 factorial 변수에 곱하고 13라인에서 최종 연산된 값을 반환한다.
13~18	인자 값으로 넘어온 num 값을 하나씩 감소시키면서 1까지 해당 i 변수 값의 제곱을 구하여 power 변수에 더하고 18라인에서 최종 연산된 값을 반환한다.
22~38	사용자로부터 연산할 값을 입력받아서 factorial 값과 power 값을 연산하는 CalculateMain 클래스를 정의한 부분이다.
33~34	getFactorial(num) 과 getPower(num)을 호출하여 결과 값을 출력하는 부분이다.

실행 결과

```
연산할 값 : 5
factorial : 120
power : 55
```

03 생성자(Constructor)

생성자는 new 연산자에 의해서 객체를 생성할 때 단 한 번 호출되는 단위이다.

```
VariableKind vk = new VariableKind();
```

그동안 우리는 생성자를 따로 정의하지 않고 객체를 생성할 때 빈 생성자(파라미터 변수가 없는 생성자)를 이용해서 객체를 생성했다.

우리가 클래스에 빈 생성자를 정의하지 않았는데도 어떻게 빈 생성자를 이용해서 객체를 생성한 것일까? 그 이유는 클래스에 생성자가 하나도 정의되지 않았을 경우에는 컴파일러가 자동으로 빈 생성자를 생성해 주기 때문이다. 단, 클래스에 인자 있는 생성자가 하나라도 정의되어 있으면 컴파일러는 빈 생성자를 자동으로 만들어 주지 않는다. 따라서 클래스에 생성자를 정의할 때는, 특히 인자가 있는 생성자인 경우, 반드시 빈 생성자도 함께 정의해 주어야 한다. 그래야 빈 생성자도 사용할 수 있다.

그렇다면 빈 생성자를 이용해서 객체를 생성하면 되는데 왜 생성자를 따로 정의해서 사용해야 할까? 그 이유는 객체를 생성할 때 멤버 변수의 값을 쉽게 초기화하기 위해서다.

계좌 객체를 생성할 때도 처음 계좌를 생성할 때 계좌주명을 초기화해서 만들고 싶다면 계좌주명을 초기화하는 생성자를 정의하여야 하고, 계좌 번호 값을 초기화시키고 싶으면 계좌 번호를 인자로 받는 생성자를 정의해서 사용해야 한다. 생성자 또한 하나의 클래스 안에서 객체를 생성할 때 여러가지 방식으로 멤버 변수를 초기화할 수 있도록 오버로딩을 제공해 준다. 따라서 하나의 클래스 안에 여러 개의 생성자를 정의할 수 있다.

→ Chapter5₩src₩ConstructorTest.java

```java
1    class Person{
2        int age;
3        String name;
4        int height;
5        int weight;
6
7        public Person() {
8        }
9        public Person(int age) {
10           this.age = age;
11       }
12       public Person(String name) {
13           this.name = name;
14       }
15   }
16   public class ConstructorTest {
17       public static void main(String[] args) {
18           Person person1 = new Person();
19           System.out.println(
20   "person1.name = " + person1.name +
21   ", person1.height = " + person1.height +
22   ", person1.weight = " + person1.weight +
23   ", person1.age = " + person1.age);
24
25           Person person2 = new Person(30);
26           System.out.println(
27   "person2.name = " + person2.name +
28   ", person2.height = " + person2.height +
29   ", person2.weight = " + person2.weight +
30   ", person2.age = " + person2.age);
31
32           Person person3 = new Person("goodman");
33           System.out.println(
34   "person3.name = " + person3.name +
35   ", person3.height = " + person3.height +
36   ", person3.weight = " + person3.weight +
37   ", person1.age = " + person3.age);
38       }
39   }
```

코드 분석

7~8	빈 생성자를 정의하는 부분이다. 해당 클래스에 인자 있는 생성자가 정의되어 있기 때문에 빈 생성자를 정의해야 빈 생성자를 호출해서 객체를 생성할 수 있다. 빈 생성자를 생성해 주지 않으면 클래스에 인자 있는 생성자가 하나라도 존재할 때 컴파일러가 자동으로 빈 생성자를 만들어 주지 않으므로 18라인에서 빈 생성자를 이용해서 객체를 생성하려고 할 때 컴파일 오류가 발생한다.
9~11	객체를 생성할 때 age 값을 초기화 시키면서 객체를 생성하는 생성자를 정의한 부분이다. 생성자 블록에서 사용하고 있는 this는 자기 자신 객체를 참조하는 레퍼런스 변수이다. 즉, 이 생성자에 의해서 생성되는 객체를 레퍼런스 하는 변수이다. 생성자에서 좌측에 this를 사용한 이유는 좌측 변수가 로컬에서 선언한 변수가 아니고 클래스에서 정의된 멤버 변수임을 표시하기 위해서이다. this를 지정하지 않으면 좌측 변수는 로컬에서 정의된 변수로 인식된다. 메소드 안에서는 로컬 변수가 우선되기 때문이다. this를 제거하고("this.age = age" 부분을 age = age로 변경) 프로그램을 실행하면 age 값이 제대로 초기화되지 않고 0이 출력되는 것을 확인할 수 있다.
12~14	name 값을 초기화시키면서 객체를 생성할 수 있는 생성자를 정의하는 부분이다.
18~37	각각 다른 생성자를 호출해서 객체를 생성하면서 각 변수의 값을 출력하는 부분이다.

실행결과

```
person1.name = null, person1.height = 0, person1.weight = 0, person1.age = 0
person2.name = null, person2.height = 0, person2.weight = 0, person2.age = 30
person3.name = goodman, person3.height = 0, person3.weight = 0, person1.age = 0
```

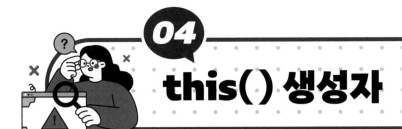

04 this() 생성자

ConstructorTest.java 예제에서 this는 자기 자신 객체를 참조하는 레퍼런스 변수라고 설명하였다. 주로 생성자 메소드의 블록 안에 있는 로컬 변수 이름이 멤버 변수 이름과 같고, 이 변수가 멤버 변수임을 지정하기 위해 사용된다. 그렇게 하지 않으면 블록 안의 로컬 변수는 그저 이름만 멤버 변수와 같은 로컬 변수가 되기 때문이다. 그에 따라서 해당 블록의 메소드나 생성자가 종료되면 같이 사라질 것이다.

반면 this()는 자기 자신 클래스의 다른 생성자를 호출하기 위해 사용되는 생성자이다. 그렇다면 자기 자신의 다른 생성자를 왜 호출해 주어야 할까? 바로 코드의 간결성(중복 코드 제거)을 위해서이다.

예를 들어 생성자를 여러 개 정의해서 멤버 변수를 초기화할 때 멤버 변수를 초기화시키는 코드를 모든 생성자에서 정의하면 중복 코드가 양산된다. 따라서 멤버 변수를 초기화시키는 코드를 특정 생성자에 정의하고 다른 생성자들에서는 해당 생성자를 호출해서 초기화를 실행할 수 있다. 즉, 생성자 안에서 반복적으로 실행해야 하는 코드를 특정 생성자 안에 정의하고 다른 생성자 안에서 반복적으로 실행해야 하는 작업을 실행할 때는 this()를 호출해서 실행할 수 있다. 또한 this() 생성자는 반드시 생성자의 첫 줄에서 실행되어야 한다.

➡ Chapter5₩src₩ThisConstructorTest.java

```
1   class House{
2       int price;
3       String dong;
4       int size;
5       String kind;
6       public House() {
7           //System.out.println("this보다 앞에서 실행");
8           this(100,32,"상계동","아파트");
9       }
10      public House(int price) {
11          this(price,32,"상계동","아파트");
12      }
13      public House(int price,int size) {
```

```
14              this(price,size,"상계동","아파트");
15          }
16      public House(int price,int size,String dong) {
17              this(price,size,dong,"아파트");
18          }
19      public House(int price,int size,String dong,String kind) {
20              this.price = price;
21              this.size = size;
22              this.dong = dong;
23              this.kind = kind;
24          }
25  }
26  public class ThisConstructorTest {
27      public static void main(String[] args) {
28              House house1 = new House();
29              System.out.println(
30  "house1.price = " + house1.price
31  + ", house1.size = " + house1.size
32  +", house1.dong = " + house1.dong
33  +", house1.kind = " + house1.kind);
34
35              House house2 = new House(300);
36  System.out.println(
37  "house2.price = " + house2.price
38  + ", house2.size = " + house2.size
39  +", house2.dong = " + house2.dong
40  +", house2.kind = " + house2.kind);
41
42              House house3 = new House(300, 40);
43  System.out.println(
44  "house3.price = " + house3.price
45  + ", house3.size = " + house3.size
46  +", house3.dong = " + house3.dong
47  +", house3.kind = " + house3.kind);
48
49              House house4 = new House(300, 40, "서초동");
50  System.out.println(
51  "house4.price = " + house4.price
52  + ", house4.size = " + house4.size
53  +", house4.dong = " + house4.dong
```

```
54      +", house4.kind = " + house4.kind);
55
56              House house5 = new House(300, 40, "서초동", "빌라");
57      System.out.println(
58      "house5.price = " + house5.price
59      + ", house5.size = " + house5.size
60      +", house5.dong = " + house5.dong
61      +", house5.kind = " + house5.kind);
62      }
63      }
```

🔧 코드 분석

6~9	필요한 멤버 변수 값들을 초기화시키기 위해서 this()로 다른 생성자를 호출해서 초기화시키는 부분이다. 인자로 전송되어 오지 않는 값들은 임의적인 초기 값으로 설정한다. this()는 무조건 생성자의 첫 라인에서 호출되어야 하기 때문에 7 라인의 주석을 제거하면 컴파일 에러가 발생한다.
6~24	초기화시키는 멤버 변수들을 다르게 해서 여러 개의 생성자를 정의한 부분이다. 실질적인 초기화 작업은 마지막 생성자 (19~24라인)에서 정의하고 있으며, 다른 생성자들은 this() 생성자를 호출해서 초기화 작업을 하고 있다.
29~61	각 다른 생성자를 호출해서 객체를 생성한 후 초기화된 멤버 변수 값을 확인하는 부분이다. 코드와 실행 결과를 비교해 보면 어렵지 않게 이해가 갈 것이다.

🖱 실행 결과

```
house1.price = 100, house1.size = 32, house1.dong = 상계동, house1.kind = 아파트
house2.price = 300, house2.size = 32, house2.dong = 상계동, house2.kind = 아파트
house3.price = 300, house3.size = 40, house3.dong = 상계동, house3.kind = 아파트
house4.price = 300, house4.size = 40, house4.dong = 서초동, house4.kind = 아파트
house5.price = 300, house5.size = 40, house5.dong = 서초동, house5.kind = 빌라
```

변수를 초기화하는 방법에는 세 가지가 있다. 멤버 변수가 선언되었을 때 컴파일러에 의해 자동으로 초기화되는 암시적 초기화, 명시적으로 멤버 변수에 값을 초기화시키는 명시적 초기화(int x = 10;), 생성자에 의해서 객체가 생성되면서 초기화되는 생성자에 의한 초기화가 있다. 초기화 순서는 암시적 초기화 → 명시적 초기화 → 생성자에 의한 초기화 순이다.

초기화 블록은 클래스 안에서 복잡한 초기화를 실행하는 영역이다. 그리고 초기화 블록은 두 종류가 있다.

1) 인스턴스 초기화 블록	2) static 초기화 블록

{
          //생성자를 호출할 때마다 실행됨.
}
	static
	{
	          //클래스 로딩 시 단 한 번 실행됨.
	}

예제로 살펴보기 | **초기화 블록 예제**

➜ Chapter5\src\InitailBlockTest.java

```
1    class Good{
2      {
3          System.out.println("good의 인스턴스 초기화 블록 실행");
4      }
5      static{
6          System.out.println("good의 static 초기화 블록 실행");
7      }
8    }
9    public class InitailBlockTest {
10   public static void main(String[] args) {
11          Good g1 = new Good();
12          Good g2 = new Good();
13          Good g3 = new Good();
14          System.out.println("main");
15      }
16   }
```

코드 분석

2~4	인스턴스 초기화 블록을 정의한 부분이다. 객체를 생성할 때마다 반복적으로 호출된다.
5~7	static 초기화 블록을 정의한 부분이다. 클래스가 로딩될 때 한 번만 실행된다.
11~14	객체를 생성하고 메시지를 출력하는 부분이다.

실행 결과

```
good의 static 초기화 블록 실행
good의 인스턴스 초기화 블록 실행
good의 인스턴스 초기화 블록 실행
good의 인스턴스 초기화 블록 실행
main
```

생성자가 호출될 때 항상 인스턴스 초기화 블록이 먼저 실행되고 생성자가 실행된다. 따라서 객체를
생성할 때마다 반복적으로 수행해야 하는 부분이 있으면 인스턴스 초기화 블록에 정의하면 된다.

지금까지 학습한 내용을 바탕으로 이름으로 회원을 검색하는 예제를 작성해 보겠다.

→ Chapter5₩src₩Member.java

```java
1    public class Member {
2        private String name;
3        private int height;
4        private int weight;
5        private String nation;
6
7        public Member(String name, int height, int weight, String nation) {
8            this.name = name;
9            this.height = height;
10           this.weight = weight;
11           this.nation = nation;
12       }
13
14       public String getName() {
15           return name;
16       }
17       public void setName(String name) {
18           this.name = name;
19       }
20       public int getHeight() {
```

```
21              return height;
22          }
23          public void setHeight(int height) {
24              this.height = height;
25          }
26          public int getWeight() {
27              return weight;
28          }
29          public void setWeight(int weight) {
30              this.weight = weight;
31          }
32          public String getNation() {
33              return nation;
34          }
35          public void setNation(String nation) {
36              this.nation = nation;
37          }
38      }
```

📖 코드 분석

회원 한 명에 대한 정보를 저장하는 클래스이다. 아직 접근 제한자를 배우지는 않았지만 각 변수에 접근 제한자를 private을 지정하였다. 자바에서 특정한 데이터를 저장하는 클래스의 변수의 접근 제한자는 일반적으로 private으로 지정하여 다른 클래스에서 직접 접근하지 못하게 처리하고 getXXX, setXXX 메소드(Accessor)를 통해서 해당 변수에 접근해서 작업을 하게 한다. 이 내용은 접근 제한자를 할 때 다시 설명하겠다. 이런 형태를 객체를 캡슐화시킨다고 한다. 또한, 객체를 생성할 때 멤버 변수를 좀 더 쉽게 초기화시키기 위해서 7~12라인에서 생성자를 정의하였다. 완벽한 캡슐화를 위해서는 생성자에서도 할당되는 값들에 규칙을 적용하는 것이 바람직하나 현 단계에서는 생략한다.

getXXX, setXXX 메소드와 생성자는 자바에서 자주 생성하는 단위이기 때문에 이클립스에서 툴을 이용해서 생성하는 방법이 제공된다. 우선 getXXX, setXXX 메소드를 생성하는 방법은 코드상에서 변수들을 드래그해서 선택한 후 Alt + Shift + S 키보드를 동시에 누르면 나오는 하단과 같은 화면의 팝업 메뉴에서 Generate Getters and Setters 메뉴를 클릭한다.

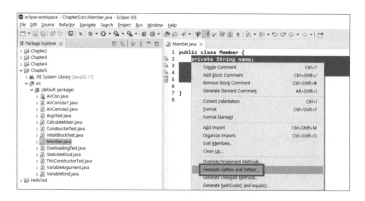

이어 나타나는 다이얼로그 창에서 Select All 버튼을 클릭한 후 Insertion point에서 After 'nation' 항목을 선택하고 OK 버튼을 클릭하면 코드상에서 setXXX 메소드와 getXXX 메소드가 자동으로 생성된다.

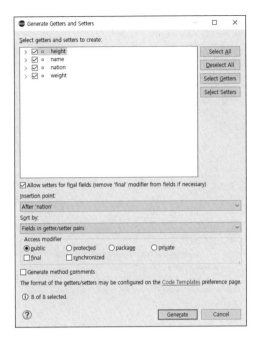

생성자를 이클립스 툴로 생성하는 방법은 다음과 같다.

우선 변수를 마우스로 드래그하여 선택하고 Alt + Shift + S 키를 동시에 누르면 하단처럼 팝업 메뉴가 실행된다. 출력된 메뉴에서 Generate Constructor using Fields 메뉴를 클릭한다.

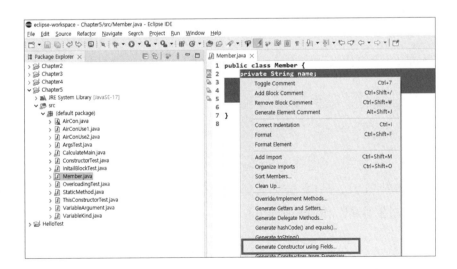

이어 나타나는 대화 상자에서 Select All 버튼을 클릭해서 전체 변수를 선택하고, Insertion point에서 After 'nation' 항목을 선택하고 OK 버튼을 클릭하면 전체 멤버 변수를 초기화시키는 생성자가 자동으로 코드 내에 생성된다.

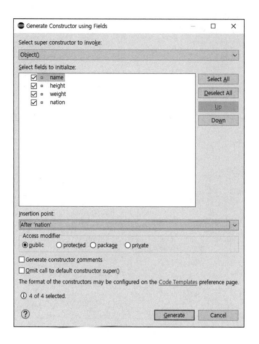

Record 타입

Java 14부터 도입된 기능으로, 데이터 클래스를 간단하게 정의하기 위한 편리한 방법이다. 데이터를 담기 위한 클래스를 만들 때 불필요한 코드 작성을 줄이고 가독성을 향상시킬 수 있다. 불변성을 가지므로 한 번 생성된 객체는 변경할 수 없다.

상단의 Member.java를 Record 타입으로 수정한 코드이다.

```
public record Member(String name, int height, int weight, String nation) {
}
```

Record를 사용 시 필드에 대한 생성자, toString(), equals(), hashCode() 메소드를 자동으로 생성해 주기 때문에 불필요한 메소드 구현을 줄일 수 있어 데이터 클래스를 보다 쉽게 생성할 수 있다. 다음 코드는 Record 타입을 활용한 간단한 예제이다.

```
1    public record RecordMember(String name, int age) {
2    }
```

코드 분석

record를 사용하여 정의된 간단한 데이터 클래스이다.
필드 name과 age에 대한 생성자와 equals( ), hashCode( ), toString( ) 메소드를 자동으로 생성한다.

```
1    public class RecordTest {
2        public static void main(String[] args) {
3            RecordMember member1 = new RecordMember("오정원", 52);
4            System.out.println("이름 : " + member1.name() + " 나이 : " + member1.
5    age());
6            System.out.println("객체 정보 : " + member1.toString());
7            RecordMember member2 = new RecordMember("오정원", 52);
8            RecordMember member3 = new RecordMember("이정원", 54);
9
10           if (member1.equals(member2)) {
11               System.out.println("member1, member2는 같은 사람입니다");
12           } else {
13               System.out.println("member1, member2는 다른 사람입니다");
14           }
15           if (member1.equals(member3)) {
16               System.out.println("member1, member3는 같은 사람입니다");
17           } else {
18               System.out.println("member1, member3는 다른 사람입니다.");
19           }
20       }
21   }
```

코드 분석

3	RecordMember 레코드 클래스를 사용하여 member1 객체를 생성하고 name을 "오정원" age를 52로 저장한다.
4~5	member1.name(), member1.age() 메소드를 사용하여 레코드의 필드에 접근하고, member1.toString() 메소드를 통해 member1 객체의 문자열 표현을 출력한다.
7~8	3번 라인 코드와 같이 두 개의 추가적인 레코드 객체 member2, member3를 생성한다.
10~14	equals() 메소드를 사용하여 member1과 member2 객체를 비교하고 필드의 값이 동일한지 판단한 후 그 결과를 출력한다.

15~19 equals() 메소드를 사용하여 member1과 member2 객체를 비교하고 필드의 값이 동일한지 판단한 후 그 결과를 출력한다.

RecordTest.java를 실행하면 된다.

실행결과

```
이름 : 오정원 나이 : 52
객체 정보 : RecordMember[name=오정원, age=52]
member1, member2는 같은 사람입니다
member1, member3는 다른 사람입니다.
```

Record를 활용한 데이터 클래스를 작성하는 방법을 알아보았으며, 이름으로 회원을 검색하는 예제로 돌아와 SearchService.java를 작성해 보도록 하겠다.

예제로 살펴보기 | 회원 이름으로 배열 객체에서 회원을 검색하는 실질적인 기능이 정의되는 클래스

➡ Chapter5₩src₩SearchService.java

```java
1    public class SearchService {
2        Member[] members = new Member[5];
3        public SearchService() {
4            members[0]=new Member("오정원", 167, 77, "대한민국");
5            members[1]=new Member("James", 187, 67, "미국");
6            members[2]=new Member("가루상", 166, 57, "일본");
7            members[3]=new Member("홍금보", 177, 80, "중국");
8            members[4]=new Member("인도인", 199, 77, "인도");
9        }
10       boolean searchMember(String name){
11           boolean searchResult=false;
12
13           for(int i=0;i<members.length;i++){
14               if(members[i].getName().equals(name)){
15                   printInfo(members[i]);
16                   searchResult = true;
17               }
18           }
19
20           return searchResult;
```

```
21        }
22        private void printInfo(Member member) {
23            System.out.println(member.getName() + "으로 찾은 결과");
24            System.out.println("이름 : " + member.getName());
25            System.out.println("신장 : " + member.getHeight());
26            System.out.println("몸무게 : " + member.getWeight());
27            System.out.println("국가 : " + member.getNation());
28        }
29    }
```

코드 분석

2	Memebr 타입의 객체를 저장할 배열 객체를 members라는 이름으로 생성하는 부분이다.
3~9	SearchService 클래스의 생성자에서 members 배열 객체에 Member 객체를 다섯 개 생성하고 배열의 요소로 저장하였다. 따라서 SearchService 객체가 생성되면 회원들의 정보를 저장한 members 배열 객체가 생성된다.
10~21	원하는 회원을 찾아주는 searchMember() 메소드이다. 회원의 이름을 파라미터 변수 값으로 받고, 파라미터 변수 값과 같은 이름을 가진 회원 객체를 배열에서 찾는다. 그리고 찾아진 해당 회원의 정보를 출력하고 searchResult 값을 true로 변경한다. 회원 정보를 찾지 못하면 false를 리턴하고 끝낸다. - printInfo() : SearchService 클래스에서 정의한 회원의 정보를 출력하는 메소드
11	주어진 이름과 같은 회원을 찾았는지 확인하여 불리언 값으로 저장하는 로컬 변수이다. 찾을 경우에는 true로 저장되지만 찾지 못하면 기본값인 false로 리턴된다.
13~18	회원 객체가 저장된 members 배열의 길이만큼 반복되는 for 문을 실행하는 영역이다.
14	인덱스 i 값에 해당하는 Member 객체의 이름이 인자 값으로 넘어온 name 변수의 값과 같은지를 비교하는 부분이다. 이름이 같으면 찾는 회원으로 판단한다. - equals() : 문자열의 값이 같은지 비교하는 메소드
15	해당 이름의 회원이 찾아졌으면, printInfo(members[i])를 호출해서 해당 인덱스의 회원 정보를 출력하는 부분이다.
16	if 조건에 만족하면 해당 이름을 가지고 있는 회원을 찾은 것이기 때문에 searchResult 변수의 값을 true로 설정한다.
20	최종적으로 해당 회원을 찾았는지 못 찾았는지를 boolean 타입의 변수 searchResult 값으로 리턴한다.
22~28	인자 값으로 넘어온 회원 객체의 정보를 Member 객체의 getXXX 메소드를 호출해서 출력해 주는 부분이다.

예제로 살펴보기 | **사용자로부터 이름을 입력받는 Main 클래스**

➜ Chapter5₩src₩SearchMain.java

```
1    import java.util.Scanner;
2    public class SearchMain {
3        public static void main(String[] args) {
4            SearchService sv = new SearchService();
```

```
 5              Scanner sc = new Scanner(System.in);

 6

 7          do{

 8              System.out.println("검색할 회원 이름을 입력하세요");

 9                      System.out.print("이름 입력 : ");

10              String name = sc.next();

11              boolean searchResult = sv.searchMember(name);

12              if(searchResult) break;

13              System.out.println("해당 회원이 없습니다.");

14          }

15          while(true);

16      }

17  }
```

코드 분석

1	Scanner 클래스를 임포트하는 부분이다. java.lang 패키지 이외의 패키지에서 제공되는 클래스를 사용할 때는 import를 해 주어야 한다.
4	기능이 정의되어 있는 sv 객체 생성. SearchService 클래스에 정의되어 있는 인스턴스 메소드를 사용하기 위해서 sv 객체를 생성하는 부분이다.
5	콘솔로부터 사용자가 입력한 데이터를 읽어 들일 수 있는 Scanner 객체를 생성하는 부분이다.
10	Scanner을 이용해서 콘솔에 입력된 문자열 데이터를 읽어 들이는 부분이다.
11	콘솔에서 읽어 들인 사용자 이름을 인자로 던져 주면서 SearchService 클래스의 searchMember 메소드를 호출한다. 결과값으로 리턴되는 boolean 값을 searchResult 변수에 할당한다.
12	searchResult 변수의 값이 true이면, 즉 콘솔에서 입력받은 회원 이름으로 회원 객체를 찾았으면 break 문을 이용해서 do ~ while 문장을 빠져나가면서 프로그램을 종료한다.
13	콘솔에서 입력받은 회원 이름으로 회원을 찾지 못했으면 "해당 회원이 없습니다."라는 메시지를 출력하고 다시 do ~ while 문을 반복한다.

SearchMain을 실행하면 된다.

검색할 회원 이름을 입력하세요
이름 입력 : 김수로
해당 회원이 없습니다.
검색할 회원 이름을 입력하세요
이름 입력 : 오정원
오정원으로 찾은 결과
이름 : 오정원
신장 : 167
몸무게 : 77
국가 : 대한민국

클래스
고급

이전 장에서는 클래스 안에 변수와 메소드를 직접 정의하여 객체를 생성했다. 이번 챕터에서는 다음과 같은 3가지를 다룬다. 첫째, 클래스의 상속 기능으로 부모 클래스의 변수와 메소드를 상속받아서 클래스를 정의한다. 두 번째, import, package, 접근 제한자, final 등 클래스의 구성 예약어들에 대해서 살펴본다. 세 번째, 객체 지향 언어의 가장 막강한 기능 중 하나인 다형성에 대해서도 학습한다.

상속의 개념을 이해하려면 우리가 일상 생활에서 알고 있는 상속 개념을 떠올리면 된다. 일상 생활에서 자식이 부모에게 상속을 받으면 부모의 모든 재산을 자신의 것처럼 사용할 수 있고, 자기가 번 재산도 사용할 수 있다. 자바 언어에서도 마찬가지이다. 부모 클래스를 자식 클래스가 상속받으면, 부모 클래스에서 정의한 변수나 메소드가 자식 클래스로 전달된다. 따라서 자식 클래스는 부모 클래스에서 정의된 변수나 메소드를 자기 것처럼 사용할 수 있다.

1 상속의 기능

상속 기능을 사용할 때는 extends 예약어를 이용하면 된다.

```
class Parent{                    //부모 클래스

  int age;
  void parentMethod();
}

class Child extends Parent{      // 자식 클래스 : 부모 클래스를 상속받음.
  int height;
  void childMethod();
}
```

상단과 같이 클래스를 정의하면 Child 클래스는 변수 height와 childMethod() 메소드뿐만 아니라, 상속받은 부모 클래스인 Parent의 age 변수와 parentMethod() 메소드까지 모두 사용할 수 있다.

예제로 살펴보기 / 상속 기능 사용 예제

➡ Chapter6₩src₩ExtendsTest1.java

```
1    class Parent{
2        int parentVar = 10;
3
```

```
4          void parentMethod(){
5              System.out.println("parent Method");
6          }
7      }
8   class Child extends Parent{
9          int childVar = 20;
10
11          void childMethod(){
12              System.out.println("child Method");
13          }
14      }
15  public class ExtendsTest1 {
16      public static void main(String[] args) {
17          Child child = new Child();
18
19          System.out.println("child.parentVar = " + child.parentVar);
20          System.out.println("child.childVar = " + child.childVar);
21
22          child.parentMethod();
23          child.childMethod();
24      }
25  }
```

🖳⚙ 코드 분석

1~7	Parent 클래스를 정의한 부분이다.
8~14	Parent클래스를 상속받은 Child 클래스를 정의한 부분이다.
17	Child 클래스 객체 child를 생성한 부분이다.
19	child 객체는 상속받은 변수 parentVar을 사용할 수 있다.
22	child 객체는 상속받은 메소드 parentMethod()를 사용할 수 있다.

🖱 실행 결과

```
child.parentVar = 10
child.childVar = 20
parent Method
child Method
```

```java
1    //상위 클래스
2    class Super{
3        int x = 90;
4        void superMethod(){
5            System.out.println("super Method");
6        }
7    }
8    //상위 클래스를 상속받는 클래스
9    class Sub extends Super{
10       int y = 10;
11       void subMethod(){
12           System.out.println("sub method");
13       }
14   }
15   //상속받은 클래스를 상속받는 클래스
16   class Subsub extends Sub{
17       int z = 20;
18       void subSubMethod(){
19           System.out.println("subSub method");
20       }
21   }
22   public class ExtendsTest2 {
23       public static void main(String[] args) {
24           Subsub ss = new Subsub();
25
26           System.out.println("ss.x = " + ss.x);
27           System.out.println("ss.y = " + ss.y);
28           System.out.println("ss.z = " + ss.z);
29
30           ss.superMethod();
31           ss.subMethod();
32           ss.subSubMethod();
33       }
34   }
```

코드 분석

Sub 클래스가 Super 클래스를 상속받았고, Subsub 클래스가 Sub 클래스를 상속받았다. 따라서, Subsub 클래스는 Super 클래스의 변수와 메소드, Sub 클래스에 정의된 변수와 메소드, Subsub 클래스에서 정의된 변수나 메소드를 모두 사용할 수 있다. 일상 생활에서 자식이 부모의 재산분만이 아니고 조상들의 재산도 모두 상속받는 것과 같은 경우로 생각하면 된다.

```
ss.x = 90
ss.y = 10
ss.z = 20
super method
sub method
subSub method
```

2 오버라이딩(Overriding)

오버라이딩이란 부모로부터 상속받은 메소드를 부모에서 정의된 기능대로 사용하지 않고 자식 클래스에서 자신의 클래스와 적합하도록 재정의하는 기능이다.

예제로 살펴보기 　자식 클래스에서 메소드를 재정의한 경우 - 오버라이딩

→ Chapter6₩src₩OverridingTest1.java

```
1    class OverridingParent{
2        void parentMethod(){
3            System.out.println("parent method");
4        }
5    }
6    class OverridingChild extends OverridingParent{
7        void parentMethod(){
8            System.out.println("overriding method");
9        }
10   }
11   public class OverridingTest1 {
12       public static void main(String[] args) {
13           OverridingChild oc = new OverridingChild();
14           oc.parentMethod();
15       }
16   }
```

코드 분석

6~10	OverridingParent 클래스를 상속받은 OverridingChild 클래스이다.
7~9	부모 클래스에서 상속받은 메소드를 재정의하는 부분이다.
14	재정의된 메소드를 호출하면 부모 클래스의 메소드가 아니라 제일 마지막에 재정의된 메소드가 호출된다.

overriding method

오버라이딩이 성립할 수 있는 규칙

① 부모 클래스와 자식 클래스 사이에만 성립될 수 있다.

② static 메소드는 클래스에 속하는 메소드이기 때문에 상속 자체가 안 되며, 따라서 오버라이딩도 할 수 없다.

③ 접근 제한자가 private으로 정의된 메소드는 상속 자체가 되지 않기 때문에 오버라이딩될 수 없다.

④ interface를 구현해서 메소드를 오버라이딩할 때는 반드시 접근 제한자를 public으로 정의해야 한다. 인터페이스에 정의된 메소드들은 자동으로 public 접근 제한자가 지정되기 때문이다.

⑤ 오바라이딩할 때 메소드의 인자의 개수와 타입이 완전히 일치해야 하고, 리턴 타입까지 일치해야 한다.

⑥ 부모 클래스의 메소드 접근 제한자보다 좁아질 수 없다. 즉, 부모 클래스의 접근 제한자가 protected이면 오버라이딩 메소드는 protected나 public 접근 제한자가 지정되어야 한다.

⑦ 부모 클래스의 메소드보다 더 많은 예외를 던질 수 없다.

⑧ final 예약어가 지정된 메소드는 오버라이딩할 수 없다.

예제로 살펴보기 | **자식 클래스에서 변수를 재정의한 경우**

➡ Chapter6₩src₩OverrdingTest2.java

```
1    class OverridingParent2{
2        int money = 20;
3
4        void parentMethod(){
5            System.out.println("parent method");
6        }
7    }
8    class OverridingChild2 extends OverridingParent2{
9        String money = "20원";
10
11       void parentMethod(){
12           System.out.println("overriding method");
13       }
14   }
15   public class OverridingTest2 {
16       public static void main(String[] args) {
17           OverridingChild2 oc2 = new OverridingChild2();
18
19           oc2.money = "30원";
20           //oc2.money = 30;
```

```
21
22              System.out.println("oc2.money = " + oc2.money);
23        }
24    }
```

⚙ 코드 분석

자식 클래스가 부모 클래스에서 상속받은 변수와 같은 이름으로 변수를 다시 정의하면 부모 클래스에서 정의한 변수는 은닉되고 자식 클래스에서 다시 정의한 변수가 인식된다.

2	부모 클래스에서 money 변수를 int 타입으로 정의한 부분이다.
9	자식 클래스에서 money 변수를 String 타입으로 다시 정의한 부분이다.
17	자식 클래스 객체를 생성한 부분이다.
19	자식 클래스에서 money 변수를 String 타입으로 정의했기 때문에 money 변수에 String 타입의 데이터를 할당하고 있다.
20	부모 클래스에서 정의한 money 변수 타입의 데이터를 변수에 할당하는 부분이다. 이 부분의 주석을 제거하면 컴파일 오류가 발생한다.
22	money 변수 값을 출력하는 부분이다.

🖱 실행 결과

```
oc2.money = 30원
```

3 super와 super()

this는 자기 자신 객체를 가리키는 레퍼런스 변수인 반면 super는 부모 객체를 가리키는 레퍼런스 변수이다. this()가 자기 자신 클래스의 다른 생성자를 호출하는 역할을 하는 예약어라면 super()는 부모 클래스의 생성자를 호출하는 역할을 한다.

➜ Chapter6₩src₩SuperTest.java

```
1    class Employee1 {
2        String name; //이름
3        String dept; // 부서
4        int salary; // 연봉
5
6        String getEmployeeInfo(){
7    return "이름 : " + name + ", 부서 : " + dept + ", 연봉 : " + salary;
8        }
9    }
```

```
10    class Salesman1 extends Employee1{
11        int commission;  //수당
12
13        /*String getEmployeeInfo(){
14            return  "이름 : " + name + ", 부서 : " + dept + ", 연봉 : " + salary
15                    + ", 수당 = " + commission;
16        }*/
17        String getEmployeeInfo(){
18            return super.getEmployeeInfo() +  ", 수당 : " + commission;
19        }
20    }
21    public class SuperTest {
22    public static void main(String[] args) {
23    Salesman1 sales = new Salesman1();
24        System.out.println(sales.getEmployeeInfo());
25        }
26    }
```

코드 분석

부모 클래스에 정의된 메소드를 자식 클래스에서 재정의한 경우 자식 클래스에서 부모 클래스에 정의된 메소드를 호출하려면 super 예약어를 사용한다.

6~8	상위 클래스 Employee1의 getEmployeeInfo() 메소드는 사원의 이름, 부서, 연봉 정보를 리턴해 준다.
17~19	super 레퍼런스 변수를 이용하여 상위 클래스의 메소드를 호출하고 상위 클래스에 정의되어 있는 메소드의 기능을 이용하고 있다. super 메소드 앞에 지정하지 않으면 기본적으로 this가 적용된다. 즉, this. getEmployeeInfo()가 적용되어 자기 자신 메소드를 호출하게 된다. 자바 클래스에서 인스턴스 메소드 안에서 호출되는 변수나 메소드 앞에는 this가 생략되어 있다. 따라서 상위 클래스의 변수나 메소드를 호출하려면 반드시 super를 앞에 명시적으로 붙여 주어야 한다. 물론 13~16라인의 코드로 사용해도 실행은 되지만, 중복 코드를 양산한다.
24	getEmployeeInfo() 메소드를 호출하는 부분이다.

실행결과

이름 : null, 부서 : null, 연봉 : 0, 수당 : 0

super( ) 의 용도를 살펴보기

SuperTest.java의 코드에서는 변수 값을 할당한 부분이 없으므로 기본값들이 출력된다. 생성자를 이용해서 값을 초기화시키면서 super( )의 용도를 보자.

```
1   class Employee2{
2       String name;
3       String dept;
4       int salary;
5
6       public Employee2(String name, String dept, int salary) {
7           super();
8           this.name = name;
9           this.dept = dept;
10          this.salary = salary;
11      }
12
13      String getEmployeeInfo(){
14          return "이름 : " + name + ", 부서 : " + dept + ", 연봉 : " + salary;
15      }
16  }
17  class Salesman2 extends Employee2{
18      int commission;
19
20      public Salesman2(String name, String dept, int salary, int commition) {
21          //super()
22          super(name, dept, salary);
23          this.commission = commition;
24      }
25      /*String getEmployeeInfo(){
26          return "이름 : " + name + ", 부서 : " + dept + ", 연봉 : " + salary
27                  + ", 수당 = " + commission;
28      }*/
29      String getEmployeeInfo(){
30          return super.getEmployeeInfo() + ", 수당 = " + commission;
31      }
32  }
33  public class SuperConstructorTest {
34      public static void main(String[] args) {
35          Salesman2 sales2 = new Salesman2("오정원","영업부",100000000,70000000);
36          System.out.println(sales2.getEmployeeInfo());
37      }
38  }
```

상속 관계에 있는 자식 클래스의 생성자를 호출하면 자식 클래스의 생성자 첫 줄에 super( )가 자동으로 삽입되면서 부모 클래스의 빈 생성자부터 호출한다. 현실 세계에서 부모가 존재하지 않는 자식은 있을 수 없는 것과 마찬가지이다. 그런데 super( )에 의해서 부모의 빈 생성자가 자동으로 호출될 때 부모 클래스에 인자 있는 생성자만 있다면 컴파일러가 자동으로 빈 생성자를 만들어 주지 않기 때문에 컴파일 오류가 발생한다. 바로 이런 경우에 super( ) 생성자를 이용해서 명시적으로 부모 클래스의 인자 있는 생성자를 호출해야 된다.

6~11	부모 클래스에 인자 있는 생성자를 정의한 부분이다.
22	자식 클래스의 생성자에서 부모 클래스의 인자 있는 생성자를 명시적으로 호출해 주는 부분이다. 이 부분이 정의되지 않으면 21라인이 자동으로 호출되어 컴파일 오류가 발생한다. 왜냐하면 부모 클래스에 빈 생성자가 없기 때문이다.
35	인자 있는 생성자를 호출해서 객체를 생성하는 부분이다.
36	사원의 정보를 출력하는 부분이다.

실행 결과

이름 : 오정원, 부서 : 영업부, 연봉 : 100000000, 수당 = 70000000

이번에는 상위 클래스의 변수를 호출해 보는 예제를 작성해 보겠다.

예제로 살펴보기 / 상위 클래스의 변수 호출하기

→ Chapter6₩src₩SuperVariableTest.java

```
1    class Employee3{
2        String name = "홍길동";
3    }
4    class Salesman3 extends Employee3{
5        String name = "오정원";
6
7        String getNameLocal(){
8            String name = "이만수";
9            return name;
10       }
11       String getNameThis(){
12           String name = "이만수";
13           return this.name;
14       }
15       String getNameSuper(){
16           String name = "이만수";
17           return super.name;
18       }
19   }
```

```
20    public class SuperVariableTest {
21        public static void main(String[] args) {
22
23            Salesman3 sales3 = new Salesman3();
24
25            System.out.println("local.name = " + sales3.getNameLocal());
26            System.out.println("this.name = " + sales3.getNameThis());
27            System.out.println("super.name = " + sales3.getNameSuper());
28        }
29    }
```

코드 분석

본 예제 코드에서는 상위 클래스에서 정의된 변수를 자식 클래스와 메소드 안에서 다시 재정의하고 자식 클래스 안에서 로컬 변수, 자기 자신 클래스의 변수, 부모 클래스의 변수에 접근한다.

7~10	Salesman3 - getNameLocal()
9	로컬 변수 name 값을 반환하는 부분이다.
11~14	Salesman3 - getNameThis()
13	자기 자신 클래스에서 정의한 name 변수 값을 반환하는 부분이다.
15~18	Salesman3 - getNameSuper()
17	부모 클래스에서 정의한 name 변수 값을 반환하는 부분이다.
21~28	SuperVariableTest - main()
25~27	각 name 변수 값을 출력하는 부분이다.

실행 결과

```
local.name = 이만수
this.name = 오정원
super.name = 홍길동
```

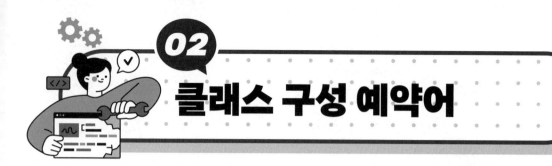

클래스 구성 예약어

1 package와 import

package란 비슷한 기능을 하는 클래스끼리 묶어 놓은 단위를 의미한다. 자바에서 제공되는 API 문서를 살펴봐도 API에서 제공되는 클래스들이 패키지별로 묶여서 제공된다. 입출력 기능을 하는 데 필요한 클래스들은 java.io 패키지에서 제공하고, 네트워크 관련 작업에 필요한 클래스들을 java.net 패키지에서 제공한다.

패키지 이름을 지정할 때는 일반적으로 소문자로 지정하며, 외부에 배포하는 라이브러리 패키지인 경우 다른 회사에서 배포한 패키지명과 중복을 피하기 위해서 전 세계에서 유일한 이름인 도메인 이름과 함께 사용한다. 단, 도메인 명은 뒤에서부터 사용하여 패키지 명을 지정한다.

www.springframework.org → org.springframework.XXX

struts.apache.org → org.apache.struts2.XXX

01 하단 코드를 C:\javaStudy\eclipse-workspace 디렉터리에 생성한다.

➡ Chapter6₩src₩com₩packageExample₩PackageExample.java

```
1    package com.packageExample;
2    public class PackageExample {
3        public void testPackage(){
4            System.out.println("PackageExample");
5        }
6    }
```

📖 코드 분석

1	해당 클래스의 패키지를 지정할 때는 코드 제일 상단에 package 예약어를 이용해서 지정한다.

02 윈도우 키 + R을 눌러 실행창에 CMD 검색 후 CMD를 실행시킨 후 하단 그림과 같은 명령을 입력하여 PackageExample.java 를 컴파일한다.

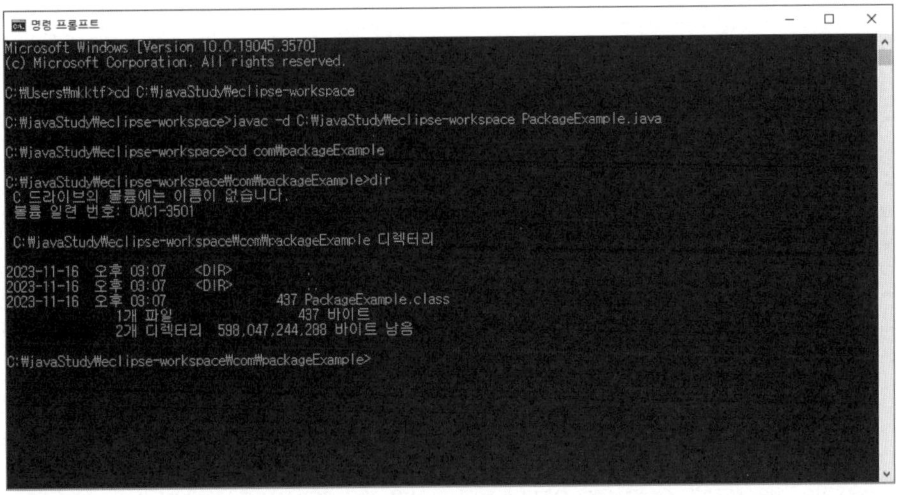

1	C:\Users\pc명>cd C:\javaStudy\eclipse-workspace
2	C:\javaStudy\eclipse-workspace>javac -d "경로" PackageExample.java
3	C:\javaStudy\eclipse-workspace>cd com\packageExample
4	C:\javaStudy\eclipse-workspace\com\packageExample>dir
5	C:\javaStudy\eclipse-workspace\com\packageExample 디렉터리

2라인의 -d 옵션은 해당 경로에 package 예약어에서 지정한 디렉터리를 생성하고 그 안에 클래스 파일을 생성하겠다는 뜻이다. 1라인에서 -d 옵션 뒤에 "경로"를 지정하였으므로 지정한 경로에 디렉터리를 생성하면서 컴파일한다. 즉, eclipse-workspace 디렉터리 안에 package 예약어로 지정된 디렉터리가 생성된다.

03 하단 코드를 C:\javaStudy\eclipse-workspace 디렉터리에 생성한다.

➡ Chapter6₩src₩com₩packageRun₩PackageRun.java

```
1   package com.packageRun;
2   import com.packageExample.PackageExample;
3   public class PackageRun {
4   /*
5   * 다른 패키지 접근 테스트
6   */
7       public static void main(String[] args) {
```

```
 8              PackageExample pe = new PackageExample();
 9              //com.packageExample.PackageExample pe = new
10     //com.packageExample.PackageExample();
11              pe.testPackage();
12          }
13      }
```

🖳 코드 분석

2	기능을 사용하려는 PackageExample 클래스가 현재 클래스(PackageRun)와 다른 패키지에 존재하기 때문에 해당 클래스의 경로를 지정해 주어야 한다. java.lang 패키지에 정의되어 있는 클래스 이외의 현재 클래스와 다른 패키지에 정의되어 있는 클래스를 사용할 경우에는 해당 클래스 경로를 import로 인식시켜 주어야 한다. 만약 import를 하지 않으면 9~11 라인처럼 패키지 경로까지 지정해서 클래스를 사용해야 한다.

04 PackageRun.java 파일을 c:\javaStudy\eclipse-workspace 경로에 저장한 후 윈도우 키 + R을 눌러 실행창에 CMD를 검색하여 실행시킨다. CMD 창이 열리면 하단 그림과 같은 명령을 입력하여 PackageRun.java를 컴파일한다.

```
1    C:\Users\pc명>cd C:\javaStudy\eclipse-workspace
2    C:\javaStudy\eclipse-workspace>javac -d . PackageRun.java
3    C:\javaStudy\eclipse-workspace>cd com\packageRun
4    C:\javaStudy\eclipse-workspace\com\packageexample>dir
5    C:\javaStudy\eclipse-workspace\com\packageexample 디렉터리
```

05 하단과 같이 PackageRun 클래스 파일을 실행한다.

주의할 점은 자바 프로그램은 기본적으로 CLASSPATH로 지정된 경로에서만 클래스를 로딩할 수 있다는 점이다. 따라서 c:\javaStudy\eclipse-workspace 안에 속해 있는 클래스들을 사용하려면 다

음과 같이 CLASSPATH를 지정하면서 프로그램을 실행해야 한다.

하단의 CLASSPATH 지정에서 사용한 "."은 현재 디렉터리를 의미한다. 지금 프로그램을 실행하는 디렉터리 또한 클래스 패스로 지정하겠다는 의미이고 ";"은 클래스 패스를 여러 개 지정할 때 구분자 역할을 한다. 만약 javac -d . PackageRun.java를 사용했을 때 오류가 발생한다면 PackageExample.java와 같이 "." 부분에 디렉터리 경로를 지정해 주면 된다.

06 환경 변수 설정 대화 상자를 열어서 시스템 변수의 "새로 만들기" 버튼을 클릭한다.

CLASSPATH를 프로그램을 실행할 때마다 인식시킬 수도 있지만 시스템의 환경 변수에 CLASSPATH를 지정하면 프로그램을 실행할 때마다 CLASSPATH를 사용하지 않아도 된다.

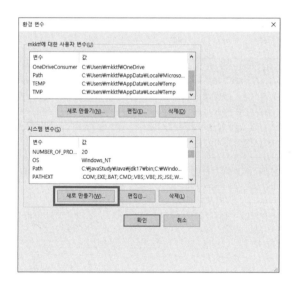

07 하단 그림 화면과 같이 CLASSPATH 환경 변수를 설정하고 계속해서 "확인" 버튼을 클릭해서 환경 변수 설정을 완료한다.

08 시스템 환경 변수가 설정되면 프로그램을 실행할 때 CLASSPATH를 지정하지 않고 프로그램을 실행할 수 있다.

물론 이클립스에서 툴로 패키지를 만들어서 사용하면 상단에서 소개한 작업들을 하지 않아도 된다. 패키지 개념을 설명하기 위해서 수동으로 작업한 것이다. 이클립스에서 패키지를 생성하는 방법은 다음 주제인 접근 제한자를 설명할 때 살펴본다.

2 접근 제한자

접근 제한자는 해당 단위의 자원(변수, 메소드, 생성자, 클래스)을 어떤 범위에서까지 접근할 수 있는지를 지정하는 예약어이다.

접근 제한자	설명
private	해당 클래스 내에서만 접근이 가능한 접근 제한자이다.
default	해당 단위 앞에 접근 제한자가 지정되지 않는 경우이다. 이 경우 기본적으로 같은 패키지 내에서만 접근이 가능하다.
protected	같은 패키지 내에서는 접근이 허용되고, 다른 패키지에서도 자식 클래스에서는 접근이 가능한 접근 제한자이다.
public	모든 영역에서 접근이 가능한 접근 제한자이다. 즉 다른 패키지에서도 접근이 가능한 접근 제한자이다.

접근 제한자 테스트를 위해서 패키지 두 개를 프로젝트에 생성한다.

01 하단 그림과 같이 Chapter6\src에서 오른쪽 버튼을 클릭하고 New → Package를 클릭한다.

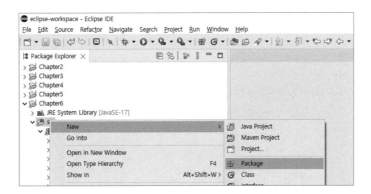

02 하단과 같이 Name을 test1으로 지정하고 Finish를 클릭하여 test1 패키지를 생성한다.

03 같은 방식으로 test2 패키지도 생성한다.

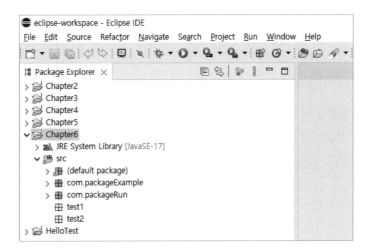

1. private

• test 1 패키지에 PrivateData.java 파일 작성

➔ Chapter6₩src₩test1₩PrivateData.java

```
1    package test1;
2    public class PrivateData {
3        private int privateVar=10;
4    }
```

🖥️ 코드 분석

3	변수 앞에 접근 제한자를 private으로 지정했다.

• test 1패키지에 PrivateAccess.java 파일 생성

➔ Chapter6₩src₩test1₩PrivateAccess.java

```
1    package test1;
2
3    public class PrivateAccess {
4        public static void main(String[] args) {
5            PrivateData pd = new PrivateData();
6            System.out.println(pd.privateVar);
7        }
8    }
```

🖥️ 코드 분석

6	접근 제한자가 private으로 지정된 PrivateData 클래스의 privateVar 변수에 접근을 시도하는 부분이다. 접근 제한자가 private으로 지정되면 선언된 변수는 변수를 선언한 클래스(PrivateData) 안에서만 사용할 수 있기 때문에 에러가 발생한다.

PrivateAccess.java 파일을 실행하면 다음과 같이 컴파일 오류가 발생한다. 그 이유는 PrivateData. java에서 변수 privateVar을 다른 클래스나 패키지에서 접근이 허용되지 않는 private 예약어로 지정했기 때문이다. PrivateAccess.java 파일을 test2 패키지에 복사해도 같은 오류가 발생한다.
하단 그림에서 확인할 수 있듯이 접근제한 오류 메시지는 "is not visible" 이다.

```
1  package test1;
2
3  public class PrivateAccess {
4      public static void main(String[] args) {
5          PrivateData pd = new PrivateData();
6
7          System.out.println(pd.privateVar);
8      }
9  }
10
```

The field PrivateData.privateVar is not visible

2 quick fixes available:

- Change visibility of 'privateVar' to 'package'
- Create getter and setter for 'privateVar'...

Press 'F2' for focus

2. default

• test1 패키지에 DefaultData.java 파일 작성

➡ Chapter6₩src₩test1₩DefaultData.java

```
1    package test1;
2    public class DefaultData {
3        int defaultVar=20;
4    }
```

🖥️ 코드 분석

3	defaultVar 변수를 선언하면서 앞에 접근 제한자를 지정하지 않았다. 자바에서는 접근 제한자를 지정하지 않으면 default 접근 제한자로 인식된다.

• test1 패키지에 DefaultAccess.java 파일을 생성

➡ Chapter6₩src₩test1₩DefaultAccess.java

```
1    package test1;
2    public class DefaultAccess {
3        public static void main(String[] args) {
4            DefaultData df = new DefaultData();
5            System.out.println(df.defaultVar);
6        }
7    }
```

🖥️ 코드 분석

5	DefaultData 클래스에서 접근 제한자를 default로 정의한 defaultVar 변수에 접근을 시도하고 있다. default 접근 제한자는 자원에 특정 접근 제한자가 지정되지 않으면 자동으로 지정되는 접근 제한자이며 동일 패키지 내에서는 접근을 허용한다.

엑세스가 가능하다.

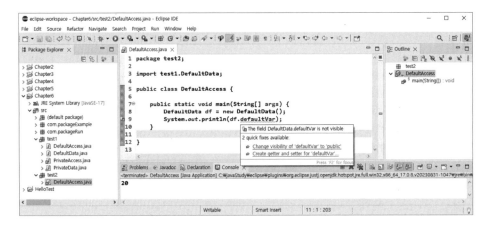

하단은 DefaultAccess.java 파일을 test2 패키지에 생성한 경우이다. Import test1.DefaultData; 부분은 추가하고 확인해야 한다. 하단 그림처럼 default 접근 제한자가 지정되면 다른 패키지에서는 액세스할 수 없다.

3. protected

- test1 패키지에 ProtectedData.java 파일을 생성

→ Chapter6₩src₩test1₩ProtectedData.java

```
1    package test1;
2    public class ProtectedData {
3            protected int protectedVar = 50;
4    }
```

3	protectedVar 변수의 접근 제한자로 protected를 지정하였다.

• test1 패키지에 ProtectedAccess1.java 파일 생성

➜ Chapter6₩src₩test1₩ProtectedAccess1.java

```
1    package test1;
2    public class ProtectedAccess1 {
3      public static void main(String args[]){
4          ProtectedData pd = new ProtectedData();
5          System.out.println(pd.protectedVar);
6      }
7    }
```

🖥 코드 분석

5	ProtectedData 클래스에서 protected 접근 제한자가 지정된 protectedVar 변수에 접근을 시도하고 있다. protected 접근 제한자는 동일 패키지 내에서는 접근을 허용하므로 문제없이 접근된다.

🖱 실행 결과

50

ProtectedAccess1.java 파일을 실행하면 정상적으로 실행되어 상단의 결과처럼 출력된다. 하지만 test2 패키지에 자바 파일을 복사하고 실행하면 하단 그림처럼 컴파일 에러가 발생한다. protected 제한자는 같은 패키지 내에서만 접근이 가능하고, 다른 패키지일 때는 자식 클래스에서만 접근이 가능하기 때문이다.

import test1.ProtectedData; 부분이 추가되어야 ProtectedData 클래스가 인식된다.

test2 패키지에 ProtectedData 클래스를 상속받는 클래스를 정의하고 protectedVar 변수에 접근하면 접근이 허용된다.

- **test2 패키지에 ProtectedAccess2.java 파일 생성**

→ Chapter6₩src₩test2₩ProtectedAccess2.java

```
1    package test2;
2    import test1.ProtectedData;
3    public class ProtectedAccess2 extends ProtectedData {
4        void printVar(){
5            System.out.println("protectedVar = " + protectedVar);
6        }
7        public static void main(String[] args) {
8            ProtectedAccess2 pa = new ProtectedAccess2();
9            pa.printVar();
10       }
11   }
```

코드 분석

3	ProtectedAccess2 클래스를 정의할 때 ProtectedData 클래스를 상속받아서 정의하는 부분이다.

실행 결과

ProtectedAccess2.java를 실행하면 다음과 같이 접근이 허용된다. ProtectedAccess2 클래스는 ProtectedData 클래스를 상속받은 자식 클래스이기 때문이다. 따라서 하단의 이미지처럼 다른 패키지에서 만든 클래스임에도 컴파일 에러가 발생하지 않고 protectedVar 변수를 사용할 수 있다.

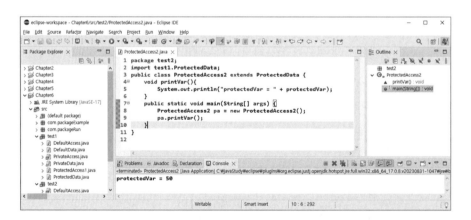

4. public

public 접근 제한자는 모든 영역에서 접근이 허용되는 접근 제한자이다. 다음 예제로 살펴보자.

• test1 패키지에 PublicData.java 파일을 생성

➡ Chapter6₩src₩test1₩PublicData.java

```
1    package test1;
2    public class PublicData {
3        public int publicVar = 50;
4    }
```

코드 분석

3	publicVar 변수의 접근 제한자를 public으로 지정하는 부분이다.

• test1 패키지에 PublicAccess.java 파일 생성

➡ Chapter6₩src₩test1₩PublicAccess.java

```
1    package test1;
2    public class PublicAccess {
3        public static void main(String[] args) {
4            PublicData pd = new PublicData();
5            System.out.println("publicVar = " + pd.publicVar);
6        }
7    }
```

코드 분석

5	PublicData 클래스에서 정의한 publicVar 변수에 접근하고 있다. public 접근 제한자가 지정된 자원은 모든 영역에서 접근이 가능하므로 에러 없이 사용 가능하다.

 실행 결과

```
publicVar = 50
```

- **test2 패키지에 PublicAccess.java 파일 생성**

➜ Chapter6₩src₩test2₩PublicAccess.java

```
1    package test2;
2    import test1.PublicData;
3    public class PublicAccess {
4        public static void main(String[] args) {
5            PublicData pd = new PublicData();
6            System.out.println("publicVar = " + pd.publicVar);
7        }
8    }
```

코드 분석

2	다른 패키지에 존재하는 클래스를 사용하므로 import를 해 주는 부분이다.

실행 결과

test1 패키지에서 실행하든 test2 패키지에서 실행하든 하단과 같이 변수에 접근이 가능하다. 변수의 접근 제한자를 public으로 지정하면 모든 영역에서 접근이 가능하기 때문이다.

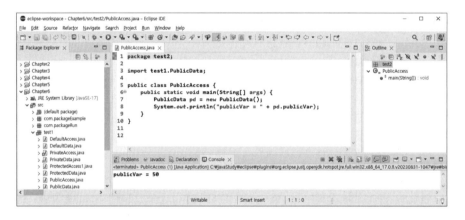

3 final 예약어

final 예약어는 마지막이라는 의미이다. 변수, 메소드, 클래스 앞에 올 수 있다.

1. 변수 앞에 오는 final

final 예약어가 변수 앞에 지정되면 변수의 값을 프로그램 실행 중에 변경할 수 없다. 그래서 final 예약어는 주로 상수를 정의할 때 변수 앞에 사용한다. 예를 들면 final one = 1 과 같이 정의하고, 변수 one을 상수 1로 사용하는 것이다. final 예약어 앞에 static이 오면 해당 클래스를 사용하는 모든 객체에서 공유하는 상수를 의미하며 final 앞에 static 예약어가 오지 않으면 해당 객체에서 공유되는 상수를 의미한다.

예제로 살펴보기 / **final 변수 예제**

→ Chapter6₩src₩FinalVar.java

```
1    class VarClass{
2        final int x;
3        static final int y = 100;
4        public VarClass(int x) {
5            this.x = x;
6        }
7    }
8    public class FinalVar {
9        public static void main(String[] args) {
10           //VarClass.y = 30;
11           VarClass vc1 = new VarClass(10);
12           //vc1.y = 50;
13           //  vc1.x = 40;
14           VarClass vc2 = new VarClass(20);
15           //vc1.y = 70;
16           //vc1.x = 80;
17       }
18   }
```

코드 분석

2	final 앞에 static 예약어가 지정되지 않았으므로 객체마다 할당되는 상수를 의미한다. 생성되는 객체 각각 안에서 공유되는 상수로 주로 생성자에서 값을 초기화한다.
3	해당 클래스를 사용하는 모든 객체에서 공유되는 상수를 정의하였다.
10~16	객체 두 개를 생성하였다. 객체를 생성하면서 인스턴스 상수 값을 지정하였다. 객체를 생성할 때 초기화시킨 상수 값은 변경할 수 없다. 주석 처리한 부분을 한 라인씩 해제하면서 프로그램을 실행해 본다. 주석 처리한 부분을 해제하고 실행하면 상수는 프로그램 안에서 변경이 불가하므로 모두 에러가 발생한다.

```
FinalVar.java ×
 1  class VarClass{
 2      final int x;
 3      static final int y = 100;
 4      public VarClass(int x) {
 5          this.x = x;
 6      }
 7  }
 8  public class FinalVar {
 9      public static void main(String[] args) {
10          VarClass.y = 30;
11          VarClass vc1 = new VarClass(10);
12          //vc1.y = 50;
13          //  vc1.x = 40;
14          VarClass vc2 = new VarClass(20);
15          //vc1.y = 70;
16          //vc1.x = 80;
17      }
18  }
```

2. 메소드 앞에 오는 final

메소드에 final 예약어가 지정되면 해당 메소드를 오버라이딩할 수 없다.

→ Chapter6₩src₩FinalMethod.java

```
1    class MethodSuper{
2        final void superMethod(){
3            System.out.println("super method");
4        }
5    }
6    class MethodChild extends MethodSuper{
7        void superMethod(){
8            System.out.println("child method");
9        }
10   }
11   public class FinalMethod{
12       public static void main(String[] args) {
13       }
14   }
```

🔧 코드 분석

1~5	class MethodSuper
2	메소드 정의부에 final이 지정되었기 때문에 해당 메소드 superMethod()는 자식 클래스에서 오버라이딩할 수 없다.
6~10	class MethodChild extends MethodSuper
7	final이 지정된 상위 클래스의 메소드를 오버라이딩하기 때문에 에러가 발생한다.

```
FinalVar.java      *FinalMethod.java ×
 1  class MethodSuper {
 2      final void superMethod() {
 3          System.out.println("super method");
 4      }
 5  }
 6
 7  class MethodChild extends MethodSuper {
 8      void superMethod() {
 9          System.out.println("child method");
10      }
11  }
12
13  public class FinalMethod {
14      public static void main(String[] args) {
15      }
16  }
```

final 예약어가 class 앞에 지정되면 해당 클래스는 상속될 수 없다.

예제로 살펴보기 / **final 클래스 예제**

→ Chapter6₩src₩FinalClass.java

```
1    public final class FinalClass {
2        int x;
3    }
4    class ChildClass extends FinalClass{
5    }
```

코드 분석

1	FinalClass 클래스를 정의하면서 final 예약어를 지정하여 상속을 허용하지 않도록 지정하였다.
4	final이 지정된 클래스를 상속받으려 하고 있으므로 이 라인에서 컴파일 오류가 발생한다.

실행 결과

```
FinalClass.java ×
1  public final class FinalClass {
2      int x;
3  }
4
5  class ChildClass extends FinalClass {
6  }
```

03 다형성

자바에서 다형성은 하나의 레퍼런스 변수가 여러 타입의 객체를 참조할 수 있는 방식으로 제공해 준다.

1 다형성의 규칙

다음 그림은 클래스 간의 상속 관계를 표현하고 있다. Person1 클래스가 Salaryman1, Student1, President1 클래스의 부모 클래스다.

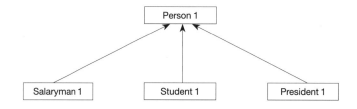

지금까지는 레퍼런스 변수의 클래스 타입과 동일한 클래스 타입의 객체를 참조하였다.

```
Person1 person = new Person1();
Salaryman1 employee = new Salaryman1();
Student1 student = new Student1();
President1 president = new President1();
```

그러나 다형성을 이용하면 부모 클래스 타입의 레퍼런스 변수로 자식 클래스 객체를 참조할 수 있다.

1. 업 캐스팅 (UpCasting)

```
부모 클래스 타입 레퍼런스 변수 = 자식 클래스 객체의 참조 값
Person1 person = new Salaryman1();
Person1 person = new Student1();
Person1 person = new President1();
```

상단의 예처럼 부모 클래스의 레퍼런스 변수가 자식 클래스 객체를 참조하게 되면 자식 클래스 객체의 레퍼런스 값의 타입은 자동으로 부모 클래스 타입으로 변환된다. 이것을 UpCasting이라 한다.

반면 자식 클래스의 레퍼런스 변수가 부모 클래스 객체의 레퍼런스 값을 참조하는 경우는 자동으로 자식 클래스 타입으로 변환되지 않는다. 따라서, 부모 클래스 타입의 값을 자식 클래스 변수에 참조시키려면 명시적으로 자식 클래스 타입으로 캐스팅해 주어야 한다. 이것을 DownCasting한다고 한다.

2. 다운 캐스팅 (DownCasting)

```
자식 클래스 타입 레퍼런스 변수 = 부모 클래스 객체의 참조 값
Person1 person = new Person1();
President1 president = person; //컴파일 오류
President1 president = (President1)person; // 컴파일 오류는 발생하지 않지만 런타임 시 오류 발생함.
```

자바에서는 자식 클래스 타입의 레퍼런스 변수가 부모 클래스 타입의 레퍼런스 변수를 참조하는 것을 허용하지 않는다. 자식 클래스에는 항상 부모 클래스보다 같거나 더 많은 변수나 메소드가 정의되기 때문이다.

따라서 자식 클래스 타입 레퍼런스 변수가 부모 클래스 객체를 참조하면 이런 문제가 발생할 수 있다. 자식 클래스 변수명으로 호출하는 변수나 메소드가 Heap 영역에 생성되어 있는 부모 클래스 객체에 없는 것일 수 있다는 것이다. 자식 클래스에서 부모 클래스의 변수나 메소드를 상속받고, 추가적으로 변수나 메소드를 더 정의해서 사용할 수 있기 때문이다.

반대로, 부모 클래스에 정의된 변수나 메소드는 자식 클래스가 이미 상속받아서 가지고 있는 것이다. 따라서 부모 클래스로 호출되는 메소드나 변수들은 문제 없이 Heap 영역에 생성되어 있는 자식 객체에서 호출될 수 있다.

그러나, 다음과 같은 경우에는 다운 캐스팅할 수 있다. 즉, 자식 클래스 타입 레퍼런스 변수가 부모 클래스 객체를 참조할 수 있다.

```
Salaryman1 salaryman1 = new Salaryman1 ();
Person1 person = salaryman1;
Salaryman1 salaryman = (Salaryman1)person;
```

person 변수가 참조하는 객체는 사실 Salaryman1 클래스 객체이다. Person1 person = salaryman; 부분에서 Salaryman1 객체의 참조 값 타입이 자동으로 Person 타입으로 업 캐스팅되었을 뿐, Heap 영역에 생성되어 있는 객체에는 변화가 없다.

따라서 salaryman 변수가 참조하는 것은 Person1 클래스 객체가 아니라 Salaryman1 클래스 객체인 것이다. 즉, 이는 Salaryman1 타입의 레퍼런스 변수가 다시 Salaryman1 클래스의 객체를 참조하게 된 것으로 전혀 문제가 되지 않는다.

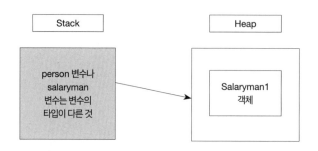

그리고 캐스팅은 부모-자식 관계를 이루는 클래스끼리만 가능하다. 같은 부모를 상속받고 있는 클래스들(형제 사이)이라 해도 자바에서는 캐스팅과 전혀 관계없다. 따라서 다음과 같은 코드는 에러가 발생한다.

```
Student1 student = new Student1();
President1 president = (President1)student;
```

• 부모 클래스인 Person1 클래스 정의하기

➜ Chapter6\src\Person1.java

```
1    public class Person1 {
2        private int age;
3        private String name;
4        private String addr;
5    }
```

코드 분석

Person1 부모 클래스를 정의하고 기본 속성들을 선언했다.

• Person1 클래스의 자식 클래스인 President1 클래스 정의하기

➜ Chapter6₩src₩President1.java

```
1    public class President1 extends Person1{
2        int salary;
3        String nation;
4    }
```

코드 분석

Person1 부모 클래스를 상속받는 President1 클래스를 정의하고 속성을 추가하였다.

• Person1 클래스의 자식 클래스인 Student1 클래스 정의하기

➜ Chapter6₩src₩Student1.java

```
1    public class Student1 extends Person1 {
2        String schoolKind;
3        int grade;
4    }
```

코드 분석

Person1 부모 클래스를 상속받는 Student1 클래스를 정의하고 속성을 추가하였다.

• Person1 클래스를 상속받는 Salaryman1 클래스 정의하기

➜ Chapter6₩src₩Salaryman1.java

```
1    public class Salaryman1 extends Person1{
2        String department;
3        int x = 20;
4    }
```

코드 분석

Person1 부모 클래스를 상속받는 Salaryman1 클래스를 정의하고 속성을 추가하였다.

• Casting 연습을 위한 클래스 정의하기

➜ Chapter6₩src₩CastingTest.java

```
1    public class CastingTest {
2        public static void main(String[] args) {
3    President1 president1 = new President1();
```

```
 4
 5          Person1 person1 = president1;
 6
 7          President1 president2 = (President1)person1;
 8
 9          Person1 person2 = new Person1();
10
11          President1 president3 = (President1)person2;
12
13          //형제 관계의 클래스 타입끼리 캐스팅
14          //Student1 student = (Student1)president2;
15      }
16  }
```

코드 분석

3	객체 생성. President1 객체를 생성하여 President1 타입의 레퍼런스 변수 president1에 할당한다.
5	업 캐스팅. President1 객체의 레퍼런스 값을 Person1 타입의 레퍼런스 변수에 할당한다. 자식 클래스 타입의 레퍼런스 값을 부모 클래스 타입의 레퍼런스 변수에 할당하면 자동으로 부모 클래스 타입으로 업 캐스팅되면서 할당된다. 그러나 참조 값의 타입이 변환되는 것이지 Heap 영역에 존재하는 객체는 변화가 없다.
7	다운 캐스팅. Person1 클래스 타입으로 변경된 레퍼런스 값을 다시 President1 타입의 변수에 할당한다. 다운 캐스팅은 명시적으로 캐스팅해 주어야 한다. person1 변수의 타입은 Person1 클래스 타입이지만 실질적으로 참조하고 있는 Heap 영역의 객체는 President1 클래스 객체이기 때문에 다운 캐스팅이 가능하다.
9	객체 생성. Heap 영역에 Person1 타입의 객체를 생성한다.
11	다운 캐스팅. Heap 영역에 생성되어 있는 Person1 타입의 객체를 President1 클래스 타입의 변수에 참조. 이 경우는 heap 영역에 생성되어 있는 객체의 타입이 Person1 타입이기 때문에 캐스팅은 불가능하다. 자바에서는 자식 클래스 타입의 레퍼런스 변수가 부모 클래스 타입의 객체를 참조할 수 없기 때문이다.
14	컴파일 에러. 주석을 해제하면 ClassCastException이 발생한다. 자바에서는 동일한 부모 클래스를 상속받아도 부모, 자식 클래스 관계가 아니면 아무 관련이 없는 클래스이므로 상호 캐스팅이 허용되지 않는다.

상단의 예제(CastingTest.java)에서 보았듯이 다운 캐스팅이 가능한 경우와 불가능한 경우가 있다. 그러므로 다운 캐스팅을 할 때는 부모 클래스 객체를 자식 클래스 타입으로 캐스팅이 가능한지 잘 살펴봐야 한다. 이때 자바에서 제공되는 instanceof 메소드를 사용하면 된다. instanceof 메소드는 객체를 특정 레퍼런스 변수 타입으로 캐스팅이 가능한지를 판단해 준다. Instanceof 연산자의 사용법은 아래와 같다.

instanceof 연산자를 사용하는 예제를 작성해 보자.

→ Chapter6₩src₩InstanceofTest.java

```java
1   public class InstanceofTest {
2       public static void main(String[] args) {
3
4   President1 president1 = new President1();
5           Person1 person1 = president1;
6
7           if(person1 instanceof President1){
8               President1 president2 = (President1)person1;
9               System.out.println("person1을 President1 타입으로 캐스팅 성공");
10          }
11          else{
12              System.out.println("person1을 캐스팅할 수 없다.");
13          }
14
15          //Person1 객체 생성
16          Person1 person2 = new Person1();
17
18          if(person2 instanceof President1){
19              President1 president3 = (President1)person2;
20              System.out.println("person2를 President1 타입으로 캐스팅 성공");
21          }
22          else{
23              System.out.println("person2를 캐스팅할 수 없다.");
24          }
25
26      }
27  }
```

🖥️⚙️ 코드 분석

4	객체 생성. President1 객체를 생성하여 President1 타입의 레퍼런스 변수 president1에 할당한다.
5	업 캐스팅. President1 객체의 레퍼런스 값을 Person1 타입의 레퍼런스 변수에 할당한다. 자식 클래스 타입의 레퍼런스 값을 부모 클래스 타입의 레퍼런스 변수에 할당하면 자동으로 부모 클래스 타입으로 업 캐스팅되면서 할당된다. 그러나 참조 값의 타입이 변환되는 것이지 Heap 영역에 존재하는 객체는 변화가 없다.

7~10	person1 레퍼런스 변수를 President1 타입으로 캐스팅할 수 있는지를 판단하는 부분이다. 캐스팅이 가능하므로 instanceof 연산자의 결과가 true를 반환한다. 따라서 "person1을 President1 타입으로 캐스팅 성공" 문자열이 출력된다.
11~13	7라인에서 instanceof 연산자의 값이 false일 때 실행되는 부분이다
16	객체 생성. Heap 영역에 Person1 타입의 객체를 생성한다.
18~24	person2 레퍼런스 변수를 President1 타입으로 캐스팅할 수 있는지를 판단하는 부분이다. 캐스팅이 불가능하므로 instanceof 연산자의 값이 false이다. 따라서 "person2를 캐스팅할 수 없다." 문자열이 출력된다

🖱 실행 결과

```
person1을 President1 타입으로 캐스팅 성공
person2를 캐스팅할 수 없다.
```

2 상위 클래스의 메소드와 변수 재정의

상위 클래스의 레퍼런스 변수가 자식 클래스 객체를 참조할 때, 메소드는 항상 자식 클래스에서 오버라이딩한 메소드가 호출된다. 즉, 어떤 메소드를 호출할지의 판단은 런타임 시에 결정된다. 상위 클래스에서 정의된 변수를 자식 클래스에서 재정의했을 때는 레퍼런스 변수 타입에 의해서 호출될 변수가 결정된다. 즉, 호출할 변수의 결정은 컴파일 타임에 결정된다.

· 상위 클래스인 Person 클래스 정의하기

➡ Chapter6₩src₩Person2.java

```
1    public class Person2 {
2        int age;
3        String name;
4        String addr;
5        int x = 10;
6        public void sleep(){
7            System.out.println("사람은 보통 10시간 잔다.");
8        }
9    }
```

⚙ 코드 분석

부모 클래스인 Person2 클래스를 정의하였다.

• Person2 클래스를 상속받는 Salaryman2 클래스 정의하기

→ Chapter6₩src₩Salaryman2.java

```
1    public class Salaryman2 extends Person2{
2        private String department;
3        int x = 20;
4        @Override
5        public void sleep() {
6            System.out.println("직장인은 일반적으로 7시간을 잔다.");
7        }
8    }
```

🖥 코드 분석

3	부모 클래스인 Person2에 정의한 x 변수를 Salaryman2 클래스에서 재정의하였고, 변수 값을 20으로 할당한 부분이다.
5~7	Person2 클래스에 정의된 sleep( ) 메소드를 Salaryman2 클래스에서 재정의한 부분이다.

• 자식 클래스에서 재정의된 변수와 메소드에 접근하기

→ Chapter6₩src₩OverridingTest3.java

```
1    public class OverridingTest3{
2        public static void main(String[] args) {
3
4            Salaryman2 salayman = new Salaryman2();
5            Person2 person = salayman;
6
7            System.out.println("salayman.x = " + salayman.x);
8            System.out.println("person.x = " + person.x);
9
10           salayman.sleep();
11           person.sleep();
12       }
13   }
```

🖥 코드 분석

4	Salaryman2 객체를 생성하여 객체의 참조 값을 Salaryman2 클래스 타입의 레퍼런스 변수인 salaryman2 변수에 할당하는 부분이다.
5	salayman 변수의 레퍼런스 값을 Person2 클래스 타입의 레퍼런스 변수인 person 변수에 할당하는 부분이다.

7~8	x 변수의 값을 출력하는 부분이다. 자바에서 변수는 컴파일 타임에서 결정된다. 즉, 변수의 데이터 타입에 따라서 결정된다. 7라인의 x 변수 값은 Salaryman2 클래스에서 정의한 x 변수의 값인 20이 출력되고, 8라인에서의 x 변수 값은 Person2 클래스에서 정의한 x 변수의 값인 10이 출력된다.
10~11	자바에서 호출될 메소드는 런타임 시에 결정된다. 즉, 레퍼런스 변수의 타입에 관계없이 실질적으로 Heap 영역에 생성된 객체의 메소드가 호출된다. 따라서 10라인과 11라인에서 모두 Salaryman2 클래스에서 정의한 sleep() 메소드가 호출된다.

🖱 실행 결과

```
salayman.x = 20
person.x = 10
직장인은 일반적으로 7시간을 잔다.
직장인은 일반적으로 7시간을 잔다.
```

3 파라미터의 다형성

Person2, Salaryman2, Student2, President2 클래스를 이용해서 각 사람들의 평균 수면 형태를 출력하는 메소드를 PersonInfo라는 클래스에 정의할 때 다형성이 지원되지 않는다면 다음처럼 수면 유형 정보를 출력하는 메소드 각 네 가지를 정의해야 한다. 자바는 동일한 파라미터 변수를 정의한 동일한 이름의 메소드를 동일한 클래스에 정의할 수 없기 때문이다.

```java
public void showSleepingType(Person2 person)
{
person2.showSleepStyle();
}

public void showSleepingType(Salaryman2 salaryman)
{
salaryman.showSleepStyle();
}

public void showSleepingType(Student2 student)
{
student.showSleepStyle();
}

public void showSleepingType(President2 president)
{
president.showSleepStyle();
}
```

하지만 자바에서는 상위 클래스의 레퍼런스 변수로 하위 클래스 객체들을 참조할 수 있기 때문에 파라미터 타입을 부모 클래스인 Person2 타입으로 지정하면 하위 클래스 객체들도 Person2 타입의 파라미터 변수로 받을 수 있으므로 다음과 같은 하나의 메소드만 정의해도 모든 자식 클래스 타입의 객체에 대해서 처리가 가능하다. 다형성을 이용해서 메소드를 정의하면 하단 코드처럼 코드의 간결성이 향상된다.

```
public void showSleepingType(Person2 person)
{
person.sleep();
}
```

파라미터 변수의 타입은 Person2이지만 실질적으로 호출되는 sleep() 메소드는 각 인자 값으로 전송되어 온 실제 객체들의 메소드가 호출된다. 상단에서 사용하고 있는 모든 클래스에 sleep() 메소드를 추가한다.

• Person2 클래스를 상속받는 Student2 클래스 정의하기

➡ Chapter6₩src₩Student2.java

```
1    public class Student2 extends Person2{
2        String schoolKind;
3         int grade;
4
5        @Override
6        public void sleep() {
7            System.out.println("학생들의 수면 스타일은 규칙적이다.");
8        }
9
10       void study() {
11   System.out.println("공부를 한다.");
12   }
13   }
```

🖳⚙ 코드 분석

6~8	Person2 클래스에 정의된 sleep( ) 메소드를 재정의한 부분이다.
10~12	Person2 클래스에 정의되어 있지 않은 study( )라는 새로운 메소드를 정의하는 부분이다.

• Person2 클래스를 상속받는 President2 클래스 정의하기

→ Chapter6₩src₩President2.java

```java
1    public class President2 extends Person2{
2        int salary;
3        String nation;
4
5        @Override
6        public void sleep() {
7            System.out.println("대통령은 항상 수면 시간이 부족하다.");
8        }
9    }
```

📟 코드 분석

5~8	Person2 클래스에서 정의한 sleep( ) 메소드를 재정의한 부분이다.

• 파라미터 변수의 다형성 테스트를 위한 클래스 정의하기

→ Chapter6₩src₩ParameterPolyTest.java

```java
1    class PersonInfo{
2        void showSleepingType(Person2 person){
3            person.sleep();
4        }
5    }
6    public class ParameterPolyTest {
7        /*
8         * Parameter 다형성 테스트
9         */
10       public static void main(String[] args) {
11           PersonInfo pf = new PersonInfo();
12           Person2 person = new Person2();
13           Salaryman2 salaryman = new Salaryman2();
14           Student2 student = new Student2();
15           President2 president = new President2();
16
17           pf.showSleepingType(person);
18           pf.showSleepingType(salaryman);
19           pf.showSleepingType(student);
20           pf.showSleepingType(president);
21       }
22   }
```

1~4	다형성을 이용해서 각 사람들의 수면 형태를 출력해 주는 showSleepingType 메소드를 재정의하는 ParameterPolyTest 클래스를 정의한 부분이다. showSleepingType 메소드의 파라미터 변수의 타입을 Person2 클래스 타입으로 지정하여 Person2 클래스의 모든 자식 클래스 객체들을 참조할 수 있게 정의하였다. 메소드 안의 실행문인 person.sleep( ) 부분에서는 파라미터 변수에 실질적으로 전송되어 온 각 자식 클래스 객체들의 sleep( ) 메소드가 호출된다.
11	PersonInfo 객체를 생성하는 부분이다.
12~20	각 자식 클래스 객체들을 생성하고 PersonInfo 클래스에 정의되어 있는 showSleepingType 메소드를 호출하여 파라미터 변수의 다형성을 확인하는 부분이다.

실행결과

사람은 보통 10시간 잔다.
직장인은 일반적으로 7시간을 잔다.
학생들의 수면 스타일은 규칙적이다.
대통령은 항상 수면 시간이 부족하다.

상위 클래스 타입의 레퍼런스 변수가 하위 클래스 객체를 참조할 때 상위 클래스에 정의되어 있지 않은 메소드는 참조할 수 없다. 실질적으로 Heap 영역에 생성되어 있는 객체가 하위 클래스 객체에 존재할지라도 상위 클래스 명세에는 해당 메소드가 정의되어 있지 않기 때문에 상위 클래스의 명세를 이용해서 하위 클래스 객체에만 정의되어 있는 메소드를 호출하는 것은 당연히 불가능하다. 즉, 상위 클래스에 정의되어 있는 메소드만 인식이 가능하다.

• 특정 클래스의 자식 클래스에만 정의되어 있는 메소드를 호출하는 클래스 정의하기

하단 코드(ChildMethodCall.java)에서 Person2에는 존재하지 않지만 Student2 클래스에만 정의한 study 메소드를 Person2 타입의 레퍼런스 변수로 호출해 보도록 하겠다.

➡ Chapter6₩src₩ChildMethodCall.java

```
1    public class ChildMethodCall {
2        /*
3         * 자식 클래스에만 정의된 메소드 호출
4         */
5        public static void main(String[] args) {
6            Person2 person = new Student2();
7            person.study();
8        }
9    }
```

| 7 | 상위 클래스에 정의되지 않고 하의 클래스에만 정의되어 있는 메소드를 호출하기 때문에 컴파일 오류가 발생된다. |

실행 결과

```
ChildMethodCall.java ×
1  public class ChildMethodCall {
2      /*
3       * 자식 클래스에만 정의된 메소드 호출
4       */
5      public static void main(String[] args) {
6          Person2 person = new Student2();
7          person.study();
8      }
9  }
```

ParameterPolyTest.java 예제에 요구 사항이 추가되었다고 가정하자. 요구 사항은 아래와 같다.

showSleepingType 메소드에 인자 값으로 넘어온 객체가 student2 클래스 타입의 객체일 때는 study() 메소드도 호출한다.

요구 사항을 해결하려면 인자 값으로 전송되어 온 값이 Student2 클래스 타입인지를 확인해야 하고, Student2 타입의 객체임이 확인되면 person 레퍼런스 변수 값을 Student2 타입으로 다운 캐스팅해야 한다. 이럴 경우 필요한 연산자가 instanceof이다.

· 파라미터 변수의 다형성 테스트를 위한 클래스 정의하기

➡ Chapter6₩src₩ParameterPolyStudyTest.java

```
1   class PersonInfo2{
2      void showSleepingType(Person2 person){
3          if(person instanceof Student2) {
4              Student2 student = (Student2)person;
5              student.study();
6          }
7          person.sleep();
8      }
9   }
10  public class ParameterPolyStudyTest {
11     /*
12      * Parameter 다형성 테스트
```

```
13          */
14      public static void main(String[] args) {
15          PersonInfo2 pf = new PersonInfo2();
16          Person2 person = new Person2();
17          Salaryman2 salaryman = new Salaryman2();
18          Student2 student = new Student2();
19          President2 president = new President2();
20
21          pf.showSleepingType(person);
22          pf.showSleepingType(salaryman);
23          pf.showSleepingType(student);
24          pf.showSleepingType(president);
25      }
26  }
```

코드 분석

3~6	showSleepingType 메소드에 Student2 클래스 타입의 객체가 인자로 넘어왔을 때 변수의 타입을 Student2 클래스 타입으로 다운 캐스팅한 후 study() 메소드를 호출하는 부분이다.

실행 결과

```
사람은 보통 10시간 잔다.
직장인은 일반적으로 7시간을 잔다.
공부를 한다.
학생들의 수면 스타일은 규칙적이다.
대통령은 항상 수면시간이 부족하다.
```

실행 결과를 확인하면 Student2 클래스 타입의 객체가 인자로 전송된 경우 "공부를 한다." 문자열이 출력되는 것을 확인할 수 있다.

4 배열의 다형성

배열에는 기본 데이터 타입의 데이터와 객체 타입의 데이터를 모두 저장할 수 있지만 저장하는 데이터들의 타입이 같아야 한다. 즉 배열의 타입이 Employee 타입이면 Employee 타입의 객체만 저장할 수 있고, Student 타입이면 Student 타입의 객체만 저장할 수 있다. 하지만 배열에 저장되는 객체의 타입을 여러 클래스들이 공통적으로 상속받고 있는 클래스 타입으로 지정하면 해당 클래스를 상속받고 있는 모든 자식 클래스 타입의 객체들을 공통적으로 저장할 수 있다.

```
Person2[] pArray = new Person2[3];
```

상단처럼 배열의 타입을 Person2 타입으로 지정하면 Person2 클래스를 상속받고 있는 Salaryman2, Student2, President2 타입의 객체를 공통적으로 저장할 수 있다.

• 배열의 다형성 테스트

➡ Chapter6₩src₩ArrayPolyTest.java

```
1    public class ArrayPolyTest {
2        public static void main(String[] args) {
3            Person2[] pArray = new Person2[3];
4            pArray[0] = new Salaryman2();
5            pArray[1] = new Student2();
6            pArray[2] = new President2();
7
8            for(int i=0;i<pArray.length;i++){
9                pArray[i].sleep();
10           }
11       }
12   }
```

🖱️⚙️ 코드 분석

3	Person2 타입의 배열 객체를 생성하는 부분이다.
4~6	배열 객체에 Person2 클래스를 상속받은 자식 클래스 객체들의 레퍼런스 값을 할당하는 부분이다.
8~10	다형성을 이용해서 각각의 자식클래스 객체들의 sleep() 메소드를 호출하는 부분이다.

🖱️ 실행결과

직장인은 일반적으로 7시간을 잔다.
학생들의 수면 스타일은 규칙적이다.
대통령은 항상 수면 시간이 부족하다.

추상 클래스, 인터페이스, 내부 클래스

이 장에서는 실질적으로 메소드의 기능을 구현하는 형태가 아니지만 메소드들의 명세를 정의해서 특정 단위의 기능을 정의하는 데 사용할 수 있는 추상 클래스와 인터페이스에 대해 살펴본다. 또한 클래스끼리 밀접한 관련이 있을 때 외부 클래스에 정의되어 있는 데이터들을 좀 더쉽게 접근하기 위해서 사용하는 내부 클래스에 대해서도 살펴보겠다.

01 추상 클래스

추상 클래스는 클래스 안에 일반 메소드도 정의할 수 있으나, 인터페이스는 추상 메소드만 정의할 수 있는 차이점이 있다. 그러나 두 단위 모두 특정 기능 단위의 틀을 제공하기 위한 용도로 사용된다는 점은 동일하다. 또한 추상 클래스나 인터페이스를 통해서도 다형성이 제공된다.

추상 클래스를 이용하려면 우선 추상 메소드의 개념부터 이해해야 한다. 추상 메소드를 하나라도 포함하고 있는 클래스는 반드시 추상 클래스로 정의되어야 하기 때문이다.

1 추상 메소드

추상 메소드란 하단에서 설명하는 것처럼 메소드 정의부만 존재하고 메소드를 구현하지 않은 형태의 메소드를 의미한다. 즉, 메소드 이름 뒤에 구현부 "{ }"가 없는 메소드를 의미한다.

추상 메소드의 문법 형태는 아래와 같다.

```
abstract 리턴 타입 메소드명();
```

추상 메소드를 정의한 예는 아래와 같다.

```
abstract void move();
```

상단의 문법을 보면 알 수 있듯이 추상 메소드를 표시할 때는 abstract 예약어를 이용한다.
추상 클래스를 정의할 때도 클래스 앞에 abstract 예약어를 붙여야 한다.

2 추상 클래스 정의

클래스 안에 추상 메소드가 하나라도 있으면 클래스 앞에 반드시 abstract 키워드를 지정해야 한다. 즉, 추상 클래스로 정의되어야 한다. 그러나 클래스 안에 추상 메소드가 하나도 존재하지 않아도 클래스 앞에 abstract 예약어를 지정하여 추상 클래스로 지정할 수는 있다. 이 경우는 자식 클래스들의 구조를 정의할 때 사용된다.

추상 클래스는 미완성의 클래스라는 의미임으로 추상 클래스를 이용해서 객체를 생성할 수는 없다. 추상 클래스에 정의되어 있는 기능을 이용하려면 반드시 추상 클래스를 상속받은 자식 클래스에서 추상 클래스에 정의되어 있는 추상 메소드를 구현한 후에 자식 클래스 객체를 생성해서 기능을 이용해야 한다.

→ Chapter7₩src₩AbstractTest1.java

```java
1   abstract class AbstractClass{
2       //변수 선언
3       int age;
4
5       //구현된 메소드
6       void generalMethod(){
7           System.out.println("일반 메소드");
8       }
9
10      //추상 메소드
11      abstract void abstractMethod();
12  }
13  class AbstractChildClass extends AbstractClass{
14      @Override
15      void abstractMethod() {
16          // TODO Auto-generated method stub
17          System.out.println("추상 메소드 구현");
18      }
19  }
20  public class AbstractTest1 {
21      /**
22       * 추상 클래스로 객체 생성하기
23       */
24      public static void main(String[] args) {
25          // TODO Auto-generated method stub
26          //추상 클래스로 객체 생성
27          //AbstractClass ac = new AbstractClass();
28
29          //자식 클래스로 객체 생성
30          AbstractChildClass acc = new AbstractChildClass();
31          acc.abstractMethod();
32          System.out.println(acc.age);
33          acc.generalMethod();
34      }
35  }
```

1	추상 메소드를 하나라도 포함하고 있는 클래스는 클래스 정의부에 abstract 예약어를 지정하여 추상 클래스로 정의되어야 한다. 추상 클래스 내에는 추상 메소드뿐만 아니라 일반 변수나 구현된 메소드도 정의할 수 있다.
11	추상 메소드를 정의하는 부분이다. 메소드 구현부를 정의하지 않았을 때는 반드시 메소드 앞에 abstract를 지정해서 추상 메소드로 정의해야 한다.
13~19	추상 클래스를 상속하는 자식 클래스를 정의하는 부분이다. 추상 클래스를 상속받는 자식 클래스는 추상 클래스에 정의되어 있는 추상 메소드를 반드시 구현해 주어야 한다. 추상 클래스에서 상속받은 추상 메소드를 하나라도 구현하지 않으면 자식 클래스 앞에도 abstract 키워드를 사용해서 추상 클래스로 지정해야 한다.
15~19	추상 클래스에서 상속받은 추상 메소드를 구현하는 부분이다.
27	추상 클래스를 사용해서 객체를 생성하는 부분이다. 추상 클래스는 구현이 되지 않은 메소드가 존재하므로, 즉 완전한 클래스가 아니므로 추상 클래스를 사용해서 객체를 생성할 수 없다. 이 부분 주석을 해제하면 컴파일 에러가 발생한다.
30	추상 클래스를 상속받아서 추상 메소드를 완전히 구현한 자식 클래스로는 객체를 생성할 수 있다.
31~33	추상 클래스에서 상속받은 변수나 메소드를 사용하는 부분이다.

🖱 실행 결과

```
추상 메소드 구현
0
일반 메소드
```

3 추상 클래스의 상속

추상 클래스 사이에도 상속이 가능하다. 다른 추상 클래스를 상속한 추상 클래스를 다시금 상속한 자식 클래스는 추상 클래스가 상속한 부모 추상 클래스에 정의되어 있는 모든 추상 메소드도 구현해 주어야 한다.

➜ Chapter7₩src₩AbstractTest2.java

```java
1    abstract class AbClass1{
2      abstract void abMethod1();
3    }
4
5    abstract class AbClass2 extends AbClass1{
6        abstract void abMethod2();
7    }
8
9    class GeneralClass extends AbClass2{
10       @Override
11       void abMethod1() {
12           // TODO Auto-generated method stub
```

```
13              System.out.println("abMethod1 메소드 구현");
14          }
15      @Override
16      void abMethod2() {
17          // TODO Auto-generated method stub
18              System.out.println("abMethod2 메소드 구현");
19      }
20  }
21  public class AbstractTest2 {
22      /**
23      * 추상 클래스 사이의 상속 테스트
24      */
25      public static void main(String[] args) {
26          // TODO Auto-generated method stub
27          GeneralClass gc = new GeneralClass();
28          gc.abMethod1();
29          gc.abMethod2();
30      }
31  }
```

코드 분석

1~3	첫 번째 추상 클래스를 정의한 부분이다.
5~7	두 번째 추상 클래스를 정의하면서 첫 번째 추상 클래스를 상속하고 있다. 이렇게 정의하면 첫 번째 추상 클래스에 정의한 추상 메소드가 두 번째 추상 클래스에 상속된다. 또한 새로운 메소드도 추가 정의하였다.
9~20	일반 클래스를 정의하고 있다. 이 클래스에서는 첫 번째 추상 클래스에 정의된 추상 메소드와 두번째 추상 클래스에 정의된 추상 메소드를 모두 구현해 주어야 한다. 만약 추상 클래스에 정의되어 있는 메소드 중 하나라도 구현하지 않으면 컴파일 에러가 발생한다.
27~29	객체를 생성하여 메소드를 이용하는 부분이다.

실행 결과

```
abMethod1 메소드 구현
abMethod2 메소드 구현
```

4 추상 클래스를 이용한 다형성

자바에서는 추상 클래스를 이용해서도 다형성을 제공해 준다. 클래스들이 다음과 같은 상속 구조를 가지고 있을 때 상위 클래스의 레퍼런스 변수로 자식 클래스 객체들을 참조할 수 있다.

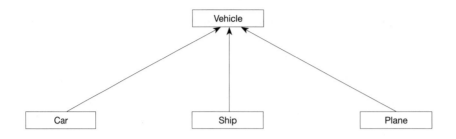

상단의 구조에서 각 운송수단이 운송하는 방법 transfer() 추상 메소드를 Vehicle 클래스에 정의해서 각 자식 클래스들이 해당 메소드를 구현하도록 하게 할 수 있다.

일반 클래스 대신 추상 클래스를 부모 클래스로 이용하는 경우는 자식 클래스에서 해당 기능이 상이하여 반드시 자기 자신 클래스에 적합하게 재정의한 후 사용하도록 강요할 수 있다. 일반 클래스를 부모 클래스로 정의하고 상속 구조를 만들면 자식 클래스에서 해당 메소드를 자기 자신 클래스에 맞도록 재정의하지 않고 바로 사용해도 컴파일 오류가 발생하지 않으므로 재정의를 강요할 수 없다.

→ Chapter7₩src₩AbstractTest3.java

```java
1    abstract class Vehicle{
2        abstract void transfer();
3    }
4
5    class Car extends Vehicle{
6        @Override
7        void transfer() {
8            // TODO Auto-generated method stub
9            System.out.println("차도로 나른다.");
10       }
11   }
12
13   class Ship extends Vehicle{
14       @Override
15       void transfer() {
16           // TODO Auto-generated method stub
17           System.out.println("수로로 나른다.");
18       }
19   }
20
21   class Plane extends Vehicle{
22       @Override
23       void transfer() {
```

```
24              // TODO Auto-generated method stub
25              System.out.println("하늘로 나른다.");
26          }
27      }
28
29  class VehicleUse{
30      void showTransferStyle(Vehicle vehicle){
31          vehicle.transfer();
32      }
33  }
34
35  public class AbstractTest3 {
36      /**
37       * 추상 클래스의 다형성 테스트
38       */
39      public static void main(String[] args) {
40          // TODO Auto-generated method stub
41          Car car = new Car();
42          Ship ship = new Ship();
43          Plane plane = new Plane();
44          VehicleUse vUse = new VehicleUse();
45
46          vUse.showTransferStyle(car);
47          vUse.showTransferStyle(ship);
48          vUse.showTransferStyle(plane);
49      }
50  }
```

🔧 코드 분석

1~3	Vehicle 추상 클래스를 정의한 부분이다.
5~11	Car 클래스를 정의한 부분이다.
13~19	Ship 클래스를 정의한 부분이다.
21~27	Plane 클래스를 정의한 부분이다.
29~33	VehicleUse 클래스에 Vehicle 타입의 인자 값을 받는 showTransferStyle 메소드를 정의하였다.
41~44	프로그램 실행에 필요한 객체들을 생성한 부분이다.
46~48	각 자식 객체를 인자 값으로 전송하며 showTransferStyle 메소드를 호출하는 부분이다. 메소드가 실행되면 각 Car, Ship, Plane 클래스에 정의되어 있는 showTransferStyle 메소드가 호출된다.

차도로 나른다.
수로로 나른다.
하늘로 나른다.

추상 클래스를 사용한 다형성의 예제를 하나 더 만들어 보자. 요구 사항은 아래와 같다.

1. 추상 클래스
클래스 이름 : AirPlane
추상 메소드 : String getPrice() //가격 반환
　　　　　　 String getBrand() // 제조사 반환
　　　　　　 String getName() // 비행기 이름 반환

2. 구현 클래스
클래스 이름 : CombatPlane, AirLiner

3. 유틸 클래스
클래스 이름 : PlaneInfo
구현 메소드 : public static void showPlaneInfo(AirPlane airPlane)

4. 메인 클래스
클래스 이름 : PlaneMain
기능 : CombatPlane 객체와 AirPlane 객체를 생성한 후 PersonInfo 클래스의 showPlaneInfo 메소드의 인자로 전달

출력 결과
이름 : 유로파이터 타이푼
제조사 : 브리티시 에어로스페이스사
가격 : 2,185억 9,200만 원
이름 : A380
제조사 : 에어버스사
가격 : 4,100억원

➡ Chapter7₩src₩PlaneMain.java

```
1    abstract class AirPlane{
2
3        abstract String getPrice();
4        abstract String getBrand();
5        abstract String getName();
6
7    }
```

```
 8
 9    class CombatPlane extends AirPlane{
10
11        @Override
12        String getBrand() {
13            // TODO Auto-generated method stub
14            return "브리티시 에어로스페이스사";
15        }
16
17        @Override
18        String getName() {
19            // TODO Auto-generated method stub
20            return "유로파이터 타이푼";
21        }
22
23        @Override
24        String getPrice() {
25            // TODO Auto-generated method stub
26            return "2,185억 9,200만 원";
27        }
28
29    }
30
31    class AirLiner extends AirPlane{
32
33        @Override
34        String getBrand() {
35            // TODO Auto-generated method stub
36            return "에어버스사";
37        }
38
39        @Override
40        String getName() {
41            // TODO Auto-generated method stub
42            return "A380";
43        }
44
45        @Override
46        String getPrice() {
47            // TODO Auto-generated method stub
```

```
48              return "4,100억원";
49          }
50
51      }
52
53  class PlaneInfo{
54
55      public static void showPlaneInfo(AirPlane airPlane) {
56          System.out.println("이름 : " + airPlane.getName());
57          System.out.println("제조사 : " + airPlane.getBrand());
58          System.out.println("가격 : " + airPlane.getPrice());
59      }
60  }
61
62  public class PlaneMain {
63
64      public static void main(String[] args) {
65          // TODO Auto-generated method stub
66
67          CombatPlane combatPlane = new CombatPlane();
68          AirLiner airLiner = new AirLiner();
69
70          PlaneInfo.showPlaneInfo(combatPlane);
71          PlaneInfo.showPlaneInfo(airLiner);
72      }
73
74  }
```

🔧 코드 분석

1~7	AirPlane 추상 클래스를 정의한 부분이다. 각각의 자식 클래스에서 구현할 세 개의 추상 메소드를 정의하였다.
9~29	CombatPlane이라는 이름의 구현 클래스를 정의하였다. AirPlane 추상 클래스에 정의한 추상 메소드들을 "유로파이터 타이푼" 전투기의 정보를 반환하게 정의하였다.
31~49	AirLiner라는 이름의 구현 클래스를 정의하였다. AirPlane 추상 클래스에 정의한 추상 메소드들을 "A380" 여객기의 정보를 반환하게 정의하였다.
53~60	PlaneInfo 클래스를 정의한 부분이다. showPlaneInfo 메소드에서는 인자로 전달된 객체의 각 메소드들을 호출하면서(다형성 사용) 정보를 출력한다.
62~74	각 구현 클래스 객체(combatPlane, airLiner)를 생성한 후 showPlaneInfo 메소드를 호출할 때 인자로 전달하여 각 구현 클래스 객체의 정보를 출력하는 부분이다.

이름 : 유로파이터 타이푼
제조사 : 브리티시 에어로스페이스사
가격 : 2,185억 9,200만 원
이름 : A380
제조사 : 에어버스사
가격 : 4,100억원

02 인터페이스

1 인터페이스의 개념

인터페이스는 특정 형태의 클래스들(특정 단위의 클래스들)이 사용할 수 있는 메소드 명세를 정의하는 단위이다. 추상 클래스와 비슷한 기능을 제공하지만, 추상 클래스에는 일반 변수나 일반 메소드도 정의할 수 있는 반면, 인터페이스에는 오직 상수나 추상 메소드만 정의할 수 있다.

따라서 인터페이스 안에 추상 메소드를 정의할 때 abstract 예약어를 생략할 수 있다. 인터페이스 안에 정의된 메소드는 모두 추상 메소드이기 때문이다. 인터페이스에 메소드를 정의하면 자동으로 public abstract가 지정된다. 또한 인터페이스 안에 상수를 정의할 때도 public static final 예약어를 생략할 수 있다. 인터페이스 안에 변수를 정의하면 자동으로 public static final이 지정된다.

인터페이스를 정의하는 문법 형태는 다음과 같다.

```
Interface 인터페이스명
{
  상수 정의;
  추상 메소드 정의;
}
```

정의 예시는 다음과 같다.

```
interface Interface1{
  int command = 1;
  void execute();
}
```

상단과 같이 인터페이스를 정의하면 int command는 public static final int command로 인식되며 void execute()는 public abstract void execute()로 자동 인식된다. command 변수는 상수로 인식되기 때문에 변수를 정의할 때 반드시 값을 초기화시켜야 한다.

2 인터페이스의 사용

인터페이스도 추상 클래스처럼 인터페이스를 이용해서 객체를 생성할 수는 없다. 미완성된 메소드(구현되지 않은 추상 메소드)가 있기 때문이다. 따라서 인터페이스에 정의된 기능(메소드)을 이용하려면 인터페이스를 특정 클래스가 구현한 후 구현 클래스 객체를 통해서 사용해야 한다. 특정 인터페이스를 구현할 때는 implements 예약어를 이용한다. 또한 특정 인터페이스를 구현한 클래스는 인터페이스에 정의되어 있는 모든 메소드를 구현해야 한다. 만약 인터페이스에 정의되어 있는 추상 메소드 중 하나라도 구현하지 않으면 해당 클래스는 추상 클래스로 정의되어야 한다.

➡ Chapter7₩src₩InterfaceTest1.java

```java
1    interface Interface1{
2        int interVar=10;
3        void interface1Method();
4    }
5
6    class Interface1Impl implements Interface1{
7        @Override
8        public void interface1Method() {
9            // TODO Auto-generated method stub
10           System.out.println("interface1Method 구현");
11       }
12   }
13
14   public class InterfaceTest1 {
15       /**
16        * 인터페이스 구현 테스트
17        */
18       public static void main(String[] args) {
19           // TODO Auto-generated method stub
20           //Interface1 in1 = new Interface1();
21
22           Interface1Impl in1Impl = new Interface1Impl();
23           System.out.println("in1Impl.interVar = " + in1Impl.interVar);
24           System.out.println("Interface1.interVar = " +Interface1.interVar);
25             in1Impl.interface1Method();
26       }
27   }
```

1~4	인터페이스를 정의한 부분이다. 인터페이스 안에서 정의되는 변수는 상수로 인식되기 때문에 command 변수에 값을 초기화 시키고 있다. 변수에 값을 초기화 시키지 않으면 컴파일 에러가 발생한다.
6~12	인터페이스를 구현하는 클래스를 정의하는 부분이다. 인터페이스에서 정의한 메소드를 구현하지 않으면 해당 클래스는 추상 클래스로 정의되어야 한다. 또한, 인터페이스에 정의된 메소드는 무조건 public static abstract로 인식되기 때문에 인터페이스에 정의된 메소드를 구현 클래스에서 정의해 줄 때는 접근 제한자를 반드시 public으로 지정해야 한다. 메소드 오버라이딩 규칙에서 오버라이딩하는 메소드는 접근 제한자가 좁아질 수 없기 때문이다.
20	배열의 각 인덱스 영역에 값을 할당하는 부분이다. 인덱스는 0부터 시작한다.
22	인터페이스를 구현한 클래스로 객체를 생성하는 부분이다.
23	In1Impl 레퍼런스 변수로 상수를 호출하는 부분이다.
24	Interface1 인터페이스 타입으로 상수를 호출하는 부분이다.
25	In1Impl 레퍼런스 변수로 구현 메소드를 호출하는 부분이다.

실행결과

```
in1Impl.interVar = 10
Interface1.interVar = 10
interface1Method 구현
```

자바에서는 클래스의 단일 상속만 지원한다. 다중 상속을 지원해 주지 않는다.

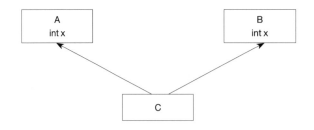

상단에 제시된 그림처럼 C 클래스가 A 클래스와 B 클래스를 동시에 상속받는다면 C 클래스는 x 변수를 어느 클래스에서 상속받아야 할지 상속 구조가 모호해지기 때문이다(A 클래스의 x변수인지? B 클래스의 x 변수인지?). 따라서 자바에서는 하나의 클래스를 상속받으면 다른 클래스는 상속받을 수 없다. 그런데 만약 클래스를 설계할 때 여러 단위의 여러가지 기능을 동시에 가져다 사용하고 싶다면 어떻게 해야 할까?

Plane 클래스를 정의할 때 클래스 장에서 Vehicle 클래스를 상속받아서 운송 수단에 제공되는 기능을 쉽게 제공할 수 있는 방법을 살펴보았다. 그러나, Plane은 운송 수단이면서 날 수 있는 기능도 가지고 있다. 나는 기능을 별도의 클래스로 만들어서 상속받는다면 편하게 나는 기능을 정의할 수 있겠지만, 자바에서는 다중 상속을 허용하지 않기 때문에 이미 Vehicle 클래스를 상속받았다면 나는 것에 관한 기능을 클래스로 정의해 놓고 상속받을 수 없다.

이런 경우 클래스가 이미 다른 클래스를 상속받았다면 인터페이스 단위로 해당 기능을 정의해 놓고 인터페이스를 implements해서 해당 기능을 사용할 수 있다. 다음과 같이 Vehicle 클래스를 상속받고 Flyable 인터페이스를 구현하면 두 가지 기능을 모두 이용할 수 있다.

```
Plane extends implements Flyable
{

}
```

→ Chapter7\src\InterfaceTest2.java

```
1    class Vehicle1{
2        void move(){
3            System.out.println("움직인다.");
4        }
5    }
6
7    interface Flyable{
8        void fly();
9    }
10
11   class Interface2Impl extends Vehicle1 implements Flyable{
12   @Override
13       public void fly() {
14           // TODO Auto-generated method stub
15           System.out.println("난다.");
16       }
17   }
18
19   public class InterfaceTest2 {
20       /**
21        * 클래스 상속과 동시에 인터페이스 구현
22        */
```

```
23      public static void main(String[] args) {
24          // TODO Auto-generated method stub
25          Interface2Impl in2Impl = new Interface2Impl();
26          in2Impl.fly();
27          in2Impl.move();
28      }
29  }
```

코드 분석

1~5	운송 수단에 대해서 정의하는 Vehicle1 클래스를 정의한 부분이다.
7~9	나는 기능을 정의하는 Flyable 인터페이스를 정의한 부분이다.
11~17	Vehicle1 클래스를 상속받고 Flyable 인터페이스를 구현하는 클래스를 정의한 부분이다.
12~16	인터페이스에 정의되어 있는 fly() 메소드를 구현한 부분이다.
26~27	클래스에서 상속받은 메소드와 인터페이스에서 정의한 메소드를 사용하는 부분이다.

실행 결과

난다.
움직인다.

3 인터페이스 간의 상속

인터페이스끼리도 상속이 가능하다. 자바의 클래스는 다중 상속이 허용되지 않지만 인터페이스끼리는 다중 상속이 허용된다. 인터페이스는 메소드를 정의만 하는 것이지 구현은 하지 않기 때문에 여러 인터페이스에서 정의된 메소드를 클래스가 구현한다고 해도 실질적으로 메소드가 구현된 부분은 클래스이다. 구현된 부분이 인터페이스가 아니므로 인터페이스는 명세만 지원할 뿐 실질적으로 호출되는 메소드는 항상 Heap 영역에 생성되어 있는 클래스 객체 안의 메소드이기 때문에 상속이 모호해지지 않는다. 또한 인터페이스는 일반 변수는 선언할 수 없고 상수만 선언할 수 있으며 상수는 상속되는 것이 아니고 해당 인터페이스에 속하는 개념이므로 상속의 모호함이 발생하지 않는다.

→ Chapter7₩src₩InterfaceTest3.java

```
1   interface In1{
2       int x = 10;
3       void in1Method();
4   }
```

```
 5
 6    interface In2{
 7        int x = 20;
 8        void in1Method();
 9        void in2Method();
10    }
11
12    interface In3 extends In1,In2{
13    }
14
15    class ImplementsTest implements In3{
16        @Override
17        public void in1Method() {
18            // TODO Auto-generated method stub
19
20        }
21        @Override
22        public void in2Method() {
23            // TODO Auto-generated method stub
24
25        }
26    }
27
28    public class InterfaceTest3 {
29        /**
30         * 인터페이스 사이의 상속
31         */
32        public static void main(String[] args) {
33            // TODO Auto-generated method stub
34            ImplementsTest it = new ImplementsTest ();
35
36            it.in1Method();
37            it.in2Method();
38
39            System.out.println(In1.x);
40            System.out.println(In2.x);
41        }
42    }
```

1~4	첫 번째 인터페이스를 정의한 부분이다. 변수는 상수로 인식되기 때문에 해당 인터페이스에 속하게 된다.
6~10	두 번째 인터페이스를 정의한 부분이다.
7	In1 인터페이스에서 정의된 상수 이름과 같은 이름으로 상수를 다시 정의한 부분이다.
8	In1 인터페이스에서 정의한 메소드 이름과 동일한 이름으로 메소드를 다시 정의한 부분이다.
9	두 번째 인터페이스에서 새로운 메소드를 하나 더 정의한 부분이다.
12~13	세 번째 인터페이스를 정의한 부분이다. In1, In2 인터페이스를 상속하고 있다. 자바에서 인터페이스는 다중 상속이 가능하다.
15~26	In3 인터페이스를 구현하는 클래스를 정의한 부분이다. In3 인터페이스가 In1 인터페이스와 in2 인터페이스를 상속받았기 때문에 ExtendsTest 클래스는 In1 인터페이스와 In2 인터페이스에서 정의된 모든 메소드를 구현해 주어야 한다.
36~37	ImplementsTest 클래스에서 구현한 메소드를 호출하는 부분이다. 호출되는 메소드는 ImplementsTest에서 구현되어 실질적으로 Heap 영역에 생성되어 있는 메소드이다. 즉, 인터페이스에서 정의한 메소드가 아니다.
39~40	x 상수를 In1 인터페이스와 In2 인터페이스에서 모두 정의하였지만 상수는 각 인터페이스에 속하므로 해당 인터페이스 이름을 통해서 상수에 접근할 수 있다.

실행결과

```
10
20
```

4 인터페이스를 이용한 다형성

자바에서는 인터페이스를 통해서도 다형성을 구현할 수 있다. 즉, 인터페이스 레퍼런스 변수로 인터페이스를 구현한 클래스 객체들을 참조할 수 있다.

→ Chapter7₩src₩Command.java

```
1    public interface Command {
2      void execute();
3    }
```

코드 분석

2	글쓰기나 목록 보기 요청이 들어왔을 때 요청을 처리하는 메소드를 정의하였다. 즉, 각 요청을 처리하는 클래스들의 규격을 정의한 인터페이스이다. 각 요청을 처리하는 클래스들은 execute() 메소드에 요청 처리 로직을 구현한다.

→ Chapter7\src\WriteCommand.java

```
1    public class WriteCommand implements Command {
2        @Override
3        public void execute() {
4            // TODO Auto-generated method stub
5            System.out.println("글을 새로 작성한다.");
6        }
7    }
```

🖥️ 코드 분석

글쓰기 요청이 들어왔을 때 요청을 처리하는 메소드를 구현하는 클래스를 Command 인터페이스를 구현해서 정의하였다.

→ Chapter7\src\ListCommand.java

```
1    public class ListCommand implements Command {
2        @Override
3        public void execute() {
4            // TODO Auto-generated method stub
5            System.out.println("전체 목록을 보여 준다.");
6        }
7    }
```

🖥️ 코드 분석

목록 보기 요청이 들어왔을 때 목록 보기 요청을 처리해 주는 메소드를 구현하는 클래스를 Command 인터페이스를 구현해서 정의하였다.

→ Chapter7\src\CommandProcess.java

```
1    public class CommandProcess {
2        public void process(Command command) {
3            command.execute();
4        }
5    }
```

🖥️ 코드 분석

실질적으로 요청을 받아서 처리해 주는 클래스이다.
process 메소드에서 인자 값을 Command 인터페이스 형태로 받아서 각 Command 인터페이스를 구현한 클래스의 execute( ) 메소드를 호출해서 요청을 처리해 준다.

```
1    public class InterfacePolyTest {
2       /**
3        * 인터페이스 다형성 테스트
4        */
5       public static void main(String[] args) {
6          // TODO Auto-generated method stub
7          CommandProcess cp = new CommandProcess();
8
9          WriteCommand wc = new WriteCommand();
10         ListCommand lc = new ListCommand();
11
12         cp.process(wc);
13         cp.process(lc);
14      }
15   }
```

🖳 코드 분석

9~10	Command 인터페이스를 구현해서 글쓰기 요청과 목록 보기 요청을 처리하는 execute() 메소드를 구현한 클래스 객체들을 생성한 부분이다.
12~13	각 WriteCommand 클래스 객체와 ListCommand 클래스 객체를 인자 값으로 전송하면서 CommandProcess 클래스의 process 메소드를 호출함. CommandProcess 클래스의 process 메소드에서 각 요청을 처리하는 Command 객체의 execute 메소드가 호출된다.

🖱 실행 결과

글을 새로 작성한다.
전체 목록을 보여 준다.

이번에는 리턴 타입의 다형성을 살펴보자. 데이터베이스를 연동할 때 Oracle로 연동할 수도 있고 MySQL로도 연동할 수 있다고 가정하자. 이런 경우 DBMS(Database Management System)으로 Oracle을 사용할 때는 Oracle 커넥터를 얻어 와서 데이터베이스를 연동해야 하고, MySQL을 사용할 때는 MySQL 커넥터를 얻어 와서 데이터베이스를 연동해야 한다. 이 문제를 해결하기 위해서 ConnectorFactory라는 클래스를 정의하여 요청에 따라서 알맞은 커넥터를 반환하게 정의해 본다. 반환하는 커넥터를 인터페이스로 정의하고 각 OracleConnector 클래스와 MySQLConnector 클래스가 동일한 인터페이스(Connector)를 구현하게 하여 반환되는 커넥터에 다형성을 적용해 본다.

```
1    interface Connector{
2
3        void connect();
4
5    }
6
7    class OracleConnector implements Connector{
8
9        @Override
10       public void connect() {
11           // TODO Auto-generated method stub
12           System.out.println("Oracle 연결됨");
13       }
14
15   }
16
17   class MySQLConnector implements Connector{
18
19       @Override
20       public void connect() {
21           // TODO Auto-generated method stub
22           System.out.println("mySQL 연결됨");
23       }
24
25   }
26
27   class ConnectorFactory {
28
29       public static Connector getConnector(String dbmsName) {
30           Connector connector = null;
31
32           if(dbmsName.contentEquals("oracle")) {
33               connector = new OracleConnector();
34           }
35           else if(dbmsName.contentEquals("mysql")) {
36               connector = new MySQLConnector();
37           }
38
39           return connector;
40       }
```

```
41
42      }
43
44    public class InterfaceTest4 {
45
46        public static void main(String[] args) {
47            // TODO Auto-generated method stub
48            Connector oracleConnector = ConnectorFactory.getConnector("oracle");
49            oracleConnector.connect();
50            Connector mySQLConnector = ConnectorFactory.getConnector("mysql");
51            mySQLConnector.connect();
52        }
53
54    }
```

⚙️ 코드 분석

1~5	각 Connector 클래스들이 구현할 Connector 인터페이스를 정의한 부분이다. 데이터베이스를 연결하는 역할을 하는 connect( ) 메소드를 정의하였다.
7~15	OracleConnector 클래스를 정의한 부분이다. connect( ) 메소드는 오라클을 연결한다고 가정하고 문자열을 출력한다
17~25	MySQLConnector 클래스를 정의한 부분이다. OracleConnector 클래스와 MySQLConnector 클래스는 공통적으로 Connector 인터페이스를 구현하고 있다.
27~41	해당 데이터베이스를 연결하는 기능을 하는 Connector 클래스 객체를 반환해 주는 역할을 하는 ConnectorFactory 클래스를 정의한 부분이다.
29~40	인자 값으로 전달된 데이터베이스 이름에 따라서 필요한 Connector 클래스 객체를 반환하는 getConnector( ) 메소드를 정의한 부분이다. 30라인에서 리턴 타입의 다형성을 사용하기 위해서 최종적으로 반환할 값을 저장할 변수의 타입을 Connector 인터페이스 타입으로 정의하였다.
48~51	사용하고 있는 데이터베이스에 맞는 Connector 객체를 ConnectorFactory 클래스로부터 얻어 와서 각 데이터베이스를 연결하는 부분이다.

🖱️ 실행결과

Oracle 연결됨
mySQL 연결됨

5 default 메소드와 static 메소드

Java 8 이전의 인터페이스에서는 추상 메소드만 정의할 수 있었고, 구현이 된 메소드는 정의할 수 없었다. 따라서 특정 인터페이스를 구현(implements) 하는 클래스는 인터페이스에 정의된 메소드를 반드시 구현해야 했다. 그러나 이미 인터페이스를 구현한 클래스들이 많이 존재하는데 인터페이스에 특정 메소드(기능)를 추가하려면 어떻게 해야 할까? Java 8 이전 버전에서는 인터페이스에 추상 메소드를 정의하고 해당 인터페이스를 구현한 모든 클래스들에서 추가된 추상 메소드를 구현해서 사용해야 했다. 그러나 java 8에서는 default 메소드와 static 메소드를 이용해서 인터페이스에 구현된 메소드를 정의할 수 있게 되었다.

➜ Chapter7₩src₩InterfaceTest5.java

```java
1    interface Interface2{
2
3        public static void staticMethod(){
4            System.out.println("static method");
5        }
6        public default void defaultMethod(){
7            System.out.println("default method");
8        }
9
10   }
11
12   class Interface2ImplClass implements Interface2{
13
14   }
15
16   public class InterfaceTest5 {
17
18       public static void main(String[] args) {
19           // TODO Auto-generated method stub
20           Interface2ImplClass ic = new Interface2ImplClass();
21           ic.defaultMethod();
22           Interface2.staticMethod();
23       }
24
25   }
```

🔧 코드 분석

3~5	static 메소드를 정의하는 부분이다. static 메소드는 인터페이스에 속하며 상속되지 않는다. 따라서 해당 메소드를 사용할 때는 인터페이스를 통해서 접근해야 한다.
6~8	default 메소드를 정의하는 부분이다. default 메소드는 구현 클래스에서 재정의하지 않아도 되고 모든 구현 클래스에서 사용 가능하다.
21~22	default 메소드와 static 메소드를 사용하는 부분이다. static 메소드를 사용할 때는 인터페이스(Interface2)를 통해서 접근하고 있다.

```
default method
static method
```

6 회원 관리 예제

지금까지 배운 인터페이스를 활용해서 회원 관리 콘솔 프로그램을 만들어 본다. 지금까지 학습한 예제 코드 중 가장 길고 어려운 예제 코드이다. 본 예제 코드는 모델2 구조를 활용하여 사용자로부터 요청을 받는 부분과 요청을 처리하는 부분, 요청 처리 결과를 보여 주는 부분을 분리하여 작성한다. 즉, 비즈니스 로직 부분과 화면을 만드는 부분을 분리하여 작성한다는 의미이다. 갑자기 모델2 구조를 사용하여 어려울 수 있겠지만 코드의 재사용성을 증가시키기 위해서 코드를 분리한다는 정도로만 이해하고 넘어가자. 본 예제 프로젝트(MMS)에서 사용되는 패키지 구조는 아래와 같다.

패키지명	설명
vo	vo 패키지는 특정 단위의 데이터를 저장하는 클래스들이 저장되는 패키지이다. 회원 한 명의 정보를 저장하는 클래스는 Member, 검색 정보 하나를 저장하는 클래스는 SearchData 등.
ui	사용자가 요청을 입력하고 결과를 확인하는 클래스가 저장되는 패키지이다. 웹에서의 HTML 페이지, 안드로이드에서의 Activity 클래스 등이 ui 종류의 클래스이다.
controller	사용자의 요청을 조절하는 클래스(컨트롤러)가 저장되는 패키지이다. 웹에서는 서블릿 클래스가 컨트롤러 역할을 한다.
action	각각의 요청(회원 목록 보기, 회원 가입 등)을 처리하는 *Action 클래스들이 저장되는 패키지이다.
svc	각 요청에 대한 실질적인 비즈니스 로직이 구현되는 *Service 클래스들이 저장되는 패키지이다.
util	MMS 프로젝트에서는 사용자들에게 콘솔 화면을 제공하므로 ui 클래스들의 가독성 증가를 위해서 콘솔에서 사용자로부터 데이터를 입력받고 요청 처리 결과를 콘솔에 출력하는 작업은 별도의 Util 클래스를 설계하여 처리하였다. 이 Util 클래스가 저장되는 패키지이다.

사용자의 요청을 받아서 처리하는 핵심 패키지들의 호출 순서는 아래와 같다.

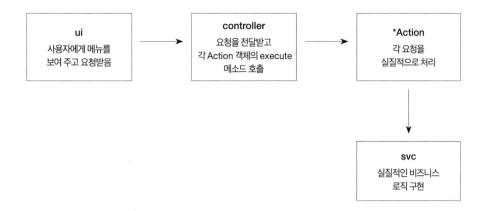

MMS를 구현하기 위해서 회원 한 명의 정보는 Member 클래스를 설계하여 다루며 각 회원의 정보를 담고 있는 Member 객체들은 배열에 저장한다.

memberArray 배열 변수가 Heap 영역에 생성되어 있는 배열 객체를 참조하고 참조하는 배열 객체는 새로운 Member 객체가 추가될 때마다 증가시킨다. 즉, 5명의 Member 객체가 등록되면 배열의 크기가 5인 객체를 생성한다.

프로그램에서 특정 데이터 단위를 다루려면 각각의 데이터를 구분할 수 있는 식별자가 필요하다. 즉, 아래 그림에서 Member1 객체와 Member2 객체를 구분할 수 있어야 한다.

MMS 예제에서 각 회원을 구분할 수 있는 속성 값으로는 id를 사용한다.

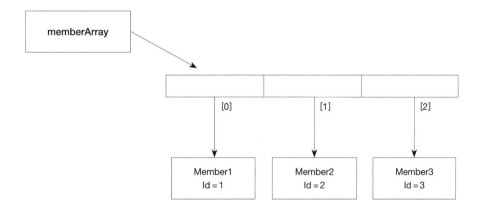

➜ MMS₩src₩vo₩Member.java

```
1    package vo;
2    /*
3     * toString()
4     * : 객체의 정보를 문자열로 반환해주는 메소드
5     * Object에서 제공되는 기본 방식은 클래스 이름 + @ + 해시코드 값으로 정보를 반환
```

```java
 6      */
 7     public class Member {
 8
 9         private int id;//식별자
10         private String name;
11         private String email;
12         private String addr;
13         private String hobby;
14         private String tel;
15         private int age;
16
17         public int getId() {
18             return id;
19         }
20         public void setId(int id) {
21             this.id = id;
22         }
23         public String getName() {
24             return name;
25         }
26         public void setName(String name) {
27             this.name = name;
28         }
29         public String getEmail() {
30             return email;
31         }
32         public void setEmail(String email) {
33             this.email = email;
34         }
35         public String getAddr() {
36             return addr;
37         }
38         public void setAddr(String addr) {
39             this.addr = addr;
40         }
41         public String getHobby() {
42             return hobby;
43         }
44         public void setHobby(String hobby) {
45             this.hobby = hobby;
```

```
46      }
47      public String getTel() {
48          return tel;
49      }
50      public void setTel(String tel) {
51          this.tel = tel;
52      }
53      public int getAge() {
54          return age;
55      }
56      public void setAge(int age) {
57          this.age = age;
58      }
59
60      @Override
61      public String toString() {
62          // TODO Auto-generated method stub
63          return "회원 아이디 : " + id + ", 이름 : " + name + ", 이메일 : " + email + ",
64  주소 : " + addr + ", 취미 : " + hobby + ", 전화 번호 : " + tel+ ", 나이 : " + age;
65      }
66
67  }
```

코드 분석

60~65	회원 한 명의 정보를 저장하는 클래스를 정의하였다. 식별자는 id 속성을 사용한다. toString( ) 메소드를 오버라이딩한 부분이다.

➡ MMS₩src₩vo₩SearchData.java

```
1   package vo;
2
3   public class SearchData {
4
5       private String searchCondition; //검색 조건을 받을 변수
6       private String searchValue; //검색 값을 받을 변수
7
8       public String getSearchCondition() {
9           return searchCondition;
10      }
11      public void setSearchCondition(String searchCondition) {
```

```
12          this.searchCondition = searchCondition;
13      }
14      public String getSearchValue() {
15          return searchValue;
16      }
17      public void setSearchValue(String searchValue) {
18          this.searchValue = searchValue;
19      }
20
21  }
```

코드 분석

검색 요청에 사용될 검색 조건과 검색 값을 저장할 수 있는 클래스이다.

➡ MMS₩src₩ui₩MemberUI.java

```
1   package ui;
2
3   import java.util.Scanner;
4
5   import action.Action;
6   import action.MemberDeleteAction;
7   import action.MemberListAction;
8   import action.MemberUpdateAction;
9   import action.MemberRegistAction;
10  import action.MemberSearchAction;
11  import controller.MemberController;
12  import vo.Member;
13
14  public class MemberUI {
15
16      public static Member[] memberArray = new Member[0];
17
18      public static void main(String[] args) {
19          // TODO Auto-generated method stub
20
21          MemberController memberController = new MemberController();
22          boolean stop = false;
23          Scanner sc = new Scanner(System.in);
24          Action action = null;
25          int menu = 0;
26          do {
```

```
27              System.out.println("=====회원 데이터 관리=====");
28              System.out.println("1. 회원 가입");//C(Create)
29              System.out.println("2. 회원 목록 보기");//R(Read)
30              System.out.println("3. 회원 정보 수정");//U(Update)
31              System.out.println("4. 회원 정보 삭제");//D(Delete)
32              System.out.println("5. 회원 정보 검색");//R(Read)
33                     System.out.println("6. 프로그램 종료");
34
35              System.out.print("메뉴 번호 : ");
36
37              menu = sc.nextInt();
38
39              switch (menu) {
40              case 1:
41                  action = new MemberRegistAction();
42                  break;
43
44              case 2:
45                  action = new MemberListAction();
46                  break;
47
48              case 3:
49                  action = new MemberUpdateAction();
50                  break;
51
52              case 4:
53                  action = new MemberDeleteAction();
54                  break;
55
56              case 5:
57                  action = new MemberSearchAction();
58                     break;
59
60                  case 6:
61                  stop = true;
62                     System.out.println("프로그램 종료");
63                     break;
64
65              default:
66                  break;
```

```
67              }
68
69          if(action != null){
70              memberController.processRequest(sc, action);
71          }
72
73      } while (!stop);
74      }
75
76  }
```

🖥️ 코드 분석

16	회원 가입을 통해서 생성되는 Member 객체들을 저장할 배열 객체를 생성하는 부분이다. 처음에 생성할 때는 등록된 회원이 없기 때문에 크기를 0으로 생성했다.
21	다른 패키지의 클래스들도 접근할 수 있도록 접근 제한자를 public으로 지정했고, 객체를 생성하지 않고 클래스 이름으로 배열 객체를 공유할 수 있도록 static을 지정했다.
22	모든 요청(*Action 객체)을 받아서 처리하는 역할을 하는 MemberController 객체를 생성한 부분이다. 사용자로부터 요청을 계속 받을지를 결정하는 값을 저장하는 변수를 선언했다. stop 변수 값이 true가 되면 프로그램이 종료한다.
23	콘솔로부터 사용자에게 데이터를 입력받기 위해서 Scanner 객체를 생성한 부분이다.
24	각각의 요청을 처리하는 객체를 저장할 변수의 타입을 Action 인터페이스 타입으로 지정하여 다형성을 이용할 수 있게 한 부분이다.
25	사용자가 입력한 메뉴 번호를 저장할 변수를 선언한 부분이다.
26~73	사용자로부터 회원 관리에 관한 메뉴 요청을 받아서 처리하는 부분이다.
37	사용자가 입력한 메뉴 번호를 읽어 들이는 부분이다.
39~67	각 사용자가 입력한 메뉴 번호에 따라서 해당 요청을 처리하는 메소드가 정의되어 있는 *Action 클래스 객체를 action 변수에 참조시키는 부분이다.
69~71	memberController 객체의 processRequest 메소드로 요청에 해당하는 Action 객체의 레퍼런스 값을 인자 값으로 전달하여 요청 처리를 하는 부분이다. sc 객체도 인자로 전달한 이유는 요청 처리 시 회원 가입 요청 등은 사용자로부터 데이터를 입력받아야 하는 작업이 있으므로 Scanner 객체를 사용하여 콘솔로부터 데이터를 입력받기 위해서이다.
73	stop 변수 값이 true가 지정되면 프로그램이 종료된다.

➜ MMS₩src₩controller₩MemberController.java

```
1   package controller;
2
3   import java.util.Scanner;
4   import action.Action;
```

```
5
6    public class MemberController {
7        public void processRequest(Scanner scan, Action action){
8            try {
9                action.execute(scan);
10           } catch (Exception e) {
11               // TODO Auto-generated catch block
12               e.printStackTrace();
13           }
14
15       }
16
17   }
```

코드 분석

클라이언트의 전체 요청을 제어하는 클래스이다.

7	클라이언트의 요청을 받아서 각 요청별로 Action 클래스 객체의 execute 메소드를 호출한다. 각 요청을 처리하는 Action 클래스 객체들의 레퍼런스 값을 Action 인터페이스 타입으로 받아서 다형성을 적용하였다.

➡ MMS₩src₩action₩Action.java

```
1    package action;
2
3    import java.util.Scanner;
4
5    public interface Action {
6        void execute(Scanner scan) throws Exception;
7    }
```

코드 분석

각 요청을 처리하는 Action 클래스 객체들의 형태를 정의한 인터페이스이다. 모든 Action 클래스 객체들은 execute 메소드를 재정의하여 각각의 요청을 처리한다.

➡ MMS₩src₩action₩MemberRegistAction.java

```
1    package action;
2
3    import java.util.Scanner;
4    import svc.MemberRegistService;
5    import util.ConsoleUtil;
6    import vo.Member;
```

```
 7
 8    public class MemberRegistAction implements Action {
 9
10        @Override
11        public void execute(Scanner scan) throws Exception{
12            // TODO Auto-generated method stub
13            ConsoleUtil consoleUtil = new ConsoleUtil();
14            Member newMember = consoleUtil.getNewMember(scan);
15
16            //비지니스 로직은 Service 클래스에서 처리함.
17            MemberRegistService memberRegistService = new MemberRegistService();
18
19            boolean registSuccess = memberRegistService.registMember(newMember);
20            if(registSuccess){
21                consoleUtil.printRegistSuccessMessage(newMember.getId());
22            }
23            else{
24                consoleUtil.printRegistFailMessage(newMember.getId());
25
26            }
27        }
28
29    }
```

코드 분석

회원 가입 요청을 처리하는 Action 클래스이다.
비지니스 로직을 처리하기 전처리 실행(사용자로부터 전송되는 데이터 들을 받는 처리 등)
예를 들면 회원 가입처리를 할 때는 회원가입에 필요한 데이터를 받는 작업 등
비지니스 로직을 처리한 후 처리 작업(요청 처리가 완료된 후 해당 처리 결과를 알려주는 뷰(MMS에서는 콘솔) 페이지로 이동)

13	회원 등록 시 콘솔로부터 새로 등록할 회원의 정보를 입력받아야 하므로 ConsoleUtil 객체를 생성하였다.
14	새로 가입할 회원 한 명의 정보를 얻어 오는 부분이다. 자바에서 특정 데이터 값을 얻어 오는 메소드 이름은 get으로 시작하는 것이 관습이다.
19	memberRegistService 클래스로 회원 등록 요청을 하고 등록 성공 여부를 반환받는 부분이다. 실질적인 비즈니스 로직은 Service 클래스에 구현된다.
20~26	회원 등록 성공 여부(registSuccess)에 따라서 등록 성공 혹은 등록 실패 메시지를 출력하는 부분이다.

```
1    package action;
2
3    import java.util.Scanner;
4    import svc.MemberListService;
5    import util.ConsoleUtil;
6    import vo.Member;
7
8    public class MemberListAction implements Action {
9
10       @Override
11       public void execute(Scanner scan) {
12           // TODO Auto-generated method stub
13           ConsoleUtil consoleUtil = new ConsoleUtil();
14           MemberListService memberListService = new MemberListService();
15           Member[] memberArray = memberListService.getMemberArray();//배열을 가져온다.
16           consoleUtil.printMemberList(memberArray);
17       }
18
19   }
```

코드 분석

회원 목록 보기 요청을 처리하는 Action 클래스이다.

비지니스 로직을 처리하는 전처리 실행(사용자로부터 전송되는 데이터들을 받는 처리 등)

예를 들면 회원 가입 처리를 할 때는 회원 가입에 필요한 데이터를 받는 작업 등

비지니스 로직을 처리한 후 처리 작업(요청 처리가 완료된 후 해당 처리 결과를 알려주는 뷰(MMS 에서는 콘솔) 페이지로 이동)

| 15 | Member[] 타입으로 현재까지 등록되어 있는 회원 목록 정보를 얻어오는 부분이다. |
| 16 | ConsoleUtil 클래스의 회원 목록을 출력하는 메소드를 호출하는 부분이다. |

```
1    package action;
2
3    import java.util.Scanner;
4    import svc.MemberUpdateService;
5    import util.ConsoleUtil;
6    import vo.Member;
7
8    public class MemberUpdateAction implements Action {
9
10       @Override
```

```
11          public void execute(Scanner scan) {
12              // TODO Auto-generated method stub
13
14              ConsoleUtil consoleUtil = new ConsoleUtil();
15              int id = consoleUtil.getId("수정할 ",scan);
16              MemberUpdateService memberUpdateService = new MemberUpdateService();
17              Member oldMember = memberUpdateService.getOldMember(id);
18              Member newMember = consoleUtil.getNewMember(oldMember, scan);
19              boolean updateSuccess = memberUpdateService.updateMember(newMember);
20              if(updateSuccess){
21                  consoleUtil.printUpdateSuccessMessage(newMember.getId());
22              }else{
23                  consoleUtil.printUpdateFailMessage(newMember.getId());
24              }
25          }
26
27      }
```

🗔⚙ 코드 분석

회원 정보 수정 요청을 처리하는 Action 클래스이다.
비지니스 로직을 처리하는 전처리 실행(사용자로부터 전송되는 데이터들을 받는 처리 등)
예를 들면 회원 가입 처리를 할 때는 회원 가입에 필요한 데이터를 받는 작업 등
비지니스 로직을 처리한 후 처리 작업(요청 처리가 완료된 후 해당 처리 결과를 알려주는 뷰(MMS 에서는 콘솔) 페이지로 이동)

15	정보를 수정할 회원의 id 값을 사용자에게 입력받는 부분이다.
17	수정할 회원의 이전 정보를 가져오는 부분이다. 회원의 정보를 수정하려면 사용자에게 이전 정보를 보여 주고 어떤 정보로 수정할지를 입력받아야 하기 때문이다.
18	수정할 회원의 새로운 정보를 얻어오는 부분이다. 사용자에게 데이터를 입력받는 내용은 ConsoleUtil 클래스에 정의되어 있다.
19	회원 정보를 수정하고 수정 성공 여부를 updateSuccess 변수에 반환받는 부분이다.
20~24	수정 성공 여부 값에 따라서 수정 성공 혹은 수정 실패 메시지를 출력하는 메소드를 ConsoleUtil 클래스에서 호출하는 부분이다.

➡ MMS₩src₩action₩MemberDeleteAction.java

```
1   package action;
2
3   import java.util.Scanner;
4   import svc.MemberDeleteService;
5   import util.ConsoleUtil;
```

```
 6
 7    public class MemberDeleteAction implements Action {
 8        ConsoleUtil consoleUtil = new ConsoleUtil();
 9
10        @Override
11        public void execute(Scanner scan) throws Exception{
12            int id = consoleUtil.getId("삭제할 ", scan);
13            MemberDeleteService memberDeleteService = new MemberDeleteService();
14            boolean deleteSuccess = memberDeleteService.deleteMember(id);
15
16            if(deleteSuccess){
17                consoleUtil.printDeleteSuccessMessage(id);
18            }
19            else{
20                consoleUtil.printDeleteFailMessage(id);
21            }
22
23        }
24
25    }
```

코드 분석

회원 정보 삭제 요청을 처리하는 Action 클래스이다.
비지니스 로직을 처리하는 전처리 실행(사용자로부터 전송되는 데이터들을 받는 처리 등)
예를 들면 회원 가입 처리를 할 때는 회원 가입에 필요한 데이터를 받는 작업 등
비지니스 로직을 처리한 후 처리 작업(요청 처리가 완료된 후 해당 처리 결과를 알려주는 뷰(MMS 에서는 콘솔) 페이지로 이동)

12	정보를 삭제할 회원의 id 값을 사용자에게 입력받는 부분이다.
14	회원 정보를 삭제하는 deleteMember 메소드를 호출하고 삭제 성공 여부 값을 deleteSuccess 변수에 반환받는 부분이다.
16~21	삭제 성공 여부 값에 따라서 삭제 성공 혹은 삭제 실패 메시지를 출력하는 메소드를 ConsoleUtil 클래스에서 호출하는 부분이다.

➔ MMS₩src₩action₩MemberSearchAction.java

```
 1    package action;
 2
 3    import java.util.Scanner;
 4    import svc.MemberSearchService;
 5    import util.ConsoleUtil;
 6    import vo.Member;
 7    import vo.SearchData;
```

```
8
9    public class MemberSearchAction implements Action {
10
11       @Override
12       public void execute(Scanner scan) {
13          // TODO Auto-generated method stub
14          ConsoleUtil consoleUtil = new ConsoleUtil();
15
16          SearchData searchData = consoleUtil.getSearchData(scan);
17          MemberSearchService memberSearchService = new MemberSearchService();
18          if(searchData.getSearchCondition().equals("아이디")){
19             Member member = memberSearchService.searchMemberById(searchData.
20    getSearchValue());
21             consoleUtil.printSearchMember(member);
22          }
23          else if(searchData.getSearchCondition().equals("이름")){
24             Member[] memberArray = memberSearchService.
25    searchMemberByName(searchData.getSearchValue());
26             consoleUtil.printSearchMemberArray(memberArray);
27          }
28
29       }
30
31    }
```

코드 분석

회원 정보 검색 요청을 처리하는 Action 클래스이다.
비지니스 로직을 처리하는 전처리 실행(사용자로부터 전송되는 데이터들을 받는 처리 등)
예를 들면 회원 가입 처리를 할 때는 회원 가입에 필요한 데이터를 받는 작업 등
비지니스 로직을 처리한 후 처리 작업(요청 처리가 완료된 후 해당 처리 결과를 알려주는 뷰(MMS 에서는 콘솔) 페이지로 이동)

18~27	검색 조건에 따라서 각각 다른 검색 메소드를 호출하는 부분이다.
18	검색 조건이 "아이디"인지를 판단하는 부분이다.
23	검색 조건이 "이름"인지를 판단하는 부분이다. 24라인을 보면 이름은 동일한 이름이 있을 수 있으므로 검색된 회원 정보를 배열로 반환받는다. 그리고 각 검색 메소드의 인자 값으로는 searchData.getSearchValue()로 검색 값을 전달한다.

```
1    package svc;
2
3    import ui.MemberUI;
4    import vo.Member;
5    public class MemberRegistService {
6
7        public boolean registMember(Member newMember) throws Exception{
8            // TODO Auto-generated method stub
9            boolean registSuccess = true;
10
11           for (int i = 0; i < MemberUI.memberArray.length; i++) {
12               if(MemberUI.memberArray[i].getId()==newMember.getId()){
13                   registSuccess = false;
14                   break;
15               }
16           }
17
18           if(registSuccess){
19               Member[] tempArray = MemberUI.memberArray;
20               MemberUI.memberArray = new Member[MemberUI.memberArray.length +1];
21               for (int i = 0; i < tempArray.length; i++) {
22               MemberUI.memberArray[i] = tempArray[i];
23               }
24               MemberUI.memberArray[MemberUI.memberArray.length-1] = newMember;
25           }
26
27           return registSuccess;
28       }
29
30   }
```

🖥️⚙️ 코드 분석

* 해결 알고리즘

1. 기존 배열 백업 : tempArray에 백업해 둔다
2. 기존 배열보다 크기가 하나 큰 배열 객체 생성
3. 기존의 배열 값들을 새로운 배열에 복사한다.
4. 새로운 배열의 마지막 인덱스 영역에 추가할 회원 객체를 추가한다.

11~16	memberArray에 새로 추가하려는 회원 정보와 동일한 id값을 가지고 있는 회원 정보(Member 객체)가 이미 있으면 registSuccess 값을 false로 지정하고 더 이상 회원 가입 작업을 하지 않는다.
18~25	registSuccess 값이 true이면, 즉 추가하려는 회원이 이미 등록되지 않았으면 회원 가입 작업을 하는 부분이다.

원래의 memberArray가 아래 그림과 같이 id가 1인 Member 객체와 id가 2인 Member 객체를 참조하고 있다고 가정하자.

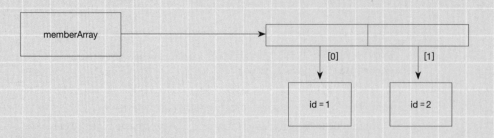

1. 기존 배열 백업 : tempArray에 백업해 둔다

이 부분은 19라인 부분이다. 백업한 후의 메모리 구조는 아래와 같다.

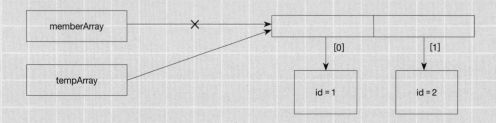

2. 기존 배열보다 크기가 하나 큰 배열 객체 생성

이 부분은 20라인에서 처리하였다. 처리한 후의 메모리 구조는 아래와 같다.

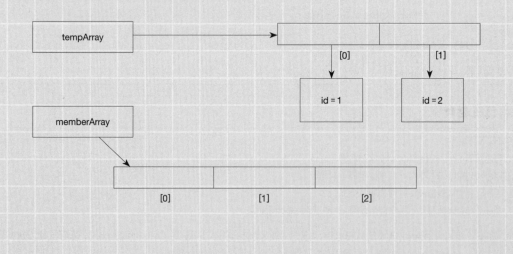

3. 기존의 배열 값들을 새로운 배열에 복사한다.

4. 새로운 배열의 마지막 인덱스 영역에 추가할 회원 객체를 추가한다.

이 부분은 21~25라인에서 처리한다.

회원가입 요청처리가 완성된 후의 메모리 구조는 아래 그림과 같다.

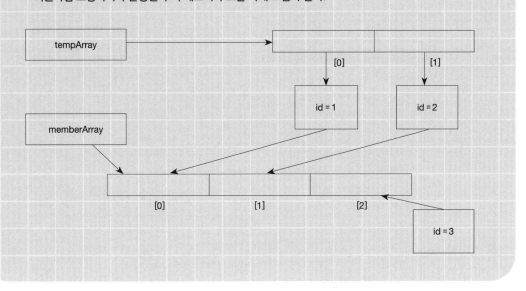

➡ MMS₩src₩svc₩MemberListService.java

```
1    package svc;
2
3    import ui.MemberUI;
4    import vo.Member;
5
6    public class MemberListService {
7
8        public Member[] getMemberArray() {
9            // TODO Auto-generated method stub
10           return MemberUI.memberArray;
11       }
12
13   }
```

🖥️⚙️ 코드 분석

10	현재 메모리에 생성되어 있는 memberArray 배열 객체를 반환한다. 이 배열 객체에는 현재까지 가입되어 있는 회원 정보가 저장되어 있다.

```java
1   package svc;
2
3   import ui.MemberUI;
4   import vo.Member;
5
6   public class MemberDeleteService {
7
8       public boolean deleteMember(int id) {
9
10          boolean deleteSuccess = false;
11          int index = -1;
12
13          for (int i = 0; i < MemberUI.memberArray.length; i++) {
14              if(MemberUI.memberArray[i].getId()==id){
15                  index = i;
16              }
17          }
18          if(index != -1){//삭제될 게임 객체를 찾았다.
19              Member[] tempArray = MemberUI.memberArray;
20              MemberUI.memberArray = new Member[MemberUI.memberArray.length -1];
21
22              for (int i = 0; i < tempArray.length; i++) {
23                  if(i < index){//찾은 인덱스 값과 비교한다.
24                      MemberUI.memberArray[i] = tempArray[i];
25                  }
26                  else if(i > index){
27                      MemberUI.memberArray[i - 1] = tempArray[i];
28                  }
29              }
30              deleteSuccess = true;
31          }
32          return deleteSuccess;
33
34      }
35
36  }
```

코드 분석

* 삭제 해결 알고리즘

1. 삭제할 대상이 되는 Member 객체가 존재하는 index 번호를 찾는다.

2. 기존 배열 백업 : tempArray에 백업해 둔다.

3. 기존 배열보다 크기가 하나 작은 배열 객체 생성

4. 새로운 배열에 기존 배열에서 삭제할 대상 Member 객체를 제외하고 복사한다.

13~17	memberArray 배열에 저장되어 있는 Member 객체 중 삭제 대상 Member 객체의 인덱스를 구하는 부분이다. 식별자는 인자 값으로 전달된 id 값을 사용했다. 15라인에서 삭제할 대상 Member 객체의 인덱스 값을 index 변수에 할당한다. 이 index 값이 초기 값이 −1이 아니면 삭제할 Member 객체가 존재하는 것이다.
18~31	삭제 대상 Member 객체가 존재하면 삭제 작업을 처리하는 부분이다.

참고해요 - 배열의 삭제

1. 삭제 작업을 시작하기 전에 memberArray 구조는 아래 그림과 같다고 가정한다.

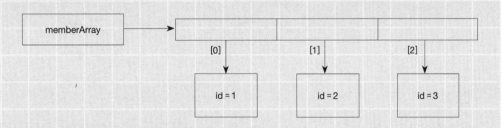

여기서 id가 2번인 Member 객체를 삭제한다고 가정한다.

2. 기존 배열 백업 : tempArray에 백업해 둔다.

이 부분은 19라인에서 처리했다. 처리한 후의 메모리 구조는 아래 그림과 같다.

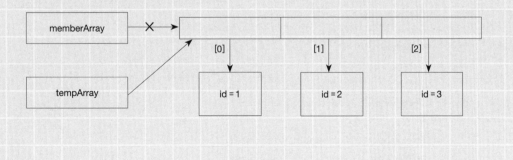

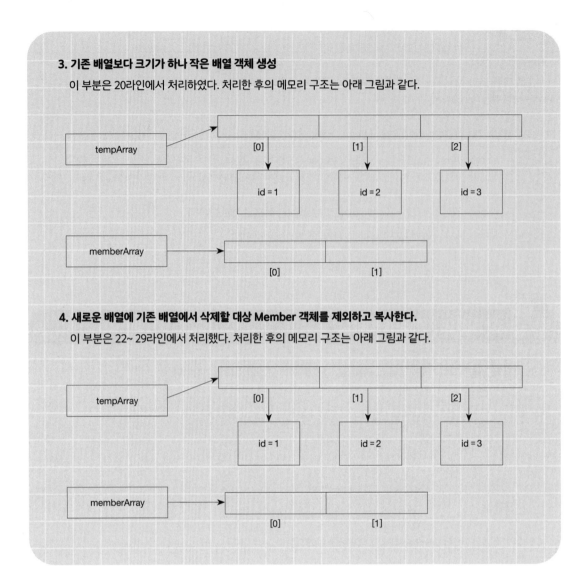

3. 기존 배열보다 크기가 하나 작은 배열 객체 생성

이 부분은 20라인에서 처리하였다. 처리한 후의 메모리 구조는 아래 그림과 같다.

4. 새로운 배열에 기존 배열에서 삭제할 대상 Member 객체를 제외하고 복사한다.

이 부분은 22~ 29라인에서 처리했다. 처리한 후의 메모리 구조는 아래 그림과 같다.

➜ MMS₩src₩svc₩MemberUpdateService.java

```
1    package svc;
2
3    import ui.MemberUI;
4    import vo.Member;
5
6    public class MemberUpdateService {
7
8        public Member getOldMember(int id) {
9            // TODO Auto-generated method stub
10           Member oldMember = null;
```

```
11              for (int i = 0; i < MemberUI.memberArray.length; i++) {
12                  if(MemberUI.memberArray[i].getId()==id){
13                      oldMember = MemberUI.memberArray[i];
14                      break;
15                  }
16              }
17              return oldMember;
18          }
19
20          public boolean updateMember(Member newMember) {
21              // TODO Auto-generated method stub
22              boolean updateSuccess = false;
23              for (int i = 0; i < MemberUI.memberArray.length; i++) {
24                  if(MemberUI.memberArray[i].getId()==newMember.getId()){
25                      MemberUI.memberArray[i] = newMember;
26                      updateSuccess = true;
27                      break;
28                  }
29              }
30              return updateSuccess;
31          }
32
33      }
```

코드 분석

* 수정 해결 알고리즘

1. 수정할 대상 Member 객체가 저장되어 있는 배열의 인덱스 번호를 검색한다.

2. 배열의 해당 인덱스 영역에서 참조하는 값을 새로운 정보를 가지고 있는 새로운 Member 객체의 레퍼런스 값으로 변경한다.

8~18	수정할 대상이 되는 Member 객체의 이전 정보를 memberArray 배열에서 찾아서 반환하는 메소드이다.
20~31	기존 회원 정보를 메소드의 인자 값으로 전달된 Member 객체의 정보로 수정하는 메소드이다.

수정 전의 메모리 구조는 아래 그림과 같다고 가정한다.

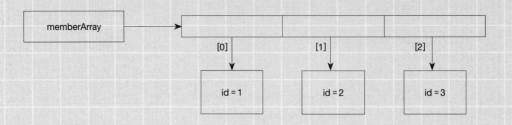

상단 그림에서 id 값이 2인 회원 정보를 수정한다고 가정한다.

1. 수정할 대상 Member 객체가 저장되어 있는 배열의 인덱스 번호를 검색한다.

2. 배열의 해당 인덱스 영역에서 참조하는 값을 새로운 정보를 가지고 있는 새로운 Member 객체의 레퍼런스 값으로 변경한다.

24라인에서 수정할 회원의 id 값을 비교하고 25라인에서 해당 인덱스 위치에서 참조하는 레퍼런스 값을 새로운 Member 객체의 레퍼런스 값으로 변경했다.

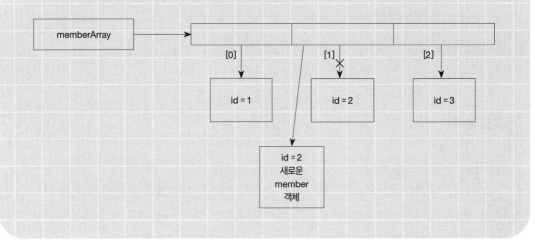

➡ MMS₩src₩svc₩MemberSearchService.java

```
1    package svc;
2
3    import ui.MemberUI;
4    import vo.Member;
5
6    public class MemberSearchService {
7
```

```
 8        public Member searchMemberById(String searchValue) {
 9            // TODO Auto-generated method stub
10            Member member = null;
11
12            for (int i = 0; i < MemberUI.memberArray.length; i++) {
13                if(MemberUI.memberArray[i].getId()==Integer.parseInt(searchValue)){
14                    member = MemberUI.memberArray[i];
15                    break;
16                }
17            }
18
19            return member;
20        }
21
22        public Member[] searchMemberByName(String searchValue) {
23            // TODO Auto-generated method stub
24            Member[] searchMemberArray = null;
25            int count = 0;
26            Member[] tempArray = new Member[MemberUI.memberArray.length];
27
28            for (int i = 0; i < MemberUI.memberArray.length; i++) {
29                if(searchValue.equals(MemberUI.memberArray[i].getName())){
30                    tempArray[count++] = MemberUI.memberArray[i];
31                }
32            }
33
34            searchMemberArray = new Member[count];
35
36            for (int i = 0; i < count; i++) {
37                searchMemberArray[i] = tempArray[i];
38            }
39
40            return searchMemberArray;
41        }
42
43    }
```

🖥 코드 분석

12~17	검색 조건이 회원의 id 값일 경우 id 값을 비교하여 검색하는 부분이다. Id는 각 회원 정보의 식별자이기 때문에 동일한 id 값을 가진 회원은 없다. 따라서 메소드의 리턴 타입은 Member이다.
22~41	검색 조건이 이름인 경우 이름 값을 이용해서 회원 정보를 검색하는 부분이다. 이름은 여러 회원이 동일한 이름을 가질 수 있으므로 메소드의 리턴 타입이 Member[]이다.

24	검색된 Member 객체를 저장할 배열을 선언한 부분이다.
25	검색된 회원 정보의 개수를 저장할 변수이다. 34라인에서 이 count 변수 값을 searchMemberArray 배열의 크기로 지정한다.
26	기존 배열의 크기로 검색된 Member 객체를 임시로 저장할 tempArray 배열을 생성했다. 아무리 많은 Member 객체가 검색되어도 기존의 배열 크기 이상 개수의 Member 객체가 검색될 수는 없으므로 기존 배열의 크기로 생성하면 충분하다.
30	메소드의 인자 값으로 전달된 이름과 동일한 이름을 가진 Member 객체가 검색되면 tempArray 배열의 0번 인덱스부터 차례대로 검색된 Member 객체를 저장한다.
36~38	tempArray 배열에 임시적으로 저장된 검색된 Member 객체들의 레퍼런스 값들을 최종적으로 반환될 searchMemberArray 배열 객체에 복사하는 부분이다.

➡ MMS\src\util\ConsoleUtil.java

```java
1    package util;
2
3    import java.util.Scanner;
4
5
6    import vo.Member;
7    import vo.SearchData;
8
9    public class ConsoleUtil {
10
11       public Member getNewMember(Scanner scan) {
12          // TODO Auto-generated method stub
13          Member newMember = new Member();
14          System.out.println("=====새 회원 정보 등록=====");
15          System.out.print("회원 아이디 : ");
16          int id = scan.nextInt();
17          System.out.print("회원 이름 : ");
18          String name = scan.next();
19          System.out.print("회원 이메일 : ");
20          String email = scan.next();
21          System.out.print("회원 주소 : ");
22          String addr = scan.next();
23          System.out.print("회원 취미 : ");
24          String hobby = scan.next();
25          System.out.print("회원 전화 번호 : ");
26          String tel = scan.next();
27          System.out.print("회원 나이 : ");
28          int age = scan.nextInt();
```

```
29
30          newMember.setId(id);
31          newMember.setName(name);
32          newMember.setEmail(email);
33          newMember.setAddr(addr);
34          newMember.setHobby(hobby);
35          newMember.setTel(tel);
36          newMember.setAge(age);
37          return newMember;
38      }
39
40      public void printRegistSuccessMessage(int id) {
41          // TODO Auto-generated method stub
42          System.out.println(id + " 회원 등록 성공");
43      }
44
45      public void printRegistFailMessage(int id) {
46          // TODO Auto-generated method stub
47          System.out.println(id + " 회원 등록 실패");
48      }
49
50      public void printMemberList(Member[] memberArray) {
51          // TODO Auto-generated method stub
52          if(memberArray.length == 0){
53              System.out.println("추가된 회원 정보가 없습니다.");
54          }
55          else{
56              for (int i = 0; i < memberArray.length; i++) {
57                  System.out.println(memberArray[i]);
58              }
59          }
60      }
61
62      public int getId(String msgKind, Scanner scan) {
63          // TODO Auto-generated method stub
64          System.out.print(msgKind + "아이디 : ");
65          return scan.nextInt(); //사용자가 입력한 아이디를 바로 return해 준다.
66      }
67
68      public Member getNewMember(Member oldMember, Scanner scan) {
```

```
69
70          Member member = new Member();
71          System.out.println("=====새 회원 정보 수정=====");
72          System.out.println("회원 아이디 : " + oldMember.getId());
73          System.out.println("이전 이름 : " + oldMember.getName());
74          System.out.print("새 회원 이름 : ");
75          String name = scan.next();
76          System.out.println("이전 이메일 : " + oldMember.getEmail());
77          System.out.print("새 회원 이메일 : ");
78          String email = scan.next();
79          System.out.println("이전 주소 : " + oldMember.getAddr());
80          System.out.print("새 회원 주소 : ");
81          String addr = scan.next();
82          System.out.println("이전 취미 : " + oldMember.getHobby());
83          System.out.print("새 회원 취미 : ");
84          String hobby = scan.next();
85          System.out.println("이전 전화 번호 : " + oldMember.getTel());
86          System.out.print("새 회원 전화 번호 : ");
87          String tel = scan.next();
88          System.out.println("이전 나이 : " + oldMember.getAge());
89          System.out.print("새 회원 나이 : ");
90          int age = scan.nextInt();
91
92          member.setId(oldMember.getId());
93          member.setName(name);
94          member.setEmail(email);
95          member.setAddr(addr);
96          member.setHobby(hobby);
97          member.setTel(tel);
98          member.setAge(age);
99
100         return member;
101
102     }
103
104     public void printUpdateSuccessMessage(int id) {
105         // TODO Auto-generated method stub
106         System.out.println(id + "회원 정보 수정 성공");
107     }
108
```

```
109        public void printUpdateFailMessage(int id) {
110            // TODO Auto-generated method stub
111            System.out.println(id + "회원 정보 수정 실패");
112        }
113
114        public void printDeleteSuccessMessage(int id) {
115            // TODO Auto-generated method stub
116            System.out.println(id + "회원 정보 삭제 성공");
117        }
118
119        public void printDeleteFailMessage(int id) {
120            // TODO Auto-generated method stub
121            System.out.println(id + "회원 정보 삭제 성공");
122        }
123
124        public SearchData getSearchData(Scanner scan) {
125            // TODO Auto-generated method stub
126            System.out.println("검색 조건을 선택하시오.");
127            System.out.println("1. 아이디");
128            System.out.println("2. 이름");
129            System.out.print("검색 조건 : ");
130            String searchCondition = scan.next(); //검색 조건 선택
131            String searchValue = null; //검색 값
132
133            if(searchCondition.equals("아이디")){
134                System.out.print("검색할 아이디 : ");
135                searchValue = scan.next();
136            }
137            else if(searchCondition.equals("이름")){
138                System.out.print("검색할 이름 : ");
139                searchValue = scan.next();
140            }
141
142            SearchData searchData = new SearchData(); //리턴할 값이 두개 이므로 리턴할
143    값을 속성으로 저장할 클래스 설계
144            searchData.setSearchCondition(searchCondition);
145            searchData.setSearchValue(searchValue);
146            return searchData;
147        }
148
```

```
149         public void printSearchMember(Member member) {
150             // TODO Auto-generated method stub
151             if(member == null){
152                 System.out.println("검색한 결과가 없습니다.");
153             }
154             else{
155                 System.out.println(member.getId() + "으로 검색한 결과 ");
156                 System.out.println(member);
157             }
158         }
159
160         public void printSearchMemberArray(Member[] memberArray) {
161             // TODO Auto-generated method stub
162             if(memberArray == null){
163                 System.out.println("이름으로 검색한 결과가 없습니다.");
164             }
165             else{
167                 System.out.println("이름으로 검색한 결과 ");
168                 for (int i = 0; i < memberArray.length; i++) {
169                     System.out.println(memberArray[i]);
170                 }
171             }
172         }
173
174     }
```

코드 분석

11~38	회원 가입 요청을 처리하기 위해서 새로 등록할 사용자의 정보를 입력받아 새로운 Member 객체를 반환하는 메소드이다.
40~43	"회원 등록 성공" 메시지를 출력하는 메소드이다.
45~48	"회원 등록 실패" 메시지를 출력하는 메소드이다.
50~60	회원 목록을 출력하는 메소드이다.
52	memberArray에 새로운 Member 객체를 추가할 때마다 memberArray의 크기를 하나씩 증가시킨다. memberArray의 크기가 0인 경우는 MemberUI 클래스에서 처음으로 생성된 후 Member 객체가 하나도 추가되지 않는 것이다.
62~66	회원 정보 삭제와 회원 정보 수정 요청 처리 시 회원의 id 값을 입력받아서 반환하는 메소드이다.
68~102	회원의 이전 정보를 보여 주고 새로운 정보를 입력받아서 반환해주는 메소드이다.
104~122	요청 성공 여부를 출력해 주는 메소드들이다.

124~147	검색에 필요한 검색 조건 값과 검색 값을 입력받아서 SearchData 객체의 속성값으로 할당한 후 반환해 주는 메소드이다.
133~140	검색 조건에 따른 검색 값을 사용자로부터 입력받는 부분이다.
142~146	SearchData 객체를 생성한 후 검색 조건과 검색 값을 속성값으로 할당한 후 반환하는 부분이다.
149~172	검색 결과를 출력하는 부분이다.

03 내부 클래스

내부 클래스는 클래스 안에 정의되는 클래스를 의미한다. 클래스 안에 클래스를 정의하는 이유는 자신 클래스가 속해 있는 클래스와 밀접한 관계가 있어서 외부 클래스(자신이 속해 있는 클래스)의 자원을 마치 자기 것처럼 사용하기 위해서이다.

내부 클래스로 정의하지 않으면 다른 클래스의 자원을 이용할 때 모든 자원을 파라미터로 받아서 처리해야 되기 때문에 코드가 상당히 복잡해진다.

내부 클래스는 클래스 안에 선언되는 위치에 따라서 멤버 내부 클래스, 로컬 내부 클래스, 익명 내부 클래스로 나누어진다.

멤버 내부 클래스는 static이 내부 클래스 앞에 지정되었느냐에 따라서 static 내부 클래스와 인스턴스 내부 클래스로 나누어진다.

1 인스턴스 내부 클래스

클래스 영역에 일반 멤버 변수처럼 정의되는 클래스로 일반 멤버 변수처럼 취급된다.

```
class OuterClass
{
  class InnerClass
  { }
}
```

➔ Chapter7₩src₩InstanceInnerTest.java

```
1    class OuterClass {
2
3        private int outerVar=10;
4        private static int outerStaticVar = 20;
5
```

```
 6        class InnerClass
 7        {
 8            public void printInfo(){
 9                System.out.println("outerVar = " +  outerVar);
10                System.out.println("outerStaticVar = " + outerStaticVar);
11            }
12        }
13
14    }
15    public class InstanceInnerTest {
16
17        /**
18         * 인스턴스 내부 클래스 테스트
19         */
20        public static void main(String[] args) {
21            // TODO Auto-generated method stub
22            OuterClass oc = new OuterClass();
23            OuterClass.InnerClass instanceInner = oc.new InnerClass();
24
25            instanceInner.printInfo();
26        }
27
28    }
```

🖥️ 코드 분석

3~4	OuterClass 클래스의 멤버 변수를 정의한 부분이다. 인스턴스 변수와 static 변수를 선언했다.
6~12	InnerClass를 OuterClass의 멤버 내부 클래스로 정의한 부분이다. 멤버 레벨로 정의되었기 때문에 일반 멤버 변수와 같은 레벨로 인식된다. 컴파일하게 되면 내부 클래스의 이름은 Outer-Class$InnerClass로 생성된다.
9	OuterClass의 인스턴스 변수를 출력하는 부분이다. 인스턴스 내부 클래스도 멤버 변수와 초기화 시점이 같기 때문에, 즉 외부 클래스 객체가 생성될 때 초기화되기 때문에(즉, 초기화 시점이 외부 클래스의 인스턴스 변수와 동일하다.) 인스턴스 내부 클래스는 외부 클래스의 인스턴스 멤버 변수를 사용할 수 있다.
10	외부 클래스의 static 변수를 사용하는 부분이다. static이 인스턴스보다 초기화 시점이 더 빠르기 때문에 인스턴스 내부 클래스에서 외부 클래스의 static 변수를 사용할 수 있다. 내부 클래스에서는 외부 클래스의 변수가 private로 지정되어 있어도 사용할 수 있다. (OuterClass를 상속한 클래스에서는 접근할 수 없다.)
22~23	내부 클래스 객체를 생성할 때는 반드시 외부 클래스 객체를 생성한 후에 생성할 수 있다.
25	내부 클래스의 printInfo() 메소드를 호출하는 부분이다.

🖱️ 실행 결과

```
outerVar = 10
outerStaticVar = 20
```

static 내부 클래스는 내부 클래스가 멤버 변수 레벨로 정의되는데 클래스 정의부에 static이 지정되는 경우이다. 이 경우는 내부 클래스에서 static 변수를 정의하는 경우에 사용된다. 인스턴스 내부 클래스 안에서는 static 변수를 정의할 수 없기 때문이다.

static 내부 클래스는 클래스에서 static 변수와 동일하게 다루어진다. 즉, 외부 클래스 객체를 생성하지 않아도 접근이 가능하다.

```
class OuterClass
{
  static class staticInnerClass
    {  }
}
```

→ Chapter7₩src₩StaticInnerTest.java

```java
1    class OuterClass2{
2
3        private int outerVar = 20;
4        private static int outerStaticVar = 10;
5
6        static class StaticInner
7        {
8            static int innerVar = 30;
9            public void printInfo()
10           {
11               //System.out.println("outerVar = " + outerVar);
12               System.out.println("outerStaticVar = " + outerStaticVar);
13               System.out.println("innerVar = " + innerVar);
14           }
15       }
16
17   }
18
19   public class StaticInnerTest {
20       /**
21        * static 내부 클래스 테스트
22        */
```

```
23       public static void main(String[] args) {
24           // TODO Auto-generated method stub
25           OuterClass2.StaticInner staticInner = new OuterClass2.StaticInner();
26
27           staticInner.printInfo();
28       }
29
30   }
```

코드 분석

3~4	OuterClass2 클래스의 멤버 변수를 정의한 부분이다.
6~15	내부 클래스를 정의하는 부분이다. 내부 클래스를 정의할 때 static을 지정하였으므로 static 변수처럼 다루어진다. 즉, 외부 클래스 객체를 생성하지 않아도 내부 클래스에 접근이 가능하다.
8	내부 클래스 안에서 static 변수를 정의하고 있다. 내부 클래스에 static이 지정되어 있기 때문에 가능한 것이다. 인스턴스 내부 클래스에서는 static 변수를 정의할 수 없다.
11	static 내부 클래스에서는 외부 클래스의 인스턴스 변수를 사용할 수 없다. static이 인스턴스보다 초기화 시점이 빠르기 때문이다. 주석을 해제하면 컴파일 에러가 발생한다.
12~13	static 내부 클래스에서는 static 변수에만 접근이 가능하다.
25	OuterClass2 클래스 객체를 생성하지 않아도 StaticInner 클래스 객체를 생성할 수 있다.

실행결과

```
outerStaticVar = 10
innerVar = 30
```

3 로컬 내부 클래스

로컬 내부 클래스는 외부 클래스의 메소드 내에 정의된 클래스를 의미한다.

로컬 변수처럼 취급되기 때문에 메소드 내에서만 인식된다.

```
class OuterClass3
{
  void printInfo()
  {
    class LocalInnerClass
    {  }
```

```
    }
}
```

➜ Chapter7₩src₩LocalInnerTest.java

```java
1    class OuterClass3{
2
3        private int outerVar = 30;
4        private static int staticOuterVar = 40;
5
6        void printInfo(){
7            int localVar = 3;
8            final int finalLocal = 4;
9
10           class LocalInnerClass{
11                   void displayInfo(){
12                   System.out.println("outerVar = " + outerVar);
13                   System.out.println("staticOuterVar = " + staticOuterVar);
14                   System.out.println("localVar = " + localVar);
15                   System.out.println("finalLocal = " + finalLocal);
16               }
17           }
18
19           LocalInnerClass lc = new LocalInnerClass();
20           lc.displayInfo();
21       }
22
23   }
24
25   public class LocalInnerTest {
26       /**
27        * 로컬 내부 클래스 테스트
28        */
29       public static void main(String[] args) {
30           // TODO Auto-generated method stub
31           OuterClass3 outerClass = new OuterClass3();
32           outerClass.printInfo();
33       }
34
    }
```

코드 분석

3~4	OuterClass3 클래스의 멤버 변수를 정의한 부분이다.
6~21	외부 클래스에 printInfo()라는 메소드를 정의한 부분이다.
7~8	메소드 안에 로컬 변수를 정의한 부분이다.
10~17	메소드 안에 로컬 내부 클래스를 정의한 부분이다. 로컬 내부 클래스는 메소드 내에서만 인식된다.
11~16	내부 클래스에 각 정보를 출력할 displayInfo라는 메소드를 정의한 부분이다.
12~13	외부 클래스의 변수를 출력하는 부분이다. 로컬 내부 클래스에서는 외부 클래스에 정의된 변수와 자기 자신 클래스에서 정의한 모든 변수에 접근할 수 있다.
31~32	외부 클래스 객체를 생성하고 외부 클래스의 메소드를 호출하는 부분이다.

실행 결과

```
outerVar = 30
staticOuterVar = 40
localVar = 3
finalLocal = 4
```

4 Anonymous(익명) 내부 클래스

익명 내부 클래스는 내부 클래스를 정의할 때 클래스를 정의하면서 동시에 객체를 생성하여 단 한 번만 사용하기 위해서 사용된다. 주로 추상 클래스나 인터페이스를 이용해서 객체를 생성할 때 사용된다.

```
class OuterClass
{
  Command retrieveCommand = new Command{
    //new 연산자 뒤에는 클래스(주로 추상클래스)나 인터페이스 이름이 올 수 있다.
    void execute()
     {

    }
  }
}
```

→ Chapter7₩src₩AnonymousInnerTest.java

```
1    public class AnonymousInnerTest {
2
3        /**
```

Chapter 07 / 추상 클래스, 인터페이스, 내부 클래스　　309

```
4           * 익명 내부 클래스 사용
5           */
6          public static void main(String[] args) {
7              // TODO Auto-generated method stub
8              CommandProcess cp = new CommandProcess();
9              cp.process(new Command() {
10                 @Override
11                 public void execute() {
12                     // TODO Auto-generated method stub
13                     System.out.println("내용 보기 실행");
14                 }
15             });
16         }
17
18     }
```

코드 분석

인터페이스의 다형성을 학습할 때 사용했던 클래스들을 이용해서 구현했다.
Command 인터페이스, CommandProcess 클래스가 존재해야 본 예제가 실행된다.

8	CommandProcess 객체를 생성하는 부분이다.
9~15	내용 보기 처리를 하는 execute() 메소드를 정의하는 익명 내부 클래스 객체를 생성해서 Com-mandProcess 클래스의 process 메소드의 파라미터로 전달해 주는 부분이다.

실행 결과

내용 보기 실행

예외 처리와 유용한 클래스들

이 장에서는 예외 처리와 유용한 클래스에 대해서 학습한다. 프로그램을 실행하다가 프로그램에서 에러가 발생하면 프로그램의 기본적인 동작은 에러 메시지를 출력하면서 프로그램이 종료되는 것이다. 그러나 사용자 입장에서는 프로그램이 비정상적으로 종료되는 것을 원하지 않는다. 프로그램이 비정상적으로 종료되지 않게 하려면 예외 처리를 해 주어야 한다.

String 클래스는 문자열을 다루어 주는 클래스로, 자바 프로그래밍 시 가장 빈번하게 사용되는 클래스 중에 하나이다. 이번 장에서 String 클래스에서 자주 사용되는 기능 위주로 학습을 진행하고, 이외에도 자주 사용되는 enum, 오토박싱, static import, 날짜 관련 클래스, Math, Random, StringTokenizer 등에 대해서도 살펴본다.

01 예외 처리

프로그램이 실행되다가 비정상적으로 종료되지 않게 하려면 예외가 발생했을 때 예외 처리를 해 주어야 한다.

1 예외 처리 방식

예외 발생 시 예외 처리를 하지 않은 경우 프로그램 실행 형태를 살펴보자.

➡ Chapter8₩src₩ExceptionTest1.java

```java
1    public class ExceptionTest1 {
2
3        /**
4         * 예외 처리 : 정수를 0 으로 나눔
5         */
6        public static void main(String[] args) {
7            // TODO Auto-generated method stub
8            int num = Integer.parseInt(args[0]);
9            int result = 10/num;
10           System.out.println("result = " + result);
11       }
12
13   }
```

코드 분석

8	인자로 숫자 하나를 받는 부분이다. 프로그램 실행 시 인자 값을 하나 넘겨주어야 한다.
9	인자로 넘어온 숫자로 10을 나누어 주는 부분이다. 만약 인자가 0 값이 전송되어 오면 ArithmeticException을 발생시키면서 에러가 발생한 부분에서 프로그램 실행이 종료된다.

실행 결과

```
Exception in thread "main" java.lang.ArithmeticException: / by zero
    at ExceptionTest1.main(ExceptionTest1.java:8)
```

상단과 같이 예외가 발생했을 때 프로그램이 비정상 종료되지 않게 하려면 자바에서 제공되는 예외 처리 방식으로 예외 처리를 해 주어야 한다.

자바에서 예외 처리를 위해 제공해 주는 예약어는 다음과 같다.

```
try
{
   예외가 발생할 만한 코드;
}
catch(예외 클래스 변수)
{
   예외 처리;
}
```

➡ Chapter8₩src₩ExceptionTest2.java

```java
1    public class ExceptionTest2 {
2
3        /**
4         * 예외 처리 : 정수를 0으로 나눔
5         */
6        public static void main(String[] args) {
7            // TODO Auto-generated method stub
8            int num = Integer.parseInt(args[0]);
9            try{
10               int result = 10/num;
11               System.out.println("result = " + result);
12           }
13           catch(ArithmeticException e){
14               System.out.println("정수를 0으로 나누면 안 돼요.");
15           }
16           System.out.println("프로그램 계속 실행됨.");
17       }
18
19   }
```

⚙ 코드 분석

9~12	예외가 발생할 만한 코드 부분을 try 블록으로 싸 주었다. 이 부분에서 예외가 발생하면 발생된 예외 객체가 catch 구문으로 던져진다. 자바에서는 발생할 만한 예외들을 클래스 형태로 정의해서 제공해 준다. 해당 예외 클래스에 해당하는 예외가 try 블록에서 발생했을 때 해당 종류의 예외 클래스 객체가 생성되어 catch 블록으로 던져진다. 본 예제에서는 프로그램을 실행할 때 인자 값으로 0을 던져 주면 try 블록에서 ArithmaticException 객체가 던져진다.

13~15	try 블록에서 예외가 던져졌을 때 catch 블록에서 발생한 객체를 변수로 참조해서 예외를 처리해 주는 부분이다. 본 예제에서는 ArithmaticException을 처리하는 catch 블록이 정의되어 있다.
16	예외 처리가 정상적으로 되면 이 부분도 계속 실행된다.

인자 값으로 0을 전달한 후 프로그램을 실행하면 다음과 같은 결과가 출력된다.

🖱 **실행결과**

```
정수를 0으로 나누면 안 돼요.
프로그램 계속 실행됨.
```

try 블록에서 발생할 수 있는 예외가 여러 타입일 경우에는 하나의 try 블록에 여러 개의 catch 블록을 지정하여 예외 처리를 할 수 있다.

```
try
{
  예외가 발생할 만한 코드;
}
catch (예외 클래스1 변수1)
{
  예외 처리;
}
catch (예외 클래스2 변수2)
{
  예외 처리;
}
..................
..................
```

➔ Chapter8₩src₩ExceptionTest3.java

```
1    public class ExceptionTest3 {
2
3      /**
4       * 예외 처리 : 여러 개의 예외 처리
5       */
6      public static void main(String[] args) {
7          // TODO Auto-generated method stub
8          try{
```

```
 9                   int num = Integer.parseInt(args[0]);
10                   int result = 10/num;
11                   System.out.println("result = " + result);
12              }
13          catch(ArrayIndexOutOfBoundsException e){
14               System.out.println("인자를 하나 입력해 주세요.");
15          }
16          catch(NumberFormatException e){
17               System.out.println("인자를 정수 타입으로 입력해 주세요.");
18          }
19          catch(ArithmeticException e){
20               System.out.println("정수를 0으로 나누면 안 돼요.");
21          }
22          System.out.println("프로그램 계속 실행됨.");
23       }
24
25   }
```

코드 분석

13~15	프로그램 실행 시에 인자를 입력하지 않고 실행했을 때 발생하는 예외를 처리해 주는 부분이다.
16~18	문자 타입의 인자 값을 전달했을 때 발생하는 예외를 처리하는 부분이다.
19~21	인자로 0값을 전달하고 프로그램을 실행했을 때 발생하는 예외를 처리해 주는 부분이다.

실행 결과 ❶ 인자를 입력하지 않고 프로그램을 실행한 경우

인자를 하나 입력해 주세요.
프로그램 계속 실행됨.

실행 결과 ❷ 문자("a"와 같은) 타입의 인자를 입력하고 프로그램을 실행한 경우

인자를 정수 타입으로 입력해 주세요.
프로그램 계속 실행됨.

실행 결과 ❸ 인자로 0을 입력하고 프로그램을 실행한 경우

정수를 0으로 나누면 안 돼요.
프로그램 계속 실행됨.

하나의 catch 구문으로도 여러 개의 예외 처리를 할 수 있다. 문법은 아래와 같다. catch 구문 안에 처리할 예외 타입을 나열하면 된다.

```
try
{
  예외가 발생할 만한 코드;
}
catch (예외 클래스1 | 예외 클래스2 ….. 변수)
{
  예외 처리;
}
```

➡ Chapter8₩src₩ExceptionTest4.java

```java
1    public class ExceptionTest4 {
2
3        public static void main(String[] args) {
4            // TODO Auto-generated method stub
5            // | : java7부터 지원
6            try {
7                int num = Integer.parseInt(args[0]);
8            } catch (ArrayIndexOutOfBoundsException | NumberFormatException e) {
9                if(e.getClass().getName().equals("java.lang.ArrayIndexOutOfBoun
10   dsException")){
11                   System.out.println("인자를 입력하세요.");
12               }
13               else{
14                   System.out.println("숫자를 입력하세요.");
15               }
16           }
17       }
18
19   }
```

🔧 코드 분석

8~16	catch 구문에서 ArrayIndexOutOfBoundsException 예외와 NumberFormatException 예외를 처리하는 부분이다. 9라인에서는 try 블록에서 실질적으로 전달된 예외 객체의 타입이 ArrayIndexOutOfBoundsException 클래스 타입인지를 확인하는 부분이다.
12~14	try 블록에서 NumberFormatException 예외 객체가 전달되었을 때 예외 처리하는 부분이다.

인자를 입력하세요.

숫자를 입력하세요.

예외가 발생하든 발생하지 않든 반드시 실행해야 하는 부분은 finally 블록에서 처리해야 한다. 데이터베이스 작업을 할 때 SQL 작업이 성공했든 실패했든 사용한 데이터베이스 관련 자원은 반드시 해제해 주어야 한다.

또한 파일 입출력을 하고 난 후에는 입출력에 사용한 스트림을 반드시 닫아 주어야 한다.

반드시 처리해야 하는 이런 작업을 try 블록에 지정하면 예외가 발생하면 실행되지 않을 수도 있고 catch 블록에서 처리하면 예외가 발생하지 않으면 관련 작업이 처리되지 않을 수 있으므로 반드시 finally 블록에 지정해 주어야 한다.

finally 블록의 사용 문법은 아래와 같다.

```
try
{
    예외가 발생할 만한 코드;
}
catch(예외 클래스1 변수1)
{
    예외 처리;
}
catch(예외 클래스2 변수2)
{
    예외 처리;
}
. . . . . . . . . . . . . . . . .
. . . . . . . . . . . . . . . .
finally
{
    반드시 실행해야 하는 코드;
}
```

```java
1    public class ExceptionTest5 {
2
3        /**
4         * 예외 처리 : finally 테스트
5         */
6        public void exceptionMethod(String[] args){
7            try{
8                int num = Integer.parseInt(args[0]);
9                int result = 10/num;
10               System.out.println("result = " + result);
11               return;
12           }
13           catch(ArrayIndexOutOfBoundsException e){
14               System.out.println("인자를 하나 입력해 주세요.");
15               return;
16           }
17           catch(NumberFormatException e){
18               System.out.println("인자를 정수 타입으로 입력해 주세요.");
19               return;
20           }
21           catch(ArithmeticException e){
22               System.out.println("정수를 0으로 나누면 안 돼요.");
23           }
24           System.out.println("반드시 실행될 영역");
25       }
26       public static void main(String[] args) {
27           // TODO Auto-generated method stub
28           ExceptionTest5 et5 = new ExceptionTest5();
29           et5.exceptionMethod(args);
30       }
31
32   }
```

⚙ 코드 분석

6~25	main 메소드로부터 인자 값을 문자열의 배열 객체로 받아서 넘어온 인자 값에 따라서 예외 처리를 해 주는 부분이다. 메소드 안에서 try 블록과 catch 블록 마지막에 return 예약어를 지정했다. 메소드 안에서 return 예약어를 만나면 메소드 실행이 종료된다. 따라서, 23라인의 코드가 실행되지 않는다.

인자를 하나 입력해 주세요.

인자를 정수 타입으로 입력해 주세요.

result = 10

이 경우는 예외가 발생하지 않으므로 코드(ExceptionTest5.java) 상의 9라인과 10라인이 제대로 실행된다.

정수를 0으로 나누면 안 돼요.
반드시 실행될 영역

이 경우 코드(ExceptionTest5.java) 상의 21~23라인 catch 블록에는 return 예약어가 지정되어 있지 않으므로 다음 실행문인 24라인이 실행된다.

➤ Chapter8₩src₩ExceptionTest6.java

```
1    public class ExceptionTest6 {
2
3        /**
4         * 예외 처리 : finally 테스트
5         */
6        public void exceptionMethod(String[] args){
7            try{
8                int num = Integer.parseInt(args[0]);
9                int result = 10/num;
10               System.out.println("result = " +  result);
11               return;
12           }
13           catch(ArrayIndexOutOfBoundsException e){
14               System.out.println("인자를 하나 입력해 주세요");
```

```
15              return;
16          }
17          catch(NumberFormatException e){
18              System.out.println("인자를 정수 타입으로 입력해 주세요");
19              return;
20          }
21          catch(ArithmeticException e){
22              System.out.println("정수를 0으로 나누면 안 돼요");
23          }
24          finally{
25          System.out.println("반드시 실행될 영역");
26          }
27      }
28      public static void main(String[] args) {
29          // TODO Auto-generated method stub
30          ExceptionTest6 et6 = new ExceptionTest6();
31          et6.exceptionMethod(args);
32      }
33
34  }
```

코드 분석

| 24~26 | 반드시 실행되어야 하는 코드 블록을 finally 블록으로 묶어 주었다. finally 블록이 있으면 return 예약어를 만나도 finally 블록 먼저 실행하고 return 부분으로 되돌아와서 메소드 실행이 끝난다. |

실행결과 ① 인자를 입력하지 않은 경우

인자를 하나 입력해 주세요
반드시 실행될 영역

실행결과 ② 인자로 문자를 전달한 경우

인자를 정수 타입으로 입력해 주세요
반드시 실행될 영역

실행결과 ③ 인자로 1값을 전달한 경우

result = 10
반드시 실행될 영역

정수를 0으로 나누면 안 돼요.
반드시 실행될 영역

2 예외 종류

자바에서 모든 클래스의 최상위 클래스는 Object 클래스이다.
그리고 Object 클래스를 예외 클래스 중 최상위 클래스인 Throwable 클래스가 상속받는다.

예외 클래스들의 상속 구조는 다음과 같다.

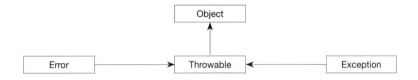

Error 클래스에 속하는 예외 종류들은 JVM이 갑자기 죽어 버리는 등 개발자들이 전혀 손을 쓸 수 없는 에러들이다. 아주 치명적이어서 예외 처리를 할 수 없는 것들이다.
개발자들이 예외 처리를 해 주어야 하는 에러들은 Exception 클래스를 상속받는 에러들이다.
Exception 클래스에 속하는 에러들은 Error 클래스에 속하는 에러보다는 덜 치명적인 에러들이다.

Exception 클래스에 속하는 예외들은 다음과 같은 두 가지 종류의 에러로 나누어진다.

1. RuntimeException
런타임 Exception들은 컴파일 타임에는 예외가 발생하지 않고 실행 시에만 에러가 발생하는 예외 종류들이다.
이 예외들은 처리를 해 주지 않아도 컴파일 타임에 에러가 발생하지 않으므로 UnChecked Exception이라고도 한다.
런타임 예외는 개발자가 프로그램을 정확히 짜지 못해서 발생하는 예외가 대부분이다. 레퍼런스 변수 값을 초기화하지 않고 해당 객체의 변수나 메소드를 호출하는 경우 발생하는 NullPointerException, 배열의 인덱스를 넘는 부분을 참조할 때 발생하는 ArrayIndexOutOfBoundsException, 정수를 0으로 나누어서 발생하는 ArithmeticException 등

대부분의 런타임 예외들은 프로그램 시 주의를 기울여 작성하면 피할 수 있는 예외들이다. 그래서 이런 예외가 발생하는 것은 개발자들에게 어느 정도 책임이 있다.

컴파일 타임에는 에러가 발생하지 않지만 프로그램 논리의 명확성을 위해서 예외 처리를 해 주는 것도 효과적인 프로그램이 될 수는 있다.

2. RuntimeException이 아닌 일반 Exception들

일반 예외들은 반드시 예외 처리를 해 주어야 하는 예외들이다. 예외 처리를 해 주지 않으면 컴파일 타임에 에러가 발생한다. 따라서 일반 예외들을 Checked Exception이라고도 한다.

일반 예외들은 개발자들의 문제라기보다 사용자의 작업에 의해서 예외가 발생할 것이 예상되는 예외들이 주이다.

만약, 시스템에서 파일을 검색하는 프로그램을 만들었을 때 사용자가 없는 파일 이름을 검색하기 위해 입력할 수도 있는 것이다. 이런 경우에 발생하는 예외가 FileNotFoundException이다. 또한 시스템 상황에 따라 입출력 시 예외가 발생할 수 있으므로 IOException은 반드시 처리를 해 주어야 한다.

➡ Chapter8₩src₩ExceptionTest7.java

```
1    public class ExceptionTest7 {
2
3        public void exceptionMethod(){
4            throw new NullPointerException();
5        }
6        /**
7         * RuntimeException 테스트
8         */
9        public static void main(String[] args) {
10           // TODO Auto-generated method stub
11           ExceptionTest7 et7 = new ExceptionTest7();
12           et7.exceptionMethod();
13       }
14
15   }
```

🔧 코드 분석

4	thorw 예약어는 예외 객체를 임의적으로 생성해서 발생시켜 주는 예약어이다. RuntimeException을 발생시키고 있기 때문에 예외 처리를 해 주지 않아도 컴파일 시에는 오류가 발생하지 않는다. 그러나 해당 프로그램을 실행하면 런타임 예외가 발생한다.

Exception in thread "main" java.lang.NullPointerException
    at ExceptionTest5.exceptionMethod(ExceptionTest5.java:3)
    at ExceptionTest5.main(ExceptionTest5.java:11)

→ Chapter8₩src₩ExceptionTest8.java

```
1    public class ExceptionTest8 {
2
3        public void exceptionMethod(){
4            //throw new NullPointerException();
5            throw new ClassNotFoundException();
6        }
7        /**
8         * RuntimeException 테스트
9         */
10       public static void main(String[] args) {
11           // TODO Auto-generated method stub
12           ExceptionTest8 et8 = new ExceptionTest8();
13           et8.exceptionMethod();
14       }
15
16   }
```

코드 분석

5	thorw 예약어는 예외 객체를 임의적으로 생성해서 발생시켜 주는 예약어이다. 일반 Exception을 발생시키고 있기 때문에 예외 처리를 해 주지 않으면 컴파일 시에 오류가 발생한다.

실행 결과

```
ExceptionTest8.java ×
1 public class ExceptionTest8 {
2
3⊝    public void exceptionMethod(){
4        //throw new NullPointerException();
5        throw new ClassNotFoundException();
6    }
7⊝    /**
8     * RuntimeException 테스트
9     */
10⊝   public static void main(String[] args) {
11       // TODO Auto-generated method stub
12       ExceptionTest8 et8 = new ExceptionTest8();
13       et8.exceptionMethod();
14   }
15
16 }
```

3 throws 예약어

자바에서 예외 처리는 예외가 발생한 메소드 안에서 처리하는 것이 기본이다.

그렇지만 throws 예약어를 이용하면 예외 처리를 자신(예외가 발생한 메소드)을 호출한 메소드에서 하도록 예외 처리를 이용할 수 있다.

```
try
{
  exceptionMethod();
}
catch(예외 클래스 변수)
{
  예외 처리;
}


public void exceptionMethod() throws 예외 클래스
{
  예외 발생;
}
```

→ Chapter8₩src₩ExceptionTest9.java

```
1    public class ExceptionTest9 {
2
3        public void exceptionMethod() throws Exception{
4            throw  new Exception();
5        }
6        /**
7         * throws 테스트
8         */
9        public static void main(String[] args) {
10           // TODO Auto-generated method stub
11           ExceptionTest9 et9 = new ExceptionTest9();
12           try{
13               et9.exceptionMethod();
14           }
15           catch(Exception e){
16               System.out.println("호출한 메소드 에서 예외 처리함.");
17           }
18       }
```

```
19
20    }
```

4	예외 객체를 생성해서 발생시키는 부분이다.
3	throws 예약어를 사용해서 예외처리를 exceptionMethod( )를 호출한main 메소드로 이양하고 있다.
13	exceptionMethod( )에서 발생된 메소드가 이 부분으로 전달된다.

실행 결과

호출한 메소드에서 예외 처리함.

예제를 통해서 살펴보도록 하겠다.

```
throw 예외 객체;
```

4 사용자 정의 예외

자바에서 제공되는 예외 클래스만으로 특정 상황에 대한 예외 정보를 저장할 수 없을 때는 사용자 정의 예외를 만들어서 발생한 상황에 대한 정보를 저장할 수 있다.

사용자 정의 예외를 생성할 때는 Throwable 클래스를 상속받아서 정의해도 되지만 개발자들이 예외 처리하는 대상의 가장 가까운 형태의 상위 클래스인 Exception 클래스를 상속받아서 정의하는 것이 가장 간편하다.

```
class ArgsException extends Exception
{
  예외 내용 정의;
}
```

➜ Chapter8₩src₩ExceptionTest10.java

```
1    class ArgsException extends Exception{
2
3        private int argsNumber;
4
```

```java
5        public int getArgsNumber() {
6            return argsNumber;
7        }
8        public void setArgsNumber(int argsNumber) {
9            this.argsNumber = argsNumber;
10       }
11       public ArgsException(String msg) {
12           // TODO Auto-generated constructor stub
13           super(msg);
14       }
15
16   }
17
18   public class ExceptionTest10 {
19
20       /**
21        * 사용자 정의 예외 테스트
22        */
23       public static void main(String[] args) {
24           // TODO Auto-generated method stub
25           try{
26               if(args.length != 2){
27                   ArgsException ae =new ArgsException("인자를 두 개 입력해야 합니다.");
28                   ae.setArgsNumber(args.length);
29                   throw ae;
30               }
31               else{
32                   int num1 = Integer.parseInt(args[0]);
33                   int num2 = Integer.parseInt(args[1]);
34
35                   System.out.println(num1 + " + " + num2 + " = " + (num1 + num2));
36               }
37           }
38           catch(ArgsException a){
39               System.out.println(a.getMessage());
40               System.out.println("당신이 입력한 인자수는 " + a.getArgsNumber() + "개 입니다.");
41           }
42       }
43
44   }
```

1~14	Exception 클래스를 상속받아서 사용자 정의 예외를 정의하는 부분이다.
3	프로그램을 실행할 때 입력한 인자의 개수를 저장할 변수를 정의한 부분이다. 예외 클래스에 추가적인 정보를 담아야 할 것이 있으면 변수를 정의해서 저장할 수도 있고, 기능이 필요하면 메소드를 정의해서 사용할 수도 있다.
11~14	Exception 클래스에 정의되어 있는 String 타입의 인자(예외 메시지)를 받는 생성자를 호출해서 메시지를 초기화시키면서 예외 객체를 생성하는 생성자를 정의한 부분이다.
25~37	예외가 발생할 만한 부분을 try 블록으로 묶어 준 부분이다.
26~30	인자가 두 개 입력되지 않았으면 ArgsException 객체를 생성하여 발생시키는 부분이다.
31~36	ArgsException 객체가 던져지면 해당 예외 객체의 정보를 출력해 주는 부분이다.
38~41	ArgsException 객체가 던져지면 해당 예외 객체의 정보를 출력해 주는 부분이다.
39	getMessage 메소드는 Exception 클래스에서 제공되는 메소드로서 해당 예외 객체의 메시지를 리턴한다. 또한, Exception 클래스의 printStactTrace() 메소드를 이용하면 stack을 추적하면서 메소드 호출 관계와 예외 정보를 출력할 수 있다.

실행결과❶ 인자를 하나만 입력한 경우

인자를 두 개 입력해야 합니다.
당신이 입력한 인자수는 1개입니다.

실행결과❷ 인자를 두 개 제대로 입력한 경우

3 + 5 = 8

02 String 클래스

String 클래스는 자바에서 문자열을 다루는 클래스이다. 자바에서 문자열은 내부적으로 cha의 배열 객체 형태로 다루어진다.

1 String 객체 생성방법

1. 문자열 리터럴을 이용해서 String 객체를 생성하는 방법

```
String string1 = "testString";
String string2 = "testString";
```

문자열 리터럴로 String 객체를 생성하게 되면 Constant Pool에 리터럴이 저장되게 되며 똑같은 리터럴로 여러 개의 String 객체를 생성하여도 계속해서 새로 생성되는 것이 아니고 동일한 리터럴을 가리키게 된다.

2. String 클래스의 생성자를 이용해서 객체를 생성하는 방법

```
String string1 = new String("testString");
String string2 = new String("testString");
```

생성자를 이용해서 객체를 생성하면 객체를 생성할 때마다 계속해서 heap 영역에 새로운 객체가 생성된다.

```
1    public class StringTest1 {
2
3        /**
4         * 문자열 객체 비교
5         */
6        public static void main(String[] args) {
7            // TODO Auto-generated method stub
8            String string1 = "testString";
9            String string2 = "testString";
10
11           System.out.println("string1 == string2 : " + (string1 == string2));
12           System.out.println("string1.equals(string2) : " + (string1.equals(string2)));
13
14           String string3 =new String("testString");
15           String string4 =new String("testString");
16
17           System.out.println("string3 == string4 : " + (string3 == string4));
18           System.out.println("string3.equals(string4) : " + (string3.equals(string4)));
19       }
20
21   }
```

코드 분석

8~9	문자열 리터럴을 이용해서 String 객체를 생성하는 부분이다.
11	"==" 연산자를 이용해서 string1 과 string2의 레퍼런스 값을 비교하는 부분이다. 리터럴을 이용해서 String 객체를 생성하게 되면 같은 문자열을 가진 상수가 이미 존재하면 객체를 새로 생성하지 않고 기존에 존재하는 문자열 객체를 참조하므로 결과는 true를 반환한다.
12	equals 메소드를 이용하여 String 객체에 실제로 존재하는 문자열 값을 비교하는 부분이다. equals 메소드는 자바에서 모든 클래스들의 최상위 클래스인 Object 클래스에 정의되어 있다. Object 클래스에 정의되어 있는 equals 메소드의 기능은 "=="과 같은 역할을 하지만 String 클래스에서 실제 값을 비교하도록 재정의되어 있다. string1과 string2는 같은 문자열을 이용해서 생성하였으므로 결과는 true이다.
14~15	String 클래스의 생성자를 이용해서 String 객체를 생성하는 부분이다.
17	생성자를 이용해서 문자열 객체를 생성하면 생성할 때마다 heap 영역에 새로운 객체를 생성한다. 따라서 "=="으로 두 참조 변수의 참조 값을 비교하게 되면 false를 반환한다.
18	equals 메소드는 String 클래스에서 두 String 객체의 실제 문자열 값을 비교하게 재정의되어 있으므로 결과는 true이다.

```
string1 == string2 : true
string1.equals(string2) : true
string3 == string4 : false
string3.equals(string4) : true
```

2 String 클래스의 immutable(불변성) 특성

String 객체를 생성하면 상수로 인식되기 때문에 한번 만들어지면 문자열을 변경할 수 없다.
메소드를 사용해서 기존 문자열을 변경하게 되면 기존의 문자열이 동적으로 변경되는 것이 아니고 새로운 문자열이 생성된다.

```java
String originalString = new String("Java");
String lastString = originalString.concat(" Fighting");

System.out.println("originalString == lastString : " + (originalString == lastString))
```

상단과 같은 코드를 실행하면 originalString 문자열에 " Fighting" 문자열을 추가하는 문자열 객체가 새로 생성되므로 결과 값은 false가 된다.

String originalString = new String("Java");

String lastString = originalString.concat(" Fighting");

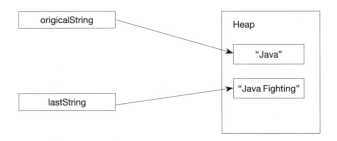

참고로 concat 메소드는 특정 문자열 뒤에 파라미터 값으로 지정한 문자열을 연결하는 메소드이다. 자바 API 문서를 보면 다음과 같이 설명되어 있다.

책에 자바 API 메소드를 전부 소개할 수는 없다. 책에서는 책에서 다루는 예제에 사용하는 메소드 위주로 설명할 것이니 더 필요한 메소드가 있으면 반드시 API 문서를 참조하는 습관을 들여야 한다.

String	concat(String str) Concatenates the specified string to the end of this string.

➡ Chapter8₩src₩StringTest2.java

```
1    public class StringTest2 {
2        /**
3         * String 클래스의 불변성 테스트
4         */
5        public static void main(String[] args) {
6            // TODO Auto-generated method stub
7            String originalString = new String("Java");
8            String lastString = originalString.concat(" Fighting");
9
10           System.out.println("originalString == lastString : " +
11                   (originalString == lastString));
12       }
13   }
```

코드 분석

String 클래스 객체에 특정 메소드를 사용하여 문자열을 변경하면 문자열 객체는 불변성이 있으므로 기존 문자열 객체의 내용이 변경되지 않고 새로운 문자열 객체가 생성된다. 따라서 11라인의 결과값은 false가 반환된다.

String 클래스는 불변성이 있기 때문에 문자열을 계속해서 변경해야 하는 작업을 할 때는 String 클래스를 이용하는 것은 비효율적이다. 변경하는 만큼 객체가 메모리에 계속해서 생성되기 때문이다.

특히 안드로이드 프로그래밍 같은 경우에는 디바이스 메모리에 한계가 있기 때문에 주의해야 한다.

메모리상에 문자열을 동적으로 변경하려면 StringBuffer나 StringBuilder 클래스를 사용하면 된다. StringBuffer 클래스도 String 클래스처럼 문자열을 다루어 주지만 불변성이 없으므로 메소드를 이용해서 문자열을 변경하면 메모리상에서 문자열이 동적으로 변경된다.

```
StringBuffer sb1 = new StringBuffer("Java");
```

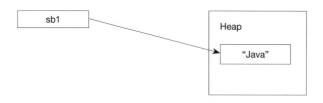

```
StringBuffer sb2 = sb1.append(" Fighting");
```

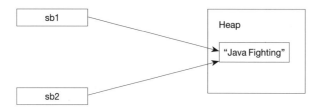

상단과 같이 StringBuffer 객체는 메소드를 이용해서 문자열을 변경하면 해당 문자열을 메모리에서 동적으로 변경하기 때문에 "sb == sb2"의 결과는 true를 반환한다.

참고로 append 메소드는 String 클래스의 concat 메소드와 동일한 기능을 하는 메소드이다.

StringBuffer	append(boolean b)
	Appends the string representation of the boolean argument to the sequence.
StringBuffer	append(char c)
	Appends the string representation of the char argument to this sequence.
StringBuffer	append(char[] str)
	Appends the string representation of the char array argument to this sequence.
StringBuffer	append(char[] str, int offset, int len)
	Appends the string representation of a subarray of the char array argument to this seq
StringBuffer	append(CharSequence s)
	Appends the specified CharSequence to this sequence.
StringBuffer	append(CharSequence s, int start, int end)
	Appends a subsequence of the specified CharSequence to this sequence.
StringBuffer	append(double d)
	Appends the string representation of the double argument to this sequence.
StringBuffer	append(float f)
	Appends the string representation of the float argument to this sequence.
StringBuffer	append(int i)
	Appends the string representation of the int argument to this sequence.
StringBuffer	append(long lng)
	Appends the string representation of the long argument to this sequence.
StringBuffer	append(Object obj)
	Appends the string representation of the Object argument.
StringBuffer	append(String str)
	Appends the specified string to this character sequence.
StringBuffer	append(StringBuffer sb)

상단과 같이 다양한 타입의 데이터를 append시키는 메소드들이 존재한다. 아래 예제에서는 append(String str) 메소드를 이용해서 문자열을 추가하는 예를 소개한 것이다.

➡ Chapter8₩src₩StringTest3.java

```
1    public class StringTest3 {
2
3        /**
4         * StringBuffer 테스트
5         */
6        public static void main(String[] args) {
7            // TODO Auto-generated method stub
8            StringBuffer sb1 = new StringBuffer("Java");
9            StringBuffer sb2 = sb1.append(" Fighting");
10           System.out.println("sb1 == sb2 : " + (sb1 == sb2));
11       }
12
13   }
```

코드 분석

9	StringBuffer 클래스는 불변성이 없기 때문에 sb1에 저장되어 있는 문자열이 "Java Fighting" 문자열로 변경된다.
10	두 StringBuffer 레퍼런스 변수는 동일한 객체를 가리키기 때문에 결과는 true를 반환한다.

실행 결과

```
sb == sb2 : true
```

3 String 클래스에서 제공하는 주요 메소드 사용하기

String 클래스에서는 상당히 많은 메소드를 제공해 준다. 그중에 빈도가 가장 높은 메소드 몇 가지만 소개하겠다. 그 이외의 메소드는 필요할 때마다 API 문서를 참고하기 바란다.

메소드	설명
int charAt(int index)	문자열 중 인덱스 위치에 있는 문자 하나를 리턴한다.
String concat(String string)	원본 문자열에 특정 문자열을 추가한다.
boolean endsWith (String string)	원본 문자열이 파라미터로 지정한 문자열로 끝나는지를 판단해 준다.
int indexOf(int ch)	파라미터로 지정된 문자의 인덱스 번호를 반환해 준다.

int lastIndexOf(int ch)	파라미터로 지정된 문자를 뒤에서부터 검색하여 검색된 문자의 인덱스를 반환해 준다.
int indexOf(String str)	파라미터로 지정된 문자열의 인덱스 값을 반환한다.
int lastIndexOf(String str)	파라미터로 지정된 문자열을 원본 문자열의 마지막 문자부터 검색하여 인덱스 번호를 반환해 준다.
boolean equals(String str)	문자열의 실제 값을 비교해 준다.
boolean equalsIgnoreCase(String str)	문자열을 비교할 때 대소문자를 구분하지 않고 비교한다.
int length( )	문자열의 길이를 반환해 준다.
String toLowerCase( )	해당 문자열을 소문자로 변경해 준다.
String toUpperCase( )	해당 문자열을 대문자로 변경해 준다.
String substring(int startIndex)	startIndex 인덱스부터 마지막까지의 문자열을 반환한다.
String substring (int startIndex,int endIndex)	startIndex 부터 endIndex-1까지의 문자열을 반환한다.
String trim( )	문자열의 공백을 제거해 준다.
String[ ] split(String delim)	문자열을 지정된 분리자로 분리하여 배열로 반환해 준다.
String replace (char old,char new)	문자열에서 old 문자를 new 문자로 변경해 준다.
String replace (CharSequence old , CharSequence new)	문자열에서 old 문자열을 new 문자열로 변경해 준다.
boolean startsWith(String str)	문자열이 str 문자열로 시작되는지를 판단해 준다.
boolean contains (CharSequence ch)	문자열이 ch 문자열을 포함하고 있는지를 판단해 준다.

➡ Chapter8₩src₩StringTest4.java

```
1    public class StringTest4 {
2
3        /**
4         * String 클래스의 메소드 사용
5         */
6        public static void main(String[] args) {
7            // TODO Auto-generated method stub
8            String source1 = "aaabbbcccdddfffaaadddfffddd";
9            String source2 = "AAAbbbcccdddfffaaadddfffddd";
10
11           System.out.println("원본 문자열 : " + source1);
12           System.out.println("첫 번째 문자 : source1.charAt(0) : " + source1.
13   charAt(0));
```

```
14          System.out.println("네 번째 문자 : source1.charAt(3) : " + source1.charAt(3));
15
16          System.out.println("aaa 문자열의 인덱스 : source1.indexOf(\"aaa\") : " +
17      source1.indexOf("aaa"));
18
19          System.out.println("aaa 문자열의 뒤에서부터 검색한 위치 :" + " source1.
20      lastIndexOf(\"aaa\") : " + source1.lastIndexOf("aaa"));
21
22          System.out.println("3번 인덱스 문자부터 마지막 문자까지 출력 : source1.
23      substring(3) :" + source1.substring(3));
24
25          System.out.println("3번 인덱스부터 5번 인덱스 문자까지 출력 : source1.
26      substring(3, 6) : " + source1.substring(3, 6));
27
28          System.out.println("aaa 문자열을 ggg 로 변경 : source1.replace(\"aaa\",
29      \"ggg\") : " + source1.replace("aaa", "ggg"));
30
31          System.out.println("source1 문자열이 ddd문자열로 끝나는 지를 확인 : source1.
32      endsWith(\"ddd\") : " + source1.endsWith("ddd"));
33
34          System.out.println("source1 문자열이 aaa 로 시작되는 지 확인 : source1.
35      startsWith(\"aaa\") : " + source1.startsWith("aaa"));
36
37          System.out.println("source1 문자열에 aaa 문자열이 포함되어 있는지를 판단 : " +
38      "source1.contains(\"aaa\") : " + source1.contains("aaa"));
39
40          System.out.println("source1 문자열의 길이 : source1.length() : " + source1.length());
41
42          System.out.println("source1 과 source2 의 비교 : source1.
43      equals(source2) : "+ source1.equals(source2));
44
45          System.out.println("source1 과 source2 의 대소문자 무시한 비교 : source1.
46      equalsIgnoreCase(source1) : " + source1.equalsIgnoreCase(source1));
47
48          System.out.println("source2 전체를 대문자로 변경 : source2.toUpperCase()
49      : " + source2.toUpperCase());
50
51          System.out.println("source2 를 소문자로 변경 : " + source2.toLowerCase());
52          System.out.println();
53
```

```
54          String source3 = "aaa,bbb,ccc";
55          System.out.println("원본 문자열 : " + source3);
56          String[] splitStr = source3.split(",");
57
58          System.out.println("source3.split(\",\") 로 반환된 배열 요소");
59          for(String str : splitStr){
60          System.out.println(str);
61          }
62          System.out.println();
63
64          String source4 = " java ";
65          System.out.println("원본 문자열 : '" + source4 + "'");
66          System.out.println("공백 제거후 source4 문자열 : source4.trim() : '" +
67      source4.trim() + "'");
68      }
69
70  }
```

⚙️ 코드 분석

8~9	String 클래스의 메소드를 적용할 원본 문자열 객체를 생성한 부분이다.
11	작업할 대상인 source1 문자열을 출력하였다.
12~13	source1 문자열의 0 번 인덱스 문자, 즉 첫 번째 문자 a를 출력한다.
14	source1 문자열의 3번 인덱스 문자, 즉 네 번째 문자 b를 출력한다.
16~17	"aaa" 문자열이 처음 시작되는 인덱스 번호 0을 출력한다. source1.indexOf(\"aaa\") 부분의 "\"기호는 쌍따옴표 안에 쌍따옴표를 출력하기 위해서 사용한 이스케이프 문자이다. 이스케이프(escape) 문자를 사용하지 않고 쌍따옴표 안에 쌍따옴표를 사용하면 에러가 발생한다.
19~20	source1 문자열의 맨 뒤에서부터 검색하여 "aaa" 문자열이 존재하는 인덱스 번호 15를 반환한다.
22~23	source1 문자열의 3번 인덱스 위치부터 마지막 문자까지의 문자열을 반환한다. 즉, "bbbcccdddfffaaadddfffddd" 문자열이 반환된다.
25~26	source1 문자열의 3번 인덱스 위치부터 6-1 번 인덱스 위치까지의 문자열을 반환한다. 즉, "bbb" 를 반환한다.
28~29	source1 문자열의 "aaa" 문자열을 "ggg" 문자열로 치환시키는 부분이다. "gggbbbcccdddfffgggdddfffddd" 가 반환된다.
31~32	source1 문자열이 "ddd" 문자열로 끝나는지를 판단하는 부분이다. "true"가 반환된다.
34~35	source1 문자열이 "aaa" 문자열로 시작되는지를 판단하는 부분이다. "true"가 반환된다.
37~38	source1 문자열이 "aaa" 문자열을 포함하고 있는지를 판단하는 부분이다. "true"가 반환된다.
40	source1 문자열의 길이를 구하는 부분이다. "27"이 반환된다.

42~43	대소문자를 구분하여 source1 문자열과 source2 문자열을 비교하는 부분이다. "false"가 반환된다.
45~46	대소문자를 구분하지 않고 source1 과 source2 문자열을 비교하는 부분이다. "true"가 반환된다.
48~49	source2 문자열 전체를 대문자로 변경하는 부분이다. "AAABBBCCCDDDFFFAAADDDFFFDDD"가 반환된다.
51~52	source2 문자열 전체를 소문자로 변경하는 부분이다. "aaabbbcccdddfffaaadddfffddd"가 반환된다.
54	source3 문자열 객체를 생성하는 부분이다.
56	"," 문자를 구분자로 source3 문자열을 분리하는 부분이다.
59~61	"," 구분자를 이용해서 분리된 값들 "aaa","bbb","ccc" 문자열을 출력하는 부분이다.
64~66	문자열 공백 제거 기능을 실행하는 부분이다.

실행결과

```
원본 문자열 : aaabbbcccdddfffaaadddfffddd
첫 번째 문자 : source1.charAt(0) : a
네 번째 문자 : source1.charAt(3) : b
aaa 문자열의 인덱스 : source1.indexOf("aaa") : 0
aaa 문자열의 뒤에서부터 검색한 위치 : source1.lastIndexOf("aaa") : 15
3번 인덱스 문자부터 마지막 문자까지 출력 :  source1.substring(3) :bbbcccdddfffaaadddfffddd
3번 인덱스부터 5번 인덱스 문자까지 출력 : source1.substring(3, 6) : bbb
aaa 문자열을 ggg 로 변경 : source1.replace("aaa", "ggg") : gggbbbcccdddfffgggdddfffddd
source1 문자열이 ddd문자열로 끝나는지를 확인 :     source1.endsWith("ddd") : true
source1 문자열이 aaa 로 시작되는지 확인 : source1.startsWith("aaa") : true
source1 문자열에 aaa 문자열이 포함되어 있는지를 판단 : source1.contains("aaa") : true
source1 문자열의 길이 : source1.length() : 27
source1과 source2의 비교 : source1.equals(source2) : false
source1과 source2의 대소문자 무시한 비교 : source1.equalsIgnoreCase(source1) : true
source2 전체를 대문자로 변경 : source2.toUpperCase() : AAABBBCCCDDDFFFAAADDDFFFDDD
source2 를 소문자로 변경 : aaabbbcccdddfffaaadddfffddd

원본 문자열 : aaa,bbb,ccc
source3.split(",") 로 반환된 배열 요소
aaa
bbb
ccc

원본 문자열 : ' java '
공백 제거 후 source4 문자열 : source4.trim() : 'java'
```

이번에는 사용자한테 파일명을 입력받아서 파일 이름과 확장자를 분리하는 예제를 살펴보자.

➡ Chapter8₩src₩FileNameSplitMain.java

```java
1    import java.util.Scanner;
2
3    class FileNameSplitUtil{
4
5        public String[] splitFileName(String originalFileName){
6            String[] splitFileName = originalFileName.split("\\.");
7            return splitFileName;
8        }
9
10   }
11
12   public class FileNameSplitMain {
13
14       public static void main(String[] args) {
15           // TODO Auto-generated method stub
16           Scanner sc = new Scanner(System.in);
17           System.out.print("파일 이름 : ");
18           String fileName = sc.next();
19
20           FileNameSplitUtil fnsu = new FileNameSplitUtil();
21           String[] splitFileName = fnsu.splitFileName(fileName);
22           System.out.println("파일명 : "+splitFileName[0]);
23           System.out.println("확장자 : "+splitFileName[1]);
24       }
25
26   }
```

🖥️⚙️ 코드 분석

5~8	인자 값으로 전달된 originalFileName 문자열을 "." 문자를 구분자로 분리하여 분리된 문자열들을 배열 객체에 담아서 반환하는 메소드를 정의한 부분이다.
18	사용자가 입력한 파일 이름을 문자열 형태로 읽어 들이는 부분이다.
21	사용자가 입력한 파일명을 인자 값으로 전달하면서 splitFileName 메소드를 호출하여 분리된 파일명과 확장자를 배열 객체로 반환받는 부분이다.
22~23	분리된 파일명과 확장자를 출력하는 부분이다.

파일 이름 : test.txt
파일명 : test
확장자 : txt

03 enum

1 enum의 필요성

enum은 관련성이 있는 데이터들을 상수처럼 정의해서 사용할 수 있는 단위이다.

enum이 JDK 1.5에서 제공되기 전에는 public static을 변수에 지정해서 사용했다. 즉, 상수를 이용했다. 그러나 이 방식은 원래의 상수 사용 목적을 충족하기에는 약간의 부족한 점이 있다. 다음 하단 코드처럼 학교의 종류를 상수로 정의하고 사용한다면...

➡ Chapter8₩src₩EnumTest1.java

```
1    class Student{
2
3        int school;
4        public static int ELEMENTARY = 1;
5        public static int MIDDLE = 2;
6        public static int HIGH = 3;
7        public static int UNIVERSITY = 4;
8
9        public Student(int school) {
10           // TODO Auto-generated constructor stub
11           this.school = school;
12       }
13
14   }
15
16   public class EnumTest1 {
17
18       /**
19        * 상수 사용
20        */
21       public static void main(String[] args) {
22           // TODO Auto-generated method stub
23           Student student1 = new Student(Student.ELEMENTARY);
24           Student student2 = new Student(2);
25
```

```
26              System.out.println("상수 값을 출력한 경우");
27              System.out.println("student1.school = " + student1.school);
28              System.out.println("student2.school = " + student2.school);
29
30              if(student1.school == Student.ELEMENTARY){
31                  System.out.println("student1.school == Student.ELEMENTARY로 비교했을 때");
32                  System.out.println("당신은 초등학생입니다.");
33              }
34              if(student1.school == 1){
35                  System.out.println("student1.school == 1로 비교했을 때");
36                  System.out.println("당신은 초등학생입니다.");
37              }
38          }
39
40      }
```

코드 분석

3	해당 학생의 학교 종류를 저장할 school 변수를 정의한 부분이다.
4~7	school 변수에 저장할 학교 종류를 상수들로 정의한 부분이다.
9~12	인자 값을 이용하여 school 변수 값을 초기화시키면서 객체를 생성하는 부분이다.
24	Student에서 정의한 상수가 아닌 일반 정수의 상수 값을 이용해서 school 변수 값을 초기화시키면서 객체를 생성하는 부분이다. 즉, 상수를 사용하지 않아도 문제가 발생하지 않는다.
27~28	Student 클래스 객체에 할당되어 있는 school 변수 값을 출력하는 부분이다. Student에서 정의한 상수명이 출력되는 것이 아니고, 일반 정수의 상수 값이 출력된다.
30~33	Student 클래스에서 정의한 상수 이름을 이용해서 학교 종류를 비교하는 부분이다.
34~37	일반 상수 값을 이용해서 학교 종류를 비교하는 부분이다. Student 클래스에서 정의한 상수 이름으로 비교하지 않아도 비교가 잘된다. 프로그램에서 상수를 사용하는 이유는 프로그램 내에서 해당 값은 상수를 이용함으로써 가독성을 향상시키는 것인데 예제 코드에서 살펴본 바와 같이 상수를 사용하지 않아도 체크해 주지 못한다.

실행 결과

```
상수 값을 출력한 경우
student1.school = 1
student2.school = 2
student1.school == Student.ELEMENTARY로 비교했을 때
당신은 초등학생입니다.
student1.school == 1로 비교했을 때
당신은 초등학생입니다.
```

상단 예제에서 살펴보았듯이 상수는 프로그램 상에서 해당 값의 의미를 명확히 하기 위해서 사용되는데 ELEMENTARY 상수 값 대신 1 상수 값을 이용해서 비교가 가능하다면 상수의 기능적인 면이 조금 부족하다.

그리고 상수 값을 출력했을 때 Student 클래스에서 정의된 이름이 아니라 일반 정수 값으로 출력되기 때문에 해당 값이 상수로 정의한 값인지 확인이 안 된다.

이런 부족한 점을 보강하기 위해서 JDK 1.5에서 enum 기능이 추가되었다.

2 enum의 사용

enum의 사용 문법은 다음과 같다.

```
{접근 제한자} enum enumName
{
   값1, 값2, 값3,......
}
```

이전 예제를 enum을 이용하여 수정해 보도록 한다.

➡ Chapter8₩src₩EnumTest2.java

```
1    class Student1{
2
3        SchoolType school;
4
5        public Student1(SchoolType school) {
6            // TODO Auto-generated constructor stub
7            this.school = school;
8        }
9
10   }
11   enum SchoolType{
12        ELEMENTARY,MIDDLE,HIGH,UNIVERSITY
13   }
14
15   public class EnumTest2 {
16
17        public static void main(String[] args)
18        {
19            // TODO Auto-generated method stub
20                Student1 st1 = new Student1(SchoolType.ELEMENTARY);
```

```
21              //Student1 st2 = new Student1(2);
22
23              System.out.println("상수 값을 출력한 경우");
24              System.out.println("st1.school = " + st1.school);
25
26              if(st1.school == SchoolType.ELEMENTARY){
27                  System.out.println("st1.school == Student.ELEMENTARY로 비교했을 때");
28                  System.out.println("당신은 초등학생입니다.");
29              }
30              /*if(st1.school == 1){
31                  System.out.println("st1.school == 1로 비교했을 때");
32                  System.out.println("당신은 초등학생입니다.");
33              }*/
34          }
35
36      }
```

코드 분석

3	school 변수의 타입을 SchoolType이라는 enum 형식으로 지정한다.
5~8	Student1 클래스의 생성자를 정의한 부분이다. 파라미터 변수인 school 변수의 타입을 SchoolType으로 지정한다. 이렇게 되면 인자 값은 SchoolType으로만 전송할 수 있고 일반 상수 값은 사용할 수 없다.
20	enum 타입을 인자로 던져 주면서 객체를 생성하는 부분이다.
21	정수 값을 이용해서 객체를 생성하는 부분이지만 주석을 해제하면 컴파일 오류가 발생한다.
23~24	객체의 school 변수 값을 출력하는 부분이다. 이 부분에서 실제 enum에서 정의한 이름으로 값이 출력된다.
26~29	school 변수 값을 enum에서 정의한 상수 이름으로 비교하는 부분이다.
30~33	school 변수 값을 정수 값으로 비교하는 부분이지만 주석을 해제하면 에러가 발생한다.

실행 결과

```
상수 값을 출력한 경우
st1.school = ELEMENTARY
st1.school == Student.ELEMENTARY로 비교했을 때
당신은 초등학생입니다.
```

③ ordinal() 메소드와 values() 메소드

enum에서 제공되는 메소드를 이용하면 보다 효율적으로 코딩할 수 있다.

enum도 클래스의 한 종류이고, enum에 존재하는 각 값들도 enum 클래스 안에 저장된 내부 클래스로 인식된다. 따라서 사용할 수 있는 메소드가 지원된다.

> values() : 해당 enum에 저장되어 있는 값들을 해당 enum 타입의 배열로 반환해 준다.
> ordinal : enum 안에 정의되어 있는 각 값들의 인덱스 번호를 반환해 준다.

→ Chapter8₩src₩EnumTest3.java

```
1    class Student2{
2
3        SchoolType1 school;
4
5        public Student2(SchoolType1 school) {
6            // TODO Auto-generated constructor stub
7            this.school = school;
8        }
9
10   }
11
12   enum SchoolType1{
13       ELEMENTARY,MIDDLE,HIGH,UNIVERSITY
14   }
15
16   public class EnumTest3 {
17
18       public static void main(String[] args)
19       {
20           // TODO Auto-generated method stub
21           SchoolType1[] schools = SchoolType1.values();
22           for(SchoolType1 school:schools){
23               System.out.println(school + ":" +school.ordinal());
24           }
25       }
26
27   }
```

21	enum 클래스의 valeus( ) 메소드를 호출해서 enum의 값들을 배열로 얻어 오는 부분이다.
22~24	SchoolType1 배열의 값만큼 반복하면서 값들을 출력하는 부분이다. ordinal( ) 메소드를 사용하여 인덱스 값도 같이 출력하고 있다.

실행 결과

```
ELEMENTARY:0
MIDDLE:1
HIGH:2
UNIVERSITY:3
```

static import

Import는 자바에서 특정 클래스를 임포트하는 기능이지만 static import 기능은 JDK 1.5에서 추가된 기능으로 static 변수나 static 메소드를 임포트하는 기능을 의미한다.

주로 기능이 자주 사용되는 유틸성의 클래스 안의 메소드들을 static으로 정의하고 다른 클래스에서 static import를 정의해서 사용한다.

주로 프로그래밍 시 DB 작업 시 필요한 주 기능들을 static 메소드로 정의하고 사용하는 경우가 많다.

```
import static 패키지명.클래스명.필드명;
import static 패키지명.클래스명,메소드명;
import static 패키지명.클래스명.*;
```

➤ Chapter8₩src₩db₩JdbcUtil.java

```java
1    package db;
2
3    public class JdbcUtil {
4
5        public static void connect(){
6            System.out.println("db 연결합니다.");
7        }
8        public static void close(){
9            System.out.println("db 연결을 닫아줍니다.");
10       }
11
12   }
```

🖥️ 코드 분석

	DB를 연결하거나 연결 해제하는 메소드를 static 메소드로 정의하였다.

```
1    import static java.lang.System.out;
2    import static db.JdbcUtil.*;
3
4    public class StaticImportTest {
5
6        /**
7         * static import 테스트
8         */
9        public static void main(String[] args) {
10           out.println("static import test");
11           connect();
12           close();
13       }
14
15   }
```

코드 분석

1	System 클래스의 out 필드를 static import 처리하였다. 이렇게 되면 10라인에서 사용한 것처럼 out 필드 안에 있는 메소드는 클래스 이름을 지정하지 않고 바로 사용할 수 있다.
2	JdbcUtil 클래스 안에 존재하는 모든 필드와 메소드를 static import하였다. 이렇게 되면 11~12라인처럼 메소드를 바로 호출해서 사용할 수 있다.

05 오토박싱과 오토언박싱

1 오토박싱

JDK 1.4까지는 기본 타입의 데이터를 객체 타입에 할당하려면 Wrapper 클래스를 이용해서 기본 타입의 데이터를 객체 타입으로 변경해 주어야 했다.

기본 타입	레퍼클래스	객체 생성
byte	Byte	Byte(byte byte), Byte(String str)
short	Short	Short(short short), Short(String str)
char	Character	Character (char charValue)
int	Integer	Integer(int intVar), Integer(String str)
long	Long	Long(long longVar),Long(String str)
float	Float	Float(float floatVar),Float(String str),Float(double doubleVar)
double	Double	Double(double doubleVar), Double(String str)
boolean	Boolean	Boolean(boolean booleanVar), Boolean(String str)

다음과 같이 생성자를 이용해서 객체를 생성해야 객체 타입으로 사용할 수 있었다.

```
int intVar = 3;
integer intObj = new Integer(intVar);
```

그러나 JDK 1.5부터는 오토박싱(autoBoxing) 기능이 지원되면서 기본 타입의 데이터를 객체 타입의 데이터에 할당하면 기본 타입의 데이터가 객체 타입의 데이터로 자동 변환되면서 레퍼런스 변수에 할당된다.

```
int intVar = 3;
integer intObj = intVar;
```

2 **오토언박싱**

JDK 1.4까지는 객체 타입의 데이터를 기본 타입의 변수에 할당하려면 해당 Wrapper Class에서 제공되는 메소드들을 이용해서 객체 타입을 기본 타입으로 변환한 후에 기본 타입의 변수에 할당해야 했다.

```
Integer intObj = new Integer("1");
int intVar = intObj.intValue();
```

그러나 JDK 1.5부터는 오토언박싱(autoUnBoxing) 기능이 제공되면서 객체 타입의 데이터를 기본 타입의 변수에 할당하면 자동으로 객체 타입의 데이터가 기본 타입으로 변경되면서 할당된다.

```
Integer intObj = new Integer("1");
Int intVar = intObj;
```

따라서, Wrapper 클래스의 용도는 데이터 타입에 사용되는 것이 아니고 주로 문자열의 데이터를 다른 타입의 데이터로 변경할 때 사용된다.

모든 Wrapper 클래스에는 parse 메소드와 valueOf 메소드가 제공된다. parse 메소드는 문자열을 원하는 타입으로 변경한 후 기본 타입으로 반환해 주며, valueOf 메소드는 문자열을 원하는 타입으로 변경해 준 후 객체 타입으로 반환해 준다.

```
double doubleVar = Double.parseDouble("0.11")
Double doubleObj = Double.valueOf("0.11")
```

➡ Chapter8₩src₩AutoBoxingTest.java

```
1    public class AutoBoxingTest {
2
3       /**
4        * 오토 박싱 언박싱 테스트
5        */
6       public static void main(String[] args) {
7           // TODO Auto-generated method stub
8
9           //1.4 이하
10          int var_int1 = 3;
11          Integer intObj1 = new Integer(var_int1);
```

```
12
13          //1.5 이상
14          intObj1 = var_int1;
15          System.out.println("intObj1 = " + intObj1);
16
17          //1.4 이하
18          Integer intObj2 = new Integer("4");
19          int var_int2 = intObj2.intValue();
20
21          //1.5 이상
22          var_int2 = intObj2;
23          System.out.println("var_int2 = " + var_int2);
24      }
25
26  }
```

코드 분석

10~11	JDK 1.4 이하 버전에서 기본 타입의 데이터를 객체 타입의 변수에 할당하는 방식이다. Wrapper 클래스의 생성자를 이용해서 기본 타입의 데이터를 객체 타입으로 변환한 후에 값을 할당하고 있다.
14	JDK 1.5 버전 이상에서는 오토박싱 기능이 제공되기 때문에 기본 타입의 데이터를 객체 타입의 변수에 할당하면 자동으로 기본 타입의 데이터가 객체 타입으로 변경되어 값이 할당된다.
18~19	JDK 1.4 이전 버전의 방식으로 객체 타입의 데이터를 기본 타입의 변수에 할당하는 부분이다. 19 라인에서 Wrapper Class에서 제공되는 intValue()라는 메소드를 사용해서 객체 타입의 데이터를 기본 타입의 데이터로 변경한 후에 값을 기본 타입의 변수에 할당하고 있다.
22	JDK 1.5 버전 이상의 방식으로 객체 타입의 데이터를 기본 타입의 변수에 할당하는 부분이다. JDK1.5 이상 버전부터는 오토언박싱 기능이 제공되므로 객체 타입의 데이터를 기본 타입의 변수에 할당하면 객체 타입의 데이터가 자동으로 기본 타입의 데이터로 변경되면서 할당된다.

실행결과

```
intObj1 = 3
var_int2 = 4
```

→ Chapter8₩src₩TypeConvertTest.java

```
1    public class TypeConvertTest {
2
3        /**
4         * 타입 변환 메소드 테스트
5         */
```

```
6        public static void main(String[] args) {
7            // TODO Auto-generated method stub
8            int num1 = 3;
9            String num2 = "4";
10           System.out.println("타입 변환 전");
11           System.out.println("3 + 4 = " + (num1 + num2));
12
13           int intNum = Integer.parseInt(num2);
14            System.out.println("타입 변환 후");
15           System.out.println("3 + 4 = " + (num1 + intNum));
16
17           String numStr = "3.11";
18           System.out.println("타입 변환 전");
19           System.out.println("3 + 3.11 = " + (num1 + numStr));
20
21           double numDouble = Double.parseDouble(numStr);
22           System.out.println("타입 변환 후");
23           System.out.println("3 + 3.11 = " + (num1 + numDouble));
24       }
25
26   }
```

코드 분석

11	num2가 문자열로 지정되어 있기 때문에 num1 + num2를 연산하면 num1도 문자열 타입으로 변경되어 두 문자열 값이 연결된다.
13	num2 값을 parseInt 메소드를 이용해서 int 타입으로 변경해 주는 부분이다.
15	intNum이 정수 타입이므로 num1 + intNum을 연산하면 숫자 연산이 제대로 수행된다.
19	numStr이 문자열 타입이므로 num1 + numStr을 연산하면 num1 값도 문자열 타입으로 변경되어 두 개의 문자열이 연결된다.
21	parseDouble 메소드를 이용해서 문자열 타입을 double 타입으로 변경해 주는 부분이다.
23	numDouble 변수가 double 타입이므로 num1 + numDouble을 연산하면 숫자 연산이 제대로 수행된다.

실행 결과

```
타입 변환 전
3 + 4 = 34
타입 변환 후
3 + 4 = 7
```

```
타입 변환 전
3 + 3.11 = 33.11
타입 변환 후
3 + 3.11 = 6.109999999999999
```

06 Object 클래스

Object 클래스는 자바의 모든 클래스의 최상위 클래스이다. 즉, 모든 클래스들은 Object 클래스를 상속받는다. 따라서 Object 클래스에 정의되어 있는 메소드는 모든 클래스에서 사용할 수 있다. Object 클래스에서 상속받은 메소드를 자기 자신 클래스에 맞게 오버라이딩해서 사용한다면 보다 효과적으로 프로그래밍을 할 수 있다.

Object 클래스에서 제공되는 메소드 중 중요한 메소드를 살펴보겠다.

1 equals 메소드

equals 메소드는 이미 String 클래스를 다룰 때 많이 이용했기 때문에 친숙할 것이다. 이 equals 메소드는 Object 클래스에 정의되어 있으므로 모든 클래스에서 사용할 수 있다. 그러나 Object 클래스에 정의되어 있는 equals 메소드는 단순히 "==" 의 역할을 하기 때문에 두 객체의 레퍼런스 값이 같으면 "true" 다르면 "false"를 반환해 준다.

---

equals

`public boolean equals(Object obj)`

Indicates whether some other object is "equal to" this one.

The `equals` method implements an equivalence relation on non-null object references:

- It is *reflexive*: for any non-null reference value x, `x.equals(x)` should return `true`.
- It is *symmetric*: for any non-null reference values x and y, `x.equals(y)` should return `true` if and only if `y.equals(x)` returns `true`.
- It is *transitive*: for any non-null reference values x, y, and z, if `x.equals(y)` returns `true` and `y.equals(z)` returns `true`, then `x.equals(z)` should return `true`.
- It is *consistent*: for any non-null reference values x and y, multiple invocations of `x.equals(y)` consistently return `true` or consistently return `false`, provided no information used in `equals` comparisons on the objects is modified.
- For any non-null reference value x, `x.equals(null)` should return `false`.

The `equals` method for class `Object` implements the most discriminating possible equivalence relation on objects; that is, for any non-null reference values x and y, this method returns `true` if and only if x and y refer to the same object (`x == y` has the value `true`).

Note that it is generally necessary to override the `hashCode` method whenever this method is overridden, so as to maintain the general contract for the `hashCode` method, which states that equal objects must have equal hash codes.

Parameters:

  `obj` - the reference object with which to compare.

Returns:

  `true` if this object is the same as the obj argument; `false` otherwise.

➡ Chapter8₩src₩EqualsTest1.java

```
1    class Student3{
2
3        String name;
4        int number;
5
```

```
 6        public Student3(String name, int number) {
 7            super();
 8            this.name = name;
 9            this.number = number;
10        }
11
12    }
13
14    public class EqualsTest1 {
15
16        /**
17         * Object 의 equals 테스트
18         */
19        public static void main(String[] args) {
20            // TODO Auto-generated method stub
21            Student3 st1 = new Student3("오정원",1);
22            Student3 st2 = new Student3("오정원", 1);
23
24            System.out.println("== 으로 비교");
25            System.out.println("st1 == st2 : " + (st1 == st2));
26
27            System.out.println("equals 로 비교");
28            System.out.println("st1.equals(st2) : " + (st1.equals(st2)));
29        }
30
31    }
```

코드 분석

6~10	Student3 클래스의 각 멤버 변수 값을 초기화시키는 생성자를 정의하는 부분이다.
21~22	name 변수와 number 변수 값을 동일하게 지정하면서 Student3 객체를 두 개 생성한 부분이다.
25	두 객체를 비교 연산자(==)로 비교하기 때문에 두 변수의 레퍼런스 값을 비교하게 되어 결과는 false를 반환한다.
28	Object 클래스에 정의되어 있는 equals 메소드는 "==" 연산자와 같은 기능을 제공해 주기 때문에 결과는 false를 반환한다.

실행결과

```
== 으로 비교
st1 == st2 : false
equals 로 비교
st1.equals(st2) : false
```

상단 예제(EqualsTest1)에서 살펴보았듯이 Object 클래스에 정의된 equals 메소드를 그대로 사용하면 학생의 이름과 번호가 같아도 다른 학생으로 인식된다.

만약, 학생 이름과 번호가 같으면 같은 학생으로 인식되게 처리하고 싶으면 equals 메소드를 재정의해 주면 된다.

➡ Chapter8₩src₩EqualsTest2.java

```java
1    class Student4{
2
3        String name;
4        int number;
5
6        public Student4(String name, int number) {
7            super();
8            this.name = name;
9            this.number = number;
10       }
11
12       @Override
13       public boolean equals(Object obj) {
14           // TODO Auto-generated method stub
15           Student4 st = null;
16           if(obj instanceof Student4){
17               st = (Student4)obj;
18           }
19           return (st != null && st.name.equals(name) && st.number == number);
20       }
21
22   }
23
24   public class EqualsTest2 {
25
26       /**
27        * Object 의 equals 오버라이딩 테스트
28        */
29       public static void main(String[] args) {
30           // TODO Auto-generated method stub
31           Student4 st1 = new Student4("오정원",1);
32           Student4 st2 = new Student4("오정원", 1);
33
34           System.out.println("== 으로 비교");
35           System.out.println("st1 == st2 : " + (st1 == st2));
```

```
36
37          System.out.println("equals 로 비교");
38          System.out.println("st1.equals(st2) : " + (st1.equals(st2)));
39      }
40
41  }
```

⚙ 코드 분석

12~20	equals 메소드가 학생의 이름과 번호가 같으면 두 학생이 같은 학생으로 판단되도록 equals 메소드를 재정의하는 부분이다.
16	비교할 객체가 Student4 타입의 객체인지를 확인하는 부분이다.
17	파라미터 변수로 전송되어 온 객체가 Student4 타입의 객체이면 객체를 Student4 타입으로 다운캐스팅해 주는 부분이다. Object 클래스에는 name 변수와 number 변수가 정의되어 있지 않기 때문에 값을 비교할 수 없다. 즉, Student4 타입으로 캐스팅해야 접근이 가능하다.
19	비교 대상으로 전송되어 온 객체가 Student4 타입이고 (st != null이 true이고) 만약 Student4 타입이 아니었으면 if 문이 만족되지 않아서 st 변수에 값이 할당이 되지 않아서 st 값이 계속 null일 것이다. 이름과 번호가 같으면 true를 반환해 주게 처리한 부분이다.
38-39	이름과 번호가 같은 두 Student4 클래스 객체를 비교하기 때문에 결과는 true가 출력된다.

🖱 실행 결과

```
== 으로 비교
st1 == st2 : false
equals 로 비교
st1.equals(st2) : true
```

2 toString( ) 메소드

toString( ) 메소드는 Object 클래스에서 제공되는 메소드로서 특정 객체를 문자열로 변경해 주는 메소드이다. Object 클래스에서 제공해 주는 toString( ) 메소드의 기본적인 기능은 클래스 이름@해시코드 값을 반환하는 형태이다.

해시코드란 메모리에서 해당 객체들을 구분할 수 있는 유일한 값이다.

toString

public String toString()

Returns a string representation of the object. In general, the toString method returns a string that "textually represents" this object. The result should be a concise but informative representation that is easy for a person to read. It is recommended that all subclasses override this method.

The toString method for class Object returns a string consisting of the name of the class of which the object is an instance, the at-sign character ` @`, and the unsigned hexadecimal representation of the hash code of the object. In other words, this method returns a string equal to the value of:

```
getClass().getName() + '@' + Integer.toHexString(hashCode())
```

Returns:

a string representation of the object.

→ Chapter8₩src₩ToStringTest1.java

```java
1    class Student5{
2
3        String name;
4        int number;
5
6        public Student5(String name, int number) {
7            super();
8            this.name = name;
9            this.number = number;
10       }
11
12       @Override
13       public boolean equals(Object obj) {
14           // TODO Auto-generated method stub
15           Student5 st = null;
16           if(obj instanceof Student5){
17               st = (Student5)obj;
18           }
19           return (st != null && st.name.equals(name) && st.number == number);
20       }
21
22   }
23
24   public class ToStringTest1 {
25
26       /**
27        * Object 의 toString() 메소드 테스트
28        */
29       public static void main(String[] args) {
30           // TODO Auto-generated method stub
31           Student5 st1 = new Student5("오정원",1);
32           Student5 st2 = new Student5("김영아", 2);
33
```

```
34          System.out.println("st1.toString()");
35          System.out.println(st1);
36          System.out.println("st2.toString()");
37          System.out.println(st2);
38      }
39
40  }
```

코드 분석

31~32	Student5 클래스를 이용해서 객체 두 개를 생성하는 부분이다.
35	st1 객체의 toString( ) 메소드를 호출하는 부분이다. 객체가 System.out.println( ) 메소드의 파라미터 값으로 지정되거나 "+" 연산이 되면 해당 객체의 toString( ) 메소드가 자동으로 호출된다.
37	st2 의 toString( ) 메소드를 호출하여 반환 값을 출력하는 부분이다.

실행 결과

```
st1.toString()
Student5@5c8da962
st2.toString()
Student5@512ddf17
```

상단의 실행 결과를 살펴보면 알 수 있듯이 Object 클래스에서 기본적으로 제공하는 toString( ) 메소드의 기능은 클래스명@해시코드 값 형식으로 객체의 정보를 리턴해 주는 것이다.

만약, 객체 정보를 학생 이름과 번호를 리턴하게 해 주고 싶으면 toString( ) 메소드를 오버라이딩해 주면 된다.

➡ Chapter8₩src₩ToStringTest2.java

```
1   class Student6{
2
3       String name;
4       int number;
5       public Student6(String name, int number) {
6           super();
7           this.name = name;
8           this.number = number;
9       }
10
11      @Override
```

```
12      public boolean equals(Object obj) {
13          // TODO Auto-generated method stub
14          Student6 st = null;
15          if(obj instanceof Student5){
16              st = (Student6)obj;
17          }
18          return (st != null && st.name.equals(name) && st.number == number);
19      }
20
21      @Override
22      public String toString() {
23          // TODO Auto-generated method stub
24          return "이름 : " + name + ", 번호 : " + number;
25      }
26
27  }
28
29  public class ToStringTest2 {
30
31      /**
32       * Object 의 toString() 오버라이딩 테스트
33       */
34      public static void main(String[] args) {
35          // TODO Auto-generated method stub
36          Student6 st1 = new Student6("오정원",1);
37          Student6 st2 = new Student6("김영아", 2);
38
39          System.out.println("st1.toString()");
40          System.out.println(st1);
41          System.out.println("st2.toString()");
42          System.out.println(st2);
43      }
44
45  }
```

🖥️ 코드 분석

21~25	객체의 toString( ) 메소드가 호출되면 이름과 번호를 출력하도록 toString( ) 메소드를 오버라이딩해 준 부분이다.

```
st1.toString()
이름 : 오정원, 번호 : 1
st2.toString()
이름 : 김영아, 번호 : 2
```

3 clone( ) 메소드

Object 클래스에 정의되어 있는 clone( ) 메소드는 자기 자신 객체를 복제하는 기능을 한다. clone( ) 메소드를 사용해서 자기 자신 객체를 복제할 클래스는 Cloneable 인터페이스를 구현해야 한다. Cloneable 인터페이스를 구현하지 않은 클래스 객체에서 clone( ) 메소드를 호출하면 CloneNotSupportedException이 발생한다.

또한, Object 클래스에서 제공되는 clone( ) 메소드의 접근 제한자는 protected이므로 clone( )을 사용하는 객체의 클래스에서는 clone( ) 메소드를 반드시 재정의해야 접근 제한 오류를 피할 수 있다.

---

clone

```
protected Object clone()
            throws CloneNotSupportedException
```

Creates and returns a copy of this object. The precise meaning of "copy" may depend on the class of the object. The general intent is that, for any object x, the expression:

```
x.clone() != x
```

will be true, and that the expression:

```
x.clone().getClass() == x.getClass()
```

will be true, but these are not absolute requirements. While it is typically the case that:

```
x.clone().equals(x)
```

will be true, this is not an absolute requirement.

예제로 살펴보기 | clone() 메소드를 사용해서 자기자신 객체를 복제하는 예제

➡ Chapter8₩src₩CloneTest.java

```
1    class Member implements Cloneable{
2
3        String name;
4        int number;
5
6        public Member(String name, int number) {
7            super();
8            this.name = name;
9            this.number = number;
10       }
```

```
11      @Override
12      protected Object clone() throws CloneNotSupportedException {
13          // TODO Auto-generated method stub
14          return super.clone();
15      }
16
17  }
18  public class CloneTest {
19
20      /**
21       * @param args
22       */
23      public static void main(String[] args) throws Exception{
24          // TODO Auto-generated method stub
25          Member member1 = new Member("오정원", 10);
26          Member member2 = (Member)member1.clone();
27
28          System.out.println("member1.name = " + member1.name + ", member1.
29  number = " + member1.number);
30          System.out.println("member2.name = " + member2.name + ", member2.
31  number = " + member2.number);
32      }
33
34  }
```

코드 분석

26	clone() 메소드를 사용하여 member1 객체를 복제하는 부분이다.
	clone() 메소드의 반환 타입이 Object 클래스 타입이므로 Member 타입으로 다운캐스팅하고 있다.

실행 결과

```
member1.name = 오정원, member1.number = 10
member2.name = 오정원, member2.number = 10
```

07 날짜 관련 클래스

날짜 관련 클래스들은 날짜를 다룰 수 있게 설계된 클래스들이다. 대표적인 날짜 관련 클래스는 Date 클래스와 Calendar 클래스이다. Date 클래스보다는 Calendar 클래스가 더 많은 기능을 제공해 주며 신버전이다.

1 Date 클래스

Date 클래스 대부분의 기능은 Deprecated 되었다. 가능하면 Calendar 클래스를 사용하는 것이 권장된다.

➡ Chapter8₩src₩DateTest.java

```
1    import java.util.Date;
2    public class DateTest {
3
4        /**
5         * Date 테스트
6         */
7        public static void main(String[] args) {
8            // TODO Auto-generated method stub
9            Date date1 = new Date();
10           System.out.println("year : " + date1.getYear());
11           System.out.println("month : " + date1.getMonth());
12           System.out.println("date : " + date1.getDate());
13           System.out.println(date1);
14       }
15
16   }
```

🔧 코드 분석

9	사용하는 시스템의 날짜와 시간 값으로 Date 객체를 생성하는 부분이다. 빈 생성자 말고도 다양한 값을 설정해서 Date 객체를 생성할 수 있지만 대부분의 생성자가 Deprecated되었다. 거의 빈 생성자만 사용된다.
10~12	각 날짜를 구성하는 요소 값들을 출력하는 부분이다. 이 메소드들도 Deprecated되었다. 이 메소드들 말고도 사용 가능한 메소드들이 많이 있지만 대부분 Deprecated되었고, date 객체의 정보는 toString() 메소드를 이용해서 출력하는 13 라인과 같은 방식만이 주로 사용된다.
13	Date 객체의 toString() 메소드를 호출해서 날짜 정보를 출력하는 부분이다.

```
year : 119
month : 2
date : 18
Mon Mar 18 11:20:19 KST 2019
```

상단의 예제(DateTest.java) 실행 결과를 확인하면 우리가 기대하던 것과 달리 year 값과 month 값
이 제대로 출력되지 않았다.

2000년 이후부터는 연도 값에 1900 값을 더해야 정확한 연도 값을 얻을 수 있으며, 달 값은 0부터 반
환하므로 우리가 사용하는 실제 달 값을 얻으려면 getMonth( ) 메소드에서 반환하는 달 값에 1을 더
해야 한다.

즉, DateTest.java 코드의 10라인과 11라인을 하단과 같이 변경해야 한다.

```
System.out.println("year : " + (date1.getYear() + 1900));
System.out.println("month : " + (date1.getMonth() + 1));
```

2 Calendar

Calendar 클래스는 Date 클래스처럼 날짜 정보를 다루어 주기 위해 설계된 클래스로서 Date 클래
스보다는 신버전으로 Date 클래스보다 더 다양한 기능을 제공해 준다.

→ Chapter8₩src₩CalendarTest.java

```
1    import java.text.DateFormat;
2    import java.text.SimpleDateFormat;
3    import java.util.Calendar;
4    import java.util.Date;
5
6    public class CalendarTest {
7
8        /**
9         * Calendar 클래스 테스트
10        */
11       public static void main(String[] args) {
12           // TODO Auto-generated method stub
13           Calendar myCalendar = Calendar.getInstance();
14
```

```
15          //값 설정
16          myCalendar.set(Calendar.YEAR, 2019);
17          myCalendar.set(Calendar.MONTH, 2);
18          myCalendar.set(Calendar.DAY_OF_MONTH, 18);
19          myCalendar.set(Calendar.HOUR_OF_DAY, 11);
20          myCalendar.set(Calendar.MINUTE, 2);
21          myCalendar.set(Calendar.SECOND, 3);
22
23          //출력 형식 생성
24          SimpleDateFormat sdf = new SimpleDateFormat("yyyy:MM:dd HH:mm:ss");
25          DateFormat df = DateFormat.getDateTimeInstance();
26          Date date = myCalendar.getTime();
27
28          //날짜 출력
29          System.out.println(sdf.format(date));
30          System.out.println(df.format(date));
31      }
32
33  }
```

코드 분석

13	Calendar 객체를 생성하는 부분이다.
16~21	Calendar 객체에 setXXX 메소드들을 사용해서 각 날짜 구성 값을 설정해 주는 부분이다.
24	날짜를 출력해 주는 형식을 정의하는 SimpleDateFormat 객체를 날짜가 "년도 네 자리:달 두 자리:일 두 자리 시간:분:초" 형태로 출력되게 생성하는 부분이다.
25	날짜와 시간을 모두 출력하는 형태의 DateFormat 객체를 생성한 부분이다.
26	Calendar 객체의 getTime() 메소드를 이용해서 Date 객체를 얻어오는 부분이다. 29라인과 30라인에서 포맷을 적용하여 날짜를 출력할 때 사용하는 대상 객체의 형태는 Date 클래스 타입이기 때문이다.
29	sdf 형태의 포맷으로 날짜를 출력하는 부분이다.
30	df 포맷으로 날짜를 출력하는 부분이다.

실행 결과

```
2019:03:18 11:02:03
2019. 3. 18. 오전 11:02:03
```

Math 클래스

Math 클래스는 수학 관련 연산을 처리하는 메소드들이 정의되어 있는 클래스이다.

Math 클래스의 생성자는 private으로 지정되어 있으므로 외부에서 생성자를 이용해서 객체를 생성할 수 없으며, 모든 메소드가 static으로 정의되어 있으므로 외부 클래스에서는 Math 클래스 이름으로 바로 메소드를 호출해서 사용할 수 있다.

클래스 안에 많은 메소드들이 정의되어 있지만 빈번하게 사용되는 메소드는 0.0보다 크거나 같고 1.0보다 작은 난수를 반환해 주는 Math.random 메소드이다.

➡ Chapter8₩src₩MathTest.java

```java
import java.text.DateFormat;
import java.text.SimpleDateFormat;
public class MathTest {

    /**
     * Math.random() 메소드 테스트
     */
    public static void main(String[] args) {
        // TODO Auto-generated method stub
        System.out.println("1부터 100 사이의 난수 발생");
        int num = (int)(Math.random()*100) + 1;
        System.out.println("1부터 100 사이의 숫자 : " + num);

        System.out.println("1부터 50까지의 난수 발생");
        num = (int)(Math.random()*50) + 1;
        System.out.println("1부터 50 사이의 숫자 : " + num);

        System.out.println("1부터 20까지의 난수 발생");
        num = (int)(Math.random()*20) + 1;
        System.out.println("1부터 20 사이의 숫자 : " + num);
    }

}
```

11	Math.random( ) 메소드가 반환하는 값이 0.0보다 크거나 같고 1.0보다 작은 값을 반환하기 때문에 Math. random( ) * 100 값을 int 형으로 변환하면 반환될 수 있는 값의 범위는 0부터 99까지이다. 이 값에 1을 더하면 반환할 수 있는 값의 범위가 1부터 100 사이의 값이 되는 것이다. 나머지 부분도 유사한 부분이므로 설명은 생략하겠다. 프로그램을 실행하면 난수 값이 출력되기 때문에 실행할 때마다 반환되는 값이 변경된다.

실행결과

```
1부터 100 사이의 난수 발생
1부터 100 사이의 숫자 : 16
1부터 50까지의 난수 발생
1부터 50 사이의 숫자 : 8
1부터 20까지의 난수 발생
1부터 20 사이의 숫자 : 5
```

09 Random 클래스

Random 클래스에는 Math.random() 메소드처럼 난수를 발생해 줄 수 있는 메소드들이 정의되어 있는데 Math.random()으로 난수를 발생시키는 것보다 다양한 방법으로 난수를 발생시키는 방법을 제공해 준다.

Random 클래스의 주요 생성자

생성자	설명
Random( )	seed 값 없는 Random 객체 생성
Random(long seed)	주어진 seed 값을 이용해서 Random 클래스 객체를 생성한다.

Random 클래스의 주요 메소드들

메소드명	설명
boolean nextBoolean( )	boolean 타입의 난수를 발생한다.
double nextDouble( )	0.0보다 크거나 같고 1.0보다 작은 double 타입의 난수를 반환한다.
float nextFloat( )	0.0보다 크거나 같고 1.0보다 작은 float 타입의 난수를 반환한다.
int nextInt( )	int 데이터의 값의 범위에 해당하는 값을 난수로 반환한다.
int nextInt(int intVar)	intVar 값보다 작은 난수 값을 반환한다.

➡ Chapter8₩src₩RandomTest1.java

```java
1    import java.util.Random;
2    public class RandomTest1 {
3
4        /**
5         * Random 테스트
6         */
7        public static void main(String[] args) {
8            // TODO Auto-generated method stub
9            Random random = new Random();
10           System.out.println("0부터 100까지의 난수 : " + random.nextInt(101));
```

```
11          System.out.println("0부터 50까지의 난수 발생 : " + random.nextInt(51));
12          System.out.println("0부터 20까지의 난수 발생 : " + random.nextInt(21));
13          System.out.println("int 형 전체 범위의 난수 발생 : " + random.nextInt());
14
15          System.out.println("float 타입의 난수 발생 : " + random.nextFloat());
16          System.out.println("double 타입의 난수 발생 : " + random.nextDouble());
17          System.out.println("long 타입의 난수 발생 : " + random.nextLong());
18          System.out.println("boolean 타입의 난수 발생 : " + random.nextBoolean());
19      }
20
21   }
```

코드 분석

10~12	Random 클래스의 nextInt(int intVar) 메소드는 0부터 파라미터로 지정한 값보다 하나 작은 값을 리턴해 주므로 파라미터 값으로 반환받고자 하는 가장 큰 값보다 하나 더 큰 값을 지정해야 한다. 나머지 부분은 다른 여러 타입의 난수를 반환 받는 부분이다.

실행결과

```
0부터 100까지의 난수 : 50
0부터 50까지의 난수 발생 : 41
0부터 20까지의 난수 발생 : 7
int 형 전체 범위의 난수 발생 : 2041391153
float 타입의 난수 발생 : 0.3796646
double 타입의 난수 발생 : 0.23489040723097465
long 타입의 난수 발생 : -233983169236851170
boolean 타입의 난수 발생 : true
```

Random 클래스를 생성할 때 seed 값을 동일하게 지정하여 Random 객체를 생성하면 반환되는 난수 값이 동일하다.

→ Chapter8\src\RandomTest2.java

```
1    import java.util.Random;
2    public class RandomTest2 {
3
4        /**
5         * seed 값 사용 테스트
6         */
7        public static void main(String[] args) {
8            // TODO Auto-generated method stub
9            Random random1 = new Random(5);
```

```
10              Random random2 = new Random(5);
11
12          for(int i=0;i<9;i++){
13              System.out.println("random1 의 난수 값 : " + random1.nextInt());
14          }
15          System.out.println();
16            System.out.println();
17          for(int i=1;i<9;i++){
18              System.out.println("random2의 난수 값 : " + random2.nextInt());
19          }
20      }
21
22  }
```

코드 분석

9~10	seed 값을 동일하게 지정하여 Random 객체 두 개를 생성한 부분이다.
12~19	각 Random 객체를 사용하여 반복하여 난수 값을 9개씩 출력하는 부분이다. seed 값이 동일하기 때문에 반환되는 값이 동일하다.

실행결과

```
random1 의 난수값 : -1157408321
random1 의 난수값 : 758500184
random1 의 난수값 : 379066948
random1 의 난수값 : -1667228448
random1 의 난수값 : 2099829013
random1 의 난수값 : -236332086
random1 의 난수값 : 1983575708
random1 의 난수값 : -745993913
random1 의 난수값 : 1926715444


random2의 난수값 : -1157408321
random2의 난수값 : 758500184
random2의 난수값 : 379066948
random2의 난수값 : -1667228448
random2의 난수값 : 2099829013
random2의 난수값 : -236332086
random2의 난수값 : 1983575708
random2의 난수값 : -745993913
random2의 난수값 : 1926715444
```

StringTokenizer

StringTokenizer 클래스는 지정한 문자열을 특정 구분자로 분리하여 분리된 문자열들을 토큰으로 반환하는 클래스이다.

특정 데이터들이 특정 구분자로 구분되어 제공될 때 해당 데이터들을 구분자로 분리하여 데이터들을 추출해 낼 수 있다.

StringTokenizer 클래스의 주요 생성자

생성자	설명
StringTokenizer(String source)	source 문자열을 white space로 분리하여 토큰을 반환해 준다.
StringTokenizer(String source,String delim)	구분자를 이용해서 지정한 문자열을 분리해 준다.
StringTokenizer(String source,String delim,boolean return)	return 파라미터 값을 true로 지정하면 구분 문자도 토큰으로 반환한다.

StringTokenizer 클래스의 주요 메소드

메소드	설명
int countTokens( )	StringTokenizer에 저장되어 있는 전체 토큰 개수를 반환한다.
boolean hasMoreTokens( )	작업을 할 수 있는 토큰이 더 있는지를 판단해 준다.
String nextToken( )	다음 토큰을 반환한다.

➜ Chapter8₩src₩StringTokenizerTest1.java

```
1    import java.util.StringTokenizer;
2    public class StringTokenizerTest1 {
3
4        /**
5         * StringTokenizer 구분자 테스트
6         */
7        public static void main(String[] args) {
```

```
8              // TODO Auto-generated method stub
9              String source1 = "111-111|강원도|추천시|퇴계동";
10             StringTokenizer st1 = new StringTokenizer(source1, "|");
11             String zip = st1.nextToken();//우편번호
12             String dou = st1.nextToken();//도
13             String si = st1.nextToken();//시
14             String dong = st1.nextToken();//동
15
16             //출력
17             System.out.println("우편 번호 : " + zip);
18             System.out.println("도 : " + dou);
19             System.out.println("시 : " + si);
20             System.out.println("동 : " + dong);
21         }
22
23     }
```

코드 분석

9	소스 String 객체를 생성하는 부분이다. 문자열을 "|" 로 구분 지어 놓고 있다.
10	소스 문자열을 "|" 로 분리하여 토큰을 생성하는 부분이다.
11~14	nextToken() 메소드를 사용하여 토큰 중 계속 다음 토큰을 얻어와서 각 변수에 할당하는 부분이다.
17~20	문자열에서 토큰으로 얻어온 정보를 출력하는 부분이다.

실행결과

```
우편 번호 : 111-111
도 : 강원도
시 : 추천시
동 : 퇴계동
```

➡ Chapter8₩src₩StringTokenizerTest2.java

```
1      import java.util.StringTokenizer;
2      public class StringTokenizerTest2 {
3
4          /**
5           * StringTokenizer 생성자 비교
6           */
7          public static void main(String[] args) {
```

```
8              // TODO Auto-generated method stub
9              String source1 = "한국 미국 태국 중국 이란";
10             StringTokenizer st1 = new StringTokenizer(source1);
11             while(st1.hasMoreTokens()){
12                 System.out.println("st1 token : " + st1.nextToken());
13             }
14             System.out.println();
15             System.out.println();
16
17             String source2 = "푸들,삽살개,풍상개,진도개";
18             StringTokenizer st2 = new StringTokenizer(source2, ",");
19             while(st2.hasMoreTokens()){
20                 System.out.println("st2 token : " + st2.nextToken());
21             }
22             System.out.println();
23             System.out.println();
24
25             StringTokenizer st3 = new StringTokenizer(source2, ",", true);
26             while(st3.hasMoreTokens()){
27                 System.out.println("st3 token : " + st3.nextToken());
28             }
29         }
30
31     }
```

코드 분석

9	소스 String 객체를 생성하는 부분이다. 문자열을 " "를 구분자로 사용했다.
10	StringTokenizer 객체를 생성할 때 구분자를 지정하지 않으면 기본적으로 white space를 기준으로 문자열을 분리한다.
11~13	반환된 토큰들을 출력해 주는 부분이다. 스페이스 바 문자를 기준으로 분리되어 출력되는 것을 확인할 수 있다.
17	두 번째 소스 문자열 객체를 생성하는 부분이다. 두 번째 문자열을 구분자로 사용했다.
18	구분자를 "," 로 지정하여 StringTokenizer 객체를 생성하는 부분이다.
19~21	토큰 값들을 출력하는 부분이다. "," 로 구분된 문자열들이 출력되는 것을 확인할 수 있다.
25	StringTokenizer 객체를 생성할 때 마지막 파라미터 값을 true로 지정하였다. 마지막 파라미터 값을 true로 지정하면 구분 문자열도 토큰으로 반환된다.
26~28	각 토큰 값들을 출력해 주는 부분이다. 구분 문자열도 토큰으로 출력되는 것을 확인할 수 있다.

```
st1 token : 한국
st1 token : 미국
st1 token : 태국
st1 token : 중국
st1 token : 이란


st2 token : 푸들
st2 token : 삽살개
st2 token : 풍상개
st2 token : 진도개


st3 token : 푸들
st3 token : ,
st3 token : 삽살개
st3 token : ,
st3 token : 풍상개
st3 token : ,
st3 token : 진도개
```

컬렉션

이 장에서는 자바에서 데이터들을 효율적으로 관리할 수 있게 제공해 주는 컬렉션 프레임워크에 대해서 살펴본다. 컬렉션 프레임워크를 배우기 전에도 우리는 배열이라는 단위를 이용해서 객체를 여러 개 저장하고 관리했다. 하지만 배열은 크기가 한번 정해지면 변경할 수 없으므로 삭제나 추가 등의 작업을 할 때 어려운 점이 많았다(새로운 배열 객체를 생성해야 했다). 하지만 컬렉션 프레임워크에서는 데이터의 삭제, 검색, 수정 등의 작업을 효율적으로 할 수 있는 다양한 메소드들을 제공해 주기 때문에 훨씬 효과적으로 데이터를 관리할 수 있다.

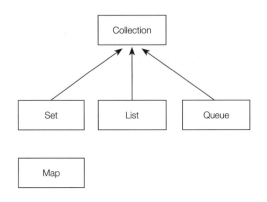

01 자바에서 제공하는 컬렉션 인터페이스 종류들

● Collection 인터페이스에서 제공하는 주요 메소드들

메소드	설명
boolean add(E e)	파라미터로 지정된 요소를 컬렉션에 추가한다.
boolean addAll(Collection<? extends E> c)	파라미터로 지정된 컬렉션에 존재하는 모든 요소를 컬렉션에 추가한다.
boolean contains (Object obj)	파라미터로 지정된 객체 요소가 컬렉션에 존재하는지를 판단해 주는 메소드
boolean contains(Collection<?> c)	파라미터로 지정된 컬렉션에 포함된 모든 요소들이 컬렉션에 포함되어 있는지를 판단하는 메소드
boolean isEmpty( )	컬렉션이 비어 있는지를 판단하는 메소드
Iterator iterator	해당 컬렉션 요소들에 순차적으로 접근해서 작업할 수 있는 Iterator 객체를 반환한다.
boolean remove (Object obj)	컬렉션에서 파라미터로 지정된 요소 객체를 제거한다.
boolean removeAll (Collection<?> c)	컬렉션에서 파라미터로 지정된 컬렉션에 포함되어 있는 모든 요소들을 제거한다.
int size( )	요소의 개수를 반환해 준다.
Object[ ] toArray( )	컬렉션에 저장된 요소들을 객체 배열로 반환한다.
<T>T[ ] toArray(T[ ] array)	컬렉션의 요소들을 파라미터로 지정된 배열 객체에 담아서 리턴한다.

02 Set 인터페이스

• **특징**

Set 인터페이스는 중복된 데이터를 허용하지 않는다.

Set 인터페이스는 순서가 유지되지 않는다. 단, TreeSet은 정렬 기능이 추가되기 때문에 순서가 유지된다.

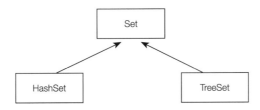

1 Set 인터페이스를 구현한 클래스

1. HashSet

저장 영역에 객체 덩어리를 순서 없이 담는 형태로 요소를 저장하는 클래스이다.

중복된 데이터를 허용하지 않기 때문에 add(Object obj) 메소드를 이용해서 새로운 요소를 추가할 때 동일한 객체가 이미 존재하면 추가 작업은 실패하며 결과 값으로 false를 반환한다.

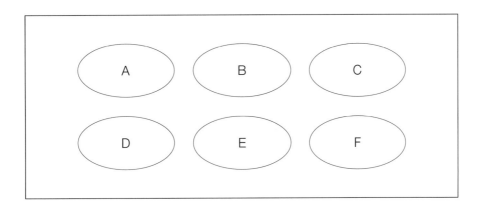

• HashSet 클래스의 주요 생성자

생성자	설명
HashSet( )	HashSet 클래스의 기본 생성자
HashSet(Collection collection)	파라미터로 주어진 컬렉션의 요소들을 이용해서 HashSet 객체를 생성하는 생성자
HashSet(int capacity)	해당 용량을 가지는 HashSet 객체를 생성하는 생성자

➡ Chapter9₩src₩HashSetTest.java

```java
1    import java.util.HashSet;
2    import java.util.Iterator;
3
4    public class HashSetTest {
5
6        /**
7         * HashSet 테스트
8         */
9        public static void main(String[] args) {
10           // TODO Auto-generated method stub
11           HashSet<String> hs = new HashSet<String>();
12
13           if(hs.add("korea")){
14               System.out.println("첫 번째 korea 추가 성공");
15           }
16           else{
17               System.out.println("첫 번째 korea 추가 실패");
18           }
19           if(hs.add("japan")){
20               System.out.println("japan 추가 성공");
21           }
22           else{
23               System.out.println("japan 추가 실패");
24           }
25           if(hs.add("america")){
26               System.out.println("america 추가 성공");
27           }
28           else{
29               System.out.println("america 추가 실패");
30           }
31           if(hs.add("britain")){
```

```
32              System.out.println("britain 추가 성공");
33          }
34          else{
35              System.out.println("britain 추가 실패");
36          }
37          if(hs.add("korea")){
38              System.out.println("두 번째 korea 추가 성공");
39          }
40          else{
41              System.out.println("두 번째 korea 추가 실패");
42          }
43
44          Iterator it = hs.iterator();
45
46          while(it.hasNext()){
47              System.out.println(it.next());
48          }
49      }
50
51  }
```

🖥️ 코드 분석

11	HashSet 객체를 생성한다. Generic 타입을 사용해서 String 객체 타입의 데이터를 다룰 수 있게 처리했다.
13~18	HashSet 객체에 korea라는 문자열을 추가하면서 추가 작업이 성공했는지 실패했는지의 결과 메시지를 출력하는 부분이다. add 메소드에 의해서 요소가 성공적으로 추가되면 true를, 추가가 실패하면 false가 반환된다.
19~24	japan 문자열 요소를 추가하는 부분이다.
25~30	america 문자열 요소를 추가하는 부분이다.
31~36	britain 문자열 요소를 추가하는 부분이다.
37~42	korea 문자열을 한 번 더 추가하는 부분이다. 이 부분에서는 이미 HashSet 객체에 korea 문자열이 추가되어 있으므로 추가 실패되어 add 메소드에 의해서 false가 반환된다.
44	Iterator 객체를 생성하는 부분이다. Iterator 인터페이스는 특정 컬렉션 요소에 순차적으로 접근해서 반복적으로 작업을 할 때 편리한 기능을 제공한다. Iterator 인터페이스의 주요 메소드는 아래와 같다. hasNext() : 다음 요소가 있는지를 판단하는 메소드. next() : 다음 요소를 반환하는 메소드

첫 번째 korea 추가 성공

japan 추가 성공

america 추가 성공

britain 추가 성공

두 번째 korea 추가 실패

korea

britain

japan

america

2. TreeSet

TreeSet 클래스 역시 중복된 데이터는 허용하지 않지만 정렬 기능이 추가된 형태이다. 따라서 범위 검색 작업에 효과적인 형태이다.

하단 그림처럼 TreeSet에 요소를 추가하면 작은 값이 왼쪽에, 큰 값이 오른쪽에 추가되면서 정렬이 된다.

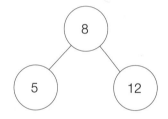

➤ Chapter9₩src₩TreeSetTest.java

```java
1    import java.util.Iterator;
2    import java.util.TreeSet;
3
4    public class TreeSetTest {
5
6        /**
7         * HashSet 테스트
8         */
9        public static void main(String[] args) {
10           // TODO Auto-generated method stub
11           TreeSet<String> hs = new TreeSet<String>();
12
13           if(hs.add("korea")){
14               System.out.println("첫 번째 korea 추가 성공");
15           }
```

```
16              else{
17                  System.out.println("첫 번째 korea 추가 실패");
18              }
19              if(hs.add("japan")){
20                  System.out.println("japan 추가 성공");
21              }
22              else{
23                  System.out.println("japan 추가 실패");
24              }
25              if(hs.add("america")){
26                  System.out.println("america 추가 성공");
27              }
28              else{
29                  System.out.println("america 추가 실패");
30              }
31              if(hs.add("britain")){
32                  System.out.println("britain 추가 성공");
33              }
34              else{
35                  System.out.println("britain 추가 실패");
36              }
37              if(hs.add("korea")){
38                  System.out.println("두 번째 korea 추가 성공");
39              }
40              else{
41                  System.out.println("두 번째 korea 추가 실패");
42              }
43
44              Iterator it = hs.iterator();
45
46              while(it.hasNext()){
47                  System.out.println(it.next());
48              }
49          }
50
51      }
```

코드 분석

상단의 코드는 HashSetTest 코드에서 HashSet 부분을 TreeSet으로만 변경한 부분이다. TreeSet 클래스에 정렬 기능이 제공되기 때문에 실행 결과를 보면 요소들이 순서대로 출력되는 것을 확인할 수 있다.

첫 번째 korea 추가 성공
japan 추가 성공
america 추가 성공
britain 추가 성공
두 번째 korea 추가 실패
america
britain
japan
korea

다음 예제 코드는 Java 9에서 추가된 immutable collection 사용 예제이다. 컬렉션 객체를 생성할 때 고정된 요소로 읽기 전용으로 사용하려면 of( ) 메소드를 사용하면 된다.

➜ Chapter9₩src₩SetOfTest.java

```java
1    import java.util.Set;
2
3    public class SetOfTest {
4
5        public static void main(String[] args) {
6            // TODO Auto-generated method stub
7            Set<String> set = Set.of("aaa","bbb","ccc");
8            set.add("ddd");
9        }
10
11   }
```

코드 분석

7	of( ) 메소드를 사용해서 immutable set 객체를 생성하였다.
8	add( ) 메소드를 사용하여 새로운 요소를 추가하면 에러가 발생한다.

실행결과

List 인터페이스

List 인터페이스는 저장되는 요소들의 순서가 유지되며 중복된 데이터를 허용한다. 그리고 인덱스 번호에 의해서 정렬된다.

1 List 인터페이스의 주요 메소드

메소드	설명
void add (int index,E elem)	지정한 index 위치에 두 번째 파라미터로 지정된 요소를 추가한다.
boolean addAll(int index,Collection<? extends E c)	지정된 index 위치에 두 번째 파라미터로 지정된 컬렉션의 모든 요소를 추가한다.
E get(int index)	지정한 index 위치의 요소를 반환해 준다.
int indexOf(Object o)	해당 요소가 저장되어 있는 요소의 인덱스 번호를 반환해 준다.
int lastIndexOf(Object 0)	해당 요소를 컬렉션의 뒤에서부터 검색하여 해당 요소의 인덱스 위치를 반환해 준다.
ListIteraotr listIterator( )	ListIterator 객체를 반환해 준다.
E remove(int index)	지정된 index 위치의 요소를 삭제하고 삭제된 요소를 반환한다.
E set(int index, E elem)	지정한 index 위치의 요소를 지정한 요소로 변경한다.

2 List 인터페이스를 구현한 클래스들

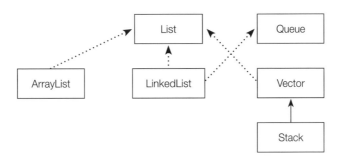

1. ArrayList

ArrayList는 요소를 추가하면 0번 인덱스 위치부터 차례대로 요소가 추가되는 형태이다. 따라서 순차적인 접근이나 뒤에서부터 데이터를 추가하거나 삭제할 때 효과적이다.

요소 하나 추가 시

```
ArrayList<String> array1 = new ArrayList<String>();
array1.add("A");
```

A
[0]

요소 하나 더 추가 시

```
array1.add("B");
```

A	B
[0]	[1]

상단과 같이 요소를 추가하면 해당 인덱스에 요소가 정렬되면서 추가된다. 하단과 같이 ArrayList 요소에 데이터가 추가되어 있을 때 특정 인덱스의 요소를 제거하는 작업을 하게 되면 어떻게 될까?

A	B	C	D	E
[0]	[1]	[2]	[3]	[4]

다음과 같은 코드를 실행하면 요소가 삭제된 ArrayList의 공간은 어떻게 변할까?

```
array1.remove(2);
```

상단과 같은 코드를 실행하면 ArrayList 객체에서 2번 인덱스 영역에 존재하는 요소가 제거되고, 2번 인덱스보다 뒤에 저장되어 있는 요소들은 앞으로 한 칸씩 이동해야 하므로 ArrayList 객체의 중간에 존재하는 요소를 제거하는 작업을 처리하는 것은 성능상 좋지 않다.

중간에 존재하는 데이터를 삭제할 경우에는 ArrayList보다는 LinkedList를 사용하는 것이 효과적이다.

A	B	D	E	null
[0]	[1]	[2]	[3]	[4]

ArrayList 객체의 중간에 요소를 추가하는 작업을 할 때도 하단 그림처럼 추가되는 요소 뒤의 요소 값들이 한 칸 뒤의 위치로 전부 복사되는 작업이 이루어져야 하므로 성능이 좋지 않다.
이럴 경우에도 LinkedList가 효과적이다.

A	B	C	D	E
[0]	[1]	[2]	[3]	[4]

array1.add(2,"G");를 실행했을 경우 2번 인덱스 위치보다 뒤에 존재하는 요소들은 한 칸씩 뒤로 복사되는 작업이 진행된다.

A	B	G	C	D	E
[0]	[1]	[2]	[3]	[4]	[5]

상단에서 살펴보았듯이 ArrayList 객체는 데이터를 순차적으로 검색하거나, 요소를 맨 뒤에 추가, 맨 뒤의 요소부터 삭제 작업을 실행할 때 효율적이며 중간에 있는 요소를 삭제하거나 맨 뒤 부분이 아닌 다른 위치에 요소 추가 작업을 할 때는 LinkedList 객체가 효율적이다.

2. 제네릭 기능

제네릭은 JDK 1.5 버전부터 도입되었다. 제네릭은 모든 종류의 타입을 다룰 수 있도록 클래스나 메소드를 타입 매개 변수(Generic type)를 이용하여 선언하는 기법이다. 자바에서 제네릭은 클래스 코드를 찍어내듯이 생산할 수 있도록 일반화(Generic) 시키는 도구이다.

JDK 1.4까지는 컬렉션에 요소를 추가할 때 다음과 같은 방식으로 요소를 추가하였다.

```
ArrayList al = new ArrayList();
al.add("A");
```

상단과 같은 코드를 실행하면 요소가 ArrayList 객체에 저장될 때 자동으로 Object 타입으로 업캐스팅되어 저장되었다. 그리고 저장된 요소를 얻어올 때는 다음과 같은 코드를 실행해야 했다.

```
String strData = (String)al.get(0);
```

상단의 코드를 살펴보면 al.get(0) 메소드를 호출하여 0번 인덱스에 저장된 값을 얻어 온 후 해당 요소의 타입을 String 타입으로 다운캐스팅하여 String 변수에 참조시키고 있다.

JDK 1.4까지는 컬렉션에 요소를 추가하면 자동으로 모든 객체 타입이 Object 타입으로 업캐스팅되어 저장되고 해당 요소를 컬렉션에서 얻어올 때도 Object 타입으로 요소를 반환했기 때문이다.

그러나 타입 채킹이 정확히 되지 않기 때문에 다음과 같은 문제가 발생한다.
다음 코드에서 컴파일 오류가 발생하지 않는다.

```
Integer inData = (Integer)al.get(0)
```

상단 코드에서 al 컬렉션 객체에 데이터를 저장할 때 String 타입의 객체를 저장했는데 컬렉션에서 해당 요소를 얻어와서 Integer 타입의 변수에 할당해도 컴파일 오류가 발생하지 않는 것이다.

그 이유는 Object 클래스는 자바에서 최상위 클래스이기 때문에 모든 클래스와 부모 자식 관계가 성립하기 때문이다. 따라서 Object 클래스는 모든 클래스 타입으로 다운캐스팅이 가능하다.

이렇듯 컬렉션 사용 시 타입 채킹이 정확히 이루어지지 않는 문제점을 보완하기 위해서 JDK 1.5 버전부터 제네릭 기능이 추가되었다.

다음은 제네릭 Stack⟨E⟩ 클래스를 예를 들어 설명하겠다.

```
class Stack<E> {
  void push(E element) {...}
  E pop() {...}
}
```

상단 코드에서 E에 구체적인 타입을 지정하게 되면 지정된 타입만 다룰 수 있는 구체화된 스택이 된다.

예를 들어, Stack⟨Integer⟩는 Integer 타입만, Stack⟨String⟩은 String 타입의 객체만 푸시(Push), 팝(Pop)할 수 있는 스택이 된다.

제네릭 기능을 사용하면 컬렉션 객체를 생성하고 요소를 추가하는 작업이 다음과 같이 변경된다.

```
ArrayList<String> al = new ArrayList<String>
al.add("A");  //성공됨.
al.add(1);  // 오류
```

상단의 코드에서 확인할 수 있듯이 제네릭 기능을 이용해서 컬렉션 객체를 생성하면 컬렉션 생성 시 지정한 타입으로만 요소를 추가할 수 있다.
상단의 경우 ArrayList의 요소 타입을 String으로 지정하였으므로 String 타입은 ArrayList에 요소로 추가할 수 있지만, Integer 타입은 요소로 추가할 수 없다.

또한, 컬렉션에 요소를 추가하면 Object 타입으로 요소가 저장되는 것이 아니고 제네릭 타입으로 지정한 타입(상단 코드에서는 String)으로 요소가 저장된다.
즉, 상단의 코드에서는 추가하는 요소가 String 타입으로 저장되게 된다.
그리고 컬렉션에서 요소를 얻어 올 때도 String 타입으로 요소를 반환해 준다.

```
String str = al.get(0);
```

상단의 코드처럼 요소를 얻어 올 때 다운캐스팅 작업을 하지 않아도 된다.

➡ Chapter9₩src₩ArrayListTest.java

```
1    import java.util.ArrayList;
2
3    public class ArrayListTest {
4
5        /**
6         * ArrayList 테스트
7         */
8        public static void main(String[] args) {
9            // TODO Auto-generated method stub
10           ArrayList<String> array = new ArrayList<String>();
11
12           array.add("korea");
13           array.add("japan");
14           array.add("america");
15           array.add("britain");
```

```
16
17          System.out.println("ArrayList에 요소 추가하고 출력");
18          for(int i=0;i<array.size();i++){
19              System.out.println(array.get(i));
20          }
21          System.out.println();
22          System.out.println();
23
24          array.remove(0);
25          array.remove("japan");
26
27          System.out.println("ArrayList에서 요소 제거 후 출력");
28          for(int i=0;i<array.size();i++){
29              System.out.println(array.get(i));
30          }
31      }
32
33  }
```

코드 분석

10	제네릭 기능을 사용해서 ArrayList 객체에 String 타입의 객체 요소만 추가할 수 있도록 ArrayList 객체를 생성한 부분이다.
12~15	ArrayList 객체에 요소를 추가하는 부분이다.
18~20	ArrayList 객체에 존재하는 요소들을 출력하는 부분이다.
24	0번 인덱스에 저장되어 있는 요소를 제거하는 부분이다.
25	"japan" 요소를 제거하는 부분이다.
28~30	요소를 제거한 후의 ArrayList 객체의 요소를 출력하는 부분이다.

실행결과

```
ArrayList에 요소 추가하고 출력
korea
japan
america
britain


ArrayList에서 요소 제거 후 출력
america
britain
```

ArrayList 객체를 사용해서 간단하게 게시판 글쓰기, 글 삭제, 글 목록 보기 기능을 구현해 보겠다. 전체적인 클래스 구성은 다음과 같다.

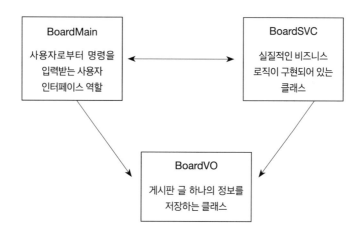

➜ Chapter9₩src₩BoardVO.java

```java
1    public class BoardVO {
2
3        private String register;
4        private String subject;
5        private String email;
6        private String content;
7        private String passwd;
8
9        public BoardVO(String register, String subject, String email,
10               String content, String passwd) {
11           super();
12           this.register = register;
13           this.subject = subject;
14           this.email = email;
15           this.content = content;
16           this.passwd = passwd;
17        }
18        public String getRegister() {
19           return register;
20        }
21        public void setRegister(String register) {
22           this.register = register;
23        }
24        public String getSubject() {
25           return subject;
```

```
26            }
27        public void setSubject(String subject) {
28            this.subject = subject;
29        }
30        public String getEmail() {
31            return email;
32        }
33        public void setEmail(String email) {
34            this.email = email;
35        }
36        public String getContent() {
37            return content;
38        }
39        public void setContent(String content) {
40            this.content = content;
41        }
42        public String getPasswd() {
43            return passwd;
44        }
45        public void setPasswd(String passwd) {
46            this.passwd = passwd;
47        }
48
49        @Override
50        public String toString() {
51            // TODO Auto-generated method stub
52            return "작성자 : " + register + ",이메일 : " + email + ",제목 : " + subject
53    + ",글 내용 : " + content;
54        }
55
56    }
```

코드 분석

3~7	게시판 하나의 정보를 구성하는 속성들을 선언한 부분이다.
9~17	게시판 글의 각 속성 값들을 초기화시키는 생성자를 정의한 부분이다.
18~47	각 속성에 외부에서 접근할 수 있는 setXXX 메소드와 getXXX 메소드를 정의한 부분이다.
50~54	해당 객체(게시판 글 하나)의 정보를 원하는 형태로 반환해 주기 위해 toString() 메소드를 오버라이딩한 부분이다.

```
1    import java.util.ArrayList;
2    import java.util.Scanner;
3
4    public class BoardSVC {
5
6        ArrayList<BoardVO> boardList;
7
8        public BoardSVC() {
9            // TODO Auto-generated constructor stub
10           boardList =  new ArrayList<BoardVO>();
11       }
12
13       public void writeArticle(Scanner sc) {
14           // TODO Auto-generated method stub
15           System.out.println("게시판 글을 작성하세요.");
16           System.out.print("작성자 : ");
17           String register = sc.next();
18           System.out.print("이메일 : ");
19           String email = sc.next();
20           System.out.print("비밀번호 : ");
21           String passwd = sc.next();
22           System.out.print("제목 : ");
23           String subject = sc.next();
24           System.out.print("글 내용 : ");
25           String content = sc.next();
26
27           BoardVO boardVO = new BoardVO(register, subject, email, content, passwd);
28           addArticle(boardVO);
29       }
30
31       private void addArticle(BoardVO boardVO) {
32           // TODO Auto-generated method stub
33           boardList.add(boardVO);
34       }
35
36       public void listArticles(Scanner sc) {
37           // TODO Auto-generated method stub
38           if(boardList.size() > 0){
39               for(int i=0;i<boardList.size();i++){
40                   System.out.println(boardList.get(i));
```

```
41                    }
42                }
43            else{
44                System.out.println("등록된 글이 없습니다.");
45            }
46        }
47
48    public void removeArticle(Scanner sc) {
49        // TODO Auto-generated method stub
50        System.out.println("제거할 글의 작성자와 비밀번호를 입력하세요.");
51        System.out.print("작성자 : ");
52        String register = sc.next();
53        System.out.print("비밀번호 : ");
54        String passwd = sc.next();
55
56        removeArticle(register,passwd);
57    }
58
59    private void removeArticle(String register, String passwd) {
60        // TODO Auto-generated method stub
61        if(boardList.size() > 0){
62            int index = -1;
63            for(int i=0;i<boardList.size();i++){
64                if(boardList.get(i).getRegister().equals(register)){
65                    if(boardList.get(i).getPasswd().equals(passwd)){
66                        boardList.remove(boardList.get(i));
67                        index = i;
68                    }
69                }
70            }
71            if(index == -1){
72                System.out.println("해당 작성자가 없거나 비밀번호가 일치하지 않습니다.");
73                return;
74            }
75        }
76        else{
77            System.out.println("작성된 글이 존재하지 않습니다.");
78        }
79    }
80
81 }
```

6	게시판 글 정보를 BoardSVC 객체 안에서 공유될 수 있도록 ArrayList 타입의 boardList 변수를 멤버 변수로 정의한 부분이다.
8~11	생성자가 호출되자마자 boardList 객체가 생성되게 처리한 부분이다.
16~25	새로 등록할 글 정보를 콘솔로부터 입력받는 부분이다. 입력받는 데이터 사이에 스페이스 바가 존재하면 한 라인을 읽을 수 있는 Scanner클래스의 readLine( ) 메소드를 이용하여 사용자의 입력 값을 읽어 들여도 된다.
27	콘솔로부터 입력받은 새로운 게시판 데이터를 이용해서 게시판 글 정보 객체 하나를 생성하는 부분이다.
28	게시판 글 정보 객체 하나를 인자로 던지면서 해당 글 정보를 boardList(게시판 글 목록) 객체에 추가하는 기능을 하는 addArticle 메소드를 호출하는 부분이다.
33	boardList 객체에 BoardVO 객체 하나를 요소로 추가하는 부분이다. 즉, 게시판 글 하나를 등록하는 부분이다.
36~46	ArrayList 객체(boardList)에 저장되어 있는 게시판 글 목록을 출력해 주는 메소드를 정의한 부분이다.
38~42	등록된 글 정보가 하나라도 존재하면 boardList 객체에 저장되어 있는 글 목록의 정보를 출력하는 부분이다.
40	각 인덱스에 해당하는 BoardVO 객체의 toString( ) 메소드를 호출해서 정보를 출력하는 부분이다. 자바에서는 특정 객체가 System.out.print( ) 메소드의 인자 값으로 지정되면 해당 객체의 toString( ) 메소드가 자동으로 호출된다.
51~54	제거할 글의 작성자와 비밀번호를 콘솔로부터 입력받는 부분이다. 본 예제에서는 작성자가 중복되지 않는다고 가정하였으며, 해당 작성자의 글을 삭제할 때 비밀번호가 일치해야 글을 삭제할 수 있도록 처리하였다. 물론, 완전한 게시판은 아니지만 ArrayList의 기능을 설명하기 위한 용도이다.
56	제거할 글의 작성자와 비밀번호를 인자로 전송하면서 해당 글을 삭제하는 기능을 하는 메소드(removeArticle)를 호출하는 부분이다.
61	boardList 객체에 글이 하나라도 존재하는지를 판단하는 부분이다.
62	삭제할 글의 인덱스 번호를 저장할 변수를 정의한 부분이다.
63	파라미터로 전송되어 온 작성자 정보를 가지고 있는 BoardVO 객체를 찾아내는 부분이다.
64	해당 작성자가 작성한 글의 비밀번호가 파라미터로 전송되어 온 비밀번호와 일치하는지를 판단하는 부분이다.
66	작성자의 비밀번호가 맞으면 해당 인덱스 영역에 저장되어 있는 BoardVO 객체를 boardList 객체에서 제거하는 부분이다.
67	제거한 글의 인덱스의 번호를 index 변수에 할당하는 부분이다.
71~74	제거하려는 글의 작성자가 존재하지 않거나 비밀번호가 일치하지 않을 때, 즉 index 값이 처음에 초기화시킨 -1 값으로 저장되어 있을 때 간단한 메시지를 출력하고 return 예약어를 사용해서 메소드 실행을 종료하는 부분이다.
76~78	boardList 객체에 BoardVO 객체가 하나도 저장되어 있지 않을 때, 즉 작성된 글이 하나도 없을 때 메시지를 출력해 주는 부분이다.

```java
1    import java.util.Scanner;
2
3    public class BoardMain {
4
5        /**
6         * 게시판 예제
7         */
8        public static void main(String[] args) {
9            // TODO Auto-generated method stub
10           boolean stop = false;
11           Scanner sc = new Scanner(System.in);
12           BoardSVC boardSVC = new BoardSVC();
13           do{
14           System.out.println("메뉴를 입력하세요");
15           System.out.println("1. 게시판 글쓰기");
16           System.out.println("2. 글 목록 보기");
17           System.out.println("3. 글 삭제");
18           System.out.println("4. 종료");
19
20             System.out.print("메뉴 번호 입력 :  ");
21           int menu = sc.nextInt();
22           switch(menu){
23           case 1:
24               boardSVC.writeArticle(sc);
25               break;
26           case 2:
27               boardSVC.listArticles(sc);
28               break;
29           case 3:
30               boardSVC.removeArticle(sc);
31               break;
32           case 4:
33               stop = true;
34           }
35           }
36           while(!stop);
37       }
38
39   }
```

10	do ~ while 문장 실행을 중단할지를 지정하는 변수를 정의하였다. 초기값을 false로 지정하여 반복문이 계속 실행되게 처리하였다.
11	Scanner 객체를 생성한 부분이다. Scanner 객체를 이 부분에서 한 번 생성해서 공유하게 된다.
14~18	사용자가 요청할 수 있는 메뉴 항목을 콘솔 화면에 출력하는 부분이다.
21	콘솔에서 메뉴번호를 읽어 들이는 부분이다.
22~34	사용자가 입력한 메뉴 번호에 따라서 해당하는 요청을 처리하는 메소드를 호출하는 부분이다.
36	Stop 변수 앞에 !를 붙였기 때문에 stop 변수 값이 false일 경우 프로그램이 계속 실행된다.

실행결과① 게시판 글 등록 후 글 목록 보기

```
메뉴를 입력하세요
1. 게시판 글쓰기
2. 글 목록 보기
3. 글 삭제
4. 종료
메뉴 번호 입력 :  1
게시판 글을 작성하세요.
작성자 : 오정원
이메일 : aaa@a.com
비밀번호 : 1111
제목 : 첫글
글 내용 : 첫글이다.
메뉴를 입력하세요.
1. 게시판 글쓰기
2. 글 목록 보기
3. 글 삭제
4. 종료
메뉴 번호 입력 :  2
작성자 : 오정원,이메일 : aaa@a.com,제목 : 첫글,글 내용 : 첫글이다.
메뉴를 입력하세요.
1. 게시판 글쓰기
2. 글 목록 보기
3. 글 삭제
4. 종료
메뉴 번호 입력 :
```

메뉴를 입력하세요.

1. 게시판 글쓰기

2. 글 목록 보기

3. 글 삭제

4. 종료

메뉴 번호 입력 : 2

작성자 : 오정원,이메일 : aaa@a.com,제목 : 첫글,글 내용 : 첫글이다.

작성자 : 이정원,이메일 : bbb@b.com,제목 : 두번째글,글 내용 : 두번째글이다.

메뉴를 입력하세요.

1. 게시판 글쓰기

2. 글 목록 보기

3. 글 삭제

4. 종료

메뉴 번호 입력 : 3

제거할 글의 작성자와 비밀번호를 입력하세요.

작성자 : 오정원

비밀번호 : 1111

메뉴를 입력하세요.

1. 게시판 글쓰기

2. 글 목록 보기

3. 글 삭제

4. 종료

메뉴 번호 입력 : 2

작성자 : 이정원,이메일 : bbb@b.com,제목 : 두번째글,글 내용 : 두번째글이다.

메뉴를 입력하세요.

1. 게시판 글쓰기

2. 글 목록 보기

3. 글 삭제

4. 종료

메뉴 번호 입력 :

메뉴를 입력하세요.

1. 게시판 글쓰기

2. 글 목록 보기

3. 글 삭제

4. 종료

메뉴 번호 입력 : 1

게시판 글을 작성하세요.

작성자 : 1

이메일 : 1

비밀번호 : 1

제목 : 1

글 내용 : 1

메뉴를 입력하세요.

1. 게시판 글쓰기

2. 글 목록 보기

3. 글 삭제

4. 종료

메뉴 번호 입력 : 1

게시판 글을 작성하세요.

작성자 : 2

이메일 : 2

비밀번호 : 2

제목 : 2

글 내용 : 2

메뉴를 입력하세요.

1. 게시판 글쓰기

2. 글 목록 보기

3. 글 삭제

4. 종료

메뉴 번호 입력 : 2

작성자 : 1,이메일 : 1,제목 : 1,글 내용 : 1

작성자 : 2,이메일 : 2,제목 : 2,글 내용 : 2

메뉴를 입력하세요.

1. 게시판 글쓰기

2. 글 목록 보기

3. 글 삭제

4. 종료

메뉴 번호 입력 : 3

제거할 글의 작성자와 비밀번호를 입력하세요.

작성자 : 1

비밀번호 : 3

해당 작성자가 없거나 비밀번호가 일치하지 않습니다.

메뉴를 입력하세요.

1. 게시판 글쓰기

2. 글 목록 보기

3. 글 삭제

4. 종료

메뉴 번호 입력 : 2

작성자 : 1,이메일 : 1,제목 : 1,글 내용 : 1

작성자 : 2,이메일 : 2,제목 : 2,글 내용 : 2

메뉴를 입력하세요.

1. 게시판 글쓰기

2. 글 목록 보기

3. 글 삭제

4. 종료

메뉴 번호 입력 :

실행결과 ④ 종료

메뉴를 입력하세요.

1. 게시판 글쓰기

2. 글 목록 보기

3. 글 삭제

4. 종료

메뉴 번호 입력 : 4

상단 예제에서 게시판의 새로운 글 정보 작성 시 중간에 공백이 있으면 아래와 같은 에러가 발생한다.

```
메뉴를 입력하세요
1.게시판 글쓰기
2.글 목록 보기
3.글 삭제
4.종료
메뉴번호 입력 :   1
게시판 글을 작성 하세요
작성자 :  오정원
이메일 :  b@b.com
비밀번호 :  1111
제목 :  첫번째
글 내용 :  첫번째 글입니다.
메뉴를 입력하세요
1.게시판 글쓰기
Exception in thread "main" 2.글 목록 보기
3.글 삭제
4.종료
메뉴번호 입력 :   java.util.InputMismatchException
        at java.base/java.util.Scanner.throwFor(Scanner.java:939)
        at java.base/java.util.Scanner.next(Scanner.java:1594)
        at java.base/java.util.Scanner.nextInt(Scanner.java:2258)
        at java.base/java.util.Scanner.nextInt(Scanner.java:2212)
        at BoardMain.main(BoardMain.java:21)
```

상단의 그림에서 보여지는 에러를 방지하려면 Scanner 생성 시 한 라인을 읽을 수 있게 구분자를 설정하면 된다.

즉, BoardMain 예제 코드의 11라인에서 Scanner 객체를 생성할 때 아래와 같이 생성하면 된다.

```
Scanner sc = new Scanner(System.in);
sc.useDelimiter(System.getProperty("line.separator"));
```

상단 코드 내용은 Scanner 객체의 구분자로(즉, 읽을 범위로) 시스템의 개행 속성 문자 값을 지정하여 한 라인씩 읽을 수 있게 처리한 것이다.

3. Vector

Vector 클래스는 ArrayList의 구버전으로서 ArrayList의 사용법과 유사하다. ArrayList와의 차이점이 있다면 컬렉션에 작업을 수행할 때 Vector의 경우 멀티 스레드 작업이 아니어도 무조건 동기화가 처리되고, ArrayList의 경우에는 기본적으로 동기화가 적용되지 않고 동기화가 필요한 경우에만 메소드를 이용해서 동기화 처리를 해 줄 수 있다. 즉, ArrayList가 성능이 더 우수하다는 것이다. Vector 보다는 ArrayList 객체를 사용할 것을 권장한다.

➡ Chapter9₩src₩VectorTest.java

```java
1    import java.util.Enumeration;
2    import java.util.Iterator;
3    import java.util.Vector;
4
5    public class VectorTest {
6
7        /**
8         * Vector 테스트
9         */
10       public static void main(String[] args) {
11           // TODO Auto-generated method stub
12           Vector<String> vt = new Vector<String>();
13           vt.add("서울");
14           vt.add("춘천");
15           vt.add("광주");
16           vt.add("대구");
17           vt.add("부산");
18
19           for(int i=0;i<vt.size();i++){
20               System.out.println("vt.get(" + i + ") = " + vt.get(i));
21           }
```

```
22          System.out.println();
23
24          System.out.println("Iterator로 요소 출력");
25              Iterator<String> it = vt.iterator();
26              while(it.hasNext()){
27                  System.out.println(it.next());
28              }
29          System.out.println();
30
31          System.out.println("Enumeration으로 요소 출력");
32              Enumeration<String> e = vt.elements();
33              while(e.hasMoreElements()){
34                  System.out.println(e.nextElement());
35              }
36
37      }
38
39  }
```

코드 분석

12	Vector 객체를 생성하는 부분이다.
13~17	Vector 객체에 요소를 추가하는 부분이다.
19~21	Vector 객체에 저장되어 있는 요소들을 출력하는 부분이다.
26~28	Vector 객체의 요소들을 Iterator를 이용하여 출력하는 부분이다. Iterator는 컬렉션의 요소들을 차례대로 접근해서 처리하는 기능을 제공하는 인터페이스이다. hasNext() 메소드는 다음 요소가 있는지를 판단하며, next() 메소드는 다음 요소를 반환하고 작업 위치를 다음 요소(반환한 요소 다음 요소)로 이동시킨다.
33~35	Vector 객체의 요소들을 Enumeration을 이용해서 출력하는 부분이다. Enumeration 인터페이스는 Iterator의 구버전으로 Iterator와 동일한 기능을 제공해 준다. hasMoreElements() 메소드의 기능은 Iterator의 hasNext() 메소드의 기능과 동일하고, nextElement() 메소드의 기능은 Iterator의 next() 메소드의 기능과 동일하다.

실행 결과

```
vt.get(0) = 서울
vt.get(1) = 춘천
vt.get(2) = 광주
vt.get(3) = 대구
vt.get(4) = 부산
```

실전 예제로 기초부터 탄탄히 배우는 자바 프로그래밍

Iterator로 요소 출력
서울
춘천
광주
대구
부산

Enumeration으로 요소 출력
서울
춘천
광주
대구
부산

4. LinkedList

LinkedList 클래스는 Queue 인터페이스와 List 인터페이스를 구현한 클래스이다. LinkedList 클래스에서 List 인터페이스의 기능을 이용하는 방식은 ArrayList와 비슷하나 데이터를 저장하는 방식이 다르다.

LinkedList에 저장되는 요소들은 아래의 그림처럼 각 요소의 이전 요소와 다음 요소의 주소를 링크하고 있다. 그리고 첫 번째 요소와 마지막 요소는 서로 연결되어 있다.

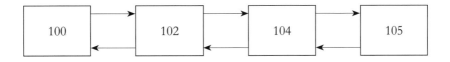

상단 그림과 같은 구조에서 104번에 존재하는 요소를 제거하면 LinkedList의 구조는 다음과 같이 변경된다. 하단의 그림처럼 제거하려는 요소의 앞뒤의 링크 주소만 수정하면 되므로 ArrayList 방식보다 성능이 훨씬 좋다.

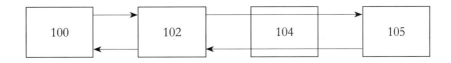

상단 그림에서 임의의 위치에 요소를 추가할 때의 구조는 아래의 그림과 같이 변경된다.
추가하는 요소 앞뒤 요소의 링크되는 주소를 추가되는 요소의 주소로 변경해 주면 된다.

따라서 ArrayList보다 추가 작업 시에도 맨 뒤에 추가하는 경우를 제외하고는 성능이 우수하다.

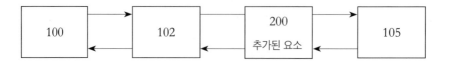

→ Chapter9₩src₩LinkedListTest1.java

```
1    import java.util.LinkedList;
2
3    public class LinkedListTest1 {
4
5        /**
6         * LinkedList 테스트
7         */
8        public static void main(String[] args) {
9            // TODO Auto-generated method stub
10           LinkedList<String> ll = new LinkedList<String>();
11
12           ll.add("SM5");
13           ll.add("소나타");
14           ll.add("그랜저");
15           ll.add("아우디");
16           ll.add("에쿠스");
17           ll.add(2,"K9");
18           ll.set(3, "라노스");
19
20           for(int i=0;i<ll.size();i++){
21               System.out.println(ll.get(i));
22           }
23       }
24
25   }
```

🔧 코드 분석

10	LinkedList 객체를 생성하는 부분이다.
12~17	차례대로 LinkedList 객체에 요소를 추가하는 부분이다.
17	2번 인덱스에 요소를 추가하는 부분이다.
18	3번 인덱스의 요소를 "라노스" 요소로 변경하는 부분이다.

실행 결과

```
SM5
소나타
K9
라노스
아우디
에쿠스
```

LinkedList 클래스는 Queue 인터페이스도 구현하고 있다.
Queue 인터페이스의 구조는 아래 그림과 같다.

 상단 그림의 구조처럼 Queue의 형태는 한쪽에서 요소를 추가하고 반대 방향으로 요소를 추출하는
형태이다. 따라서 먼저 추가된 요소가 먼저 추출된다. 즉 FIFO(First In First Out) 구조이다.

• Queue 인터페이스의 주요 메소드

메소드	설명
boolean add(E e)	해당 요소를 추가함.
E element( )	Queue의 제일 상단에 존재하는 요소를 반환함. 해당 요소를 Queue에서 제거하지는 않는다.
boolean offer(E e)	해당 요소를 Queue의 마지막에 추가함.
E peek( )	Queue 요소를 하나 가져옴. 해당 요소를 제거하지는 않는다.
E poll( )	Queue 요소를 하나 가져오면서 해당 요소를 제거한다.
E remove( )	Queue의 최상단 요소를 제거한다.

```
1     import java.util.LinkedList;
2     import java.util.Queue;
3
4     public class LinkedListTest2 {
5
6         /**
7          * Queue 테스트
8          */
9         public static void main(String[] args) {
10            // TODO Auto-generated method stub
11            Queue<String> queue = new LinkedList<String>();
12
13            queue.offer("강남구");
14            queue.offer("노원구");
15            queue.offer("은평구");
16            queue.offer("도봉구");
17            queue.offer("서초구");
18
19            while(!queue.isEmpty()){
20                System.out.println(queue.poll());
21            }
22        }
23
24    }
```

⚙ 코드 분석

11	Queue 타입으로 LinkedList 객체를 생성하는 부분이다.
13~17	LinkedList 객체에 요소를 추가하는 부분이다.
19~21	LinkedList 객체에 추가되어 있는 요소를 출력하는 부분이다. 추가한 순서대로 요소가 출력된다.

🖱 실행결과

```
강남구
노원구
은평구
도봉구
서초구
```

5. Stack 클래스

Stack의 데이터 저장 구조는 요소를 추가한 방향으로 요소를 추출하는 구조이다. 따라서, 마지막에 추가한 요소가 먼저 출력되는 저장 구조를 가진다. 즉, LIFO(Last In First Out) 구조이다.

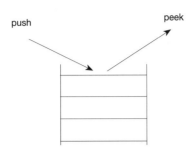

• **Stack 클래스의 주요 메소드**

메소드	설명
E element( )	요소 하나를 반환하는 메소드이다.
E peek( )	요소 하나를 얻어 온 부분이다. 해당 요소를 제거하지는 않는다.
E pop( )	요소 하나를 제거하면서 얻어 온 부분이다.
E push(E item)	Stack의 최 상단에 새로운 요소를 추가한다.
int search (Object o)	해당 요소를 검색해서 해당 요소의 위치를 반환해 준다. 1베이스 값이다.

➜ Chapter9₩src₩StackTest.java

```
1    import java.util.Stack;
2
3    public class StackTest {
4
5        /**
6         * Stack 테스트
7         */
8        public static void main(String[] args) {
9            // TODO Auto-generated method stub
10           Stack<String> stack = new Stack<String>();
11
12           stack.push("상계동");
13           stack.push("서초동");
```

```
14          stack.push("불광동");
15          stack.push("이문동");
16
17          while(!stack.isEmpty()){
18              System.out.println(stack.pop());
19          }
20      }
21
22  }
```

코드 분석

9	Stack 클래스의 객체를 생성하는 부분이다.
12~15	stack 객체에 요소를 추가하는 부분이다.
17~19	stack에 저장되어 있는 요소들을 출력하는 부분이다. 요소를 추가한 반대의 순서대로 출력된다.

실행 결과

```
이문동
불광동
서초동
상계동
```

04 Map 인터페이스

Map 인터페이스는 키와 값 쌍의 형태로 데이터를 저장해 주는 컬렉션 인터페이스이다. Map 컬렉션에 데이터를 저장하면 아래 그림과 같이 키와 값 쌍의 형태로 저장된다.

"dirver"	"oarcle.jdbc.driver.OracleDriver"
"url"	"jdbc:oracle:thin:@localhost:1521:orcl"
"userName"	"java"
"password"	"java"

Map 인터페이스는 Collection 인터페이스를 상속받지 않고 별도의 메소드들을 제공해 준다. 값은 중복될 수 있지만, 키는 중복될 수 없다. 만약 기존의 컬렉션에 저장되어 있는 동일한 키를 다시 추가하면 새로 추가하는 요소가 기존에 존재하던 요소를 대체한다. 즉, 기존에 존재하던 요소는 제거된다.

• **Map 인터페이스의 주요 메소드**

boolean containsKey (Object key)	컬렉션에 해당 키가 존재하는지를 판단해 준다.
boolean containsValue (Object value)	컬렉션에 해당 값이 존재하는지를 판단해 준다.
Set<Map.Entry<K,V>> entryset( )	해당 맵 객체의 요소들을 키와 값 단위로 참조할 수 있는 Map.Entry 타입의 요소를 담고 있는 Set 타입의 객체를 반환한다.
V get(Object key)	해당 키와 매핑되어 있는 값을 반환한다.
boolean isEmpty( )	맵 객체에 요소가 하나도 없는지를 판단해 준다.
Set<Key> keySet( )	맵의 키들을 Set 형태로 반환해 준다.
V put(K key,V value)	파라미터로 지정해 준 키와 값으로 요소를 추가한다.
V remove(Object key)	파라미터로 지정한 키를 가지고 있는 요소를 제거한다.
int size( )	전체 요소의 개수를 반환해 준다.

Map 인터페이스를 구현한 대표적인 클래스가 Hashtable과 HashMap이며 Properties 클래스
가 Hashtable을 상속한다. HashMap과 Hashtable의 관계는 Vector와 ArrayList의 관계와 같다.
HashMap이 Hashtale의 신버전이고 Hashtable은 작업이 이루질 때 무조건 동기화 처리가 되며,
HashMap은 동기화 처리가 되지 않는다. 따라서, HashMap을 사용할 것이 권장된다.

HashMap과 Hashtable의 사용법은 유사하다.

1. Hashtable

→ Chapter9₩src₩HashtableTest.java

```
1    import java.util.Hashtable;
2    import java.util.Iterator;
3    import java.util.Set;
4
5    public class HashtableTest {
6
7       /**
8        * Hashtable 테스트
9        */
10      public static void main(String[] args) {
11         // TODO Auto-generated method stub
12
13         Hashtable<String, String> hashtable =
14                 new  Hashtable<String, String>();
15
16         hashtable.put("driver", "orcle.jdbc.driver.OracleDriver");
17         hashtable.put("url", "jdbc:oracle:thin:@localhost:1521:orcl");
18         hashtable.put("username", "java");
19         hashtable.put("password", "java");
20
21         Set<String> keySet = hashtable.keySet();
22         Iterator<String> it = keySet.iterator();
23
24         while(it.hasNext()){
25            String key = it.next();
26            System.out.println("key = " + key + ", value = " + hashtable.get(key));
27         }
28      }
29
30   }
```

13~14	Key의 데이터 타입을 String으로, value의 데이터 타입을 String으로 지정하면서 Hashtable 객체를 생성하는 부분이다.
16~19	Hashtable 객체에 키와 값을 쌍으로 요소를 추가하는 부분이다.
21	Hashtable 객체에 저장되어 있는 키 값들을 Set 타입으로 얻어 온다.
22	Set 타입의 객체를 이용해서 Iterator 객체를 얻어오는 부분이다.
24~27	Hashtable에 저장되어 있는 요소들의 키와 값을 출력해 주는 부분이다.

실행결과

```
key = password, value = java
key = url, value = jdbc:oracle:thin:@localhost:1521:orcl
key = driver, value = orcle.jdbc.driver.OracleDriver
key = username, value = java
```

2. HashMap

HashMap 객체를 사용해서 로그인 예제를 작성해 보자. 로그인 정보를 HashMap에 저장한다.

```java
HashMap<String,String> loginDatas =  HashMap<String,String>();
loginDatas.put("java","java");

HashMap<String,User> userDatas = new HashMap<String,User)();
User user = new User("java","java","상계동",30,"오정원");
userDatas.put("java",user);
```

상단 코드에서 userMaps 맵에는 인증 정보(아이디와 비밀번호)를 저장할 것이고, userDatas 맵 객체에는 각 사용자의 정보(User 객체)를 저장할 것이다.

→ Chapter9₩src₩User.java

```java
1    public class User {
2
3        private String id;
4        private String passwd;
5        private String dong;
6        private int age;
7        private String name;
8        public User(String id, String passwd, String dong, int age,String name) {
```

```java
 9          super();
10          this.id = id;
11          this.passwd = passwd;
12          this.dong = dong;
13          this.age = age;
14          this.name = name;
15      }
16      public String getId() {
17          return id;
18      }
19      public void setId(String id) {
20          this.id = id;
21      }
22      public String getPasswd() {
23          return passwd;
24      }
25      public void setPasswd(String passwd) {
26          this.passwd = passwd;
27      }
28      public String getDong() {
29          return dong;
30      }
31      public void setDong(String dong) {
32          this.dong = dong;
33      }
34      public int getAge() {
35          return age;
36      }
37      public void setAge(int age) {
38          this.age = age;
39      }
40      public String getName() {
41          return name;
42      }
43      public void setName(String name) {
44          this.name = name;
45      }
46      @Override
47      public String toString() {
48          // TODO Auto-generated method stub
```

```
49              return "아이디 = " + id + ", 이름 = " + name + ", 나이 = " + age
50                  + ", 비밀번호 = " + passwd + ", 동 = " + dong;
51          }
52
53      }
```

코드 분석

사용자의 정보를 저장하는 클래스이다.

3~7	사용자의 각 정보를 저장하는 변수들을 선언한 부분이다.
8~15	모든 멤버 변수의 값을 초기화 시키는 생성자를 정의한 부분이다.
16~45	모든 변수에 대한 setXXX,getXXX 메소드를 정의한 부분이다.
47~51	해당 객체의 정보를 반환해 주는 toString() 메소드를 재정의 한 부분이다.

➡ Chapter9\src\LoginSVC.java

```java
1   import java.util.HashMap;
2
3   public class LoginSVC {
4
5       private HashMap<String, String> loginDatas;
6       private HashMap<String, User> userDatas;
7
8       public LoginSVC() {
9           // TODO Auto-generated constructor stub
10          loginDatas = new HashMap<String, String>();
11          userDatas = new HashMap<String, User>();
12          loginDatas.put("java", "java");
13          userDatas.put("java", new User("java", "java", "상계동", 30, "오정원"));
14      }
15      public User login(String id, String passwd) {
16          // TODO Auto-generated method stub
17          User user = null;
18          if(loginDatas.containsKey(id)){
19              if(loginDatas.get(id).equals(passwd)){
20                  user = userDatas.get(id);
21              }
22          }
23          return user;
24      }
```

```
25
26    }
```

📟 코드 분석

상단의 클래스는 실질적으로 로그인 처리를 하는 비지니스 로직이 정의되어 있는 클래스이다.

5~6	데이터를 키와 값으로 저장할 HashMap 객체를 선언하는 부분이다.
8~14	각각의 HashMap 객체를 생성하고 각 HashMap 객체에 필요한 데이터를 추가하는 부분이다.
15~24	아이디와 비밀번호를 파라미터 값으로 받아서 로그인 처리를 해 주는 메소드 영역이다.
18	파라미터로 넘어온 id 값이 loginDatas 맵 객체에 키로 저장되어 있는지를 검색하는 부분이다.
19	파라미터로 넘어온 아이디가 키인 loginDatas 맵에 저장되어 있는 사용자의 passwd 값이 메소드의 파라미터 값으로 전달된 passwd 값과 같은지를 비교하는 부분이다.
20	인증이 성공하면 userDatas 맵 객체에 인증이 된 아이디를 키로 저장되어 있는 값을 가져와서 user 변수에 초기화시킨다. 즉, 해당 아이디의 사용자 정보를 얻어 온다.
23	최종적으로 인증된 사용자의 정보 객체를 반환해 준다. 인증에 실패하면 null 값이 반환된다.

➡ Chapter9₩src₩LoginMain.java

```java
1    import java.util.Scanner;
2
3    public class LoginMain {
4
5        /**
6         * 로그인 테스트
7         */
8        public static void main(String[] args) {
9            // TODO Auto-generated method stub
10           boolean stop = false;
11           Scanner sc = new Scanner(System.in);
12           LoginSVC loginSVC = new LoginSVC();
13
14           do{
15               System.out.println("로그인 화면입니다.");
16               System.out.println("아이디와 비밀번호를 입력하세요.");
17               System.out.print("아이디 : ");
18               String id = sc.next();
19               System.out.print("비밀번호 : ");
20               String passwd = sc.next();
21
```

```
22                  User user = loginSVC.login(id,passwd);
23                  if(user == null){
24                      System.out.println("아이디나 비밀번호가 일치하지 않습니다.");
25                  }
26                  else{
27                      System.out.println("로그인한 사용자 정보");
28                      System.out.println(user);
29                      stop = true;
30                  }
31              }
32          while(!stop);
33          }
34
35      }
```

코드 분석

상단의 클래스는 사용자로부터 아이디와 비밀번호를 콘솔을 통해 입력받고 로그인 요청을 하는 코드가 구현되어 있는 클래스이다.

9	do ~ while 문을 계속 실행할지를 판단하는 변수(stop)를 정의하였다. 이 값이 true가 되면 반복문 실행을 중지한다.
11	Scanner 객체를 생성하는 부분이다.
12	LoginSVC 객체를 생성하는 부분이다.
18	콘솔로부터 사용자가 입력한 아이디를 읽어 들이는 부분이다.
20	콘솔로부터 사용자가 입력한 비밀번호를 읽어 들이는 부분이다.
22	아이디와 비밀번호를 인자로 던지면서 로그인 처리를 하는 메소드를 호출하는 부분이다. 로그인에 성공하면 로그인에 성공한 사용자의 정보가 User 타입으로 반환되고, 로그인에 실패하면 null 값이 반환된다.
23~25	인증이 실패했을 때 실패 메시지 출력하고 아이디와 비밀번호를 계속 물어보게 처리하는 부분이다.
26~30	인증에 성공했으면 해당 사용자의 정보를 출력해 주고 반복문을 빠져나오게 처리하는 부분이다.

실행 결과

로그인 화면입니다.
아이디와 비밀번호를 입력하세요.
아이디 : aaa
비밀번호 : java
아이디나 비밀번호가 일치하지 않습니다.
로그인 화면입니다.

아이디와 비밀번호를 입력하세요.

아이디 : java

비밀번호 : aaa

아이디나 비밀번호가 일치하지 않습니다.

로그인 화면입니다.

아이디와 비밀번호를 입력하세요.

아이디 : java

비밀번호 : java

로그인한 사용자 정보

아이디 = java, 이름 = 오정원, 나이 = 30, 비밀번호 = java, 동 = 상계동

3. Properties 클래스

Properties 클래스는 Hashtable을 상속받은 클래스로서 다른 맵 클래스들은 키와 값을 객체 타입으로 다루는데 Properties 클래스는 키와 값을 String 타입으로 다루므로 속성 값을 다루기에 편리한 클래스이다.

➡ Chapter9₩src₩PropertiesTest.java

```java
1    import java.util.Enumeration;
2    import java.util.Properties;
3
4    public class PropertiesTest {
5
6        /**
7         * Properties 테스트
8         */
9        public static void main(String[] args) {
10           // TODO Auto-generated method stub
11           Properties p = new Properties();
12           p.put("name", "오정원");
13           p.put("addr", "상계동");
14           p.put("age", "10");
15           p.put("nation", "대한민국");
16
17           Enumeration propNames = p.propertyNames();
18           while(propNames.hasMoreElements()){
19               String name = (String)propNames.nextElement();
20               System.out.println("name = " + name + ", value = " +
21    p.getProperty(name));
22           }
23       }
```

```
24      }
```

코드 분석

11	Properties 객체를 생성하는 부분이다.
12~15	각 속성 값을 요소로 추가하는 부분이다.
17	Properties 객체에 저장되어 있는 요소의 이름을 Enumeration 타입으로 얻어오는 부분이다.
19	각 요소의 이름을 하나씩 얻어오는 부분이다.
20	각 요소의 이름과 값을 출력하는 부분이다. getProperty 메소드는 해당 이름에 대한 속성값을 반환해 준다.

실행 결과

```
name = age, value = 10
name = name, value = 오정원
name = nation, value = 대한민국
name = addr, value = 상계동
```

05 Iterator와 ListIterator의 차이점

Iterator와 ListIterator는 특정 컬렉션의 요소를 순차적으로 접근할 수 있게 지원해 주는 인터페이스들이다. 두 인터페이스 모두 빈번하게 사용되는 인터페이스이지만 두 인터페이스의 차이점은 Iterator 인터페이스는 전 방향으로만 이동하면서 요소 작업을 할 수 있지만, ListIterator는 후 방향으로도 이동하면서 작업을 할 수 있다는 점이다. 그리고 ListIterator는 List 인터페이스 타입의 컬렉션에서만 사용할 수 있다.

→ Chapter9₩src₩IteratorListIterator.java

```java
1    import java.util.ArrayList;
2    import java.util.Iterator;
3    import java.util.ListIterator;
4
5    public class IteratorListIterator {
6
7        /**
8         * Iterator 와 ListIterator 테스트
9         */
10       public static void main(String[] args) {
11           // TODO Auto-generated method stub
12           ArrayList<String> al = new ArrayList<String>();
13           al.add("축구");
14           al.add("야구");
15           al.add("레슬링");
16           al.add("권투");
17           al.add("이종격투기");
18
19           System.out.println("Iterator를 이용한 출력");
20           Iterator<String> it = al.iterator();
21           while(it.hasNext()){
22               System.out.println(it.next());
23           }
24           System.out.println();
25
26           System.out.println("ListIterator를 이용한 전 방향 출력");
27           ListIterator<String> lt = al.listIterator();
```

```
28              while(lt.hasNext()){
29                  System.out.println(lt.next());
30              }
31          System.out.println();
32
33          System.out.println("ListIterator를 이용한 후 방향 출력");
34          while(lt.hasPrevious()){
35                  System.out.println(lt.previous());
36              }
37      }
38
39  }
```

코드 분석

12	Iterator와 ListIterator에서 소스로 사용할 요소를 저장할 ArrayList 객체를 생성한 부분이다.
13~17	ArrayList 객체에 요소를 추가하는 부분이다.
20	Iterator 객체를 생성하는 부분이다. Iterator 객체는 전방향으로만 이동하면서 요소를 처리할 수 있다.
21~23	Iterator 객체가 전 방향으로 이동하면서 요소들을 출력하는 부분이다.
27	ListIterator 객체를 생성하는 부분이다.
28~30	ListIterator 객체가 전 방향으로 이동하면서 요소를 출력해 주는 부분이다.
34~36	ListIterator 객체가 후 방향으로 이동하면서 요소를 출력해 주는 부분이다. hasPrevious( ) 메소드는 이전 요소가 존재하는지를 판단해 주는 메소드이며, previous( ) 메소드는 다음 요소를 반환해 주는 메소드이다.

실행 결과

Iterator를 이용한 출력
축구
야구
레슬링
권투
이종격투기

ListIterator를 이용한 전 방향 출력
축구
야구
레슬링
권투
이종격투기

ListIterator를 이용한 후 방향 출력
이종격투기
권투
레슬링
야구
축구

컬렉션의 마지막 예제로 게시판 글 등록, 게시판 글 목록 보기, 게시판 글 삭제 처리 프로그램을
HashMap을 이용해서 작성한다.

➡ Chapter9₩src₩map₩BoardSVC.java

```java
1    package map;
2    import java.util.ArrayList;
3    import java.util.HashMap;
4    import java.util.Scanner;
5
6    public class BoardSVC {
7
8        ArrayList<HashMap<String,String>> boardList;
9
10       public BoardSVC() {
11           // TODO Auto-generated constructor stub
12           boardList =  new ArrayList<HashMap<String,String>>();
13       }
14
15       public void writeArticle(Scanner sc) {
16           // TODO Auto-generated method stub
17           System.out.println("게시판 글을 작성하세요.");
18           System.out.print("작성자 : ");
19           String register = sc.next();
20           System.out.print("이메일 : ");
21           String email = sc.next();
22           System.out.print("비밀번호 : ");
23           String passwd = sc.next();
24           System.out.print("제목 : ");
25           String subject = sc.next();
26           System.out.print("글 내용 : ");
27           String content = sc.next();
28
29           HashMap<String,String> boardMap = new HashMap<String,String>();
```

```
30          boardMap.put("register", register);
31          boardMap.put("subject", subject);
32          boardMap.put("email", email);
33          boardMap.put("content", content);
34          boardMap.put("passwd", passwd);
35
36          addArticle(boardMap);
37      }
38
39      private void addArticle(HashMap<String,String> boardMap) {
40          // TODO Auto-generated method stub
41          boardList.add(boardMap);
42      }
43
44      public void listArticles(Scanner sc) {
45          // TODO Auto-generated method stub
46          if(boardList.size() > 0){
47              for(int i=0;i<boardList.size();i++){
48                  System.out.println("작성자 : " + boardList.get(i).get("register")
49                          + ", subject = " + boardList.get(i).get("subject") +
50                          ", email = " + boardList.get(i).get("email") +
51                          ", content = " + boardList.get(i).get("content"));
52              }
53          }
54          else{
55              System.out.println("등록된 글이 없습니다.");
56          }
57      }
58
59      public void removeArticle(Scanner sc) {
60          // TODO Auto-generated method stub
61          System.out.println("제거할 글의 작성자와 비밀번호를 입력하세요.");
62          System.out.print("작성자 : ");
63          String register = sc.next();
64          System.out.print("비밀번호 : ");
65          String passwd = sc.next();
66
67          removeArticle(register,passwd);
68      }
69
```

```
70      private void removeArticle(String register, String passwd) {
71          // TODO Auto-generated method stub
72          if(boardList.size() > 0){
73              int index = -1;
74              for(int i=0;i<boardList.size();i++){
75                  if(boardList.get(i).get("register").equals(register)){
76                      if(boardList.get(i).get("passwd").equals(passwd)){
77                          boardList.remove(boardList.get(i));
78                          index = i;
79                      }
80                  }
81              }
82              if(index == -1){
83                  System.out.println("해당 작성자가 없거나 비밀번호가 일치하지 않습니
84  다.");
85                  return;
86              }
87          }
88          else{
89              System.out.println("작성된 글이 존재하지 않습니다.");
90          }
91      }
92
93  }
```

⚙️ 코드 분석

8	ArrayList에 게시판 글 하나의 정보를 저장할 객체로 HashMap 타입을 지정하는 부분이다. HashMap 객체는 각 게시판 글 하나의 정보들을 키와 값 형태로 저장한다. 아래 그림과 같이 글 하나의 정보가 HashMap 객체에 저장된다.

"register"	"1"
"subject"	"1"
"email"	"1"
"content"	"1"
"passwd"	"1"

29	HashMap 객체를 생성하는 부분이다. 글 등록 요청이 들어왔을 때마다 HashMap 객체를 하나씩 생성해 준다.
30~34	HashMap 객체에 글 하나를 구성하는 각 속성 값들을 키와 값으로 저장하는 부분이다.
36	생성된 HashMap 객체를 인자로 던져 주면서 해당 HashMap 객체를 ArrayList 객체에 요소로 추가하는 메소드를 호출하는 부분이다.

| 74~90 | ArrayList 객체를 인덱스에 의해서 루프를 돌리면서 해당 인덱스 영역에 할당되어 있는 HashMap 객체들의 아이디와 비밀번호를 비교하여 글을 삭제할지를 판단하는 부분이다. |
| 77 | 삭제할 HashMap 객체를 ArrayList 객체에서 삭제하는 부분이다. |

→ Chapter9₩src₩map₩BoardMain.java

```java
1    package map;
2    import java.util.Scanner;
3
4    public class BoardMain {
5
6        /**
7         * 게시판 예제
8         */
9        public static void main(String[] args) {
10           // TODO Auto-generated method stub
11           boolean isStop = false;
12           Scanner sc = new Scanner(System.in);
13           BoardSVC boardSVC = new BoardSVC();
14           do{
15           System.out.println("메뉴를 입력하세요.");
16           System.out.println("1. 게시판 글쓰기");
17           System.out.println("2. 글 목록 보기");
18           System.out.println("3. 글 삭제");
19           System.out.println("4. 종료");
20
21           String menu = sc.next();
22           switch(menu){
23           case "1":
24               boardSVC.writeArticle(sc);
25               break;
26           case "2":
27               boardSVC.listArticles(sc);
28               break;
29           case "3":
30               boardSVC.removeArticle(sc);
31               break;
32           case "4":
33               isStop = true;
34           }
35           }
36           while(!isStop);
```

```
37          }
38
39      }
```

코드 분석

상단의 코드 내용은 ArrayList 예제에서 살펴본 코드이므로 코드 설명은 생략한다.

실행결과 ❶ 글 등록 후 목록 보기

메뉴를 입력하세요.

1. 게시판 글쓰기

2. 글 목록 보기

3. 글 삭제

4. 종료

1

게시판 글을 작성하세요.

작성자 : 1

이메일 : 1

비밀번호 : 1

제목 : 1

글내용 : 1

메뉴를 입력하세요.

1. 게시판 글쓰기

2. 글 목록 보기

3. 글 삭제

4. 종료

2

작성자 : 1, subject = 1, email = 1, content = 1

메뉴를 입력하세요.

1. 게시판 글쓰기

2. 글 목록 보기

3. 글 삭제

4. 종료

메뉴를 입력하세요.

1. 게시판 글쓰기

2. 글 목록 보기

3. 글 삭제

4. 종료

2

작성자 : 1, subject = 1, email = 1, content = 1

작성자 : 2, subject = 2, email = 2, content = 2

메뉴를 입력하세요.

1. 게시판 글쓰기

2. 글 목록 보기

3. 글 삭제

4. 종료

3

제거할 글의 작성자와 비밀번호를 입력하세요.

작성자 : 2

비밀번호 : 2

메뉴를 입력하세요.

1. 게시판 글쓰기

2. 글 목록 보기

3. 글 삭제

4. 종료

2

작성자 : 1, subject = 1, email = 1, content = 1

메뉴를 입력하세요.

1. 게시판 글쓰기

2. 글 목록 보기

3. 글 삭제

4. 종료

스레드

이 장에서는 자바에서 제공하는 대표적인 기능 중에 하나인 스레드에 대해서 살펴보겠다. 자바는 API 차원에서 스레드를 제공해 주기 때문에 동시에 처리해야 하는 오래 걸리거나 복잡한 작업을 스레드로 나누어 처리해 성능을 향상시켜 줄 수 있다. 특히 네트워크 부분에서 스레드를 이용해서 작업을 처리하면 효율적인 코딩을 할 수 있다.

01 스레드의 개념

1 프로세스

프로세스란 프로그램 하나가 실행되고 있는 단위를 의미한다. 시스템의 작업 관리자에서 프로세스 탭을 클릭하면 현재 시스템에서 실행되고 있는 프로세스들을 확인할 수 있다.

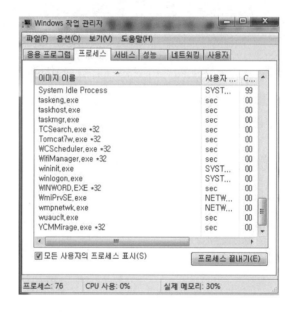

2 스레드

스레드는 하나의 프로세스 안에서 실질적인 작업을 처리하는 하나하나의 단위를 의미한다. 자바로 메신저 프로그램을 만들었다면 메신저 클라이언트 작업을 하는 부분의 코드가 존재하고 서버 작업을 하는 부분의 코드가 존재할 것이다. 클라이언트 역할을 하는 코드 부분을 예로 들면 해당 코드 부분에서는 다음 두 가지 작업을 동시에 해야 한다.

〉 사용자가 화면에 메시지를 입력하고 전송 요청을 하면 입력한 메시지를 서버로 전송하는 역할
〉 서버에서 다른 사용자가 전송한 메시지가 전달되면 해당 메시지를 전송받아 사용자가 볼 수 있도록 화면에
   출력해 주는 역할

두 작업을 하나의 작업 단위(스레드)로 처리하게 되면 하나의 작업이 실행될 때 해당 작업이 다 끝날 때까지 기다렸다가 다른 작업을 수행해야 한다.

즉, 사용자가 입력한 메시지를 서버로 전송하는 작업을 다 끝내기 전에는 사용자 화면에 서버로부터 전송되어 온 메시지를 출력할 수 없다.

이런 경우에는 두 작업을 스레드 단위로 처리하면 스레드 두 개가 동시에 작업을 수행하는 것처럼 처리해 줄 수 있다.

- 스레드 1 : 사용자가 입력한 메시지를 서버에 전송하는 작업 수행
- 스레드 2 : 서버에서 전송되어 오는 메시지를 사용자의 화면에 출력하는 역할을 수행

이렇게 스레드를 이용한 프로그래밍을 하게 되면 시간이 오래 걸리는 작업이나 복잡한 작업, 네트워크 작업 등을 보다 효과적으로 처리할 수 있다.

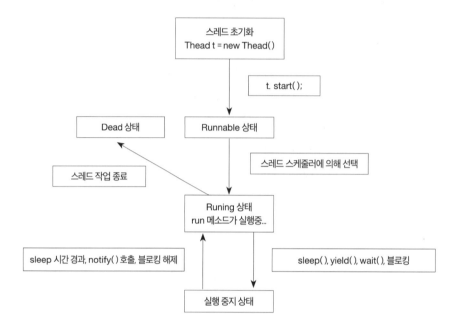

스레드는 상단의 그림에서 나타난 형태의 상태를 가지며 스레드의 작업이 마무리되어 Dead 상태가 되면 다시 스레드가 실행될 수는 없고 새로운 스레드를 생성해서 시작시켜야 한다.

03 스레드의 생성 및 실행

• Thead 클래스에서 제공하는 생성자

생성자	설명
Thread( )	스레드 클래스에서 제공되는 빈 생성자이다. 스레드의 이름을 지정하지 않고 스레드 객체를 생성해 주므로 이름이 자동으로 thread-숫자로 지정된다.
Thread(Runnable target)	Runnable 객체를 파라미터로 지정하여 스레드 객체를 생성한다.
Thread(Runnable target, String name)	Runnable 객체와 스레드 이름을 지정하여 스레드 객체를 생성한다.
Thread(String name)	스레드 이름을 지정하여 스레드 객체를 생성한다.
Thread(ThreadGroup group, Runnable target)	생성되는 스레드 객체를 특정 스레드 그룹에 속하게 하면서 스레드 객체를 생성하는 생성자이다. 기본적으로 그룹을 지정하지 않으면 main 그룹에 속하게 된다.
Thread(ThreadGroup group, Runnable target, String name)	그룹과 이름을 지정하면서 스레드 객체를 생성하는 생성자이다.
Thread(ThreadGroup group, Runnable target, String name, long stackSize)	그룹과 이름 그리고 해당 스레드 객체가 사용할 콜 스텍 사이즈도 지정하면서 스레드 객체를 생성하는 생성자이다.

• Thread 클래스의 주요 메소드

메소드	설명
static int activeCount( )	현재의 스레드가 속해 있는 스레드 그룹과 서브 그룹에서 현재 활성 상태인 스레드의 개수를 반환하는 메소드이다.
static Thread currentThread( )	현재 실행 중인 스레드 객체를 반환해 주는 메소드이다.
String getName( )	스레드의 이름을 반환해 주는 메소드이다.
int getPriority( )	우선순위를 반환해 주는 메소드이다.
ThreadGroup getThreadGroup( )	스레드 그룹을 반환해 주는 메소드이다.

void interrupt( )	스레드에 interrupt를 발생시킨다.
static void sleep (long millis)	인자로 지정한 밀리 초 동안 스레드 실행을 중지한다.
static void sleep (long millis, int nanos)	지정한 시간 동안 스레드 실행을 중지한다.
void run( )	스레드가 실행 상태일 때 실행될 메소드이다. 스레드에서 실행해야 할 작업을 run( ) 메소드에 구현해야 한다.
void start( )	스레드를 시작시켜서 runnable 상태로 만드는 메소드이다.
static void yield( )	다른 스레드에게 CPU 점유를 양보하는 메소드이다.

1 Thread 클래스를 상속받아서 스레드를 생성하기

```
class MyThread extends Thread
    {
        public MyThread(String name)
        {
        super(name);
    }
    public void run()
    {
        스레드에서 수행할 기능 구현;
    }
}
```

상단과 같이 Thread 클래스를 상속받아서 클래스를 정의하면 해당 클래스 자체가 스레드 클래스가 된다. 스레드 객체를 생성하고 스레드를 실행하려면 다음과 같은 코드를 사용하면 된다.

```
MyThread myThread = new MyThread("myThread");
myThread.start();
```

Thread 클래스를 상속받아서 클래스를 정의하면 해당 클래스 자체가 스레드가 되기 때문에 스레드 객체를 생성할 때 해당 클래스의 생성자를 호출해서 바로 생성할 수 있다.

스레드 객체를 생성한 후 스레드를 실행하려면 run 메소드를 바로 호출하는 것이 아니고 Thread 클래스에 정의되어 있는 start 메소드를 호출해야 한다.

run() 메소드를 직접 실행하게 되면 별도의 스레드에서 run() 메소드가 실행되는 것이 아니고 원래 메소드가 실행되는 호출 스택에서 run() 메소드가 실행된다.

즉, 원래 스레드와 하나의 스레드로 작업이 실행되어 원래 스레드와 독립적인 작업을 하지 못한다.

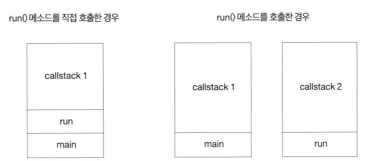

상단의 그림을 보면 알 수 있듯이 start() 메소드를 호출했을 때만 원래 스레드와 별도의 callstack이 생성되면서 새로 생성된 callstack 영역에서 run() 메소드가 실행되는 영역을 확보하고 별도의 스레드 단위로 실행되는 것을 확인할 수 있다.

이렇게 호출해야만 스레드를 시작시킨 스레드와 start() 메소드가 호출된 스레드 객체가 서로에게 영향을 주지 않으면서 완전히 독립적으로 실행될 수 있다.

즉, 새로 생성된 스레드 객체의 작업이 모두 종료해도 원래 스레드의 작업은 종료되지 않으며 원래 스레드의 작업이 종료되어도 새로운 callstack을 확보한 스레드의 작업은 종료되지 않는다.

→ Chapter10₩src₩ThreadTest1.java

```java
1    class MyThread extends Thread {
2
3        public MyThread(String name) {
4            // TODO Auto-generated constructor stub
5            super(name);
6        }
7        @Override
8        public void run() {
9            // TODO Auto generated method stub
10           for(int i=1;i<=20;i++){
11               try{
12                   System.out.print(currentThread().getName());
13                   sleep(10);
```

```
14                        for(int j=1;j<=i;j++){
15                            System.out.print("$");
16                        }
17                        System.out.println();
18                }
19                catch(InterruptedException e){
20                    e.printStackTrace();
21                }
22            }
23        }
24    }
25    public class ThreadTest1 {
26        /**
27         * Thread 클래스로 스레드 생성하기
28         */
29        public static void main(String[] args) {
30            // TODO Auto-generated method stub
31            MyThread myThread = new MyThread("myThread1");
32            myThread.start();
33        }
34
35    }
```

🔧 코드 분석

1	Thread 클래스를 상속받아서 클래스를 정의하는 부분이다.
3~6	Thread의 이름을 초기화시키는 생성자를 정의한 부분이다.
10~22	해당 스레드가 실행될 때 반복문을 실행하면서 특정 기능을 수행하는 부분이다.
12	현재 실행되고 있는 스레드의 이름을 출력하는 부분이다.
13	10 밀리 초 동안 실행을 중지하는 부분이다.
14~16	"$" 문자를 i 변수의 개수만큼 출력하는 부분이다.
17	"$" 문자를 출력한 후 줄 바꿈을 처리하는 부분이다.
19~21	sleep 메소드는 InterruptedException을 발생시킬 수 있기 때문에 해당 예외를 처리해 주는 부분이다.
31	스레드 이름을 "myThread1"으로 지정하면서 스레드 객체를 생성하는 부분이다.
32	myThread를 시작하는 부분이다. start( ) 메소드를 호출하면 새로운 callstack을 할당 받고 Runnable 상태가 되었다가 스레드 스케줄러에 의해서 선택되면 Running 상태가 되면서 해당 스레드의 run( ) 메소드가 실행된다.

```
myThread1$
myThread1$$
myThread1$$$
myThread1$$$$
myThread1$$$$$
myThread1$$$$$$
myThread1$$$$$$$
myThread1$$$$$$$$
myThread1$$$$$$$$$
myThread1$$$$$$$$$$
myThread1$$$$$$$$$$$
myThread1$$$$$$$$$$$$
myThread1$$$$$$$$$$$$$
myThread1$$$$$$$$$$$$$$
myThread1$$$$$$$$$$$$$$$
myThread1$$$$$$$$$$$$$$$$
myThread1$$$$$$$$$$$$$$$$$
myThread1$$$$$$$$$$$$$$$$$$
myThread1$$$$$$$$$$$$$$$$$$$
```

상단의 예제(ThreadTest1.java)에서 myThread라는 스레드 객체를 하나만 만들었지만, 사실은 두 개의 스레드가 실행된다. main 메소드를 실행하는 스레드도 존재하는 것이다. 따라서 myThread 스레드가 sleep() 메소드를 실행하면 myThread의 실행이 중지되면서 그동안 main 스레드가 실행된다. 그 이후 다시 myThread가 실행되는 것이다.

2 Runnable 인터페이스를 구현해서 스레드 클래스를 정의하는 방법

Runnable 인터페이스에는 run() 메소드 하나만 정의되어 있다.

Runnable 인터페이스를 구현해서 스레드를 정의하려면 Runnable 인터페이스의 run() 메소드만 구현해 주면 된다.

```java
class MyThread implements Runnable
{
  public void run()
  {
    스레드에서 수행해야 할 기능 구현;
```

```
        }
    }
```

Runnable 인터페이스를 이용해서 스레드를 구현했을 때는 해당 클래스 자체는 스레드 클래스가 아니다. 단지 스레드가 실행됐을 때 처리해야 하는 기능만 run() 메소드로 구현한 것이다.

따라서, 스레드 객체를 생성하려면 Thread 클래스에서 제공되는 별도의 생성자를 사용해야 한다.

```
MyThread2 myThread2 = new MyThread2();
Thread thread = new Thread(myThread2, "myThread2");
thread.start();
```

→ Chapter10₩src₩ThreadTest2.java

```java
1    class MyThread2 implements Runnable{
2
3        public void run() {
4            // TODO Auto generated method stub
5            for(int i=1;i<=20;i++){
6                try{
7                    System.out.print(Thread.currentThread().getName());
8                    Thread.sleep(10);
9                    for(int j=1;j<=i;j++){
10                        System.out.print("$");
11                    }
12                    System.out.println();
13                }
14                catch(InterruptedException e){
15                    e.printStackTrace();
16                }
17            }
18        }
19
20    }
21    public class ThreadTest2{
22
23        /**
24         * Runnable을 구현해서 스레드 정의
25         */
26        public static void main(String[] args) {
```

```
27              // TODO Auto-generated method stub
28              MyThread2 myThread2 = new MyThread2();
29              Thread thread = new Thread(myThread2, "myThread2");
30              thread.start();
31          }
32
33      }
```

코드 분석

1	Runnable 인터페이스를 구현하면서 클래스를 정의하는 부분이다.
7	currentThread( ) 메소드는 Thread 클래스에서 제공되는 메소드인데 MyThread2 클래스는 Runnable 인터페이스를 구현한 것이지 Thread 클래스가 아니기 때문에 currentThread( ) 메소드를 직접 호출할 수 없다. 따라서 앞에 Thread 클래스를 지정해 주었다.
8	7라인과 같은 이유에서 8라인에서도 Thread 클래스를 지정해 주었다.
28~29	MyThread 클래스 자체가 Thread 클래스가 아니므로 특정한 Thread 클래스의 생성자를 이용해서 스레드 객체를 생성하는 부분이다.

실행 결과

```
myThread2$
myThread2$$
myThread2$$$
myThread2$$$$
myThread2$$$$$
myThread2$$$$$$
myThread2$$$$$$$
myThread2$$$$$$$$
myThread2$$$$$$$$$
myThread2$$$$$$$$$$
myThread2$$$$$$$$$$$
myThread2$$$$$$$$$$$$
myThread2$$$$$$$$$$$$$
myThread2$$$$$$$$$$$$$$
myThread2$$$$$$$$$$$$$$$
myThread2$$$$$$$$$$$$$$$$
myThread2$$$$$$$$$$$$$$$$$
myThread2$$$$$$$$$$$$$$$$$$
myThread2$$$$$$$$$$$$$$$$$$$
myThread2$$$$$$$$$$$$$$$$$$$$
```

3 join( ) 메소드

스레드를 여러 개 동시에 실행할 때는 어떤 스레드가 실행될지를 정확히 제어하기가 힘들다. 즉, 스레드들은 랜덤하게 실행된다. 현재 스레드가 실행되는 중에도 다른 스레드가 실행될 수 있다. 따라서 특정한 스레드의 기능이 전부 실행된 후에 다른 스레드가 실행되게 스레드를 순차적으로 처리하려면 join( ) 메소드를 사용해야 한다. join( ) 메소드는 join( ) 메소드를 호출한 스레드 작업이 모두 끝날 때까지 다른 스레드가 기다리게 하는 기능을 제공한다.

우선 스레드 객체 두 개를 생성해서 동시에 실행해 보도록 하겠다.

→ Chapter10₩src₩JoinTest1.java

```
1    import java.util.ArrayList;
2
3    class BeforeThread extends Thread{
4
5        public BeforeThread(String name) {
6            // TODO Auto-generated constructor stub
7            super(name);
8        }
9        private void addCar(){
10            System.out.println("addCar");
11            JoinTest1.carList.add("그랜저");
12            JoinTest1.carList.add("소나타");
13            JoinTest1.carList.add("K9");
14            JoinTest1.carList.add("SM7");
15        }
16        @Override
17        public void run() {
18            // TODO Auto-generated method stub
19            System.out.println(currentThread().getName() + "실행");
20            try{sleep(1000);} catch(InterruptedException e)
21            {
22                e.printStackTrace();
23            }
24            addCar();
25        }
26
27    }
28
```

```
29   class AfterThread extends Thread{
30
31       public AfterThread(String name) {
32           // TODO Auto-generated constructor stub
33           super(name);
34       }
35       @Override
36       public void run() {
37           // TODO Auto-generated method stub
38           System.out.println(currentThread().getName() + "실행");
39           ArrayList<String> carList = JoinTest1.carList;
40           for(int i=0;i<carList.size();i++){
41               System.out.println(carList.get(i));
42           }
43       }
44
45   }
46
47   public class JoinTest1 {
48
49       public static ArrayList<String> carList = new ArrayList<String>();
50       /**
51        * join 메소드를 적용하지 않은 멀티 스레딩
52        */
53       public static void main(String[] args) {
54           // TODO Auto-generated method stub
55           BeforeThread beforeThread = new BeforeThread("beforeThread");
56           AfterThread afterThread = new AfterThread("afterThread");
57
58           beforeThread.start();
59           afterThread.start();
60       }
61
62   }
```

🗔⚙ 코드 분석

9~15	자동차 데이터를 저장하는 carList 컬렉션에 자동차 정보를 저장하는 부분이다.
20	beforeThread가 실행 중에 afeterThread가 끼어들어 올 수 있도록 약간의 시간을 delay 시켰다.
24	carList에 자동차 정보를 요소로 추가하는 메소드를 호출하는 부분이다.
40~42	carList에 저장되어 있는 자동차 종류를 출력하는 부분이다.

58~59	두 개의 스레드를 차례대로 시작시키는 부분이다.
	두 개의 스레드를 시작시키면 어떤 스레드가 cp를 점유할지는 스레드 스케줄러만 안다. 즉, 어떤 스레드가 실행될지 모른다.
	다른 스레드가 실행되는 중에 다른 스레드가 끼어들 수도 있다.
	본 예제에서는 carList에 자동차 정보를 먼저 저장한 후에, 즉 beforeThread가 전부 실행된 후에 afterThread가 호출되어야 자동차 정보를 출력할 수 있지만 beforeThread가 실행 중에 afterThread가 먼저 실행될 수 있는 것이다.

실행결과

```
beforeThread실행
afterThread실행
addCar
```

join() 메소드를 사용해서 특정 스레드의 작업이 완료되는 것을 보장하도록 처리한다.

→ Chapter10₩src₩JoinTest2.java

```
1    import java.util.ArrayList;
2
3    class BeforeThread1 extends Thread{
4
5        public BeforeThread1(String name) {
6            // TODO Auto-generated constructor stub
7            super(name);
8        }
9        private void addCar(){
10           System.out.println("addCar");
11           JoinTest1.carList.add("그랜저");
12           JoinTest1.carList.add("소나타");
13           JoinTest1.carList.add("K9");
14           JoinTest1.carList.add("SM7");
15       }
16       @Override
17       public void run() {
18           // TODO Auto-generated method stub
19           System.out.println(currentThread().getName() + "실행");
20           try{sleep(1000);} catch(InterruptedException e)
21           {
22               e.printStackTrace();
23           }
24           addCar();
```

```
25          }
26
27      }
28
29      class AfterThread1 extends Thread{
30
31          public AfterThread1(String name) {
32              // TODO Auto-generated constructor stub
33              super(name);
34          }
35          @Override
36          public void run() {
37              // TODO Auto-generated method stub
38              System.out.println(currentThread().getName() + "실행");
39              ArrayList<String> carList = JoinTest1.carList;
40              for(int i=0;i<carList.size();i++){
41                  System.out.println(carList.get(i));
42              }
43          }
44
45      }
46
47      public class JoinTest2 {
48
49          public static ArrayList<String> carList = new ArrayList<String>();
50          /**
51           * Join 기능을 적용한 멀티 스레드
52           */
53          public static void main(String[] args) {
54              // TODO Auto-generated method stub
55              BeforeThread1 beforeThread = new BeforeThread1("beforeThread");
56              AfterThread1 afterThread = new AfterThread1("afterThread");
57
58              beforeThread.start();
59              try{
60                  beforeThread.join();
61              }
62              catch(InterruptedException e){
63                  e.printStackTrace();
64              }
```

```
65          afterThread.start();
66      }
67
68  }
```

코드 분석

| 59~64 | afterThread가 실행되기 전에 beforeThread 기능이 전부 실행되도록 join( ) 메소드를 호출하는 부분이다. |

실행 결과

```
beforeThread실행
addCar
afterThread실행
그랜저
소나타
K9
SM7
```

04 스레드 우선순위

자바에서는 우선순위가 높은 스레드가 cpu를 더 많이 차지한다. 즉, 더 많은 시간 동안 작업을 할 수 있다.

스레드가 동시에 여러 개 실행되고 있고 우선순위가 같다면 어떤 스레드가 실행될지 알 수 없다.

만약 여러 스레드 중 중요한 작업을 하는 스레드가 있다면 다른 스레드보다 작업 시간을 더 할애해야 할 것이다.

이럴 경우 스레드에서 사용할 수 있는 방법이 중요한 작업을 하는 스레드의 우선순위를 높게 설정하는 것이다.

해당 스레드가 정확하게 어떤 시점에서 몇 번 실행되게 할지는 정확히 설정할 수는 없지만, 우선순위를 높게 설정하면 우선순위가 낮은 스레드보다 더 많이 cpu를 점유하게 할 수 있다.

자바에서는 우선순위를 설정할 수 있는 상수 값으로 다음과 같이 세 가지를 제공해 준다.

상수	설명
static int MIN_PRIORITY	최소 우선순위를 의미한다. 값은 1이다.
static int MAX_PRIORITY	최대 우선순위를 의미한다. 값은 10이다.
static int NORM_PRIORITY	중간 우선순위를 의미한다. 우선순위를 지정하지 않았을 때 이 값이 기본 값이다. 값은 5이다.

우선순위를 지정하는 방법은 다음과 같다.

```
MyThread myThread = new MyThread();
myThread.setPriority(Thread.MAX_PRIORITY);
```

상단과 같이 우선순위를 지정하면 다른 스레드들보다 상대적으로 cpu를 많이 차지하게 된다.

```java
1    class ImportantThread extends Thread{
2
3        public ImportantThread(String name) {
4            // TODO Auto-generated constructor stub
5            super(name);
6        }
7        @Override
8        public void run() {
9            // TODO Auto-generated method stub
10            for(int i=1;i<=15;i++){
11                System.out.println(currentThread().getName());
12            }
13        }
14
15    }
16
17    class NotImportantThread extends Thread{
18
19        public NotImportantThread(String name) {
20            // TODO Auto-generated constructor stub
21            super(name);
22        }
23        @Override
24        public void run() {
25            // TODO Auto-generated method stub
26            for(int i=1;i<=15;i++){
27                System.out.println(currentThread().getName());
28            }
29        }
30
31    }
32
33    public class PriorityTest1 {
34
35        /**
36         * 우선순위를 적용하지 않는 멀티 스레딩
37         */
38        public static void main(String[] args) {
39            // TODO Auto-generated method stub
40            ImportantThread it = new ImportantThread("중요한 작업");
```

```
41              NotImportantThread nit = new NotImportantThread("중요하지 않은 작업");
42              nit.start();
43                it.start();
44          }
45
46      }
```

🖥️ 코드 분석

1~15	중요한 작업을 반복해서 처리하는 스레드 클래스를 정의하였다.
17~31	중요하지 않은 작업을 반복해서 처리하는 스레드 클래스를 정의하였다.
40~41	각 스레드 객체를 생성하였다.
42~43	각각의 스레드를 시작하는 부분이다.

상단 코드(PriorityTest1)의 경우 우선순위를 지정하지 않고 스레드를 실행하였으므로 어떤 스레드가 cpu를 점유할지 모른다. 대부분은 먼저 시작된 스레드가 먼저 실행된다. 시스템마다, 실행할 때마다 결과는 조금씩 다를 수 있다.

🖱️ 실행 결과

중요하지 않은 작업
중요하지 않은 작업
중요하지 않은 작업
중요하지 않은 작업
중요하지 않은 작업
중요하지 않은 작업
중요하지 않은 작업
중요하지 않은 작업
중요하지 않은 작업
중요하지 않은 작업
중요하지 않은 작업
중요하지 않은 작업
중요하지 않은 작업
중요하지 않은 작업
중요한 작업
중요한 작업
중요한 작업
중요한 작업

중요한 작업
중요한 작업
중요한 작업
중요한 작업
중요한 작업
중요한 작업
중요한 작업
중요한 작업
중요한 작업
중요한 작업
중요한 작업

우선순위를 적용해서 우선순위가 높은 스레드 작업이 더 많이 실행되게 처리해 보겠다.

➡ Chapter10₩src₩PriorityTest2.java

```java
1    class ImportantThread1 extends Thread{
2
3        public ImportantThread1(String name) {
4            // TODO Auto-generated constructor stub
5            super(name);
6        }
7        @Override
8        public void run() {
9            // TODO Auto-generated method stub
10           for(int i=1;i<=15;i++){
11               System.out.println(currentThread().getName());
12           }
13       }
14
15   }
16
17   class NotImportantThread1 extends Thread{
18
19       public NotImportantThread1(String name) {
20           // TODO Auto-generated constructor stub
21           super(name);
22       }
23       @Override
24       public void run() {
25           // TODO Auto-generated method stub
```

```
26            for(int i=1;i<=15;i++){
27                System.out.println(currentThread().getName());
28            }
29        }
30
31    }
32
33    public class PriorityTest2 {
34
35        /**
36         * 우선순위 적용한 멀티 스레딩
37         */
38        public static void main(String[] args) {
39            // TODO Auto-generated method stub
40            ImportantThread1 it = new ImportantThread1("중요한 작업");
41            NotImportantThread1 nit = new NotImportantThread1("중요하지 않은 작업");
42            it.setPriority(Thread.MAX_PRIORITY);
43            nit.setPriority(Thread.MIN_PRIORITY);
44            nit.start();
45            it.start();
46        }
47
48    }
```

코드 분석

1~15	중요한 작업을 반복해서 처리하는 스레드 클래스를 정의하였다.
17~31	중요하지 않은 작업을 반복해서 처리하는 스레드 클래스를 정의하였다.
40~41	각 스레드 객체를 생성하였다.
42	it 스레드에 최고 우선순위를 지정하였다.
43	nit 스레드에 최소 우선순위를 지정하였다.
44~45	각각의 스레드를 시작하는 부분이다.

우선순위를 적용하고 나면 우선순위를 높게 설정한 스레드가 더 많이 실행된다. 물론 시스템에 따라서 결과는 다를 수 있다.

중요한 작업
중요한 작업
중요한 작업
중요한 작업
중요한 작업
중요한 작업
중요한 작업
중요하지 않은 작업
중요한 작업
중요한 작업
중요한 작업
중요한 작업
중요한 작업
중요한 작업
중요한 작업
중요한 작업
중요하지 않은 작업
중요하지 않은 작업
중요하지 않은 작업
중요하지 않은 작업
중요하지 않은 작업
중요하지 않은 작업
중요하지 않은 작업
중요하지 않은 작업
중요하지 않은 작업
중요하지 않은 작업
중요하지 않은 작업
중요하지 않은 작업
중요하지 않은 작업
중요하지 않은 작업

05 동기화(synchronized)

스레드는 하나의 프로세스에서 여러가지 작업을 동시에 실행할 수 있는 역할을 한다. 따라서 하나의 프로세스에서 동시에 작업을 하다 보니 여러 스레드가 동일한 자원에 작업을 하는 경우가 생긴다.

만약 열차 예매 시스템을 개발한다면 열차를 예매하는 역할을 하는 메소드가 구현될 것이다.
만약 여러 매표소에서 스레드를 이용해서 좌석을 예매하고 현재 잔여 좌석이 1개 남았을 경우 여러 스레드에서 동시에 열차를 예매하는 메소드에 접근할 수 있다고 가정해 보자. 이런 경우에 잔여 좌석은 하나인데 여러 스레드에서 동시에 메소드에 접근해서 예매 처리가 가능해질 수가 있다. 즉, 올바른 예매 처리가 되지 않을 수 있다.

이런 경우의 작업을 처리할 때는 한 스레드가 메소드에 접근해서 예매 작업을 실행할 때는 다른 스레드에서는 해당 메소드에 접근할 수 없게 처리하는 작업이 필요하다. 이런 작업을 동기화 작업이라고 한다.

동기화 작업을 하지 않았을 경우에 어떤 문제가 발생할 수 있는지 예제로 살펴보자.

→ Chapter10₩src₩SynchronizedTest1.java

```
1    class EasyTicket implements Runnable{
2
3        int ticketNum = 10; //잔여 좌석
4
5        public void run() {
6            // TODO Auto-generated method stub
7            for(int i=1;i<=10;i++){
8                try{
9                    Thread.sleep(1000);
10                   }
11               catch(InterruptedException e){
12                   e.printStackTrace();
13               }
14               getTicket();
15           }
```

```
16
17            }
18        public  void getTicket() {
19            // TODO Auto-generated method stub
20            ticketNum -= 1;
21            if(ticketNum <= 0){
22                System.out.print(Thread.currentThread().getName() + ", ");
23
24                System.out.println("잔여 좌석이 없습니다.");
25                return;
26            }
27            System.out.print(Thread.currentThread().getName() + ", ");
28            System.out.println("현재 잔여 좌석은 " + ticketNum + "좌석입니다.");
29        }
30
31    }
32
33    public class SynchronizedTest1 {
34
35        /**
36         * 동기화 작업을 해 주지 않은 경우
37         */
38        public static void main(String[] args) {
39            // TODO Auto-generated method stub
40            EasyTicket et = new EasyTicket();
41            Thread et1 = new Thread(et,"ticketConsumer1");
42            Thread et2 = new Thread(et,"ticketConsumer2");
43            et1.start();
44            et2.start();
45        }
46
47    }
```

코드 분석

1	클래스를 정의할 때 Runnable 인터페이스를 구현하면서 정의하는 부분이다.
3	잔여 좌석 수를 저장한 변수를 정의한 부분이다.
7~15	티켓을 구매하는 메소드를 10번 호출하는 부분이다.
20	티켓을 구매했을 때 잔여 좌석 수를 감소시키는 부분이다.
21~26	잔여 티켓 수가 0이 되면 잔여 좌석 수가 부족하다고 메시지를 출력하고 메소드를 빠져나가도록 구현한 부분이다.

27	현재 실행 중인 스레드 이름을 출력해 주는 부분이다.
28	현재 남은 티켓 수를 출력해 주는 부분이다. 본 예제의 경우 동기화 작업을 해 주지 않았으므로 좌석 수가 0이 되어도 이 부분이 출력될 수 있다.
41~42	Runnable 객체를 공유하면서 스레드 객체 두 개를 생성하는 부분이다.
43~44	스레드 두 개를 실행하는 부분이다.

본 예제의 경우 getTicket() 메소드에 동기화를 지정하지 않았기 때문에 getTicket() 메소드에 동시에 두 개의 스레드가 접근해서 작업을 할 수 있다. 따라서 스레드 이름 두 개가 연달아 출력될 수도 있고, 잔여 티켓 수가 0이 되어도 구매가 될 수 있다.

🖱 실행 결과

```
ticketConsumer1, ticketConsumer2, 현재 잔여 좌석은 8좌석입니다.
현재 잔여 좌석은 8좌석입니다.
ticketConsumer1, 현재 잔여 좌석은 6좌석입니다.
ticketConsumer2, 현재 잔여 좌석은 6좌석입니다.
ticketConsumer1, 현재 잔여 좌석은 4좌석입니다.
ticketConsumer2, 현재 잔여 좌석은 4좌석입니다.
ticketConsumer1, ticketConsumer2, 현재 잔여 좌석은 2좌석입니다.
현재 잔여 좌석은 2좌석입니다.
ticketConsumer1, ticketConsumer2, 현재 잔여 좌석은 0좌석입니다.
잔여 좌석이 없습니다.
ticketConsumer1, 잔여 좌석이 없습니다.
ticketConsumer2, 잔여 좌석이 없습니다.
ticketConsumer1, ticketConsumer2, 잔여 좌석이 없습니다.
잔여 좌석이 없습니다.
ticketConsumer2, 잔여 좌석이 없습니다.
ticketConsumer1, 잔여 좌석이 없습니다.
ticketConsumer1, 잔여 좌석이 없습니다.
ticketConsumer2, 잔여 좌석이 없습니다.
ticketConsumer2, 잔여 좌석이 없습니다.
ticketConsumer1, 잔여 좌석이 없습니다.
```

이번 예제에서는 상단의 코드(SynchronizedTest1.java)에서 getTicket() 메소드에 동기화 작업을 처리하고 프로그램을 실행할 때 결과가 어떻게 달라지는지 살펴보도록 하겠다. 동기화 블록은 메소드 앞에 지정할 수도 있고 동기화 블록을 이용할 수도 있다.

• 메소드에 동기화

```
public synchronized void method()
{
   구현 코드;
}
```

• 동기화 코드 블록

```
synchronized(Object)
{
   구현 코드
}
```

➡ Chapter10₩src₩SynchronizedTest2.java

```
1    class EasyTicket1 implements Runnable{
2
3        int ticketNum = 10; //잔여 좌석
4
5        public void run() {
6            // TODO Auto-generated method stub
7            for(int i=1;i<=10;i++){
8                try{
9                    Thread.sleep(1000);
10                   }
11               catch(InterruptedException e){
12                   e.printStackTrace();
13               }
14               getTicket();
15           }
16       }
17       public synchronized void getTicket() {
18           // TODO Auto-generated method stub
19           ticketNum -= 1;
20           if(ticketNum <= 0){
21               System.out.print(Thread.currentThread().getName() + ", ");
22
23               System.out.println("잔여 좌석이 없습니다.");
24               return;
25           }
```

```
26              System.out.print(Thread.currentThread().getName() + ", ");
27              System.out.println("현재 잔여 좌석은 " + ticketNum + "좌석입니다.");
28          }
29
30      }
31  public class SynchronizedTest2 {
32
33      /**
34       * 동기화 작업을 해 주지 않은 경우
35       */
36      public static void main(String[] args) {
37          // TODO Auto-generated method stub
38          EasyTicket1 et = new EasyTicket1();
39          Thread et1 = new Thread(et,"ticketConsumer1");
40          Thread et2 = new Thread(et,"ticketConsumer2");
41          et1.start();
42          et2.start();
43      }
44
45  }
```

코드 분석

상단 코드의 17라인에서 getTicket() 메소드를 동기화시켜 주었기 때문에 정확하게 하나의 스레드가 해당 메소드의 작업을 수행할 때는 절대 다른 스레드가 해당 메소드에 접근할 수 없다.

실행 결과

```
icketConsumer1, 현재 잔여 좌석은 9좌석입니다.
ticketConsumer2, 현재 잔여 좌석은 8좌석입니다.
ticketConsumer1, 현재 잔여 좌석은 7좌석입니다.
ticketConsumer2, 현재 잔여 좌석은 6좌석입니다.
ticketConsumer1, 현재 잔여 좌석은 5좌석입니다.
ticketConsumer2, 현재 잔여 좌석은 4좌석입니다.
ticketConsumer2, 현재 잔여 좌석은 3좌석입니다.
ticketConsumer1, 현재 잔여 좌석은 2좌석입니다.
ticketConsumer2, 현재 잔여 좌석은 1좌석입니다.
ticketConsumer1, 잔여 좌석이 없습니다.
ticketConsumer1, 잔여 좌석이 없습니다.
ticketConsumer2, 잔여 좌석이 없습니다.
ticketConsumer2, 잔여 좌석이 없습니다.
```

```
ticketConsumer1, 잔여 좌석이 없습니다.
ticketConsumer2, 잔여 좌석이 없습니다.
ticketConsumer1, 잔여 좌석이 없습니다.
ticketConsumer1, 잔여 좌석이 없습니다.
ticketConsumer2, 잔여 좌석이 없습니다.
ticketConsumer2, 잔여 좌석이 없습니다.
ticketConsumer1, 잔여 좌석이 없습니다.
```

이번에는 동기화 코드 블록을 이용해서 특정 객체에 동기화를 지정해 보겠다. 드레싱 룸 기능을 예로 들어 손님 한 명이 옷을 갈아입을 동안은 다른 손님이 드레싱 룸에 들어오지 못하게 동기화 처리를 해 보도록 하겠다.

➔ Chapter10₩src₩SynchronizedTest3.java

```
1    class DressingRoomThread implements Runnable{
2
3        @Override
4        public void run() {
5            // TODO Auto-generated method stub
6            synchronized (this) {
7                for(int i=5;i>=1;i--){
8                    try{
9                        Thread.sleep(1000);
10                   }
11                   catch(InterruptedException e){
12                       e.printStackTrace();
13                   }
14                   System.out.print(Thread.currentThread().getName());
15                   System.out.println("dressing 종료 " + (i*10) + "초 전...");
16               }
17               System.out.println(Thread.currentThread().getName() + " dressing 완료");
18           }
19       }
20
21   }
22   public class SynchronizedTest3 {
23
24       /**
25        * 동기화 코드 블록사용
26        */
27       public static void main(String[] args) {
```

실전 예제로 기초부터 탄탄히 배우는 자바 프로그래밍

```
28          // TODO Auto-generated method stub
29          DressingRoomThread dr = new DressingRoomThread();
30
31          Thread t1 = new Thread(dr, "첫 번째 손님");
32          Thread t2 = new Thread(dr, "두 번째 손님");
33
34          t1.start();
35          t2.start();
36      }
37
38  }
```

코드 분석

1	Runnable 인터페이스를 구현해서 스레드 클래스를 정의하고 있다.
6	초기화 블록에서 DressingRoomThread 객체에 동기화를 처리하고 있다. 이렇게 되면 하나의 스레드에서 DressingRoomThread 클래스에 정의되어 있는 작업을 수행할 때 다른 스레드는 절대 DressingRoomThread의 작업을 수행할 수 없다.
7~16	for 반복문을 이용해서 얼마 정도 시간 후에 다른 손님이 룸에 들어 갈 수 있는지를 출력해 주는 부분이다.
17	for 문장이 완료되면 Dressing이 완료되었다는 것을 표시해 주는 부분이다.
29	Runnable 객체를 생성하는 부분이다.
31~32	같은 Runnable 객체를 타겟 Runnable 객체로 지정하면서 스레드 객체를 두 개 생성하는 부분이다.
34~35	두 개의 스레드를 시작시키는 부분이다.

실행 결과

```
두 번째 손님dressing 종료 50초 전...
두 번째 손님dressing 종료 40초 전...
두 번째 손님dressing 종료 30초 전...
두 번째 손님dressing 종료 20초 전...
두 번째 손님dressing 종료 10초 전...
두 번째 손님 dressing 완료
첫 번째 손님dressing 종료 50초 전...
첫 번째 손님dressing 종료 40초 전...
첫 번째 손님dressing 종료 30초 전...
첫 번째 손님dressing 종료 20초 전...
첫 번째 손님dressing 종료 10초 전...
첫 번째 손님 dressing 완료
```

06 wait, notify(), notifyAll()

동기화 부분에서 하나의 스레드가 특정 단위에 작업을 할 때 다른 스레드가 동시에 해당 단위에 접근할 수 없게 처리하는 방법을 학습했다.

그렇지만 동기화 블록 안에서 특정한 상황에서는 다른 스레드와 cpu 제어권을 서로 주고받을 수 있다면 훨씬 효과적인 프로그래밍을 할 수 있을 것이다.

이럴 때 사용할 수 있는 메소드가 wait(), notify(), notifyAll() 메소드이다. 이 메소드들은 동기화 블록 안에서만 사용할 수 있다. 일반 메소드에서는 사용할 수 없다.
또한 이 세 메소드들은 Thread 클래스에서 제공되는 메소드가 아니고 Object 클래스에서 제공되는 메소드이다.

메소드	설명
void wait( )	현재 실행 중인 스레드를 대기시키는 것이다. wait( ) 메소드가 호출되면 현재 실행 중인 스레드가 waiting pool로 들어간다. notify( )나 notifyAll( ) 메소드가 호출되면 Runnable 상태로 돌아온다.
void wait(long timeout)	현재 실행 중인 스레드를 대기시키는 것이다. wait( ) 메소드가 호출되면 현재 실행 중인 스레드가 waiting pool로 들어간다. 지정한 시간이 경과하거나 notify( )나 notifyAll( ) 메소드가 호출되면 Runnable 상태로 돌아온다.
void wait (long timeout, int nanos)	현재 실행 중인 스레드를 대기시키는 것이다. wait( ) 메소드가 호출되면 현재 실행 중인 스레드가 waiting pool로 들어간다. 지정한 시간이 경과하거나 notify( )나 notifyAll( ) 메소드가 호출되면 Runnable 상태로 돌아온다.
void notify( )	Waiting Pool에 대기 중인 스레드 중 하나를 Runnable 상태로 만든다.
void notifyAll( )	Waiting Pool에 대기 중인 모든 스레드를 Runnable 상태로 만든다.

wait() 와 notify() 메소드를 사용해서 스레드 통신을 구현해 보겠다.
식당에서 식당의 자리가 비면 손님을 다시 채우는 작업을 구현해 보도록 하겠다. 이 예제의 핵심은 식당에 자리가 없는데 즉, 손님이 다 앉아 있는데 식당으로 손님을 더 들여보내면 안 된다는 것이다.

식당이 허용할 수 있는 인원이 다 차면 손님을 식당에 채우는 스레드를 wait() 메소드를 호출해서 waiting pool에 대기시키는 방법을 사용하겠다.

➡ Chapter10₩src₩InOutProcess.java

```java
1    public class InOutProcess {
2
3        public static int MAX_GUEST = 5;
4        int guestNum = 0;
5
6        public synchronized void inGuest(){
7            System.out.println("손님이 들어옴");
8            guestNum++;
9            System.out.println("현재의 손님은 " + guestNum + "명입니다.");
10           if(guestNum == MAX_GUEST){
11               try{
12               wait();
13               }
14               catch(InterruptedException e){
15                   e.printStackTrace();
16               }
17           }
18       }
19       public synchronized void outGuest(){
20           if(guestNum < 1){
21               notify();
22               return;
23           }
24           System.out.println("손님이 나감");
25           guestNum--;
26           System.out.println("현재의 손님은 " + guestNum + "명입니다.");
27       }
28
29       public static void main(String args[]){
30           InOutProcess ip = new InOutProcess();
31           InGuestThread ig = new InGuestThread(ip);
32           OutGuestThread og = new OutGuestThread(ip);
33
34           ig.start();
35           og.start();
36       }
37
38   }
```

🗂 코드 분석

3	손님이 식당에 들어올 수 있는 최대의 인원 수를 상수로 정의한 부분이다.
4	현재 식당에 있는 손님의 인원을 0명으로 초기화시켰다.
6~18	손님을 식당에 들어오게 하는 메소드를 정의한 부분이다.
8	현재 식당의 손님 수를 하나 증가시킨다.
9	현재 식당의 손님 수를 출력해 준다.
10~17	손님의 인원수가 5명을 넘으면 손님이 그만 들어오게 처리하는 부분이다. wait 메소드는 synchronized 블록에서만 사용이 가능하므로 메소드 앞에 synchronized를 지정한 것이다.
19~27	손님이 식사를 다 하고 나갈 때 현재 손님 수를 하나 줄이는 메소드를 정의한 부분이다.
19~22	손님이 한 명 미만이 되면 더 이상 현재 손님 수를 줄이지 않게 처리하는 부분이다. 그리고 손님을 입장시키는 스레드를 notify( ) 메소드로 Runnable 상태로 만들어서 손님을 다시 입장시킨다.
26	현재 손님 수를 줄이는 부분이다.

➡ Chapter10₩src₩InGuestThread.java

```java
public class InGuestThread extends Thread {

    InOutProcess ip;

    public InGuestThread(InOutProcess ip) {
        // TODO Auto-generated constructor stub
        this.ip = ip;
    }

    @Override
    public void run() {
        // TODO Auto-generated method stub
        for(int i=1;i<10;i++){
            ip.inGuest();
            try
            {
                Thread.sleep((int)(Math.random() * 500));
            }
            catch(InterruptedException e){
                e.printStackTrace();
            }
        }
    }
}
```

1	클래스를 스레드 클래스로 정의하는 부분이다.
5~8	InOutProcess 객체를 초기화시키는 생성자를 정의한 부분이다. 각 스레드에서 InOutProcess에서 정의한 기능을 사용해야 되기 때문에 InOutProcess 객체를 파라미터로 받고 있다.
13~22	for 문을 반복하면서 InOutProcess의 inGuest( ) 메소드를 호출하는 부분을 정의하였다.

→ Chapter10₩src₩OutGuestThread.java

```java
1    public class OutGuestThread extends Thread{
2
3        InOutProcess ip;
4
5        public OutGuestThread(InOutProcess ip) {
6            // TODO Auto-generated constructor stub
7            this.ip = ip;
8        }
9
10       @Override
11       public void run() {
12           // TODO Auto-generated method stub
13           for(int i=1;i<10;i++){
14               ip.outGuest();
15               try
16               {
17                   Thread.sleep((int)(Math.random() * 500));
18               }
19               catch(InterruptedException e){
20                   e.printStackTrace();
21               }
22           }
23       }
24
25   }
```

13~22	for 문을 반복하면서 InOutProcess의 outGuest( ) 메소드를 호출하는 부분을 정의하였다.

손님이 들어옴
현재의 손님은 1명입니다.
손님이 나감
현재의 손님은 0명입니다.
손님이 들어옴
현재의 손님은 1명입니다.
손님이 들어옴
현재의 손님은 2명입니다.
손님이 나감
현재의 손님은 1명입니다.
손님이 들어옴
현재의 손님은 2명입니다.
손님이 들어옴
현재의 손님은 3명입니다.
손님이 나감
현재의 손님은 2명입니다.
손님이 들어옴
현재의 손님은 3명입니다.
손님이 나감
현재의 손님은 2명입니다.
손님이 나감
현재의 손님은 1명입니다.
손님이 들어옴
현재의 손님은 2명입니다.
손님이 나감
현재의 손님은 1명입니다.
손님이 나감
현재의 손님은 0명입니다.
손님이 들어옴
현재의 손님은 1명입니다.
손님이 나감
현재의 손님은 0명입니다.
손님이 들어옴
현재의 손님은 1명입니다.
손님이 나감
현재의 손님은 0명 입니다.

스레드를 이용해서 달리기 경주 구현하기

각각의 주자를 스레드 단위로 처리하여 달리기 경주를 구현해 보자. 요구사항은 아래와 같다.

1. 프로그램이 시작되면 아래와 같이 주자수를 입력받는다.

   주자 수 : 7

2. 경주하고 있는 주자들의 현재 도착 거리를 10M마다 출력하고, 100M에 도착하면 "도착" 이라고 출력하며 경주를 끝낸다.

하단 예제 코드는 주자 하나를 설계한 스레드 클래스이다.

하단 클래스 객체 하나가 주자 하나가 되는 것이다.

➔ Chapter10₩src₩Runner.java

```java
1    class Runner extends Thread{
2
3        String r_name;
4        int meter;
5        Runner(String name){
6            r_name = name;
7        }
8        @Override
9        public void run() {
10           // TODO Auto-generated method stub
11           for (int i = 0; i < 10; i++) {
12               meter+=10;
13               if(meter==100){
14                   System.out.println(r_name+"주자 도착");
15               }
16               else{
17                   System.out.println(r_name + "주자 " + meter + "M 도착.");
18               }
19               try {
20                   int num=(int)(Math.random()*1000);
```

```
21                Thread.sleep(num);
22            } catch (Exception e) {
23                e.printStackTrace();
24            }
25        }
26    }
27
28  }
```

⚙️ 코드 분석

3	주자 이름이 저장되는 변수이다.
4	주자가 도착한 거리를 저장할 변수이다.
5~7	주자의 이름(스레드 이름)을 초기화 시키면서 스레드 객체를 생성하는 생성자를 정의한 부분이다.
12~18	100M까지 10M 단위로 주자가 도착하는 거리를 출력하면서 100M에 도달하면 도착이라고 출력하면서 경주를 끝내는 부분이다. 10M 단위로 도착거리를 증가시킨다.
20~21	난수를 이용해서 주자마다 일정하지 않게 CPU를 점유하게 처리한 부분이다.

하단 예제 코드는 주자 수를 입력받은 후 입력받은 주자 수만큼의 주자들이 달리기 경주를 하게 처리하는 코드이다.

➜ Chapter10₩src₩RunnerTest.java

```
1    import java.util.Scanner;
2
3    public class RunnerTest {
4
5        public static void main(String[] args) {
6            // TODO Auto-generated method stub
7            Scanner sc = new Scanner(System.in);
8            System.out.print("주자 수 : ");
9            int runner = sc.nextInt();//객체생성
10           for (int i = 1; i <= runner; i++) {
11               Thread running = new Runner(i+"번");
12               running.start();
13           }
14       }
15
16   }
```

🖳⚙ 코드 분석

10~13	입력된 주자 수만큼 스레드 객체를 생성하여 실행하는 부분이다.

🖱 실행결과

```
주자 수 : 7
1번 주자 10M 도착.
2번 주자 10M 도착.
3번 주자 10M 도착.
4번 주자 10M 도착.
5번 주자 10M 도착.
6번 주자 10M 도착.
7번주자 10M 도착.
1번 주자 20M 도착.
7번 주자 20M 도착.
6번 주자 20M 도착.
7번 주자 30M 도착.
5번 주자 20M 도착.
4번 주자 20M 도착.
2번 주자 20M 도착.
1번 주자 30M 도착.
3번 주자 20M 도착.
5번 주자 30M 도착.
4번 주자 30M 도착.
6번 주자 30M 도착.
5번 주자 40M 도착.
3번 주자 30M 도착.
7번 주자 40M 도착.
2번 주자 30M 도착.
3번 주자 40M 도착.
4번 주자 40M 도착.
2번 주자 40M 도착.
4번 주자 50M 도착.
1번 주자 40M 도착.
5번 주자 50M 도착.
3번 주자 40M 도착.
4번 주자 60M 도착.
7번 주자 50M 도착.
3번 주자 50M 도착.
7번 주자 60M 도착.
3번 주자 60M 도착.
6번 주자 50M 도착.
```

5번 주자 60M 도착.
4번 주자 70M 도착.
1번 주자 50M 도착.
6번 주자 60M 도착.
2번 주자 50M 도착.
3번 주자 70M 도착.
4번 주자 80M 도착.
4번 주자 90M 도착.
4번 주자 도착
3번 주자 80M 도착.
7번 주자 70M 도착.
1번 주자 60M 도착.
6번 주자 70M 도착.
2번 주자 60M 도착.
5번 주자 70M 도착.
7번 주자 80M 도착.
1번 주자 70M 도착.
3번 주자 90M 도착.
6번 주자 80M 도착.
2번 주자 70M 도착.
7번 주자 90M 도착.
3번 주자 도착
1번 주자 80M 도착.
5번 주자 80M 도착.
2번 주자 80M 도착.
7번 주자 도착
6번 주자 90M 도착.
6번 주자 도착
1번 주자 90M 도착.
2번 주자 90M 도착.
5번 주자 90M 도착.
1번 주자 도착
5번 주자 도착
2번 주자 도착

입출력

이 장에서는 프로그램에서 다른 대상(자원)으로 데이터를 보내거나 다른 대상에서 데이터를
읽어 들이는 데 필요한 기능을 제공해 주는 API들에 대해서 학습한다.

자바에서 제공하는 API 문서 상에서는 java.io 패키지에 제공되는 기능들이다.

스트림

자바 애플리케이션이 다른 대상으로 데이터를 출력하거나 다른 대상으로부터 데이터를 읽어 들일 때 중간 매개체 역할을 하는 API가 스트림이다.

상단의 그림에서 볼 수 있듯이 애플리케이션에서 특정 대상으로 데이터를 출력하는 기능을 하는 것을 출력 스트림이라고 하고 대상으로부터 애플리케이션 쪽으로 데이터를 읽어 들이는 역할을 하는 것을 입력 스트림이라고 한다.

스트림은 한 방향으로만 통신할 수 있기 때문에 입력과 출력을 동시에 처리할 수 없다. 따라서 스트림은 사용 목적에 따라 입력 스트림과 출력 스트림으로 구분된다.

자바에서는 java.io 패키지를 통해 InputStream, OutputStream 클래스를 별도로 제공하고 있다. 즉, 자바에서의 스트림 생성이란 이러한 스트림 클래스 타입의 인스턴스를 생성한다는 의미이다.

InputStream 클래스에는 read( ) 메소드가, OutputStream 클래스에는 write() 메소드가 각각 추상 메소드로 포함되어 있다. 사용자는 이 두 메소드를 상황에 맞게 적절히 구현해야만 입출력 스트림을 생성하여 사용할 수 있다.

자바에서 특정 대상으로 작업을 하는 입출력 스트림들의 종류를 살펴본다.

02 File

File 클래스는 자바에서 파일이나 디렉터리를 다룰 수 있도록 제공해 주는 클래스이다.

• File 클래스의 주요 생성자

생성자	설명
File(String pathname)	파라미터로 주어진 패스를 이용해서 파일 객체를 생성한다.
File(String parent, String child)	부모 디렉터리 경로와 자식 파일 경로를 사용해서 파일 객체를 생성한다.
File(File parent, String child)	부모 디렉터리 파일 객체와 자식 파일 패스를 이용해서 파일 객체를 생성한다.
File(URI uri)	file : uri를 이용해서 파일 객체를 생성함.

• File 클래스의 주요 메소드

메소드	설명
boolean canExecute( )	해당 파일이 실행할 수 있는 파일인지를 판단해 준다.
boolean canRead( )	해당 파일이 읽기 가능한 파일인지를 판단해 준다.
boolean canWrite( )	해당 파일이 쓰기 가능한 파일인지를 판단해 준다.
boolean createNewFile( )	해당 파일을 생성해 준다. 파일이 제대로 생성되면 true를 반환한다.
boolean delete( )	해당 파일을 삭제해 준다.
boolean exists( )	해당 파일이 존재하는지를 판단해 준다.
String getParent( )	해당 파일의 상위 디렉터리명을 반환해 준다.
String getName( )	해당 파일의 이름을 반환해 준다.
String getAbsolutePath( )	해당 파일의 절대 경로를 반환해 준다.
boolean isDirectory( )	디렉터리인지를 판단해 준다.
boolean isFile( )	파일인지를 판단해 준다.
long length( )	파일의 크기를 바이트 값으로 반환해 준다.

String[ ] list( )	해당 디렉터리에 속하는 자식 파일 이름들을 String[ ] 형태로 반환해 준다.
String[ ] list(FileNameFilter filter)	필터에 일치하는 파일 이름들만 String[ ] 형태로 반환해 준다.
boolean mkdir( )	해당 이름의 디렉터리를 물리적으로 생성한다.
boolean renameTo (File file)	파라미터에 지정된 파일의 이름으로 파일명을 변경한다.

➜ Chapter11₩src₩FileTest1.java

```java
1    import java.io.File;
2    import java.io.FilenameFilter;
3    import java.io.IOException;
4
5    public class FileTest1 {
6
7        public static class ImageNameFilter implements FilenameFilter {
8            @Override
9            public boolean accept(File dir, String name) {
10               // TODO Auto-generated method stub
11               return name.endsWith(".jpg");
12           }
13       }
14
15       /**
16        * File 클래스의 메소드 사용하기
17        */
18       public static void main(String[] args) {
19           // TODO Auto-generated method stub
20           System.out.println("c: 드라이브의 전체 파일 출력");
21           File file = new File("C:\\");
22           String[] files = file.list();
23           for(String fileName : files){
24               File subFile = new File(file,fileName);
25               if(file.isDirectory()){
26                   System.out.println("디렉터리 이름 : " + fileName);
27               }
28               else{
29                   System.out.println("파일 이름 : " + fileName + ", 파일 크기 : " +
30       subFile.length() + "byte");
31               }
```

```
32              }
33
34          System.out.println("c: 드라이브의 이미지 파일만 출력");
35          String[] imageFiles = file.list(new ImageNameFilter());
36          for(String fileName:imageFiles){
37              File subFile = new File(file,fileName);
38              System.out.println("파일 이름 : " + fileName + ", 파일 크기 : " +
39  subFile.length() + ", byte"+ ", 파일 경로 : " + subFile.getAbsolutePath());
40          }
41
42          File makeFile = new File("c:\\data\\testFile.txt");
43          try{
44          makeFile.createNewFile();
45          }
46          catch(IOException e){
47              e.printStackTrace();
48          }
49          if(makeFile.exists()){
50              System.out.println("makeFile이 생성됨");
51          }
52
53          File renameFile = new File("c:\\data\\testFile2.txt");
54          makeFile.renameTo(renameFile);
55          if(renameFile.exists()){
56              System.out.println("makeFile의 이름이 변경됨");
57          }
58
59          if(renameFile.delete()){
60              System.out.println("renameFile이 제거됨");
61          }
62      }
63
64  }
```

🔩 코드 분석

7~13	특정 디렉터리 안에 존재하는 파일의 이름을 가져오는 list 메소드를 호출할 때 이름으로 필터링을 하기 위해서 정의한 FileNameFilter 클래스이다. 이 클래스에서는 확장자가 ".jpg"로 끝나는 파일 이름을 필터링해 주고 있다.
21	C: 드라이브 경로를 이용해서 파일 객체를 생성하는 부분이다. 자바에서 파일의 경로를 지정할 때는 "\\"나 "/"를 사용한다.

22	C: 드라이브 안에 존재하는 모든 디렉터리와 파일 이름을 String[] 타입으로 얻어오는 부분이다.
24	부모 경로와 파일 이름을 이용해서 자식 파일 객체들을 생성하는 부분이다.
25~27	생성한 파일 객체가 디렉터리일 경우 정보를 출력하는 부분이다.
28~31	생성한 파일 객체가 파일일 경우 정보를 출력하는 부분이다.
35	확장자가 ".jpg"로 끝나는 파일 이름들만 String[] 타입으로 얻어오는 부분이다.
38~39	파일의 정보를 출력하는 부분이다.
42	생성할 파일 객체를 추상적으로 만드는 부분이다. File 객체를 생성할 때는 실제로 디렉터리에 파일이 생성되는 것이 아니고 추상적인 객체가 메모리 상에 생성된다.
44	물리적으로 파일을 생성하는 부분이다.
49~51	파일이 정상적으로 생성되었으면 메시지를 출력해 주는 부분이다.
53	추상적인 파일 객체를 하나 더 생성한다.
54	파일의 이름을 파라미터로 지정된 파일의 이름으로 변경하는 부분이다.
55~57	파일 이름이 정상적으로 변경되었으면 메시지를 출력해 주는 부분이다.
59~61	해당 파일을 제거하는 작업을 하고 해당 파일이 제대로 제거되었으면 메시지를 출력해 주는 부분이다.

상단의 예제를 실행하려면 아래 그림과 같이 C: 아래에 data 디렉터리를 생성하고 실행해야 한다.

🖱 실행 결과

```
c: 드라이브의 전체 파일 출력
디렉터리 이름 : $Recycle.Bin
디렉터리 이름 : 20111213
디렉터리 이름 : Boot
디렉터리 이름 : bootmgr
디렉터리 이름 : data
```

디렉터리 이름 : Documents and Settings
디렉터리 이름 : hiberfil.sys
디렉터리 이름 : HNC
디렉터리 이름 : JavaStudy
디렉터리 이름 : jdk-1.jpg
디렉터리 이름 : jdk-10.jpg
디렉터리 이름 : jdk-13.jpg
디렉터리 이름 : jdk-14.jpg
디렉터리 이름 : jdk-15.jpg
디렉터리 이름 : jdk-16.jpg
디렉터리 이름 : jdk-2.jpg
디렉터리 이름 : jdk-3.jpg
디렉터리 이름 : jdk-4.jpg
디렉터리 이름 : jdk-7.jpg
디렉터리 이름 : jdk-8.jpg
디렉터리 이름 : jdk-9.jpg
디렉터리 이름 : KMC
디렉터리 이름 : MSOCache
디렉터리 이름 : node
디렉터리 이름 : oraclexe
디렉터리 이름 : pagefile.sys
디렉터리 이름 : PerfLogs
디렉터리 이름 : Program Files
디렉터리 이름 : Program Files (x86)
디렉터리 이름 : ProgramData
디렉터리 이름 : Recovery
디렉터리 이름 : RHDSetup.log
디렉터리 이름 : setup.log
디렉터리 이름 : skeypang.exe
디렉터리 이름 : spring3.0
디렉터리 이름 : staruml-5.0-with-cm.exe
디렉터리 이름 : System Volume Information
디렉터리 이름 : Users
디렉터리 이름 : Windows
디렉터리 이름 : XecureSSL
c: 드라이브의 이미지 파일만 출력
파일 이름 : jdk-1.jpg, 파일 크기 : 53187, byte, 파일 경로 : C:\jdk-1.jpg
파일 이름 : jdk-10.jpg, 파일 크기 : 68631, byte, 파일 경로 : C:\jdk-10.jpg
파일 이름 : jdk-13.jpg, 파일 크기 : 32193, byte, 파일 경로 : C:\jdk-13.jpg
파일 이름 : jdk-14.jpg, 파일 크기 : 42254, byte, 파일 경로 : C:\jdk-14.jpg

파일 이름 : jdk-15.jpg, 파일 크기 : 31975, byte, 파일 경로 : C:\jdk-15.jpg

파일 이름 : jdk-16.jpg, 파일 크기 : 60779, byte, 파일 경로 : C:\jdk-16.jpg

파일 이름 : jdk-2.jpg, 파일 크기 : 271737, byte, 파일 경로 : C:\jdk-2.jpg

파일 이름 : jdk-3.jpg, 파일 크기 : 248096, byte, 파일 경로 : C:\jdk-3.jpg

파일 이름 : jdk-4.jpg, 파일 크기 : 270981, byte, 파일 경로 : C:\jdk-4.jpg

파일 이름 : jdk-7.jpg, 파일 크기 : 48594, byte, 파일 경로 : C:\jdk-7.jpg

파일 이름 : jdk-8.jpg, 파일 크기 : 46484, byte, 파일 경로 : C:\jdk-8.jpg

파일 이름 : jdk-9.jpg, 파일 크기 : 47381, byte, 파일 경로 : C:\jdk-9.jpg

makeFile이 생성됨

makeFile의 이름이 변경됨

renameFile이 제거됨

상단의 예제를 실행하고 "C:\data" 디렉터리를 확인하면 아래 그림과 같이 파일이 생성되었다가 제거된 것을 확인할 수 있다.

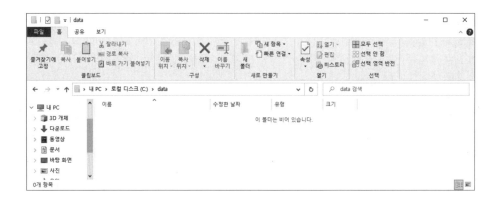

03 바이트 기반 입출력

바이트 기반 입출력에 속하는 스트림들은 바이트 단위로 데이터를 입출력해 주는 클래스들이다. 바이트 기반 스트림에서 입력 스트림의 최상위 클래스는 InputStream이고 출력 스트림의 최상위 클래스는 OutputStream이다.

1 InputStream

바이트 기반 입력 스트림의 최상위 클래스이고 여러 가지 하위 클래스들이 InputStream을 상속받고 있다.

InputStream	ByteArrayInputStream	StringBufferInputStream
	FileInputStream	SequenceInputStream
	FilterInputStream	PipedInputStream
	ObjectInputStream	AudioInputStream

• InputStream의 주요 메소드

아래 표 내용을 보면 알 수 있듯이 데이터를 읽어 들이는 read 계열의 메소드들이다.

메소드	설명
public int available( ) throws IOException	읽기 가능한 바이트 수를 리턴해 준다.
public void close( ) throws IOException	입력 스트림을 닫아 준다.
public abstract int read( ) throws IOException	다음 1바이트를 반환해 준다. 다음에 읽어 들인 데이터가 없으면 -1을 반환한다. 읽어 들인 문자 코드를 반환한다.
public int read(byte[ ] b) throws IOException	바이트 배열 크기만큼의 데이터를 읽어서 바이트 배열에 저장한다. 총 읽어 들인 바이트 수가 반환된다. 읽어 들인 데이터가 없으면 -1을 반환한다.

public int read(byte[ ] b, int off, int len) throws IOException	데이터에서 len 크기만큼의 데이터를 읽어서 읽어 들인 내용을 b 배열의 off 위치부터 출력한다. 총 읽어 들인 바이트 수가 반환되고 읽어 들인 값이 없으면 -1을 반환한다.
public long skip(long n) throws IOException	읽어 들일 데이터 위치로부터 파라미터로 지정된 바이트 수만큼 skip한다. 실질적으로 skip한 값이 리턴된다.

→ Chapter11₩src₩InputStreamTest.java

```
1    import java.io.IOException;
2
3    public class InputStreamTest {
4
5        /**
6         * InputStream 테스트
7         */
8        public static void main(String[] args) {
9            // TODO Auto-generated method stub
10           int var_byte=-1;
11
12           do{
13               try{
14       System.out.print("입력 : ");
15                   var_byte = System.in.read();
16               }
17               catch(IOException io){
18                   io.printStackTrace();
19               }
20               if(var_byte == 10 || var_byte == 13) continue;
21               if(var_byte == -1) break;
22               System.out.println("읽은 값 : " + (char)var_byte);
23           }
24           while(true);
25       }
26
27   }
```

🔧 코드 분석

10	InputStream으로 읽어 들인 문자 코드를 저장할 변수를 정의하였다.
15	표준 콘솔에서 1바이트를 읽어 들이는 부분이다. System 클래스의 in 필드는 InputStream을 구현해 놓은 객체이다.

20	엔터 문자에 대해서는 문자를 출력하지 않고 continue; 예약어를 이용해서 do ~ while 문장의 첫 번째 위치로 이동시키는 부분이다.
21	읽은 값이 없으면 break 문장으로 반복문을 빠져나가게 처리한 부분이다.
22	바이트로 읽어 들인 문자 코드 값을 char 타입으로 변경하여 입력한 문자를 출력하는 부분이다.

실행 결과

```
입력 : a
읽은 값 : a
입력 : 입력 : 입력 : b
읽은 값 : b
입력 : 입력 : 입력 : c
읽은 값 : c
입력 : 입력 : 입력 :
```

2 FileInputStream

FileInputStream은 특정 파일로부터 바이트 단위로 데이터를 읽어 들이는 스트림 클래스이다.

• FileInputStream 클래스의 주요 생성자

생성자	설명
FileInputStream(File file)	특정 파일 객체를 사용해서 FileInputStream 객체를 생성한다.
FileInputStream (String name)	파일 경로를 이용해서 FileInputStream 객체를 생성한다. 파일의 경로는 절대 경로도 가능하고, 상대 경로도 가능하다.

➜ Chapter11\src\FileInputStreamTest.java

```
1    import java.io.FileInputStream;
2    import java.io.IOException;
3
4    public class FileInputStreamTest {
5
6        /**
7         * FileInputStream 테스트
8         */
9        public static void main(String[] args) {
10           // TODO Auto-generated method stub
```

```
11          FileInputStream fIn=null;
12
13          try{
14              fIn = new FileInputStream("c:\\data\\test.txt");
15          }
16          catch(IOException io){
17              io.printStackTrace();
18          }
19
20          int var_read = -1;
21
22          try{
23              while((var_read = fIn.read()) != -1){
24                  System.out.print((char)var_read);
25              }
26          }
27          catch(IOException io){
28              io.printStackTrace();
29          }
30          finally{
31              try{
32                  fIn.close();
33              }
34              catch(IOException io){
35                  io.printStackTrace();
36              }
37          }
38      }
39
40  }
```

🖥 코드 분석

11	FileInputStream 변수 값을 null로 초기화시키는 부분이다.
14	FileInputStream 객체를 생성하는 부분이다. 자바에서 경로를 지정할 때는 "\"로 경로 구분을 하면 안 된다. 자바에서 "\"는 이스케이프 문자로 인식되기 때문이다. 자바에서 경로 구분을 할 때는 "\\" 나 "/"를 사용해야 한다.
20	파일에서 읽은 1바이트 데이터를 저장할 변수를 정의한 부분이다.
23~25	읽어 들인 값이 -1이 아닐 때, 즉 읽은 값이 없지 않을 때 실행되는 영역을 정의하였다.
24	읽어 들인 문자 코드 값을 char 타입으로 변경하여 문자를 출력하는 부분이다.

스트림을 이용해서 작업을 모두 처리한 후에 스트림을 닫아 주는 부분이다. 스트림을 닫아 줄 때도 스트림의 상태에 따라서 예외가 발생할 수 있으므로 예외 처리를 해 주고 있다.

본 예제를 실행하기 전에 C:\ 안에 다음과 같은 test.txt 파일을 생성해 놓아야 한다.

test.txt 파일안에 아래 그림과 같은 내용을 입력하고 저장한다.

```
FileInputStream
FileInputStream
```

 실행결과

```
FileInputStream
FileInputStream
```

3 ByteArrayInputStream

ByteArrayInputStream은 메모리에 생성되어 있는 바이트 배열 객체에서 데이터를 읽어 들이는 역할을 하는 클래스이다.

➡ Chapter11₩src₩ByteArrayInputStreamTest.java

```java
1    import java.io.ByteArrayInputStream;
2
3    public class ByteArrayInputStreamTest {
4
5      /**
6       * ByteArrayInputStream 테스트
7       */
8      public static void main(String[] args) {
9        // TODO Auto-generated method stub
10       byte[] datas = new byte[]{10,20,30,40};
11       ByteArrayInputStream bai = new ByteArrayInputStream(datas);
12       int var_readbyte = -1;
13
14       while((var_readbyte = bai.read()) != -1){
15         System.out.print(var_readbyte + " ");
16       }
17     }
18
19   }
```

10	ByteArrayInputStream에서 읽어 들이는 데이터를 저장할 바이트 배열 객체를 생성하는 부분이다.
11	바이트 배열 객체를 이용해서 ByteArrayInputStream 객체를 생성하는 부분이다.
12	ByteArrayInputStream에서 읽어 들인 문자 코드를 저장할 변수를 정의한 부분이다.
14~16	바이트 배열에서 1바이트씩 데이터를 읽어서 출력하는 부분이다.

실행 결과

```
10 20 30 40
```

4 SequenceInputStream

SequenceInputStream은 입력 스트림 여러 개를 하나의 입력 스트림으로 연결해서 데이터를 읽어 들일 수 있는 입력 스트림이다.

• **SequenceInputStream의 생성자**

생성자	설명
SequenceInputStream(InputStream in1, InputStream in2)	InputStream 두 개로 객체 생성
public SequenceInputStream(Enumeration e)	Enumeration 객체를 사용해서 객체 생성

➡ Chapter11₩src₩SequenceInputStreamTest.java

```java
1    import java.io.FileInputStream;
2    import java.io.IOException;
3    import java.io.SequenceInputStream;
4    import java.util.Enumeration;
5    import java.util.Vector;
6
7    public class SequenceInputStreamTest {
8
9        /**
10        * SequenceInputStream 테스트
11        */
12       public static void main(String[] args) {
13           // TODO Auto-generated method stub
```

```
14          FileInputStream fIn1 = null;
15          FileInputStream fIn2 = null;
16          FileInputStream fIn3 = null;
17          SequenceInputStream si1 = null;
18          SequenceInputStream si2 = null;
19
20          try{
21              fIn1 = new FileInputStream("test1.txt");
22              fIn2 = new FileInputStream("test2.txt");
23              fIn3 = new FileInputStream("test3.txt");
24
25              Vector v = new Vector();
26              v.add(fIn1);
27              v.add(fIn2);
28              v.add(fIn3);
29
30              Enumeration fIns = v.elements();
31              si1 = new SequenceInputStream(fIns);
32
33              int var_readbyte = -1;
34              while((var_readbyte = si1.read()) != -1){
35                  System.out.print((char)var_readbyte);
36              }
37              System.out.println();
38
39              fIn1 = new FileInputStream("test1.txt");
40              fIn2 = new FileInputStream("test2.txt");
41              si2 = new SequenceInputStream(fIn1,fIn2);
42              var_readbyte = -1;
43              while((var_readbyte = si2.read()) != -1){
44                  System.out.print((char)var_readbyte);
45              }
46          }
47          catch(IOException io){
48              io.printStackTrace();
49          }
50          finally{
51              try{
52                  si1.close();
53                  si2.close();
```

```
54                }
55                catch(IOException io){
56                    io.printStackTrace();
57                }
58            }
59        }
60
61    }
```

코드 분석

21~23	FileInputStream 객체 세 개를 생성한 부분이다.
25	Vector 객체를 생성한 부분이다.
26~28	Vector에 FileInputStream 객체 세 개를 요소로 추가한 부분이다.
30	Vector에 저장되어 있는 요소들을 Enumeration 타입으로 참조하는 부분이다.
31	Enumeration 객체를 사용하여 SequenceInputStream 객체를 생성하는 부분이다.
34~36	SequenceInputStream을 이용해서 데이터를 읽어 들여 출력하는 부분이다.
39~40	FileInputStream 객체 두 개를 생성하는 부분이다.
41	FileInputStream 객체 두 개를 사용하여 SequenceInputStream 객체를 생성하는 부분이다.
43~45	SequenceInputStream 객체를 사용하여 데이터를 읽어 들이고 출력하는 부분이다.
52~53	사용한 스트림을 닫아 주는 부분이다.

본 예제를 실행하기 전에 test1.txt, test2.txt, test3.txt 파일을 자바 파일과 같은 경로에 생성하여야
한다. 이클립스를 사용할 때는 프로젝트 디렉터리에 생성하면 된다.

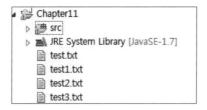

각 파일의 내용은 다음과 같이 입력한다. 각 문자열을 입력한 후 엔터를 쳐서 개행 문자열을 입력한
다. 각 파일의 내용을 읽고 줄 바꿈이 되게 하기 위해서이다.

- **test1.txt**

```
test1
```

- **test2.txt**

```
test2
```

- **test3.txt**

```
test3
```

(마우스)(실행결과)

```
test1
test2
test3

test1
test2
```

5 OutputStream

OutputStream은 바이트 기반 출력 스트림의 최상위 클래스이다.

```
                              ┌─────────────────┐  ┌──────────────────────┐
                              │ FileOutputStream│  │ ByteArrayOutputStrem │
                              └─────────────────┘  └──────────────────────┘
┌──────────────┐  ┌───────────────────┐  ┌──────────────────┐
│ OutputStream │  │ FilterOutputStream│  │ PipedOutputStream│
└──────────────┘  └───────────────────┘  └──────────────────┘
                              ┌───────────────────┐
                              │ ObjectOutputStream│
                              └───────────────────┘
```

- **OutputStream의 주요 메소드**

메소드	설명
abstract void write(int b)	1바이트를 출력한다.
void write(byte[ ] b)	바이트 배열 객체의 내용을 출력한다.

void write(byte[ ] b, int off, int len)	바이트 배열 객체에서 해당 off 위치부터 len 길이만큼 출력한다.
void flush( )	버퍼에 담겨 있는 데이터들을 출력한다.
void close( )	스트림을 닫는다.

6 FileOutputStream

FileOutputStream은 특정한 대상 파일로 내용을 출력하는 역할을 하는 클래스이다.

FileOutputStream을 생성할 때 지정한 경로에 대상 파일이 없으면 자동으로 파일을 생성해 주며,

디렉터리 자체가 존재하지 않으면 FileNotFoundException 예외를 발생시켜 준다.

• FileOutputStream의 주요 생성자

생성자	설명
FileOutputStream (String name)	파일의 경로를 이용해서 FileOutputStream 객체를 생성한다.
FileOutputStream (String name, boolean append)	두 번째 파라미터 값을 true로 설정하면 해당 파일에 내용을 출력할 때 기존 파일 내용에 추가하는 방식으로 출력한다. 기본은 내용을 계속 덮어쓴다.
FileOutputStream(File file)	File 객체를 사용해서 FileOutputStream 객체를 생성한다.
FileOutputStream (File file, boolean append)	두 번째 파라미터 값을 true로 설정하면 해당 파일에 내용을 출력할 때 기존 파일 내용에 추가하는 방식으로 출력한다. 기본은 내용을 계속 덮어 쓴다.

➡ Chapter11₩src₩FileOutputStreamTest.java

```
1     import java.io.FileOutputStream;
2     import java.io.IOException;
3
4     public class FileOutputStreamTest {
5
6         /**
7          * FileOutputStream 테스트
8          */
9         public static void main(String[] args) {
10             // TODO Auto-generated method stub
```

```
11          FileOutputStream fo = null;
12          String msg = "FileOutputStream Test";
13          byte[] byteArray = msg.getBytes();
14
15          try{
16              fo = new FileOutputStream("fileoutput.txt",true);
17              fo.write(byteArray);
18          }
19          catch(IOException io){
20              io.printStackTrace();
21          }
22          finally{
23              try{
24                  fo.close();
25              }
26              catch(IOException io){
27                  io.printStackTrace();
28              }
29          }
30      }
31
32  }
```

코드 분석

11	FileOutputStream 클래스의 레퍼런스 변수를 null로 초기화시킨 부분이다.
12	파일에 출력할 값을 문자열로 초기화시킨 부분이다.
13	String 타입의 데이터를 byte[] 타입으로 변환하였다. write 메소드에 파라미터로 지정할 수 있는 타입으로 변경한 것이다.
16	FileOutputStream 객체를 생성한 부분이다.
17	파일에 데이터를 출력하는 부분이다.

예제를 실행하면 콘솔에는 아무것도 출력되지 않는다. 프로젝트에서 우측 버튼을 클릭하고 Refresh 메뉴를 클릭하면 하단 그림과 같이 fileoutput.txt 파일이 생성되어 있는 것을 확인할 수 있다. 하단 그림은 프로그램을 두 번 실행시킨 결과의 화면이다.

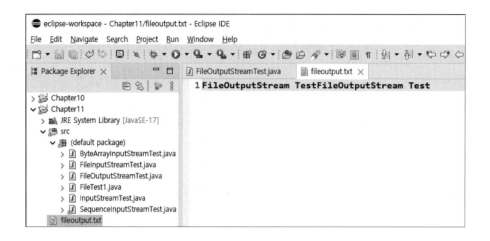

7 ByteArrayOutputStream

ByteArrayOutputStream은 메모리로 데이터를 출력하는 기능을 하는 클래스이다.

→ Chapter11₩src₩ByteArrayOutputStreamTest.java

```
1    import java.io.ByteArrayOutputStream;
2    import java.io.IOException;
3
4    public class ByteArrayOutputStreamTest {
5
6        /**
7         * ByteArrayOutputStream 테스트
8         */
9        public static void main(String[] args) {
10           // TODO Auto-generated method stub
11           String msg = "ByteArrayOutputStream test";
12           ByteArrayOutputStream bao = null;
13
14           try{
15               bao = new ByteArrayOutputStream();
16               bao.write(msg.getBytes());
17               System.out.println("bao = " + bao);
18           }
19           catch(IOException io){
20               io.printStackTrace();
21           }
22           finally{
23               try{
```

```
24                 bao.close();
25             }
26         catch(IOException io){
27             io.printStackTrace();
28         }
29     }
30   }
31
32 }
```

코드 분석

11	메모리에 출력할 문자열을 초기화시킨 부분이다.
12	ByteArrayOutputStream 타입의 레퍼런스 변수를 정의한 부분이다.
15	ByteArrayOutputStream 객체를 생성한 부분이다.
16	문자열을 바이트 배열 객체로 변경하여 메모리에 출력하는 부분이다.
17	메모리에 저장되어 있는 값을 출력하는 부분이다.

실행결과

```
bao = ByteArrayOutputStream test
```

기본 데이터 타입으로 입출력

자바에서는 바이트 단위로 데이터를 입출력하는 클래스만 제공하는 것이 아니라 기본 데이터 타입으로 값을 입출력할 수 있는 형태의 클래스들도 제공해 준다. 해당 클래스들은 DataOutputStream과 DataInputStream 클래스이다. 이 클래스들은 각 DataOutput과 DataInput 인터페이스를 구현한다. 또한 각 FilterOutputStream과 FilterInputStream 클래스를 상속받고 있다. 이 FilterOutputStream과 FilterInputStream 클래스는 다른 스트림에 특정 기능을 추가해 주는 역할을 한다. 따라서 이 두 클래스를 상속받은 클래스들은 객체를 생성할 때 기능을 추가할 대상 스트림 객체(기본 스트림 객체)를 필요로 한다.

• DataOutputStream의 생성자

생성자	설명
DataOutputStream (OutputStream out)	다른 출력 스트림을 파라미터로 지정하면서 DataOutputStream 객체를 생성하는 생성자이다.

• DataOutputStream의 주요 메소드

메소드	설명
void writeBoolean (boolean v)	1바이트 크기로 boolean 타입의 데이터를 출력한다.
Void writeByte(int v)	1바이트 크기로 byte 타입의 데이터를 출력한다.
void writeBytes(String s)	바이트의 sequence로 문자열을 출력한다.
void writeChar(int v)	2바이트 크기로 char 타입의 데이터를 출력한다.
void writeChars(String s)	문자들의 sequence로 문자열을 출력한다.
void writeDouble (double v)	8바이트 크기로 double 타입의 데이터를 출력한다.
void writeFloat(float v)	4바이트 크기로 float 타입의 데이터를 출력한다.
void writeInt(int v)	4바이트 크기로 int 타입의 데이터를 출력한다.

void writeLong(long v)	8바이트 크기로 long 타입의 데이터를 출력한다.
void writeShort(int v)	2바이트 크기로 short 타입의 데이터를 출력한다.
void writeUTF(String str)	UTF-8 인코딩으로 문자열을 출력한다.

• DataInputStream의 생성자

생성자	설명
DataInputStream (InputStream in)	다른 입력 스트림을 초기화하는 생성자이다.

• DataInputStream의 주요 메소드

메소드	설명
boolean readBoolean( )	boolean 타입의 데이터를 읽어 들인다.
byte readByte( )	byte 타입의 데이터를 읽어 들인다.
char readChar( )	char 타입의 데이터를 읽어 들인다.
double readDouble( )	double 타입의 데이터를 읽어 들인다.
float readFloat( )	float 타입의 데이터를 읽어 들인다.
void readFully (byte[ ] b)	byte 배열 객체를 읽어 들여서 파라미터로 지정한 byte 배열에 담는다.
void readFully (byte[ ] b, int off, int len)	데이터로부터 len 길이만큼 읽어서 파라미터로 지정된 byte 배열 객체의 off 위치부터 len 크기 만큼의 공간에 담는다.
int readInt( )	int 타입의 데이터를 읽어 들인다.
long readLong( )	long 타입의 데이터를 읽어 들인다.
short readShort( )	short 타입의 데이터를 읽어 들인다.
int readUnsignedByte( )	부호 비트를 무조건 0으로 인식하고 0~255까지 반환한다.
int readUnsignedShort( )	부호 비트를 무조건 0으로 인식하고 0~65535까지 반환한다.
static String readUTF (DataInput in)	UTF-8 인코딩 방식으로 문자열을 읽어 들인다.
int skipBytes(int n)	지정한 바이트 수만큼을 skip한다.

```
1    import java.io.DataInputStream;
2    import java.io.DataOutputStream;
3    import java.io.FileInputStream;
4    import java.io.FileOutputStream;
5    import java.io.IOException;
6
7    public class DataStreamTest {
8
9        /**
10        * DataInputStream , DataOutputStream 테스트
11        */
12       public static void main(String[] args) {
13           // TODO Auto-generated method stub
14           FileOutputStream fo = null;
15           FileInputStream fi = null;
16           DataOutputStream dos = null;
17           DataInputStream dis = null;
18
19           try{
20           fo =   new FileOutputStream("dataFile.txt");
21           fi = new FileInputStream("dataFile.txt");
22           dos = new DataOutputStream(fo);
23           dis = new DataInputStream(fi);
24
25           dos.writeShort(-1);
26           dos.writeByte(2);
27           dos.writeDouble(3.14);
28           dos.writeLong(30);
29           dos.writeUTF("datastream test");
30
31           System.out.println(dis.readUnsignedShort());
32           dis.skip(1);
33           System.out.println(dis.readDouble());
34           System.out.println(dis.readLong());
35           System.out.println(dis.readUTF());
36           }
37           catch(IOException io){
38               io.printStackTrace();
39           }
40           finally{
```

```
41              try{
42                  fi.close();
43                  fo.close();
44                  dis.close();
45                  dos.close();
46              }
47              catch(IOException e){
48                  e.printStackTrace();
49              }
50          }
51      }
52
53  }
```

⚙️ 코드 분석

1~5	필요한 클래스들을 import하는 부분이다.
14~17	각 스트림 타입의 레퍼런스 변수를 선언하는 부분이다.
22	FileOutputStream 객체를 파라미터로 지정하면서 DataOutputStream 객체를 생성하는 부분이다.
23	FileInputStream 객체를 파라미터로 지정하면서 DataInputStream 객체를 생성하는 부분이다.
25~29	각 데이터 타입으로 파일에 값을 출력하는 부분이다.
31	short 타입으로 저장되어 있는 값을 비 부호 short 값으로 가져와서 출력하는 부분이다. -1 값을 short 타입으로 저장했으나, 비 부호 short 타입으로 데이터를 가져오기 때문에 부호 비트를 0으로 변경하여 65535가 출력된다.
32	데이터가 저장되어 있는 파일에서 값을 읽어 들일 위치를 1바이트 skip한다. 따라서, 26라인에서 출력한 값을 스킵한다.
33~35	파일에 저장되어 있는 각 값을 가져와서 출력한다.

🖱️ 실행결과

```
65535
3.14
30
datastream test
```

문자 기반 입출력

자바에서 문자 기반 입출력 기능을 제공하기 위해서 Reader와 Writer 클래스를 제공한다. InputStream에 대응되는 클래스가 Reader 클래스이고 OutputStream에 대응되는 클래스가 Writer 클래스이다.

1 Reader 클래스

• Reader의 주요 메소드

메소드	설명
abstract void close( )	해당 스트림을 닫아 준다.
void mark (int readAheadLimit)	파라미터로 지정한 위치를 마크해 준다.
boolean markSupported( )	해당 스트림이 mark( ) 기능을 제공해 주는지를 판단한다.
int read( )	문자 하나를 읽어서 반환한다.
int read(char[ ] cbuf)	문자 배열을 읽어서 파라미터로 지정된 배열에 담는다.
abstract int read(char[ ] cbuf, int off, int len)	데이터로부터 len 크기의 문자들을 읽어서 파라미터로 지정한 배열의 지정 위치에(off부터) 담는다.
int read (CharBuffer target)	문자들을 읽어서 파라미터로 지정한 CharBuffer에 담는다.
boolean ready( )	해당 스트림이 읽을 준비가 되어 있는지를 판단한다.
void reset( )	마크가 되어 있는 위치로 스트림의 작업 위치를 이동시킨다.
long skip(long n)	파라미터로 지정한 문자 개수만큼 skip한다.

• Reader 클래스와 자식 클래스들

		BufferedReader	InputStreamReader
Reader		CharArrayReader	PipedReader
		FilterReader	StringReader

2 BufferedReader

• BufferedReader 클래스의 생성자

생성자	설명
BufferedReader (Reader in)	파라미터로 지정한 Reader에 buffer 기능을 추가한다.
BufferedReader (Reader in, int size)	버퍼의 크기를 지정하면서 BufferedReader 객체를 생성한다.

BufferedReader 클래스는 Reader 스트림에 버퍼 기능을 추가하는 스트림 클래스이다. 대상에서 데이터를 읽을 때 버퍼에 읽었다가 버퍼로부터 데이터를 차례대로 읽어 들이기 때문에 성능이 좋아진다.

또한, BufferedReader 클래스에는 readLine()이라는 한 라인별로 데이터를 읽어서 String 타입으로 데이터를 반환해 주는 편리한 메소드가 존재하므로 사용 빈도가 높다.

➜ Chapter11\src\BufferedReaderTest.java

```java
1    import java.io.BufferedReader;
2    import java.io.FileInputStream;
3    import java.io.IOException;
4    import java.io.InputStreamReader;
5
6    public class BufferedReaderTest {
7
8        /**
9         * BufferedReader 테스트
10        */
11       public static void main(String[] args) {
12           // TODO Auto-generated method stub
13           FileInputStream fi = null;
14           InputStreamReader isr = null;
```

```
15              BufferedReader bfr = null;
16
17          try{
18              fi = new FileInputStream("BufferedReader.txt");
19              isr = new InputStreamReader(fi);
20              bfr = new BufferedReader(isr);
21
22              String str = null;
23              while((str = bfr.readLine()) != null){
24                  System.out.println(str);
25              }
26          }
27          catch(IOException e){
28              e.printStackTrace();
29          }
30          finally{
31              try{
32                  fi.close();
33                  isr.close();
34                  bfr.close();
35              }
36              catch(IOException e){
37                  e.printStackTrace();
38              }
39          }
40      }
41
42  }
```

코드 분석

13~15	필요한 스트림 클래스들의 변수들을 선언한 부분이다.
18	FileInputStream 객체를 생성하는 부분이다.
19	InputStreamReader 객체를 생성하는 부분이다. InputStreamReader 클래스는 파라미터로 지정된 InputStream을 이용해서 Reader 객체를 생성해 주는 클래스이다. BufferedReader 클래스에서 요구하는 파라미터 타입이 Reader 타입이므로 FileInputStream 객체 타입을 Reader 타입으로 변경해 주는 것이다.
20	BufferedReader 객체를 생성하는 부분이다.
23~25	파일로부터 데이터를 한 라인씩 읽어서 출력하는 부분이다.

본 예제는 실행하기 전에 프로젝트 디렉터리에 bufferReader.txt 파일을 하단 그림처럼 생성해 주어야 한다.

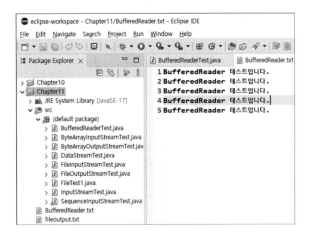

상단과 같이 파일을 생성하고 프로그램을 실행하면 아래 그림과 같은 화면이 출력된다.

실행 결과

```
BufferedReader 테스트입니다.
BufferedReader 테스트입니다.
BufferedReader 테스트입니다.
BufferedReader 테스트입니다.
BufferedReader 테스트입니다.
```

주소록 정보가 txt 파일에 저장되어 있을 때 BufferedReader 클래스를 이용해서 주소록에 저장되어 있는 정보를 출력하는 예제를 작성한다.

➡ Chapter11₩src₩AddressRead.java

```
1    import java.io.BufferedReader;
2    import java.io.FileInputStream;
3    import java.io.IOException;
4    import java.io.InputStreamReader;
5    import java.util.StringTokenizer;
6
7    public class AddressRead {
8
9        /**
10        * 주소 정보 출력하기
```

```
11              */
12          public static void main(String[] args) {
13              // TODO Auto-generated method stub
14              FileInputStream fi = null;
15              InputStreamReader isr = null;
16              BufferedReader bfr = null;
17              StringTokenizer st = null;
18
19              try{
20                  fi = new FileInputStream("address.txt");
21                  isr = new InputStreamReader(fi);
22                  bfr = new BufferedReader(isr);
23
24                  String str = null;
25                  while((str = bfr.readLine()) != null){
26                      st = new StringTokenizer(str, ",");
27                      System.out.println("이름 : " + st.nextToken() + ",주소 : " + st.nextToken()
28                          + ",이메일 : " + st.nextToken() + ",전화번호 : " + st.nextToken());
29                  }
30              }
31              catch(IOException e){
32                  e.printStackTrace();
33              }
34              finally{
35                  try{
36                      fi.close();
37                      isr.close();
38                      bfr.close();
39                  }
40                  catch(IOException e){
41                      e.printStackTrace();
42                  }
43              }
44          }
45
46      }
```

17	파일에서 한 라인 읽어 들인 문자열을 각 이름, 주소, 이메일, 전화 번호 단위로 분리하기 위해서 StringTokenizer 클래스 타입의 변수를 선언하였다.
24	파일에서 한 라인 읽어 들인 문자열을 저장할 변수를 정의한 부분이다.
26	파일에서 읽어 들인 문자열을 "," 문자로 분리해서 토큰을 반환해주는 StringTokenizer 객체를 생성하였다.
27~29	파일에서 읽어 들인 각 단위의 정보들을 출력하는 부분이다.

이 예제를 실행하기 전에 우선 프로젝트 디렉터리에 address.txt 문서를 다음과 같이 생성한다.

```
오정원,서울시,aaa@aaa.com,111-1111
김영아,서울시,bbb@bbb.com,222-1111
임정섭,광주시,ccc@ccc.com,333-1111
함봉석,춘천시,ddd@ddd.com,111-1111
이찬원,천안시,eee@eee.com,111-1111
```

실행 결과

```
이름 : 오정원,주소 : 서울시,이메일 : aaa@aaa.com,전화번호 : 111-1111
이름 : 김영아,주소 : 서울시,이메일 : bbb@bbb.com,전화번호 : 222-1111
이름 : 임정섭,주소 : 광주시,이메일 : ccc@ccc.com,전화번호 : 333-1111
이름 : 함봉석,주소 : 춘천시,이메일 : ddd@ddd.com,전화번호 : 111-1111
이름 : 이찬원,주소 : 천안시,이메일 : eee@eee.com,전화번호 : 111-1111
```

3 FileReader

FileReader는 파일로부터 데이터를 문자 단위로 읽을 수 있는 스트림 클래스이며 InputStreamReader 클래스를 상속받는다. 사용법은 FileInputStream과 비슷하다.

➡ Chapter11₩src₩FileReaderTest.java

```java
1    import java.io.FileReader;
2    import java.io.IOException;
3
4    public class FileReaderTest {
5
6        /**
7         * FileReader 테스트
8         */
9        public static void main(String[] args) {
```

```
10              // TODO Auto-generated method stub
11              FileReader fr = null;
12
13          try{
14              fr = new FileReader("fileReaderTest.txt");
15              int readChar=-1;
16              while((readChar=fr.read()) != -1){
17                  System.out.print((char)readChar);
18              }
19          }
20          catch(IOException e){
21              e.printStackTrace();
22          }
23          finally{
24              try{
25                  fr.close();
26              }
27              catch(IOException e){
28                  e.printStackTrace();
29              }
30          }
31      }
32
33  }
```

코드 분석

11	파일에서 데이터를 문자 단위로 읽을 수 있는 FileReader 클래스의 레퍼런스 변수를 정의한 부분이다.
14	FileReader 객체를 생성한 부분이다.
15	파일에서 읽어 들인 문자 코드 값을 저장할 변수의 초기값을 -1로 설정하는 부분이다.
17	파일에서 읽어 들인 문자들을 출력하는 부분이다.

본 예제를 실행하기 전에 프로젝트 디렉터리에 fileReader.txt 파일을 아래와 같은 내용으로 생성해야 한다.

안녕하세요 FileReaderTest입니다

실행 결과

안녕하세요 FileReaderTest입니다

4 InputStreamReader

InputStreamReader 클래스는 InputStream 클래스 객체를 Reader 클래스 객체 타입으로 변환해 주는 역할을 하는 클래스이다. 특정 스트림 클래스를 생성할 때 Reader 타입의 파라미터가 필요한 경우나, 바이트 타입으로 읽어 들인 데이터를 문자 타입으로 읽어 들이기 위해서 사용한다. 콘솔에서 데이터를 읽어 들일 때 System.in을 이용해서 데이터를 읽어 들이면 한글은 깨진다. 이런 경우에는 InputStreamReader를 사용해서 콘솔에서 읽어 들인 데이터를 최종적으로 문자 단위로 읽어 들일 수 있도록 처리해야 한다.

하단의 User 클래스는 사용자 정보를 저장하는 클래스이다.

➡ Chapter11₩src₩User.java

```java
1   public class User {
2
3       private String id;
4       private String passwd;
5       private String dong;
6       private int age;
7       private String name;
8       public User(String id, String passwd, String dong, int age,String name) {
9           super();
10          this.id = id;
11          this.passwd = passwd;
12          this.dong = dong;
13          this.age = age;
14          this.name = name;
15      }
16      public String getId() {
17          return id;
18      }
19      public void setId(String id) {
20          this.id = id;
21      }
22      public String getPasswd() {
23          return passwd;
24      }
25      public void setPasswd(String passwd) {
26          this.passwd = passwd;
27      }
28      public String getDong() {
29          return dong;
```

```
30          }
31          public void setDong(String dong) {
32              this.dong = dong;
33          }
34          public int getAge() {
35              return age;
36          }
37          public void setAge(int age) {
38              this.age = age;
39          }
40          public String getName() {
41              return name;
42          }
43          public void setName(String name) {
44              this.name = name;
45          }
46          @Override
47          public String toString() {
48              // TODO Auto-generated method stub
49              return "아이디 = " + id + ", 이름 = " + name + ", 나이 = " + age
50                      + ", 비밀번호 = " + passwd + ", 동 = " + dong;
51          }
52
53      }
```

코드 분석

사용자 한 명에 대한 정보를 저장하는 클래스이다.

→ Chapter11₩src₩InputStreamReaderTest.java

```
1   import java.io.BufferedReader;
2   import java.io.IOException;
3   import java.io.InputStreamReader;
4
5
6   public class InputStreamReaderTest {
7
8       /**
9        * InputStreamReader 테스트
10       */
```

```java
11        InputStreamReader isr = null;
12        BufferedReader bfr = null;
13
14    public static void main(String[] args) {
15        // TODO Auto-generated method stub
16        InputStreamReaderTest isrt = new InputStreamReaderTest();
17        User user = isrt.getUserInfo();
18        System.out.println("입력한 사용자 정보");
19        System.out.println(user);
20    }
21
22    private  User getUserInfo() {
23        // TODO Auto-generated method stub
24        User user = null;
25
26        isr = new InputStreamReader(System.in);
27        bfr = new BufferedReader(isr);
28
29        try{
30        System.out.println("사용자 정보를 입력하세요.");
31        System.out.print("아이디 : ");
32        String id = bfr.readLine();
33        System.out.print("비밀번호 : ");
34        String passwd = bfr.readLine();
35        System.out.print("동 : ");
36        String dong = bfr.readLine();
37        System.out.print("나이 : ");
38        int age = Integer.parseInt(bfr.readLine());
39        System.out.print("이름 : ");
40        String name = bfr.readLine();
41        user = new User(id, passwd, dong, age, name);
42        }
43        catch(IOException e){
44            e.printStackTrace();
45        }
46        finally{
47            try{
48                isr.close();
49                bfr.close();
50            }
```

```
51              catch(IOException e){
52                  e.printStackTrace();
53              }
54          }
55          return user;
56      }
57
58  }
```

코드 분석

17	사용자 한 명에 대한 정보를 콘솔로부터 입력받아 User 한 명의 정보를 리턴해 주는 getUserInfo() 메소드를 호출하는 부분이다.
26	콘솔로부터 데이터를 바이트 단위로 읽어 들이는 System.in 객체를 InputStreamReader 클래스를 이용해 Reader 타입으로 변환해 주는 부분이다.
27	데이터를 라인 단위로 편리하게 읽을 수 있는 BufferedReader 객체를 생성하는 부분이다.
30~40	사용자의 정보를 콘솔로부터 읽어 들여 각 변수에 저장하는 부분이다.
41	콘솔에서 입력받은 데이터들을 이용해서 User 객체를 생성하는 부분이다.
19	user 정보를 출력하는 부분이다. user 객체를 System.out.println() 메소드의 파라미터로 지정했기 때문에 user 객체의 toString() 메소드가 자동으로 호출된다.

실행 결과

```
사용자 정보를 입력하세요.
아이디 : aaa
비밀번호 : aaa
동 : 상계동
나이 : 22
이름 : 오정원
입력한 사용자 정보
아이디 = aaa, 이름 = 오정원, 나이 = 22, 비밀번호 = aaa, 동 = 상계동
```

5 Writer

Writer 클래스는 OutputStream에 대응되는 클래스로서 문자 단위로 데이터를 출력해 주는 클래스이다. Writer를 상속 받는 클래스들은 다음과 같은 클래스들이 존재한다.

• **Writer 클래스에서 제공하는 주요 메소드들**

메소드	설명
Writer append(char c)	Writer에 c 문자을 추가한다.
Writer append (CharSequence csq)	Writer에 csq 문자열을 추가한다.
Writer append (CharSequence csq, int start, int end)	Writer에 해당 문자열에서 지정한 부분의 문자열을 추가한다.
abstract void close( )	스트림을 닫는다.
abstract void flush( )	Writer에 출력된 데이터들을 flush시킨다.
void write(char[ ] cbuf)	cbuf 문자 배열을 출력한다.
abstract void write(char[ ] cbuf, int off, int len)	cbuf 문자 배열에서 지정한 위치의 문자들을 출력한다.
void write(int c)	한 문자를 출력한다.
void write(String str)	문자열을 출력한다.
void write (String str, int off, int len)	str 문자열 중 지정한 문자열만 출력한다.

6 FileWriter

FileWriter 클래스는 파일에 데이터를 문자 단위로 출력하는 클래스이다.
FileOutputStream에 대응되는 클래스이다.

→ Chapter11₩src₩FileWriterTest.java

```java
1   import java.io.FileReader;
2   import java.io.FileWriter;
3   import java.io.IOException;
4
5   public class FileWriterTest {
6
7       /**
8        * FileWriter 테스트
9        */
10      public static void main(String[] args) {
11          // TODO Auto-generated method stub
12          FileWriter fw = null;
13          String msg = "FileWriter 테스트입니다\r\n";
14          try{
15              fw = new FileWriter("fileWriter.txt",true);
16              fw.write(msg);
17          }
18          catch(IOException e){
19              e.printStackTrace();
20          }
21          finally{
22              try{
23                  fw.close();
24              }
25              catch(IOException e){
26                  e.printStackTrace();
27              }
28          }
29      }
30
31  }
```

13	파일에 출력할 메시지를 지정한 부분이다. 문자열 맨 뒤에 "\r\n"을 추가하여 줄 바꿈이 되게 처리하고 있다.
15	FileWriter 객체를 생성하는 부분이다. 두 번째 인자를 true로 설정하여 여러 번 실행하면 기존 파일의 내용에 새로 출력하는 내용을 추가하는 방식으로 쓴다.
16	파일에 문자열을 출력하는 부분이다.

하단의 결과는 프로그램을 두 번 실행한 결과 생성된 fileWriter.txt 파일의 내용이다.

프로그램을 실행한 후 프로젝트 디렉터리를 새로 고침 하면 프로젝트 디렉터리에 fileWriter.txt 파일이 생성된다.

실행 결과

```
FileWriter 테스트입니다
FileWriter 테스트입니다
```

7 BuferredWriter

BufferedWriter 클래스에는 flush 기능이 구현되어 있기 때문에 flush를 해 주어야지 데이터들이 최종적으로 대상으로 출력된다.

Buffer의 사이즈보다 데이터를 더 많이 출력하면 flush를 하지 않아도 자동으로 flush 처리가 되면서 출력 스트림에 출력된 내용들이 대상으로 출력되지만, 버퍼 안에 버퍼 사이즈를 초과하지 않는 데이터가 들어가 있으면 버퍼 안에 출력되어 있는 내용들이 자동 flush되지 않는다.

➡ Chapter11\src\BufferedWriterTest1.java

```java
1    import java.io.BufferedWriter;
2    import java.io.FileWriter;
3    import java.io.IOException;
4
5    public class BufferedWriterTest1 {
6
7        /**
8         * BufferedWriter 테스트
9         */
10       public static void main(String[] args) {
11           // TODO Auto-generated method stub
12           FileWriter fileW = null;
```

```
13          BufferedWriter buW = null;
14
15          try{
16          fileW = new FileWriter("bufferWriter.txt");
17          buW = new BufferedWriter(fileW,4);
18          buW.write('A');
19          buW.write('B');
20          buW.write('C');
21          buW.write('D');
22          }
23          catch(IOException io){
24              io.printStackTrace();
25          }
26      }
27
28  }
```

코드 분석

16	FileWriter 객체를 생성하는 부분이다. 버퍼사이즈를 4로 지정하였다. 따라서 4문자보다 많이 출력할 때만 자동으로 flush가 된다.
18~21	출력 스트림으로 4문자를 출력하는 부분이다. 버퍼 사이즈를 넘지 않아서 자동 flush가 되지 않는다.

프로그램을 실행하고 프로젝트 디렉터리를 새로 고침 하면 하단처럼 bufferWriter.txt 파일이 생성되지만 자동 flush가 되지 않기 때문에 대상 파일에 아무것도 출력되지 않는다.

실행 결과

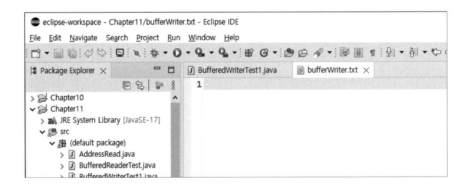

버퍼의 데이터를 출력하려면 flush() 메소드를 호출하거나 BufferedWriter 스트림을 닫아 주면 된다. BufferedWriter 스트림을 닫아 주면 BufferedWriter에서 파라미터로 지정한 스트림을 자동으로 닫아 주고 버퍼에 담긴 데이터를 플러시한 후 BufferedWriter 스트림을 닫아 준다.

➡ Chapter11₩src₩BufferedWriterTest2.java

```java
1   import java.io.BufferedWriter;
2   import java.io.FileWriter;
3   import java.io.IOException;
4
5   public class BufferedWriterTest2 {
6
7       /**
8        * BufferedWriter 테스트
9        */
10      public static void main(String[] args) {
11          // TODO Auto-generated method stub
12          FileWriter fileW = null;
13          BufferedWriter buW = null;
14          try{
15          fileW = new FileWriter("bufferWriter.txt");
16          buW = new BufferedWriter(fileW,4);
17          buW.write('A');
18          buW.write('B');
19          buW.write('C');
20          buW.write('D');
21          //buW.flush();
22          }
23          catch(IOException io){
24              io.printStackTrace();
25          }
26          finally{
27              try{
28              buW.close();
29              }
30              catch(IOException e){
31                  e.printStackTrace();
32              }
33          }
34      }
35
36  }
```

코드 분석

21	버퍼 안에 있는 데이터들을 대상으로 플러시해 주는 부분이다. 상단 예제에서는 27라인에서 BufferedWriter 스트림을 close()해 주는 부분이 있기 때문에 이 부분을 생략해도 자동으로 플러시된다.

프로그램을 실행한 후 프로젝트 디렉터리에서 새로 고침을 하면 프로젝트 디렉터리 안에 생성된 bufferWriter.txt에 출력한 데이터들이 flush 된 것을 확인할 수 있다.

실행 결과

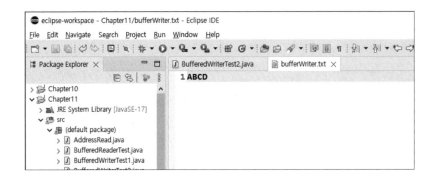

또한, BufferedWriter 클래스에는 newLine() 이라는 개행 문자를 입력할 수 있는 메소드가 제공되어 편리하게 라인을 변경하여 데이터를 출력할 수 있다.

➡ Chapter11₩src₩BufferedWriterTest3.java

```
1    import java.io.BufferedWriter;
2    import java.io.FileWriter;
3    import java.io.IOException;
4
5    public class BufferedWriterTest3 {
6
7       /**
8        * BufferedWriter 테스트
9        */
10      public static void main(String[] args) {
11          // TODO Auto-generated method stub
12          FileWriter fileW = null;
13          BufferedWriter buW = null;
14
15      try{
```

```
16              fileW = new FileWriter("bufferWriter3.txt");
17              buW = new BufferedWriter(fileW,4);
18
19              buW.write("여러라인 출력 예제 1라인");
20              buW.newLine();
21              buW.write("여러라인 출력 예제 2라인");
22              buW.newLine();
23              buW.write("여러라인 출력 예제 3라인");
24              buW.newLine();
25              buW.write("여러라인 출력 예제 3라인");
26              buW.newLine();
27              //buW.flush();
28              }
29              catch(IOException io){
30                  io.printStackTrace();
31              }
32              finally{
33                  try{
34                  buW.close();
35                  }
36                  catch(IOException e){
37                      e.printStackTrace();
38                  }
39              }
40          }
41
42      }
```

코드 분석

19~26	문자열을 출력하면서 계속해서 줄 바꿈을 처리하는 부분이다.

실행 결과

8 OutputStreamWriter

OutputStreamWriter 클래스는 바이트 기반 출력 스트림을 문자 기반 출력 스트림으로 변환할 수 있는 기능을 제공해 준다. 네트워크 프로그램의 경우 소켓을 사용해서 문자 단위로 데이터를 출력하려면 OutputStreamWriter를 이용해서 바이트 단위 출력 스트림을 문자 단위 출력 스트림으로 변환 작업을 해야 한다.

➡ Chapter11₩src₩OutputStreamWriterTest.java

```java
1    import java.io.BufferedWriter;
2    import java.io.FileOutputStream;
3    import java.io.FileWriter;
4    import java.io.IOException;
5    import java.io.OutputStreamWriter;
6
7    public class OutputStreamWriterTest {
8
9        /**
10        * OutputStreamWriter 테스트
11        */
12       public static void main(String[] args) {
13           // TODO Auto-generated method stub
14           FileOutputStream fileOutputS = null;
15           OutputStreamWriter outWriter = null;
16           BufferedWriter buffW = null;
17
18           try{
19               fileOutputS = new FileOutputStream("outputStream.txt");
20               outWriter = new OutputStreamWriter(fileOutputS);
21               buffW = new BufferedWriter(outWriter);
22
23               buffW.write("OutputSreamWriter 테스트");
24               buffW.newLine();
25               buffW.write("OutputSreamWriter 테스트");
26               buffW.newLine();
27           }
28           catch(IOException e){
29               e.printStackTrace();
30           }
31           finally{
32               try{
33                   buffW.close();
```

```
34                    }
35            catch(IOException e){
36                    e.printStackTrace();
37            }
38        }
39    }
40
41 }
```

코드 분석

19	FileOutputStream 객체를 생성하는 부분이다.
20	OutputStreamWriter 객체를 생성하는 부분이다.
21	BufferedWriter 객체를 생성하는 부분이다.
23~26	파일에 데이터를 출력하는 부분이다.

프로그램을 실행한 후 프로젝트 디렉터리를 새로 고침 하면 프로젝트 디렉터리 안에 outputStream. txt 파일이 생성되고 파일을 열어서 내용을 확인하면 하단과 같은 내용이 저장되어 있다.

실행 결과

```
OutputSreamWriter 테스트
OutputSreamWriter 테스트
```

06 객체 입출력

지금까지는 기본 데이터를 입출력하는 방식을 살펴보았다. 자, 이제 객체 자체를 특정 대상에 입출력하는 방식을 살펴보도록 한다. 객체를 파일이나 네트워크상으로 출력하면 객체를 연속되는 바이트로 변경하여야 한다. 이 작업을 객체 직렬화라고 한다. 반면 파일에 바이트로 저장되어 있는 데이터를 읽어서 객체 타입으로 변환하는 작업을 역직렬화라고 한다. 이 직렬화와 역직렬화를 해주는 클래스들이 이미 자바 API에 정의가 되어 있다.

1 객체가 직렬화가 되기 위해 구현해야 하는 인터페이스

자바 객체가 직렬화가 되려면 해당 클래스가 다른 두 가지 중 하나의 인터페이스를 구현해야 한다.

1. Serializable

Serializable 인터페이스에는 아무런 메소드도 정의되어 있지 않다. 단지 해당 클래스 객체가 직렬화 대상인지 아닌지를 판단하기 위해서 사용된다. 즉 해당 클래스가 Serializable 인터페이스를 구현하고 있으면 직렬화가 가능한 클래스이고, Serializable 인터페이스를 구현하고 있지 않으면 직렬화할 수 없는 클래스로 판단된다.

Serializable 인터페이스를 구현하지 않은 객체를 직렬화시키려고 시도하면 NotSerializableException이 발생된다.

Serializable을 구현한 클래스에 존재하는 모든 변수들은 직렬화 대상이 된다. String 클래스는 Serializable 인터페이스를 구현하고 있기 때문에 문자열은 직렬화가 가능하다. 특정 변수를 직렬화 대상에서 제외하고 싶으면 변수 앞에 transient 예약어를 지정하면 된다.

2. Externalizable

Externalizable 인터페이스는 Serializable 인터페이스의 자식 인테페이스로 하단과 같은 메소드들이 정의되어 있다. Serializable 인터페이스를 구현한 클래스의 모든 변수들은 직렬화 대상이 되지만 Externalizable 인터페이스를 구현한 클래스에서는 readExternal 메소드나 writeExternal 메소드에서 정의한 변수들만 직렬화 대상이 된다.

```
public interface Externalizable extends Serializable{
        public void readExternal(ObjectInput in) throws
                IOException,ClassNotFoundException;
        public void writeExternal(ObjectOutput out) throws
                IOExcepiton;
}
```

2 ObjectInputStream과 ObjectOutputStream

ObjectOutputStream은 객체를 출력할 때, 즉 직렬화시키는 기능을 수행해 주고, ObjectInputStream 은 객체를 읽어올 때, 즉 역직렬화해 주는 기능을 제공해 준다.

• ObjectInputStream 의 주요 메소드

void defaultReadObject( )	Static이 아니고 tansient 예약어가 지정되지 않는 변수 값들을 클래스로 읽어 들인다.
int read( )	1바이트를 읽어 들인다.
int read(byte[ ] buf, int off, int len)	바이트 데이터들을 읽어서 바이트 배열에 담는다.
boolean readBoolean( )	boolean 타입의 데이터를 읽어 들인다.
byte readByte( )	1바이트를 읽어 들인다.
char readChar( )	문자 하나를 읽어 들인다.
double readDouble( )	double 타입의 데이터를 읽어 들인다.
float readFloat( )	float 타입의 데이터를 읽어 들인다.
int readInt( )	int 타입의 데이터를 읽어 들인다.
long readLong( )	long 타입의 데이터를 읽어 들인다.
Object readObject( )	Object 객체를 읽어 들인다.
short readShort( )	short 타입의 데이터를 읽어 들인다.
String readUTF( )	UTF-8 인코딩 방식으로 문자열을 읽어 들인다.
int skipBytes(int len)	파라미터 개수만큼의 바이트를 skip한다.

• ObjectOutputStream의 주요 메소드

메소드	설명
void write(byte[ ] buf)	바이트 배열 객체를 출력한다.
void write(byte[ ] buf, int off, int len)	바이트 배열 객체의 지정한 바이트들을 출력한다.
void write(int val)	1바이트를 출력한다.
void writeBoolean (boolean val)	boolean 타입의 데이터를 출력한다.
void writeByte(int val)	1바이트를 출력한다.
void writeBytes (String str)	문자열을 바이트 sequence로 출력한다.
void writeChar(int val)	한 문자를 출력한다.
void writeChars (String str)	문자열을 문자 sequence로 출력한다.
void writeDouble (double val)	double 데이터를 출력한다.
void writeFloat(float val)	float 데이터를 출력한다.
void writeInt(int val)	int 형의 데이터를 출력한다.
void writeLong(long val)	long 타입의 데이터를 출력한다.
void writeObject (Object obj)	객체 타입의 데이터를 출력한다.
void writeShort(int val)	short 타입의 데이터를 출력한다.
void writeUTF(String str)	UTF-8 인코딩 방식으로 문자열을 출력한다.

➡ Chapter11₩src₩User1.java

```java
1    import java.io.Serializable;
2
3    public class User1 implements Serializable {
4
5        private String id;
6        private String passwd;
7        private String dong;
8        private transient int age;
9        private String name;
10       public User1(String id, String passwd, String dong, int age,String name) {
```

```
11          super();
12          this.id = id;
13          this.passwd = passwd;
14          this.dong = dong;
15          this.age = age;
16          this.name = name;
17      }
18      public String getId() {
19          return id;
20      }
21      public void setId(String id) {
22          this.id = id;
23      }
24      public String getPasswd() {
25          return passwd;
26      }
27      public void setPasswd(String passwd) {
28          this.passwd = passwd;
29      }
30      public String getDong() {
31          return dong;
32      }
33      public void setDong(String dong) {
34          this.dong = dong;
35      }
36      public int getAge() {
37          return age;
38      }
39      public void setAge(int age) {
40          this.age = age;
41      }
42      public String getName() {
43          return name;
44      }
45      public void setName(String name) {
46          this.name = name;
47      }
48      @Override
49      public String toString() {
50          // TODO Auto-generated method stub
```

```
51              return "아이디 = " + id + ", 이름 = " + name + ", 나이 = " + age
52                  + ", 비밀번호 = " + passwd + ", 동 = " + dong;
53          }
54
55  }
```

코드 분석

3	User1 클래스가 직렬화 대상이 될 수 있도록 Serializable 인터페이스를 구현하도록 정의하는 부분이다.
8	age 변수 값은 직렬화 대상에서 제외되도록 transient 예약어를 지정한 부분이다. age 변수에 transient 예약어를 지정했기 때문에 객체를 대상으로 출력될 때 age 변수 값은 출력되지 않는다.

➡ Chapter11₩src₩ObjectStreamTest1.java

```
1   import java.io.FileInputStream;
2   import java.io.FileOutputStream;
3   import java.io.IOException;
4   import java.io.ObjectInputStream;
5   import java.io.ObjectOutputStream;
6
7   public class ObjectStreamTest1 {
8
9       /**
10       * ObjectInputStream , ObjectOutputStreamTest
11       */
12      public static void main(String[] args) {
13          // TODO Auto-generated method stub
14          User1 beforUser1 = new User1("aaa", "aaa", "상계동", 22, "오정원");
15          User1 afterUser1 = null;
16          FileOutputStream fileos = null;
17          ObjectOutputStream objectos = null;
18          FileInputStream fileis = null;
19          ObjectInputStream objectis = null;
20
21          try{
22              fileos = new FileOutputStream("userInfo.ser");
23              objectos = new ObjectOutputStream(fileos);
24              objectos.writeObject(beforUser1);
25
26              fileis = new FileInputStream("userInfo.ser");
27              objectis = new ObjectInputStream(fileis);
```

```
28                afterUser1 = (User1)objectis.readObject();
29
30                System.out.println(afterUser1);
31            }
32        catch(Exception e){
33            e.printStackTrace();
34        }
35        finally{
36            try{
37                fileos.close();
38                fileis.close();
39                objectos.close();
40                objectis.close();
41            }
42            catch(IOException e){
43                e.printStackTrace();
44            }
45        }
46    }
47
48    }
```

코드 분석

14	파일에 저장할 User1 클래스 객체를 생성하는 부분이다.
15	파일에 저장되어 있는 User1 클래스 객체를 읽어와서 저장할 변수를 선언한 부분이다.
16~19	각 스트림 클래스 타입의 변수들을 선언한 부분이다.
23	ObjectOutputStream 객체를 생성한 부분이다.
24	beforeUser1 객체를 파일로 출력하는 부분이다. 이 부분에서 객체 직렬화가 이루어진다.
27	ObjectInputStream 객체를 생성하는 부분이다.
28	파일에 저장되어 있는 User1 클래스 객체를 읽어 들이는 부분이다.
30	파일에서 얻어 온 User1 클래스 객체의 정보를 출력하는 부분이다.

객체를 저장하는 파일의 확장자 이름은 반드시 ser이 아니어도 상관없다.

실행 결과

아이디 = aaa, 이름 = 오정원, 나이 = 0, 비밀번호 = aaa, 동 = 상계동 아래 예제는 Externalizable 인터페이스를 구현해서 객체 직렬화를 처리하는 예제이다.

➡ Chapter11₩src₩User2.java

```java
1    import java.io.Externalizable;
2    import java.io.IOException;
3    import java.io.ObjectInput;
4    import java.io.ObjectOutput;
5
6    public class User2 implements Externalizable{
7
8        private String id;
9        private String passwd;
10       private String dong;
11       private transient int age;
12       private String name;
13       public User2() {
14           // TODO Auto-generated constructor stub
15       }
16       public User2(String id, String passwd, String dong, int age,String name) {
17           super();
18           this.id = id;
19           this.passwd = passwd;
20           this.dong = dong;
21           this.age = age;
22           this.name = name;
23       }
24
25       @Override
26       public void readExternal(ObjectInput in) throws IOException,
27               ClassNotFoundException {
28           // TODO Auto-generated method stub
29           id = in.readUTF();
30           passwd = in.readUTF();
31           dong = in.readUTF();
32           age = in.readInt();
33           name = in.readUTF();
34       }
35
36       @Override
37       public void writeExternal(ObjectOutput out) throws IOException {
38           // TODO Auto-generated method stub
39           out.writeUTF(id);
```

```
40          out.writeUTF(passwd);
41          out.writeUTF(dong);
42          out.writeInt(age);
43          out.writeUTF(name);
44      }
45      public String getId() {
46          return id;
47      }
48      public void setId(String id) {
49          this.id = id;
50      }
51      public String getPasswd() {
52          return passwd;
53      }
54      public void setPasswd(String passwd) {
55          this.passwd = passwd;
56      }
57      public String getDong() {
58          return dong;
59      }
60      public void setDong(String dong) {
61          this.dong = dong;
62      }
63      public int getAge() {
64          return age;
65      }
66      public void setAge(int age) {
67          this.age = age;
68      }
69      public String getName() {
70          return name;
71      }
72      public void setName(String name) {
73          this.name = name;
74      }
75      @Override
76      public String toString() {
77          // TODO Auto-generated method stub
78          return "아이디 = " + id + ", 이름 = " + name + ", 나이 = " + age
79              + ", 비밀번호 = " + passwd + ", 동 = " + dong;
```

```
80        }
81
82    }
```

코드 분석

13~15	Externalizale 인터페이스를 구현한 클래스를 readObject( ) 메소드를 호출하여 읽어 들일 때는 기본 생성자를 이용하여 역직렬화하므로 빈 생성자를 생성해 주어야 한다.
25~34	ObjectInputStream 객체의 readObject( ) 메소드를 호출할 때 자동으로 호출되는 readExternal 메소드를 정의한 부분이다. 이 부분에서 객체에서 읽어 들일 변수 값들을 적합한 메소드를 이용해서 읽는 처리를 해 주어야 한다.
36~44	ObjectOutputStream의 writeObject( ) 메소드를 호출할 때 자동으로 실행되는 writeExternal 메소드를 정의한 부분이다. 이 부분에서 출력할 변수 값들을 적합한 메소드를 이용해서 출력해 주어야 한다.

➜ Chapter11₩src₩ObjectStreamTest2.java

```
1    import java.io.FileInputStream;
2    import java.io.FileOutputStream;
3    import java.io.IOException;
4    import java.io.ObjectInputStream;
5    import java.io.ObjectOutputStream;
6
7    public class ObjectStreamTest2 {
8
9        /**
10        * ObjectInputStream , ObjectOutputStreamTest
11        */
12       public static void main(String[] args) {
13           // TODO Auto-generated method stub
14           User2 beforUser2 = new User2("aaa", "aaa", "상계동", 22, "오정원");
15           User2 afterUser2 = null;
16           FileOutputStream fileos = null;
17           ObjectOutputStream objectos = null;
18           FileInputStream fileis = null;
19           ObjectInputStream objectis = null;
20
21           try{
22               fileos = new FileOutputStream("user1Info.ser");
23               objectos = new ObjectOutputStream(fileos);
24               objectos.writeObject(beforUser2);
25
26               fileis = new FileInputStream("user1Info.ser");
```

```
27              objectis = new ObjectInputStream(fileis);
28              afterUser2 = (User2)objectis.readObject();
29
30              System.out.println(afterUser2);
31          }
32      catch(Exception e){
33          e.printStackTrace();
34      }
35      finally{
36          try{
37              fileos.close();
38              fileis.close();
39              objectos.close();
40              objectis.close();
41          }
42          catch(IOException e){
43              e.printStackTrace();
44          }
45      }
46      }
47
48  }
```

코드 분석

코드 내용이 ObjectStreamTest1과 거의 유사하므로 코드 설명은 생략한다.

실행결과

아이디 = aaa, 이름 = 오정원, 나이 = 22, 비밀번호 = aaa, 동 = 상계동

RandomAccessFile

지금까지 살펴본 스트림들은 단방향 작업만 가능했다. 출력 스트림은 쓰기 작업만 가능했고 입력 스트림은 읽기 작업만 가능했다. 즉, 데이터를 출력하면서 동시에 읽어 들이는 기능은 없었다. 그러나 RandomAccessFile 클래스는 데이터를 읽으면서 동시에 출력하는 기능을 제공한다. 또한 pointer를 사용해서 작업할 위치를 자유롭게 조절할 수 있다.

• RandomAccessFile의 생성자

생성자	설명
RandomAccessFile (File file, String mode)	파일 객체와 모드를 지정해서 객체를 생성하는 생성자
RandomAccessFile (String name, Stringmode)	파일 경로와 모드를 지정해서 객체를 생성하는 생성자 모드 r : 읽기 가능 rw : 읽기 쓰기 가능 rws : 출력한 내용이 파일에 즉시 반영 i/o를 줄일 수 있다. 　　　파일의 내용과 상태 정보가 같이 변경 rwd : 출력한 내용이 파일에 즉시 반영 i/o를 줄일 수 있다. 　　　파일의 내용만 변경

• RandomAccessFile의 주요 메소드

메소드	설명
long getFilePointer( )	파일 포인터의 위치를 반환한다.
long length( )	파일의 크기를 바이트 값으로 반환한다.
void skeep(long p)	파일 포인터의 위치를 0번 인덱스부터 지정한 값만큼 떨어진 곳으로 이동한다.
int skipBytes(int p)	현재의 파일 포인터 위치에서 지정한 값만큼 skip한다.

```
1    import java.io.IOException;
2    import java.io.RandomAccessFile;
3
4    public class RandomAccessFileTest {
5
6        /**
7         * RandomAccessFile 테스트
8         */
9        public static void main(String[] args) {
10           // TODO Auto-generated method stub
11           RandomAccessFile raf = null;
12
13           try{
14           raf = new RandomAccessFile("random.txt", "rw");
15           System.out.println("시작 파일 포인터 : " + raf.getFilePointer());
16
17           raf.writeInt(75);
18           raf.writeBoolean(false);
19           raf.writeChar('A');
20           raf.writeLong(100);
21
22           System.out.println("데이터 출력 후 파일 포인터 : " + raf.getFilePointer());
23           raf.seek(0);
24           System.out.println("int 값 출력 : " + raf.readInt());
25           System.out.println("boolean 값 출력 : " + raf.readBoolean());
26
27           raf.skipBytes(2);
28           System.out.println("long 값 출력 : " + raf.readLong());
29           }
30           catch(IOException e){
31               e.printStackTrace();
32           }
33       }
34
35   }
```

14	RandomAccessFile 객체를 읽고 쓰기 모드로 생성하는 부분이다.
15	객체 생성 후 현재의 파일 포인터 위치를 출력하는 부분이다. 처음에는 0이 반환된다.
17~20	파일에 데이터를 출력하는 부분이다.
22	파일에 데이터를 출력한 후 파일 포인터 값을 출력하는 부분이다. 파일에 데이터를 출력한 후에는 출력한 데이터 크기의 합인 15가 출력된다.
23	현재 파일 포인터의 위치가 15 위치로 이동해 있기 때문에 파일에 저장되어 있는 데이터를 처음부터 읽어오기 위해서 파일 포인터를 0으로 지정한 부분이다.
24~25	int 값과 boolean 값을 출력하는 부분이다.
27	char 값을 출력하지 않고 long 값을 바로 출력하기 위해서 2바이트만큼 건너뛰는 부분이다.
28	long 값을 출력하는 부분이다.

실행결과

```
시작 파일 포인터 : 0
데이터 출력 후 파일 포인터 : 15
int 값 출력 : 75
boolean 값 출력 : false
long 값 출력 : 100
```

08 NIO (New Input / Output)

기존 java.io API와 다른 새로운 입출력 API를 말한다. 자바 4에 처음 추가되었으며, 자바 7부터 네트워크 지원을 강화된 NIO.2 API가 추가되었다.

NIO.2는 java.nio2 패키지로 제공되지 않고 기존 java.nio의 하위 패키지(java.nio.channels, java.nio.charset, java.nio.file)에 통합되어 있다.

• NIO에서 제공하는 패키지

NIO 패키지	포함되어 있는 내용
java.nio	다양한 버퍼 클래스
java.nio.channels	파일 채널, TCP 채널, UDP 채널 등의 클래스
java.nio.channels.spi	java.nio.channels 패키지를 위한 서비스 제공자 클래스
java.nio.charset	문자셋, 인코더, 디코더 API
java.nio.charset.spi	java.nio.charset 패키지를 위한 서비스 제공자 클래스
java.nio.file	파일 및 파일 시스템에 접근하기 위한 클래스
java.nio.file.attribute	파일 및 파일 시스템의 속성에 접근하기 위한 클래스
java.nio.file.spi	java.nio.file 패키지를 위한 서비스 제공자 클래스

• IO와 NIO의 차이점

구분	IO	NIO
입출력 방식	스트림 방식	채널 방식
버퍼 방식	넌버퍼(non-buffer)	버퍼(buffer)
동기 / 비동기 방식	동기 방식	동기 / 비동기 방식 모두 지원
블로킹 / 넌블로킹 방식	블로킹 방식	블로킹 / 넌블로킹 방식 모두 지원

- **스트림 (stream)**

  스트림은 입력 스트림과 출력 스트림이 구분되어 있기 때문에 입력과 출력 스트림을 별도로 생성해야 한다.

- **채널 (Channel)**

  채널은 스트림과 달리 양방향으로 입력과 출력이 가능하기 때문에 입력과 출력을 위한 별도의 채널을 만들 필요가 없다.

- **넌버퍼 (Non - Buffer)**

  IO에서는 1바이트씩 읽고 출력하여 느리기 때문에 버퍼(Buffer)를 사용해서 복수 개의 바이트를 한꺼번에 입력받고 출력하는 것이 좋다. 보조 스트림인 BufferdInputStream, BufferedOutputStream을 사용해서 버퍼를 제공할 수 있다. 입력 데이터의 위치를 이동해가면서 자유롭게 이용할 수 없다.

- **버퍼 (Buffer)**

  NIO는 기본적으로 버퍼를 사용해서 입출력하기 때문에 입출력 성능이 좋다. 읽은 데이터를 무조건 버퍼에 저장하기 때문에 버퍼 내에서 데이터 위치를 이동해 가면서 필요한 부분만 읽고 쓸 수 있다.

- **블로킹**

  입력 스트림의 read()를 호출하면 데이터가 입력되기 전까지 스레드는 블로킹(대기 상태) 되고 마찬가지로 출력 스트림의 write()를 호출하면 데이터 출력 전까지 스레드는 블로킹 된다.
  스레드가 블로킹 된다면 다른 일을 할 수 없고 인터럽트(interrupt) 해서 빠져나올 수도 없기 때문에 블로킹을 빠져나오는 유일한 방법은 스트림을 닫는 것이다.

- **넌블로킹**

  NIO 블로킹은 IO 블로킹과 다르게 스레드를 인터럽트함으로써 빠져나올 수 있다.
  NIO는 넌블로킹을 지원하는데, 입출력 작업 시 스레드가 블로킹 되지 않는다.

➜ Chapter11₩src₩ChannelReadTest1.java

```java
1   import java.nio.ByteBuffer;
2   import java.nio.channels.FileChannel;
3   import java.nio.charset.Charset;
4   import java.nio.file.Path;
5   import java.nio.file.Paths;
6   import java.nio.file.StandardOpenOption;
7
8   public class ChannelReadTest1 {
9
10  public static void main(String[] args) {
11
12      Path path = Paths.get("C:\\javaStudy\\eclipse-workspace\\Chapter11\\niotest1.txt");
13
14      try (FileChannel ch = FileChannel.open(path, StandardOpenOption.READ)) {
15
16          ByteBuffer buffer = ByteBuffer.allocate(1024);
17          ch.read(buffer);
18
19          buffer.flip();
20          Charset charset = Charset.defaultCharset();
21          String inputData = charset.decode(buffer).toString();
22          System.out.println(inputData);
23
24          buffer.clear();
25
26      } catch (Exception e) {
27          e.printStackTrace();
28          System.out.println("Error...");
29          }
30      }
31  }
```

코드 분석

12	Paths.get() 메소드에는 파일의 전체 경로를 나타내는 문자열이 전달되어 해당 경로를 나타내는 Path 객체가 생성되고, 이 객체는 변수 path에 할당된다.
14	지정된 경로의 파일을 읽기 모드로 연다.

16	1024 바이트 크기의 ByteBuffer를 생성한다. ByteBuffer는 데이터를 일시적으로 저장하는 데 사용된다.
17	파일 채널에서 데이터를 읽어 와서 ByteBuffer에 저장한다.
19	Bytebuffer를 읽기 모드로 전환한다.
20	Charset 클래스는 문자 인코딩 및 디코딩을 담당하는 클래스로서 JVM의 기본 문자 집합을 사용하여 Charset 객체를 생성한다.
21	buffer에 저장된 데이터를 현재 Charset에 따라 디코딩한 후 toString() 메소드를 통해 문자열로 변환한다.
22	디코딩된 문자열을 출력한다.
24	ByteBuffer를 초기화하여 재사용 가능하도록 준비한다.
27~28	예외가 발생한 경우 해당 예외를 출력하고 "Error…" 문자열을 출력한다.

실행 결과

```
NIO TEST 1.....
NIO TEST 1.....
NIO TEST 1.....
NIO TEST 1.....
NIO TEST 1.....
```

예제로 살펴보기 　 Channel을 통한 파일 쓰기

→ Chapter11\src\ChannelWriteTest1.java

```
1    import java.io.IOException;
2    import java.nio.ByteBuffer;
3    import java.nio.channels.FileChannel;
4    import java.nio.charset.Charset;
5    import java.nio.file.Path;
6    import java.nio.file.Paths;
7    import java.nio.file.StandardOpenOption;
8
9    public class ChannelWriteTest1 {
10
11       public static void main(String[] args) {
12
13           Path path = Paths.get("C:\\javaStudy\\eclipse-workspace\\Chapter11\\
14    nioWriteTest.txt");
15
```

```
16              try (FileChannel ch = FileChannel.open(path, StandardOpenOption.
17    WRITE, StandardOpenOption.CREATE)) {
18
19              String data = "파일 쓰기 테스트...";
20              Charset charset = Charset.defaultCharset();
21              ByteBuffer buffer = charset.encode(data);
22              ch.write(buffer);
23          } catch (IOException e) {
24              e.printStackTrace();
25              System.out.println("Error...");
26          }
27      }
28  }
```

 코드 분석

13~14	Paths.get() 메소드에는 파일의 전체 경로를 나타내는 문자열이 전달되어 해당 경로를 나타내는 Path 객체가 생성되고, 이 객체는 변수 path에 할당된다.
16~17	지정된 경로의 파일을 쓰기 모드로 연다. 만약 파일이 없다면 새로 생성한다.
21	문자열 데이터를 Charset을 사용하여 인코딩하여 ByteBuffer에 저장한다.
22	ByteBuffer의 데이터를 파일 채널에 쓴다.

실행결과

파일 쓰기 테스트...

• Channel 객체 생성

채널(Channel) 생성 옵션을 가진 기본 라이브러리 Enum 클래스.

open() 메소드를 이용한 채널 인스턴스 생성 시 옵션은 여러 개 중복으로 넣어 줄 수 있다.

옵션	설명
READ	읽기용으로 파일을 연다.
WRITE	쓰기용으로 파일을 연다.
CREATE	파일이 없으면 새 파일을 생성한다.
CREATE_NEW	새 파일을 생성한다. (기존에 존재하면 예외 발생)
APPEND	추가 모드로 파일을 연다. (EOF 위치부터 시작, WRITE / CREATE와 같이 사용)

DELETE_ON_CLOSE	채널이 닫힐 때 파일을 삭제한다.
TRUNCATE_EXISTING	파일을 열 때 파일 내용을 모두 삭제한다. (0바이트로 만들고, WRITE와 같이 사용한다.)

• ByteBuffer 객체 생성

파일 I/O를 자주하면 allocate( )를 크게 하나 만들어 두고 계속 사용한다.

```
ByteBuffer buffer = ByteBuffer.allocate(10);
```

기본적으로 아래와 같이 메모리에 버퍼가 생성되고, 파일의 데이터를 가리키는 파일 포인터처럼 버퍼도 버퍼 포인터가 존재한다.

Capacity : 버퍼 전체 크기

Position : 현재 버퍼를 쓰거나 읽을 위치

Limit : 전체 크기 중에 실제 읽고 쓸 수 있는 위치를 따로 지정한 것으로 기본 Capacity와 동일하게 생성된다.

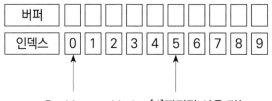

ByteBuffer buffe = ByteBuffer.allocate(10);

• Charset 객체 생성

Window 환경에서 메모장은 ANSI 코드를, Java는 charset으로 유니코드를 사용하는 것처럼 외부의 문자 데이터를 주고받을 때는 서로 같은 인코딩 타입을 사용하지 않을 수 있다. 따라서 한글처럼 2byte 이상으로 이루어진 문자를 유니코드로 출력해도 메모장에서는 해당 문자가 깨지게 된다.

이러한 문제를 해결하기 위해 인코딩 타입 간 변환을 위해 일단 Charset 클래스의 인스턴스를 생성해야 한다.

아래와 같이 2가지 방법으로 Charset 인스턴스 생성이 가능하다.

```
Charset charset = Charset.defaultCharset();
Charset charset = Charset.forName("UTF-8");
```

defaultCharset( ) : OS의 인코딩 타입 간 변환을 해주는 객체를 생성한다.

forName("타입") : 직접 입력한 타입 간 변환을 해주는 객체를 생성한다.

위 예제 코드에서는 파일 읽기 용으로 Channel을 생성하였기 때문에, Buffer에 파일 데이터를 읽어 와서 Charset을 통해서 해당 인코딩 타입으로 다시 디코드하여 문자열을 출력하고 있다.

• Charset 인코딩

```
String data = "NIO Channel을 이용해서 파일에 데이터 쓰기...";
Charset charset = Charset.defaultCharset();
ByteBuffer buffer = charset.encode(data);
```

• Charset 디코딩

```
Charset charset = Charset.defaultCharset();
String inputData = charset.decode(buffer).toString();
System.out.println("inputData : " + inputData);
```

네트워크

이 장에서는 다른 컴퓨터에서 데이터를 읽어 들이거나 다른 컴퓨터에 데이터를 출력하는 네트워크에 대해서 살펴보겠다. 네트워크에 대한 기본지식이 없으면 조금 어렵게 느껴질 수도 있는 부분이지만 자바에서 가장 빈번하게 사용되는 내용 위주로 구성하였다.

01 java.net 패키지에서 지원되는 주요 클래스들

1 URL 클래스

java.net
Class URL

java.lang.Object
└ java.net.URL

All Implemented Interfaces:
Serializable

URL은 특정 URL 주소를 다루기 위해 자바에서 제공되는 클래스이다. URL 클래스의 대표적인 생성자에는 다음과 같은 것들이 제공된다. 하단에 제시된 생성자 이외에도 다른 생성자도 제공되고 있으니 필요할 시 자바 API를 참고하기 바란다.

생성자	설명
public URL(String spec) throws MalformedURLException	파라미터로 지정된 URL 문자열을 이용해서 URL 객체를 생성한다.
public URL(String protocol,String host,String file) throws MalformedURLException	바이트 데이터들을 읽어서 바이트 배열에 담는다.
public URL(String protocol,String host,int port,String file) throws MalformedURLException	URL을 구성하는 각 부분의 값을 이용하여 URL 객체를 생성한다

URL 객체가 생성되면, URL 클래스의 openStream() 메소드를 이용하여 해당 URL의 자원을 얻어오는 InputStream을 리턴 받을 수 있으며, getConnection() 메소드를 사용하여 URLConnection 객체도 얻어 올 수 있다. 참고로 URLConnection 클래스는 추상 클래스이므로 생성자를 이용해서 객체를 생성할 수 없다.

```java
1    import java.io.BufferedReader;
2    import java.io.InputStream;
3    import java.io.InputStreamReader;
4    import java.net.URL;
5
6    public class URLTest {
7
8        /**
9         * URL 클래스 테스트
10        */
11       public static void main(String[] args) {
12           // TODO Auto-generated method stub
13           InputStream is=null;
14           InputStreamReader isr=null;
15           BufferedReader br=null;
16
17           try{
18               URL url = new URL("http://www.hyejiwon.co.kr");
19               is = url.openStream();
20               isr = new InputStreamReader(is,"UTF-8");
21               br = new BufferedReader(isr);
22
23               String str = "";
24               while((str = br.readLine()) != null) {
25                   System.out.println(str);
26               }
27           }
28           catch(Exception e){
29               e.printStackTrace();
30           }
31           finally{
32               try{
33                   is.close();
34                   isr.close();
35                   br.close();
36               }
37               catch(Exception e){
38                   e.printStackTrace();
39               }
40           }
```

```
41        }
42
43    }
```

코드 분석

18	URL 객체를 생성하는 부분이다.
19	openStream() 메소드를 호출하여 해당 url에서 데이터를 읽어 들일 수 있는 InputStream을 얻어 오는 부분이다.
20	InputStreamReader 객체를 생성할 때 인코딩 방식을 "UTF-8" 로 지정하여 한글이 제대로 인식되게 하고 있다.
21	해당 URL의 코드를 한 줄씩 편리하게 읽기 위해서 BufferedReader 객체를 생성하는 부분이다
23	해당 URL에서 한 라인 읽은 문자열을 저장할 변수를 정의한 부분이다.
24~26	해당 URL에서 코드를 한 라인씩 읽어서 출력하는 부분이다.

실행결과

```
<!DOCTYPE html PUBLIC "-//W3C//DTD XHTML 1.0 Transitional//EN" "http://www.
w3.org/TR/xhtml1/DTD/xhtml1-transitional.dtd">
<html xmlns="http://www.w3.org/1999/xhtml" lang="ko" xml:lang="ko">

    <head>
        <meta http-equiv="Content-type" content="text/html; charset=utf-8"/>
        <meta name="viewport" content="width=1104px">
        <title>도서출판 혜지원</title>
        <meta name="description" content="IT, 취미실용, 어학, 종이접기 등 다양한 콘텐츠를 만
드는 종합 서적 출판사">
        <meta property="og:type" content="website">
        <meta name="naver-site-verification" content="dc818cafeaf726c745b1f875fb44
00b391a93711" />
        <meta property="og:title" content="도서출판 혜지원">
        <meta property="og:description" content="IT, 취미실용, 어학, 종이접기 등 다양한 콘
텐츠를 만드는 종합 서적 출판사">
        <meta property="og:image" content="http://www.hyejiwon.co.kr/myimage.jpg">
        <meta property="og:url" content="http://www.hyejiwon.co.kr">
        <link rel="canonical" href="http://www.hyejiwon.co.kr">

        <!-- Jquery Library -->
        <script src="http://code.jquery.com/jquery-latest.min.js"></script>
        <script type="text/javascript" src="/js/main.js"></script>

        <link rel="stylesheet" type="text/css" href="/css/import.css"/>
```

```
</head>
```

생략......

---

2 URLConnection 클래스

java.net
Class URLConnection

```
java.lang.Object
  └ java.net.URLConnection
```

Direct Known Subclasses:
    HttpURLConnection, JarURLConnection

URLConnection 클래스는 추상 클래스이므로 생성자를 사용해서 객체를 생성할 수는 없으며 URL 객체의 openConnection() 메소드를 이용해서 생성할 수 있다. 또한 URLConnection 객체가 생성되면 connect 메소드를 호출하여 URL 객체에 설정되어 있는 URL에 연결할 수 있다.

URL url = new URL("http://www.hyejiwon.co.kr");
URLConnection con = url.getConnection();
con.connect();

URLConnection 객체를 이용하면 URL 객체처럼 해당 URL의 자원뿐 아니라 해더 정보까지 얻어 올 수 있다. URLConnection 객체는 getInputStream() 메소드를 사용하여 해당 URL로부터 자원을 읽을 수 있는 InputStream 객체를 리턴 받을 수 있으며, getOutputStream() 메소드를 이용하여 해당 URL에 데이터를 출력할 수 있는 OutputStream 객체를 리턴 받을 수 있다. 또한 getHeaderField(String name) 메소드를 사용하면 각 이름에 해당하는 해더 정보를 얻어 올 수 있다. 또한 getContentLength() 메소드를 이용해서 해당 URL의 총 자원의 길이를 얻어 올 수 있다.

➡ Chaper12\src\URLConnectionTest.java

```
1    import java.io.BufferedReader;
2    import java.io.InputStream;
3    import java.io.InputStreamReader;
4    import java.net.URL;
5    import java.net.URLConnection;
```

```
6
7    public class URLConnectionTest {
8
9        /**
10        * URLConnection 테스트
11        */
12       public static void main(String[] args) {
13           // TODO Auto-generated method stub
14           InputStream is=null;
15           InputStreamReader isr=null;
16           BufferedReader br=null;
17
18           try{
19               URL url = new URL("http://www.hyejiwon.co.kr");
20               URLConnection con = url.openConnection();
21               is = con.getInputStream();
22               isr = new InputStreamReader(is,"UTF-8");
23               br = new BufferedReader(isr);
24
25               String str = "";
26               String contentType = con.getContentType();
27               System.out.println("contentType="+contentType);
28               while((str = br.readLine()) != null) {
29                   System.out.println(str);
30               }
31           }
32           catch(Exception e){
33               e.printStackTrace();
34           }
35           finally{
36               try{
37                   is.close();
38                   isr.close();
39                   br.close();
40               }
41               catch(Exception e){
42                   e.printStackTrace();
43               }
44           }
45       }
46
47   }
```

20	URL 클래스에서 openConnection() 메소드를 호출해서 URLConnection 객체를 얻어 오는 부분이다.
22	InputStreamReader 객체를 생성할 때 인코딩 방식 "UTF-8"로 지정해서 한글을 처리하는 부분이다.
26	URLConnection 객체를 이용해서 contentType을 얻어오는 부분이다.
28~30	라인 단위로 데이터를 읽어 들이면서 출력해 주는 부분이다.

3 InetAddress 클래스

java.net
Class InetAddress

java.lang.Object
└ java.net.InetAddress

All Implemented Interfaces:
Serializable

Direct Known Subclasses:
Inet4Address, Inet6Address

InetAddress 클래스는 특정 IP 주소를 다루기 위한 클래스이다. InetAddress 클래스 객체는 생성자로 생성할 수 없으며 자바에서 제공되는 여러 개의 static 메소드에 의해서 생성한다. static 메소드는 다음과 같은 것들이 존재한다.

메소드	설명
getAllByName(String host)	특정 도메인에 대한 IP 주소가 여러 개일 경우 각 IP에 대한 InetAddress 배열을 반환한다.

getByAddress(byte[] addr)	byte 배열로 제공된 주소에 대한 InetAddress 객체 하나를 반환하는 메소드이다.
	192.16.7.8을 지정하려면
	byte[] address = new byte[4];
	address[0] = (byte)192
	address[1] = (byte)16
	address[2]=(byte)7;
	address[3] = (byte)8;
	InetAddress ia = InetAddress.getByAddress(address);
	라고 사용하면 된다.

getByAddress(String host,byte[] addr)	호스트 명과 byte 배열을 이용해서 InetAddress 객체를 생성하는 메소드

getByName(String host)	특정 호스트에 해당하는 InetAddress 객체 하나를 리턴하는 메소드
getLocalHost()	로컬 주소를 이용해서 InetAddress 객체를 생성한 후 반환한다.

→ Chaper12₩src₩InetAddressTest.java

```java
1    import java.net.InetAddress;
2
3    public class InetAddressTest {
4
5        /**
6         * InetAddress 테스트
7         */
8        public static void main(String[] args) {
9            // TODO Auto-generated method stub
10           InetAddress ia=null;
11
12           try{
13               ia = InetAddress.getLocalHost();
14               System.out.println(ia);
15
16               ia = InetAddress.getByName("www.hyejiwon.co.kr");
17               System.out.println(ia);
18
19               InetAddress[] aIa = InetAddress.getAllByName("www.naver.com");
20
21               for(int i=1;i<aIa.length;i++){
22                   System.out.println(aIa[i]);
23               }
24           }
25           catch(Exception e){
26               e.printStackTrace();
27           }
28       }
29
30   }
```

코드 분석

13	로컬 호스트의 ip를 이용해서 InetAddress 객체를 생성하는 부분이다.
14	InetAddress 객체의 toString() 메소드를 호출해서 정보를 출력하는 부분이다.

16	www.hyejiwon.co.kr 주소를 사용해서 InetAddress 객체를 생성하는 부분이다.
17	InetAddress 객체의 toString() 메소드를 호출하여 정보를 출력하는 부분이다.
19	네이버는 서버로 여러 대의 시스템을 사용하기 때문에 InetAddress.getAllByName 메소드를 사용하여 여러 개의 InetAddress 객체를 배열로 얻어 오는 부분이다.
21~23	InetAddress 배열을 반복하면서 각 인덱스 영역에 저장되어 있는 InetAddress 객체의 정보를 출력하는 부분이다.

 실행결과

```
DESKTOP-AVQCSTT/203.250.34.176
www.hyejiwon.co.kr/121.78.246.143
www.naver.com/125.209.222.142
www.naver.com/210.89.160.88
```

소켓 통신 구현

소켓 통신은 TCP(Transfer Control Protocol)와 UDP(User DataGram Protocol) 방식으로 나뉜다. 두 가지 통신 방식을 간단하게 비교해 보겠다.

비교 항목	TCP	UDP
신뢰성	• 연결 지향적인 통신이므로 신뢰성이 우수하다. • 상대방과 연결이 되어야 통신이 시작된다.	• 신뢰성이 보장되지 못한다. • 상태방의 수신 결과와 상관없이 송신한다.
재전송	재전송 요청이 가능하다.	재전송 요청이 불가능하다.
데이터 손실	데이터 손실이 이루어지지 않는다. 수신 확인 메시지를 주고받음으로써 데이터 손실의 우려가 없다.	데이터 손실이 있을 수 있다.
비유	상대방과 연결하고 통화가 이루어지는 전화 통신에 비유할 수 있다.	상대방과 비연결로 이루어지는 이메일 송신에 비교할 수 있다.
속도	비교적 느리다.	빠르다.

1 TCP 통신

TCP 통신을 위해서 자바에서는 ServerSocket과 Socket 클래스를 제공한다. 이름에서 알 수 있듯이 ServerSocket이 서버 역할을 담당하고, Socket이 클라이언트로서 ServerSocket과 연결되면 통신이 이루어진다.

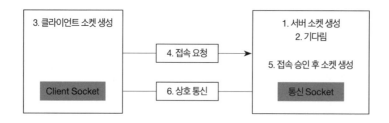

Socket은 클라이언트에서 서버 쪽 호스트를 연결하는 용도로 사용된다.

java.net
Class Socket

java.lang.Object
  └ java.net.Socket

Direct Known Subclasses:
SSLSocket

소켓의 생성자 중 사용 빈도가 높은 생성자는 다음과 같은 것들이 제공된다.

```
`public Socket(InetAddress address, int port) throws IOException
```

address로 지정된 호스트의 port로 지정된 포트로 접속하는 소켓을 생성하는 생성자이다.

```
public Socket(String host,int port) throws UnknownHostException,IOException
```

지정한 호스트의 포트 번호로 접속하는 소켓 객체를 생성하는 생성자이다. 소켓 객체가 생성된 후 getInputStream() 메소드를 호출하면 상대 호스트로부터 데이터를 읽어들일 수 있는 입력스트림이 반환된다.

```
Socket socket = new Socket("localhost",3000)
InputStream is = socket.getInputStream();
```

소켓 객체가 생성된 후 getOutputStream() 메소드를 호출하면 상대 호스트로 데이터를 출력할 수 있는 출력스트림을 얻어온다.

```
Socket socket = new Socket("localhost",3000)
OutputStream os = socket.getOutputStream();
```

해당 소켓을 다 이용했을 경우에는 close() 메소드로 연결을 해제한다.

```
public void close() throws IOException
```

ServerSocket은 서버 쪽에 생성 후 클라이언트 소켓의 요청을 accept() 메소드를 호출해서 기다린다. 클라이언트로부터 요청이 전송되어 오면 클라이언트와 통신할 수 있는 Socket 객체가 리턴 된다.

java.net
Class ServerSocket

```
java.lang.Object
  └ java.net.ServerSocket
```

Direct Known Subclasses:
SSLServerSocket

ServerSocket 객체를 생성할 때는 리슨할 포트 번호를 지정해 준다. 서버 소켓을 생성할 때는 IOException, SecurityException 예외를 발생시킬 수 있으므로 예외처리를 해 주어야 한다.

```
try{
ServerSocket serverSocket = new ServerSocket(3000);
}
catch(Exception e){
e.printStrackTrace();
}
while(true){
Socket socket = serverSocket.accept();
}
```

간단하게 ServerSocket과 클라이언트 소켓을 사용해서 클라이언트와 서버가 통신하는 예제를 작성해 보자. 본 예제에서는 클라이언트에서 서버로 메시지를 전송하면 서버에서 메시지를 수신한 후 클라이언트로 다시 메시지를 송신하는 기능을 구현해 보겠다.

➔ Chaper12₩src₩TCPServer.java

```
1    import java.io.*;
2    import java.net.ServerSocket;
3    import java.net.Socket;
4
5    public class TCPServer extends Thread{
```

```
 6
 7        private InputStream is;
 8        private OutputStream os;
 9        private ServerSocket serverSocket;
10        private ObjectInputStream ois;
11        ObjectOutputStream oos;
12        Socket socket;
13
14        public void run(){
15            try{
16                serverSocket = new ServerSocket(5000);
17                while(true){
18                    System.out.println("요청 대기");
19                    socket = serverSocket.accept();
20                    System.out.println("접속한 클라이언트 : "+
21                    socket.getInetAddress());
22                    is = socket.getInputStream();
23                    os = socket.getOutputStream();
24                    ois = new ObjectInputStream(is);
25                    oos = new ObjectOutputStream(os);
26                    String msg = (String)ois.readObject();
27                    System.out.println("클라이언트에서 보낸 메시지 : "+ msg);
28                    String retMsg="서버로부터 되돌아온 메시지 : "+msg;
29                    oos.writeObject(retMsg);
30                    socket.close();
31                }
32            }
33            catch(Exception e){
34                e.printStackTrace();
35            }
36        }
37        public static void main(String[] args){
38            new TCPServer().start();
39        }
40
41    }
```

🖳 코드 분석

16	5000번 포트로 들어오는 요청을 받을 수 있는 서버 소켓 객체를 생성하는 부분이다.

19	ServerSocket의 accept() 메소드를 호출해서 요청이 들어올 때까지 대기하다가 클라이언트의 요청이 들어오면 클라이언트와 통신할 수 있는 Socket 객체를 리턴해 주는 부분이다.
20	접속된 클라이언트의 ip 정보를 출력해 주는 부분이다.
22~23	생성된 소켓 객체를 이용해서 입출력할 수 있는 입출력 스트림 객체를 생성하는 부분이다.
24~25	입출력을 편리하게 하기 위해서 ObjectInputStream 과 ObjectOutputStream 객체를 생성해 주는 부분이다.
26	클라이언트에서 서버로 전송되어 온 메시지를 읽어들이는 부분이다.
27	클라이언트에서 전송되어 온 메시지를 출력하는 부분이다.
28	클라이언트로 송신할 메시지 문자열을 정의하는 부분이다.
29	클라이언트 쪽으로 메시지를 송신하는 부분이다.
30	한 번 입출력하고 소켓을 닫아 주는 부분이다.
38	start() 메소드를 실행하여(스레드를 실행하여) 서버 쪽 기능을 실행하는 부분이다.

상단에 있는 서버 쪽 프로그램을 실행하면 아래 내용처럼 클라이언트의 요청을 대기한다.

실행결과

요청 대기

➔ Chaper12₩src₩TCPClient.java

```
1    import java.io.InputStream;
2    import java.io.ObjectInputStream;
3    import java.io.ObjectOutputStream;
4    import java.io.OutputStream;
5    import java.net.Socket;
6    import java.util.Scanner;
7
8    public class TCPClient {
9
10       InputStream is;
11       OutputStream os;
12       Socket socket;
13       ObjectInputStream ois;
14       ObjectOutputStream oos;
15       Scanner sc;
16       String rMsg;
17
```

```
18    public void start(){
19        // TODO Auto-generated method stub
20        try{
21            socket = new Socket("localhost", 5000);
22            sendMessage(socket);
23            receiveMessage(socket);
24        }
25        catch(Exception e){
26            e.printStackTrace();
27        }
28        finally{
29            try{
30                socket.close();
31            }
32            catch(Exception e){
33                e.printStackTrace();
34            }
35        }
36    }
37    private void receiveMessage(Socket socket) {
38        // TODO Auto-generated method stub
39        try{
40            is = socket.getInputStream();
41            ois = new ObjectInputStream(is);
42            rMsg = (String)ois.readObject();
43            System.out.println(rMsg);
44        }
45        catch(Exception e){
46            e.printStackTrace();
47        }
48    }
49    private void sendMessage(Socket socket) {
50        // TODO Auto-generated method stub
51        try{
52            os = socket.getOutputStream();
53            oos = new ObjectOutputStream(os);
54            sc = new Scanner(System.in);
55            System.out.print("보낼 메시지 : ");
56            String sMsg = sc.next();
57            oos.writeObject(sMsg);
```

```
58              }
59          catch(Exception e){
60              e.printStackTrace();
61          }
62      }
63      /**
64       * Socket 통신 테스트
65       */
66      public static void main(String[] args) {
67          // TODO Auto-generated method stub
68          TCPClient tcpClient = new TCPClient();
69          tcpClient.start();
70      }
71
72  }
```

🖥️ 코드 분석

21	localhost의 5000번 포트로 접속을 시도하는 부분이다. 해당 포트에 제대로 접속되면 Socket 객체가 리턴된다.
22	메시지를 서버로 송신하는 메소드를 호출하는 부분이다.
23	서버로부터 메시지를 수신하는 메소드를 호출하는 부분이다.
30	서버와 메시지 송수신이 마무리된 후 소켓을 닫아 주는 부분이다.
37~48	서버로부터 메시지를 수신하는 기능을 처리하는 메소드를 정의한 부분이다.
40	소켓 객체를 이용해서 입력 스트림을 얻어오는 부분이다.
41	서버로부터 수신되는 메시지를 좀 더 편리하게 읽기 위해서 ObjectInputStream 객체를 생성하는 부분이다.
43	서버로부터 수신한 메시지를 출력하는 부분이다.
49~62	서버로 메시지를 송신하는 기능을 처리하는 메소드를 정의하는 부분이다.
52	소켓 객체를 이용해서 출력 스트림을 얻어 오는 부분이다.
53	서버로의 출력을 좀 더 편리하게 하기 위해서 ObjectOutputStream 객체를 생성하는 부분이다.
54	콘솔에서 사용자의 입력을 받기 위해서 Scanner 객체를 생성하는 부분이다.
56	콘솔로부터 서버로 전송할 문자열을 읽어 오는 부분이다.
57	서버로 문자열을 전송하는 부분이다.

처음에 클라이언트 프로그램을 실행하면 하단과 같이 서버로 전송할 문자열을 입력할 것을 요청한다.

첫 번째 실행

보낼 메시지 :

서버로 전송할 문자열을 입력하고 엔터를 친 경우

보낼 메시지 : aaa

상단과 같이 클라이언트 쪽에 aaa를 입력하고 엔터를 치면 아래 결과 화면과 같이 접속한 클라이언트의 정보를 출력해 주고, 클라이언트에서 전송되어 온 메시지를 출력한 후 클라이언트 쪽으로 메시지를 다시 송신한다.

요청 대기
접속한 클라이언트 : /127.0.0.1
클라이언트에서 보낸 메시지 : aaa
요청 대기

클라이언트 화면에는 서버에서 다시 리턴된 문자열이 출력된다.

보낼 메시지 : aaa

서버로부터 되돌아온 메시지 : aaa

2 UDP 통신

UDP 통신은 비연결적인 통신 방식이다. 메시지를 보내는 쪽에서 받는 쪽의 수신을 확인하지 않는다. 이 방식은 TCP 방식에 비해 속도가 빠른 장점이 있으나 데이터 손실의 우려가 있다. 작은 양의 데이터를 송신하거나, 실시간 스트리밍 서비스 등에 주로 사용된다.

UDP 통신에 사용되는 주요 클래스들을 살펴보자.

1. DatagramSocket 클래스
DataGramSocket은 송신용 소켓과 수신용 소켓이 구분되지 않는다. 생성자로는 다음과 같은 종류를 제공한다.

- **로컬상의 임의의 포트에 바인딩하는 DatagramSocket을 생성하는 생성자**

```
public DatagramSocket() throws SocketException
```

- **로컬상의 특정 포트에 바인딩하는 DatagramSocket을 생성하는 생성자**

```
public DatagramSocket(int port) throws SocketException
```

- **특정 IP에 바인딩하는 DatagramSocket을 생성하는 생성자**

```
public DatagramSocket(int port, InetAddress laddr) throws SocketException
```

그 이외의 생성자는 API를 참조하기 바란다. 자주 사용되는 메소드들은 아래 내용과 같다.

```
public void bind(SocketAddress addr) throws SocketException
```

특정 Address와 port에 DatagramSocket을 바인딩시킨다.

```
public void connect(InetAddress address, int port)
```

특정 Address와 port에 소켓을 연결시킨다.

```
public void connect(SocketAddress addr) throws SocketException
```

특정 SocketAddress에 소켓을 연결시킨다. SocketAddress는 Address와 port number로 이루어진다.

```
public void disconnect()
```

소켓의 연결을 해제한다.

```
public InetAddress getInetAddress()
```

소켓이 현재 연결되어 있는 InetAddress를 리턴한다. 소켓이 현재 연결되어 있지 않으면 "null"을 반환한다.

```
public int getPort()
```

소켓의 현재 port를 반환한다. "-1"을 반환하면 소켓이 현재 연결되어 있지 않음을 의미한다.

```
public void send(DatagramPacket p) throws IOException
```

DatagramPacket을 전송한다.

```
public void send(DatagramPacket p) throws IOException
```

소켓에서 DatagramPacket을 수신한다.

```
public InetAddress getLocalAddress()
```

소켓이 바인딩되어 있는 로컬 Address를 얻어 온다.

```
public int getLocalPort()
```

소켓이 바인딩되어 있는 로컬 port를 얻어온다.

2. DatagramPacket 클래스

DatagramPacket 클래스는 하나의 호스트에서 다른 호스트로 전달되는 데이터 꾸러미라고 표현할 수 있다. DatagramPacket 객체 안에는 주고받는 데이터뿐만 아니라 송수신하는 호스트의 정보도

포함된다. 자주 사용되는 생성자에는 아래 내용과 같다.

```
DatagramPacket(byte[] buf,int length)
```

데이터 수신용으로 사용되는 DatagramPacket을 생성하는 생성자이다. 첫 번째 파라미터로 지정한
배열에 두 번째 파라미터로 지정된 크기만큼 수신한다.

```
DatagramPacket(byte[] buf,int length,InetAddress address,int port)
```

데이터 송신용으로 사용된다. 지정한 주소와 포트로 데이터를 송신한다.

```
DatagramPacket(byte[] buf,int offset,int length)
```

데이터를 수신하기 위한 DatagramPacket을 생성하는 생성자이다. 첫 번째 파라미터의 배열에서 두
번째 파라미터 위치로부터 지정한 길이만큼 수신한다.

```
DatagramPacket(byte[] buf,int offset,int length,InetAddress address,int port)
```

데이터 송신용의 생성자이다. 지정한 배열의 지정한 위치부터 지정한 길이만큼을 원하는 주소와 포트
로 송신한다.

자주 사용되는 메소드에는 다음과 같은 종류가 제공된다.

```
public InetAddress getAddress()
```

DatagramPacket을 전송한 호스트나 DatagramPacket을 수신할 호스트의 주소를 반환한다.

```
public int getPort()
```

DatagramPacket을 전송한 호스트나 DatagramPacket을 수신할 호스트의 포트번호를 반환한다.

```
public byte[] getData()
```

DatagramPacket 의 수신한 데이터를 반환한다.

```
public int getLength()
```

데이터의 길이를 반환한다.

```
public int getOffset()
```

데이터의 offset 을 반환한다.

```
public void setData(byte[] buf,int offset,int length)
```

DatagramPacket에 데이터를 지정한다.

```
public void setAddress(InetAddress iaddr)
```

데이터그램이 전송될 주소를 설정한다.

```
public void setData(byte[] buf)
```

데이터그램에 지정한 데이터를 설정한다.

```
public void setLength(int length)
```

패킷의 길이를 지정한다.

UDP 방식으로 통신하는 예제를 작성해 보겠다.

→ Chaper12₩src₩UDPServer.java

```
1    import java.net.DatagramPacket;
```

```
2    import java.net.DatagramSocket;
3    import java.net.InetAddress;
4    public class UDPServer {
5
6        DatagramSocket dsocket;
7        int portNumber;
8
9        public void receive(){
10           try{
11               dsocket = new DatagramSocket(4000);
12               while (true) {
13                   byte receiveSize[] = new byte[600];
14                   DatagramPacket dpacket = new DatagramPacket(receiveSize,
15                           receiveSize.length);
16                   dsocket.receive(dpacket);
17                   String msg = new String(dpacket.getData());
18                   System.out.println("클라이언트로부터 메시지 : " + msg);
19                   InetAddress iadress = dpacket.getAddress();
20                   portNumber = dpacket.getPort();
21                   dpacket = new DatagramPacket(dpacket.getData(),
22                           dpacket.getData().length, iadress,portNumber);
23                   dsocket.send(dpacket);
24               }
25           } catch (Exception ioe) {
26               ioe.printStackTrace();
27           }
28       }
29
30       public static void main(String[] args) {
31           // TODO Auto-generated method stub
32           UDPServer udpServer = new UDPServer();
33           udpServer.receive();
34       }
35
36   }
```

코드 분석

상단의 코드는 UDP 방식으로 전송되어 오는 메시지를 수신하고 다시 수신한 메시지를 클라이언트 쪽으로 송신하는 내용의 코드이다.

| 11 | 로컬의 4000번 포트로 통신을 하는 DatagramSocket 객체를 생성하는 부분이다. |
| 13 | 메시지를 수신할 바이트 배열 객체를 생성한 부분이다. |

14~15	바이트 배열 객체에 바이트 배열 객체의 사이즈만큼 데이터를 수신할 수 있는 수신용 DatagramPacket를 생성하는 부분이다.
16	파라미터로 지정한 DatagramPacket에 데이터를 수신하는 부분이다.
17	DatagramPacket에 수신한 데이터를 얻어 와서 문자열 타입으로 변환하는 부분이다.
18	클라이언트에서 수신한 메시지를 출력하는 부분이다.
19	메시지를 송신한 클라이언트의 ip 정보를 얻어 오는 부분이다.
20	메시지를 송신한 클라이언트의 포트번호를 얻어 오는 부분이다.
21~22	송신용 DatagramPacket 객체를 생성하는 부분이다.
23	DatagramPacket을 send 하는 부분이다.
32~33	UDPServer 객체를 생성하여 클라이언트에서 전송되는 메시지를 수신하고 다시 클라이언트 쪽으로 메시지를 송신하는 역할을 하는 receive() 메소드를 호출하는 부분이다.

예제를 실행하면 상단과 같이 아무런 내용도 출력되지 않는다. 클라이언트의 메시지를 대기하고 있는 것이다.

→ Chaper12₩src₩UDPClient.java

```
1    import java.net.DatagramPacket;
2    import java.net.DatagramSocket;
3    import java.net.InetAddress;
4    import java.util.Scanner;
5
6    public class UDPClient {
7
8        /**
9         * UDP 통신 테스트
10        */
11       private void start() {
12           // TODO Auto-generated method stub
13           try{
14               InetAddress iaddress = InetAddress.getByName("localhost");
15               DatagramSocket dsocket = new DatagramSocket(3000);
16               Scanner sc = new Scanner(System.in);
17
```

```
18              System.out.print("전송할 메시지 : ");
19              String sendData = sc.next();
20              byte[] sendBuffer = sendData.getBytes();
21              DatagramPacket dpacket = new DatagramPacket(
22                      sendBuffer,sendBuffer.length,iaddress,4000);
23              dsocket.send(dpacket);
24              byte[] rceiveBuffer = new byte[600];
25              dpacket = new DatagramPacket(rceiveBuffer,rceiveBuffer.length);
26              dsocket.receive(dpacket);
27              System.out.println(new String(dpacket.getData()));
28          }
29          catch(Exception e){
30              e.printStackTrace();
31          }
32      }
33
34      public static void main(String[] args) {
35          // TODO Auto-generated method stub
36          UDPClient uClient = new UDPClient();
37          uClient.start();
38      }
39
40  }
```

🖳 코드 분석

상단의 코드는 콘솔로부터 메시지를 입력 받은 후 입력받은 메시지를 서버로 전송하고 서버에서 수신한 메시지를 다시 클라이언트 콘솔에 출력하는 코드이다.

14	localhost를 이용해서 InetAddress 객체를 얻어 오는 부분이다.
15	3000 번 포트를 이용하는 DataGramSocket 객체를 생성하는 부분이다.
16	콘솔로부터 데이터를 읽어 들이기 위해서 Scanner 객체를 생성하는 부분이다.
19	전송할 문자열을 콘솔로부터 읽어 들이는 부분이다.
20	전송할 문자열을 바이트 배열 객체로 변경하는 부분이다.
21~22	송신용 DatagramPacket 객체를 생성하는 부분이다.
23	패킷을 송신하는 부분이다.
24	DatagramPacket에서 데이터를 수신할 때 사용할 바이트 배열 객체를 생성한 부분이다.
25	수신용 DatagramPacket 객체를 생성한 부분이다.
26	패킷에 데이터를 수신하는 부분이다.

| 27 | 패킷에 수신된 데이터를 출력하는 부분이다. |

실행 결과① 클라이언트 코드 처음 실행

전송할 메시지 :

클라이언트 코드를 처음 실행하면 상단처럼 서버로 전송할 메시지를 입력하도록 대기하는 화면이 출력된다.

실행 결과② 하단과 같이 화면에 메시지를 입력한다

전송할 메시지 : aaa

실행 결과③ 상단과 같이 메시지를 입력하고 엔터를 친다.

• 서버 쪽 화면

클라이언트로부터 메시지 : aaa_

• 클라이언트 쪽 화면

전송할 메시지 : aaa
aaa_

상단 화면처럼 서버에서 리턴해 준 메시지가 클라이언트 콘솔에 다시 출력된다.

데이터베이스 (DB)

이 장에서는 자바에서 제공하는 데이터베이스 관련 처리 API(JDBC)에 대해서 학습하겠다. DB 관련 처리를 하지 않고 프로그래밍을 완성할 수는 없다. 사용자가 회원 가입을 하였다면 가입한 회원을 DB에 저장해 두어야 다시 해당 회원의 데이터를 필요할 때 사용할 수 있다. 필요한 데이터가 저장되어 있는 단위를 데이터베이스라고 한다. 이런 데이터들을 효율적으로 관리하기 위해 제공되는 시스템들이 DBMS(Database Management System)이다. DBMS에는 여러 종류의 DBM이 존재하지만 이 장에서는 가장 보편적으로 사용되고 있는 Oracle을 이용해서 자바의 DB 관련 처리 방법을 학습한다.

오라클 설치

우선 DB 작업을 하려면 DBMS를 설치하여야 한다. 오라클을 다운로드하는 방법부터 순서대로 그림으로 설명하도록 하겠다. 본 교재에서는 Oracle Database Express Edition 버전을 설치한다.

01 우선 오라클 사이트에 접속한다. http://www.oracle.com/index.html

02 출력된 화면에서 상단 메뉴의 제품 탭을 선택한 후 밑으로 스크롤하면 하단 그림과 같은 화면이 출력된다. 아래 그림에서 Oracle Database를 클릭한다.

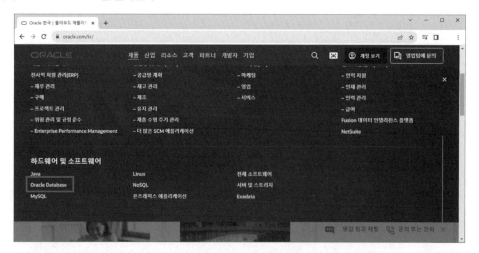

03 아래 그림과 같은 화면이 출력된다.

04 밑으로 스크롤하면 하단 그림과 같은 화면이 출력된다. 하단 그림같이 Oracle Database 19c 다운로드 버튼을 클릭한다.

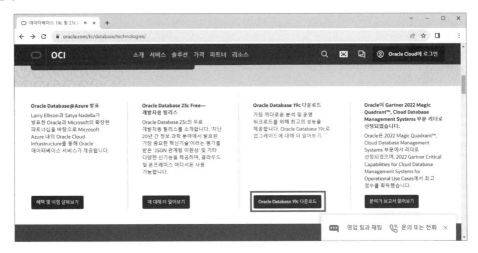

05 다운로드 페이지로 이동 후 밑으로 스크롤하면 하단 그림과 같은 화면이 출력된다. 하단 그림처럼 Download Oracle Database XE for Windows (ZIP) 다운로드 버튼을 클릭하여 다운로드한다.

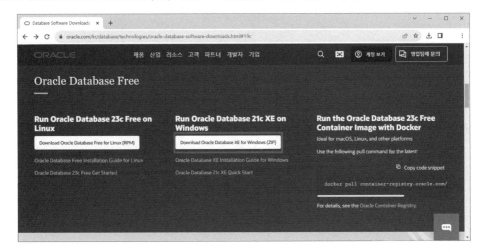

06 압축을 해제하면 하단 그림과 같이 OracleXE213_Win64이라는 디렉터리가 생성된다.

07 하단 그림에서 setup.exe 파일을 더블 클릭하여 설치를 시작한다.

08 하단의 설치 시작 화면에서 다음 버튼을 클릭한다.

09 아래에 출력된 화면은 라이선스 동의 화면이다. 동의함 옵션을 선택하고 다음 버튼을 클릭한다.

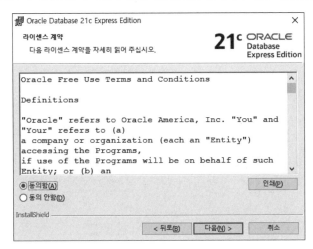

10 아래 그림 화면에서 설치 디렉터리를 기본으로 유지하고 다음 버튼을 클릭한다.

11 하단 그림에서 오라클 관리자 계정의 비밀번호를 문자와 숫자를 섞어서 입력한 후 다음 버튼을 클릭한다.

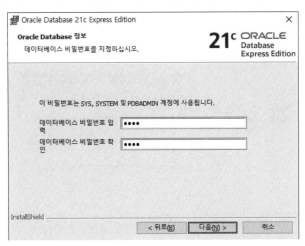

12 하단 그림 화면에서 설치 버튼을 클릭하여 오라클을 설치한다.

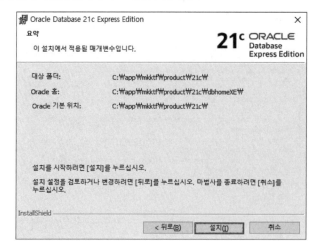

13 하단 그림 화면과 같이 설치가 진행되는 동안 기다리면 된다.

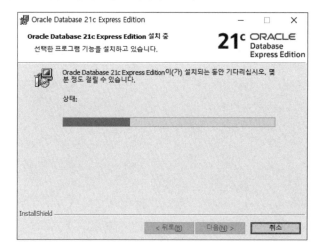

14 하단 그림과 같이 설치 완료 화면이 출력되었다면 오라클 설치가 마무리된 것이다.

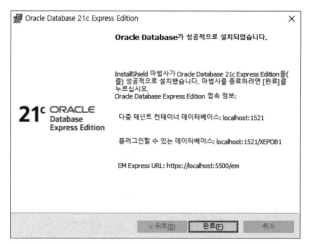

14번까지 차례대로 진행하여 오라클을 설치하였으면 오라클이 제대로 서비스되고 있는지를 확인해야 한다. 하단 그림과 같이 윈도우의 서비스 목록을 살펴본다.

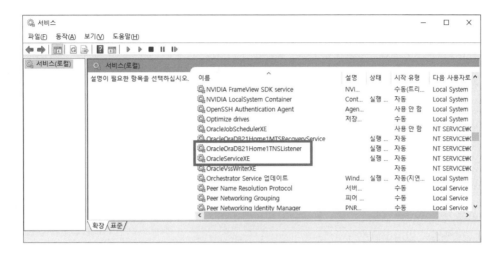

상단의 현재 윈도우에서 실행되고 있는 서비스 목록 중 OracleService로 시작되는 서비스와 TnsListener로 끝나는 서비스 두 개가 실행 중이면 오라클이 제대로 서비스되고 있는 것이다. OracleService로 시작되는 서비스는 오라클 서버에 설치된 데이터베이스이며, 현재는 XE라는 데이터베이스 하나만 존재한다. TnsListener로 끝나는 서비스는 네트워크 상에서 오라클로 들어오는 요청을 처리하기 위한 서비스이다.

현재 오라클 서버를 설치하였지만 오라클에 접속해서 작업을 할 수 있는 사용자는 관리자밖에 없다. 오라클에서 접속해서 작업을 할 수 있는 사용자를 하단 그림과 같이 생성한다.

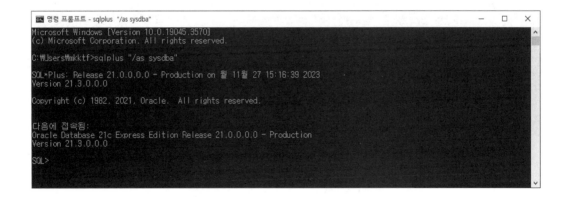

sqlplus.exe는 오라클을 설치하면 자동으로 설치되는 오라클 클라이언트이다. sqlplus 툴을 사용하여 오라클 서버에 접속하려면 아래와 같은 명령을 입력하면 된다.

```
> sqlplus 오라클사용자/비밀번호
```

상단 그림과 같이

```
sqlplus "/as sysdba"
```

라고 입력하면 사용자 이름을 입력하는 부분이 "/"로 시작했기 때문에 현재 윈도우에 로그인한 윈도우 계정으로 로그인하겠다는 의미이며, as sysdba의 의미는 현재 윈도우 계정을 오라클 관리자 역할로 로그인하겠다는 의미이다.

아래 그림과 같이 sqlplus 툴을 사용해서 오라클 계정을 생성하고 오라클 서버에서 사용할 수 있는 권한을 부여한다.

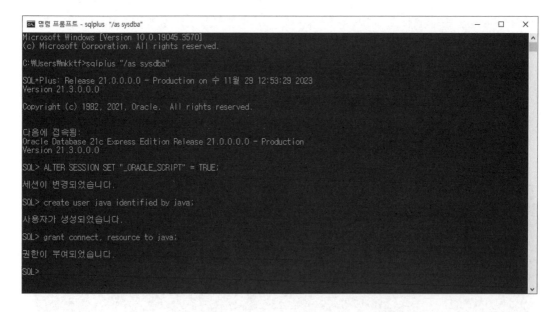

상단 그림에서 아이디가 java, 비밀번호가 java인 계정을 생성하고, grant 키워드를 사용해서 connect, resource 롤을 java 계정에게 부여했다. 오라클 12c부터는 아이디에 C##을 붙여서 생성을 해야 되는데 이렇게 생성할 경우 C##이 붙은 상태로 생성되기 때문에

```
ALTER SESSION SET "_ORACLE_SCRIPT" =TRUE;
```

를 먼저 사용 후 계정을 생성하면 된다.

오라클에서 롤이란 관련이 있는 권한들을 모아 놓은 단위이다. 예제에서 사용한 각 롤의 기능은 아래
와 같다.

• connect : 오라클 접속과 관련된 권한들이 모여 있는 롤
• resource : 테이블을 생성하거나 삭제하는 등 오라클 객체들을 다루는 것과 관련된 기능들이 모여 있는 롤

일반적으로 새로운 계정을 생성했을 때 connect와 resource 롤을 부여하면 대부분의 작업을 할 수
있다.

이제 하단 그림과 같이 exit 명령을 두 번 실행하고 CMD 창을 빠져나온다.

기본적인 SQL

1 SQL의 소개

SQL(Structured Query Language)는 데이터베이스에 데이터를 삽입, 수정, 삭제, 조회를 하기 위한 데이터베이스 질의 언어이다. 데이터베이스와 응용 프로그램 사이에 존재하여 데이터의 올바른 정보 교환을 하게 해 주는 것이 DBMS인데, DBMS상에서 삽입, 수정, 삭제, 조회 기능을 실제로 처리하는 언어가 바로 SQL이다. SQL을 잘 활용하면 데이터베이스의 데이터 관리를 최대한 효율적으로 이용할 수 있고, 성능 또한 높아지게 된다. 이제 SQL을 사용하기 전에 기본 문법을 알아보도록 하자.

2 SQL 쿼리(Query)의 기본 문법

SQL의 종류는 크게 세가지로 나눌 수 있다.

- DDL (Data Definition Language)
- DML (Data Manipulation Language)
- DCL (Data Control Language)

DDL은 데이터베이스 테이블을 생성하거나 재정의 및 제거할 수 있는 기능을 가진다. DDL의 기능을 살펴보자.

```
CREATE TABLE 생성할 테이블명(
    필드명1 타입명,
    필드명2 타입명,
    …
    primary key(필드명)
);
```

SQL문	설명
CREATE	데이터베이스 또는 테이블을 생성한다.
ALTER	기존의 데이터베이스 또는 테이블을 수정한다.
DROP	데이터베이스 또는 테이블을 제거한다.

CREATE 문은 위와 같은 형식으로 작성할 수 있다. 다음 CREATE 문의 예제를 확인해 보도록 하자. 먼저 명령 프롬프트를 실행하여 sqlplus로 java 계정에 접속하도록 한다.

SQL 프롬프트에 다음과 같이 입력해 보도록 한다.

```
CREATE TABLE student(
    num number,
    name varchar2(10),
    primary key(num)
);
```

앞의 SQL 쿼리문을 실행하면 이와 같이 student라는 테이블이 생성된다. 이 쿼리문을 해석하자면 student는 테이블 이름이 되며, num이란 필드를 number 타입으로 생성하고 name이란 필드는 VARCHAR2 타입으로 10 바이트의 크기로 생성한 것이다. primary key(num)가 의미하는 것은 num 필드를 기본 키로 설정하겠다는 것이다. 이처럼 CREATE 문을 사용하여 테이블을 생성할 수 있다. 자세한 설명을 생략하도록 하겠다. 다음은 ALTER 문의 작성 방법이다

```
ALTER TABLE 테이블명 적용옵션(
    필드명 타입명
);
```

ALTER 문은 다른 DDL 문과 다르게 적용 옵션이라는 것이 있다. 이것은 ADD, MODIFY, DROP 세 가지가 있는데, 생성되어 있는 테이블의 필드를 수정하거나 삭제할 수도 있으며, 새 필드를 추가할 수도 있다. 다음은 student 테이블의 name 필드의 타입을 수정하는 예제이다.

```
ALTER TABLE student MODIFY(
    name varchar2(20)
);
```

ALTER SQL 문은 테이블의 구조를 변경할 수 있다. 위의 쿼리문은 student 테이블의 name 필드 타입이 VARCHAR2(10)인 것을 VARCHAR2(20)로 변경한다. 변경된 테이블을 확인하려면 DESC student;를 입력하면 된다.

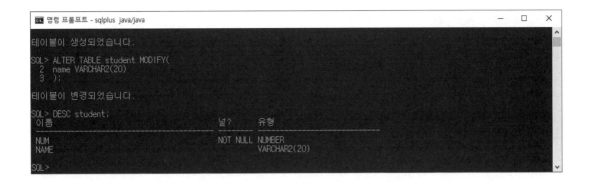

다음으로 테이블을 삭제할 수 있는 DROP 문에 대해 알아보겠다.

DROP TABLE 테이블명;

DROP 문을 이용하여 테이블 삭제를 하는 것은 매우 간단하다. 다음은 student 테이블을 삭제하는 예제이다.

DROP TABLE student;

DROP 문은 테이블을 삭제하는 SQL 문이다. 앞의 쿼리를 실행한 뒤 테이블 구조를 확인해 보면 student 객체가 존재하지 않는다고 표시된다. SQL 문에서 테이블 생성, 재정의, 제거를 담당하는 DDL에 대해서 알아보았다. 이제 DML에 대해 알아보도록 하겠다.

DML은 데이터의 검색 및 삽입, 수정, 삭제할 수 있는 기능을 가진다. DML은 다음과 같은 SQL 문을 가지고 있다.

INSERT INTO 테이블명 (필드명1, 필드명2 ···) VALUES (필드값1, 필드값2 ···)

SQL문	설명
INSERT	테이블에 데이터를 삽입한다.
UPDATE	테이블에 삽입된 데이터를 수정한다.
DELETE	테이블에 삽입된 데이터를 삭제한다.
SELECT	테이블에 존재하는 데이터를 기준으로 검색하여 결과를 출력한다.

INSERT 문은 데이터베이스에 데이터를 삽입할 때 사용하며, 테이블에 존재하는 필드 개수만큼 필드 명과 필드 값을 입력할 수 있다. 다음은 INSERT 문을 사용하는 예제이다. 앞서 DDL을 실습했던 것 처럼 SQL 프롬프트에 다음 쿼리문을 작성해 보도록 하자. 다음 쿼리문을 작성하기 전에 student 테 이블이 존재하므로 앞에서 실습했던 CREATE 쿼리문을 다시 한번 실행해야 한다.

```
INSERT INTO student (num, name) VALUES(1, '홍길동');
```

```
선택 명령 프롬프트 - sqlplus java/java                                    —   □   ×
SQL> CREATE TABLE student(
  2      num number,
  3      name varchar2(10),
  4      primary key(num)
  5  );
테이블이 생성되었습니다.

SQL> INSERT INTO student (num, name) VALUES(1, '홍길동');
1 개의 행이 만들어졌습니다.

SQL> SELECT * FROM student;
      NUM NAME
---------- ----------
        1 홍길동

SQL>
```

쿼리문을 실행하였을 때 '1개의 행이 만들어졌습니다.'라는 문구가 출력되면 데이터가 적절하게 삽입 된 것이다. SELECT 문을 이용하여 student 테이블의 내용을 확인하면 입력한 데이터가 삽입된 것을 확인할 수 있다. 실제로 자바와 데이터베이스를 연동할 때 이러한 SQL 문을 자주 사용할 것이다. 다 음은 UPDATE 문에 대해 알아보도록 하겠다.

```
UPDATE 테이블명 SET 필드명1='필드값1', 필드명2='필드값2' …
        WHERE 필드명3='필드값3' AND 필드명4='필드값4';
```

UPDATE 문은 이와 같이 사용되며, 한 번에 여러 필드의 값을 변경할 수도 있다. 조건은 한 가지만 줄 수 있으며, AND나 OR 등을 이용해서 여러 조건을 적용할 수 있다. 다음은 UPDATE 문의 사용 예제이다.

> UPDATE student SET name='김길동' WHERE num='1';

이 쿼리문은 num 필드 값 1로 되어 있는 값을 찾아서 name 필드 값을 '김길동'으로 변경한다. 쿼리문 내에 있는 WHERE 절이 조건을 설정하는 부분이 된다. SET 뒤의 부분은 변경할 필드 이름과 값을 설정한다. 쿼리문을 실행해 보면 위의 그림처럼 NAME 필드 값이 '김길동'으로 변해 있는 것을 확인할 수 있다. 다음은 DELETE 쿼리문에 대해서 알아보도록 하겠다.

> DELETE FROM 테이블명 WHERE 필드명1='필드값1' AND 필드명2='필드값2';

DELETE 문은 INSERT 문으로 삽입된 데이터를 삭제할 수 있다. UPDATE 문과 마찬가지로 WHERE 절로 조건을 주어 조건에 해당하는 레코드만 삭제할 수 있다. 다음은 DELETE 문을 사용한 예제이다.

> DELETE FROM student WHERE name='김길동';

```
명령 프롬프트 - sqlplus java/java                                          —   □   ×

SQL> DELETE FROM student WHERE name='김길동';

1 행이 삭제되었습니다.

SQL> SELECT * FROM student;

선택된 레코드가 없습니다.

SQL>
```

위에서 작성한 DELETE 문은 name 필드가 '김길동'인 데이터를 삭제시킨다. SELECT 문으로 레코드를 확인해 보면 데이터가 제거된 것을 확인할 수 있다. INSERT, UPDATE, DELETE 문의 예제를 실습하면서 항상 SELECT 문을 실행한 것을 볼 수 있었다. 이제 SELECT 문이 무엇을 하는지, 어떻게 사용하는지에 대해 알아보겠다.

```
SELECT 필드명1, 필드명2 … FROM 테이블명1, 테이블명2 …
         WHERE 필드명3='필드값3' AND 필드명4='필드값4'
         ORDER BY 필드명5 [ASC | DESC];
```

SELECT 문은 이와 같이 사용할 수 있다. 이 SELECT 문은 데이터베이스의 데이터를 검색하여 출력할 때 사용한다. SELECT 뒤에 오는 필드명은 출력할 필드를 의미하며, FROM 뒤의 테이블명은 보통 1개를 입력하지만, 여러 테이블과 연동하여 결과를 출력할 때는 테이블명을 여러 개 지정할 수 있다. WHERE 절은 앞에서 UPDATE 문이나 DELETE 문에서 사용한 WHERE 절과 같은 역할을 한다. SELECT 문이 검색하는 SQL 문이기 때문에 조건을 설정하는 WHERE 절이 가장 중요하다고 볼 수 있다. ORDER BY는 뒤에 오는 필드명을 기준으로 정렬을 하며 필드명 뒤에는 ASC 또는 DESC가 오는데 이것은 정렬 방식이며 ASC일 경우는 오름차순, DESC는 내림차순을 의미한다. 생략할 경우 자동으로 오름차순 정렬이 된다. 이 외에 SELECT에는 다른 기능이 많지만, 여기서는 꼭 알아야 하는 기능만을 설명하였다. 다음은 SELECT 문을 사용한 예제이다. SELECT 문 예제를 실습하기 전에 INSERT 문을 사용하여 예제를 실습할 수 있게 레코드를 미리 삽입하겠다.

```
INSERT INTO student (num, name) VALUES (1, '홍길동');
INSERT INTO student (num, name) VALUES (2, '고길동');
INSERT INTO student (num, name) VALUES (3, '김길동');
INSERT INTO student (num, name) VALUES (4, '김길동');
INSERT INTO student (num, name) VALUES (5, '김기문');
```

다음 예제를 실행해보자.

SELECT * FROM student;

앞에서 INSERT 문으로 입력한 값들이 모두 출력되었다. SELECT 문 뒤에 *라는 문자가 입력되었는데, 이것은 모든 컬럼을 의미한다. student 테이블에는 num, name 컬럼이 존재하는데 SELECT * FROM student;를 입력한 것은 SELECT num, name FROM student;를 입력한 것과 같은 의미이다. 모든 필드명의 필드 값을 표현할 때는 모든 필드명을 입력하지 않아도 * 문자 하나로 모든 필드명을 표현할 수 있다. 다음 예제를 실행해 보자.

SELECT * FROM student WHERE name='김길동';

이 쿼리문은 WHERE 절에 name 필드 값이 '김길동'인 값만 검색하므로, 두 개의 레코드만이 출력되었다. SELECT 문은 무엇보다도 WHERE 절을 잘 이용할 줄 알아야 한다. 마지막으로 다음 예제를 실행해 보도록 하자.

```
SELECT * FROM student ORDER BY num DESC;
```

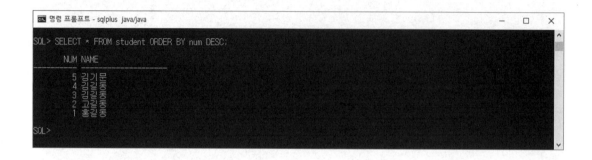

결과를 확인하면 num 필드를 기준으로 내림차순 정렬되어 있는 것을 확인할 수 있다. 내림차순 정렬이 되는 것은 ORDER BY 뒤에 정렬 옵션을 DESC로 주었기 때문이다. 생략할 경우 자동으로 ASC가 적용되어 오름차순으로 정렬될 것이다.

여기까지 DML의 기본적인 내용들을 다루어 보았다. DML은 실제로 데이터를 삽입, 수정, 삭제 및 검색하는 역할을 하므로 SQL 문 중에 사용 빈도가 높다. 데이터베이스 관련된 프로그래밍을 하려면 앞의 내용들을 충분히 숙지하여야 한다.

DCL은 데이터베이스 사용자의 권한을 생성, 제거하는 등 제어할 수 있는 기능을 가진다. 이 기능은 이 책의 주제와 벗어나는 내용이므로 생략할 것이다. 데이터베이스를 이용하여 프로그래밍을 할 때 중심적으로 다루는 SQL은 DDL과 DML이다. 앞의 내용을 모두 숙지한다면 프로그래밍을 하면서 쿼리에 대한 문제는 어렵지 않게 해결할 수 있을 것이다. 다음은 앞에서 익힌 DDL을 기반으로 회원 관리 시스템을 위한 테이블을 작성해 볼 것이다.

3 회원 관리 시스템을 위한 테이블 작성

이번에는 회원 관리 시스템을 개발하기 위해 사용될 데이터베이스 테이블을 작성하도록 할 것이다. 이 회원 관리 시스템은 회원 입장에서는 회원 가입과 로그인이 가능하며, 관리자 입장에서는 회원의 정보 수정, 회원 삭제가 가능하도록 구현한다고 가정하면, 이런 내용들을 구현하기 위해 테이블에 어떤 컬럼들이 필요한지 다음 표를 통해서 알아보자.

필드명	의미
ID	회원 아이디
PASSWD	회원 비밀번호
NAME	회원 이름
AGE	회원 나이
GENDER	회원 성별
EMAIL	회원 이메일

회원 관리 시스템을 구현하기 위해서 위와 같이 컬럼을 정의하였다. 총 6개의 컬럼으로 구성되어 있으며, 이 컬럼들은 회원이 갖게 될 정보들이다. 회원은 ID, PASSWD 이 두 개의 필드로 로그인을 하고, ID가 존재하지 않는다면 회원 가입으로 회원 레코드를 삽입할 수도 있다. 관리자도 마찬가지로 회원 삭제 시에는 ID를 기준으로 검색하여 레코드를 삭제하면 될 것이고, 회원 정보 수정 또한 ID를 조건으로 설정하여 회원의 정보를 수정하면 될 것이다. 이제 작성된 표를 기반으로 테이블을 생성하는 문장을 작성해 보도록 하겠다.

```
CREATE TABLE member (
        id VARCHAR2(15),
        passwd VARCHAR2(16),
        name VARCHAR2(16),
        age NUMBER,
        gender VARCHAR2(6),
        email VARCHAR2(30),
        PRIMARY KEY(id)
);
```

표를 기반으로 테이블을 생성하는 코드를 작성해 보았다. 아이디와 비밀번호, 이름, 성별, 이메일 주소는 모두 문자열로 이루어져 있기 때문에 VARCHAR2 타입으로 필드를 생성하였고 나이의 경우는 숫자이므로 NUMBER 타입으로 필드를 생성하였다. member 테이블에서 기준이 되는 필드는 아이디이므로 기본키를 id로 설정하였다. 이제 테이블을 실제로 생성하기 위해 위의 CREATE 문을 작성하여 실행하자.

03 자바에서의 DB 사용

1 JDBC의 개요

JDBC란 자바에서 제공해 주는 DB 관련 처리를 하는 데 필요한 API들이다. 애플리케이션에서 DB에 연동, SQL 문장 전송 등의 작업을 할 수 있게 제공되는 여러 가지의 인터페이스들이 JDBC에 존재한다. JDBC는 자바에서 가장 성공적인 API 중 하나이다.

2 JDBC를 이용한 DB 연동

JDBC를 이용해서 DB에 작업을 하려면 우선 애플리케이션에서 DB에 Connection(연결)이 되어야 한다. JDBC에서 DB로 연결을 담당하는 인터페이스가 Connection 인터페이스이다.

DB에 관한 API들이 워낙 방대하므로 해당 인터페이스의 메소드를 나열하는 방식이 아니라 예제를 통해서 핵심적인 기능을 이해하도록 진행한다. 우선 DB 연동 예제를 실행해 보겠다. 애플리케이션에서 DB에 연동이 되어야 모든 작업을 진행할 수 있다.

애플리케이션에서 DB로 연동이 되려면 해당 DBMS에서 제공하는 드라이버가 메모리에 올라와야 한다. 각 벤더마다 자바에서 해당 DBMS에 연동할 수 있도록 드라이버를 제공해 준다. 아래 URL로 접속해서 ojdbc11.jar를 다운로드하면 된다(로컬에 설치된 "c:\app\사용자명\product\21c\dbhomeXE\jdbc\lib" 경로 안에 있는 ojdbc8.jar이나 ojdbc11.jar를 사용해도 된다).

https://www.oracle.com/kr/database/technologies/appdev/jdbc-downloads.html

위 사이트에 접속 후 밑으로 스크롤하면 하단 그림처럼 Oracle Database 21c (12.11.0.0) JDBC Driver 부분이 있을 것이다. 해당 드라이버들 중에서 필요한 ojdbc11.jar를 다운로드한다.

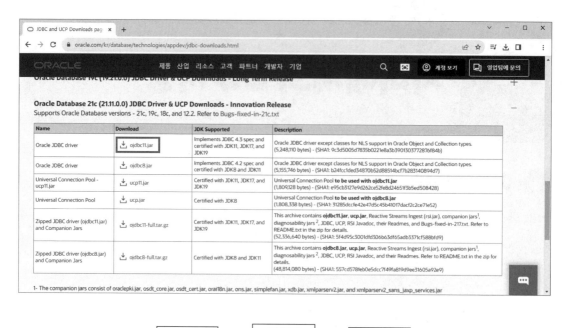

따라서 자바 애플리케이션에서 오라클로 작업을 하려면 자바 애플리케이션이 인식할 수 있는 클래스 패스에 ojdbc11.jar를 복사해야 한다. 이클립스를 사용해서 개발하고 있다면 하단과 같이 세팅하여 도 자바 에플리케이션에서 드라이버를 인식할 수 있다.

01 프로젝트 디렉터리에서 마우스 우측 버튼을 클릭하고 Properties 메뉴를 클릭한다.

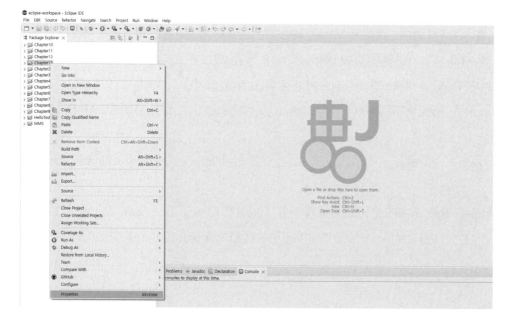

02 하단 그림과 같이 좌측 리스트에서 "Java Build Path"를 클릭하고 우측 프레임에서 "Libraries" 탭을 클릭한 후 박스로 표시한 "Add External JARs" 버튼을 클릭한다.

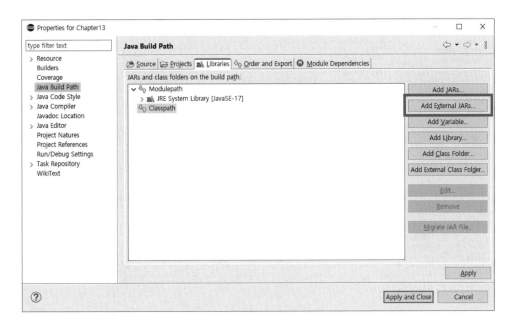

03 ojdbc11.jar를 설치한 경로로 이동하여 해당 파일을 선택하고 "열기" 버튼을 클릭한다.
상단의 경로는 독자들이 설치할 때 지정한 경로에 따라서 다를 수 있다.

04 하단 그림 화면에서 "Apply and Close" 버튼을 클릭한다.

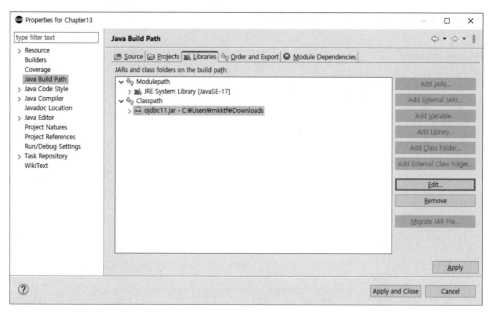

05 하단 그림과 같이 프로젝트의 Referenced Libraries 디렉터리에 ojdbc11.jar가 추가되어 있으면 된다.

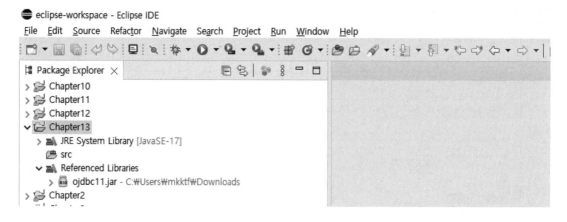

이 부분까지 정상적으로 진행되었으면 자바 프로그램에서 오라클 쪽으로 연동이 가능하다.

이제 연동 예제를 작성해 보도록 하겠다.

➡ Chapter13₩src₩ConnectionTest.java

```
1    import java.sql.Connection;
2    import java.sql.DriverManager;
3    import java.sql.SQLException;
4
5    public class ConnectionTest {
```

```
 6
 7       /**
 8        * Connection 테스트
 9        */
10       Connection con;
11       static{
12           try{
13               Class.forName("oracle.jdbc.driver.OracleDriver");
14           }
15           catch(ClassNotFoundException cne){
16               cne.printStackTrace();
17           }
18       }
19       public void connect(){
20           try{
21               con = DriverManager.getConnection("jdbc:oracle:thin:@
22   localhost:1521:XE", "java", "java");
23               System.out.println("Connection Success!");
24           }
25           catch(SQLException se){
26               se.printStackTrace();
27           }
28           finally{
29               try{
30                   con.close();
31               }
32               catch(Exception e){
33                   e.printStackTrace();
34               }
35           }
36       }
37       public static void main(String[] args) {
38           // TODO Auto-generated method stub
39           ConnectionTest ct = new ConnectionTest();
40           ct.connect();
41       }
42
43   }
```

10	Connection 인터페이스의 레퍼런스 변수를 선언하는 부분이다. 이 인터페이스의 객체가 정상적으로 생성되면 DB에 연결이 되는 것이다.
13	Class 클래스의 forName 메소드는 특정 클래스를 읽어서 인스턴스를 메모리에 올리는 역할을 한다. 즉, 드라이버 클래스를 읽어서 메모리에 올리는 부분이다. oracle.jdbc.driver.OracleDriver 클래스는 ojdbc6.jar 파일에 압축되어 제공된다. static 초기화 블록에서 드라이버를 로드하므로 ConnectionTest 클래스를 로딩하자마자 드라이버를 메모리에 올린다.
15~17	읽어 들일 클래스가 존재하지 않을 수 있으므로 ClassNotFoundException 예외를 처리해 주어야 한다.
19~36	오라클 서버로 연결을 해주는 즉, Connection 객체를 생성하는 기능을 정의한 메소드이다.
21	DriverManager 클래스의 getConnection 메소드는 DB로 연결한 후 Connection 객체를 리턴해 주는 역할을 한다. 첫 번째 파라미터는 접속하려는 DB url이다. "jdbc:oracle:thin:@" 부분까지는 오라클로 접속할 때는 그대로 사용하면 되고, "localhost:1521:orcl" 부분을 자신의 시스템에 맞게 변경해 주면 된다. • localhost : 오라클 서버가 실행되고 있는 호스트. 다른 시스템으로 접속하려면 해당 시스템의 ip를 지정해 주면 된다. • 1521: 오라클 서버가 사용하는 포트 번호이다. listener.ora 파일에서 수정해 주지 않으면 기본 포트는 1521이다. • XE : sid이다. 즉 DB 명이다. 현재 서비스되고 있는 DB명은 서비스 창에서 확인할 수 있다. 상단 그림 화면에서 OracleService 위에 연결된 이름이 현재 서비스되고 있는 DB 명이다. 두 번째와 세 번째 파라미터는 오라클 아이디와 비밀번호이다.
23	상단에 있는 예제를 실행하기 전에 java 계정을 먼저 생성해 주어야 한다. 오라클로 연동을 시도할 때 에러 없이 연동이 제대로 되었으면 성공 메시지를 출력해 주는 부분이다.
25~27	DB로 연동을 실행할 때는 SQLException이 발생할 수 있으므로 SQLException 예외를 처리해 주는 부분이다.
39~40	ConnectionTest 객체를 생성해서 connect() 메소드를 호출하는 부분이다.

실행결과 "Data Source Explorer" 세팅

① 하단 그림처럼 Window → Show View → Other를 클릭한다.

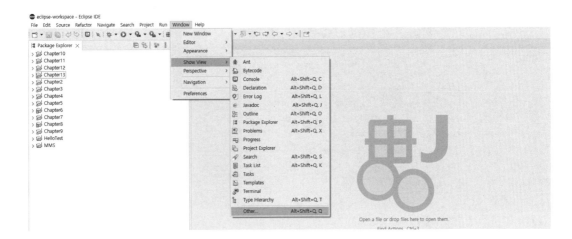

② 하단 그림에서 Data Source Explorer을 선택하고 "OPEN" 버튼을 클릭한다.

③ 하단에 "Data Source Explorer" 탭이 생성된다.

④ Database Connections → New를 클릭한다.

⑤ 하단 박스에서 "Oracle"을 선택하고 "Next" 버튼을 클릭한다.

⑥ 하단 그림에서 박스로 표시한 메뉴 아이콘을 클릭한다.

⑦ 하단에서 Oracle 11 드라이버를 선택한다.

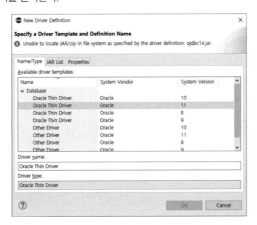

⑧ "Jar List" 탭에서 현재 추가되어 있는 jar 파일을 선택하고 "Remove Jar/zip" 버튼을 클릭해서 jar 파일을 제거한다.

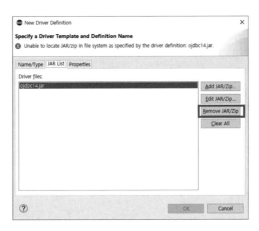

⑨ "Jar List" 탭에서 "Add JAR.Zip" 버튼을 클릭한다.

⑩ ojdbc11.jar 파일이 존재하는 경로, 저자의 시스템의 경우는 다운로드 폴더이다. 해당 경로에서 ojdbc11.jar 파일을 선택하고 "열기" 버튼을 클릭한다.

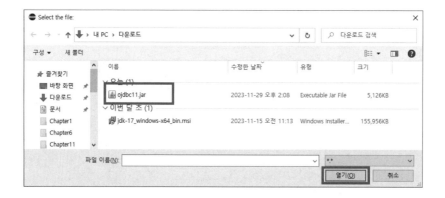

⑪ 하단 화면에서 "Properties" 탭을 클릭한다.

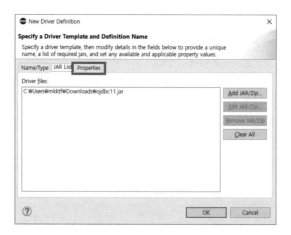

⑫ 하단 그림 화면과 같이 속성 값들을 설정한 후 "OK" 버튼을 클릭한다.

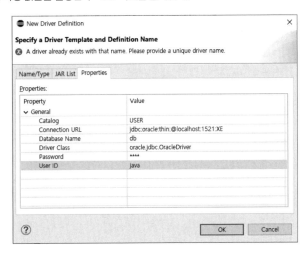

⑬ 하단 그림에서 "Save Password" 체크 박스를 체크한 후 "Test Connection" 버튼을 클릭했을 때 하단과 같이 "Ping Succeeded!"라고 출력되면 된다. "Finish" 버튼을 클릭해서 Connection을 하나 생성해 준다.

⑭ 상단 그림과 같이 DB 연동에 성공하면 SQLPLUS 툴을 사용하지 않고 이클립스상에서 서버로 SQL 문장을 전송할 수 있다. Chapter13 → New → Other를 클릭한다.

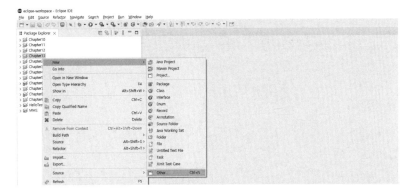

⑮ 하단 그림에서 "SQL File"을 선택하고 "Next" 버튼을 클릭한다.

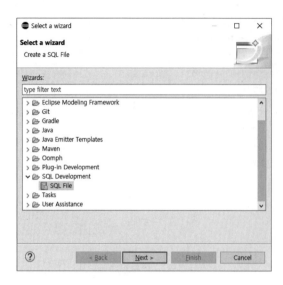

⑯ File name을 임의적으로 지정하고 각 필요한 값들을 셀렉트 박스의 화살표를 눌러서 선택한다. 상단에서 Connection이 제대로 생성되었다면 화살표를 누르면 해당 속성 값들이 출력된다. 속성 값들을 다 선택하였으면 "Finish" 버튼을 누른다.

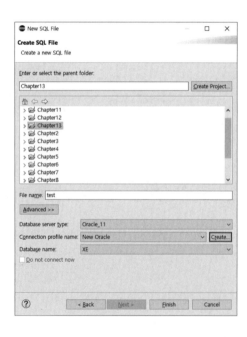

⑰ sql 파일이 생성되었으면 sql 페이지에 하단 그림과 같이 test 테이블을 생성하는 SQL 문장을 작성한다.

⑱ SQL 문장을 실행할 때는 실행하고자 하는 SQL 문장을 마우스로 드래그한 후 "Alt + X"를 누르면 된다.
SQL 문장이 제대로 실행되었으면 JAVA → Tables 하단에 test 테이블이 생성된 것을 확인할 수 있다. 테이블이 보이지 않으면
Tables에서 우측 버튼을 누른 후 "Refresh"를 실행한다.

⑲ 이클립스에서는 SQL 문장으로 작업을 하지 않고 GUI 환경으로도 DB 작업을 할 수 있는 기능을 제공해 준다. 특정 테이블 데
이터에 작업을 하려면 하단 그림과 같이 작업을 하려는 테이블을 선택하고 우측 버튼을 클릭한 후 Data → Edit 메뉴를 클릭한
다.

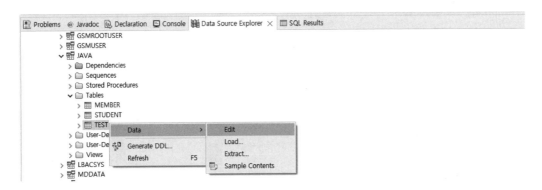

⑳ 하단 그림과 같이 test 테이블을 편집할 수 있는 화면이 출력되면 컬럼의 셀에 값을 직접 입력하거나 삭제, 수정 등을 한 후 우측 버튼을 클릭하고 "Save" 메뉴를 클릭하면 작업 내용이 저장된다.

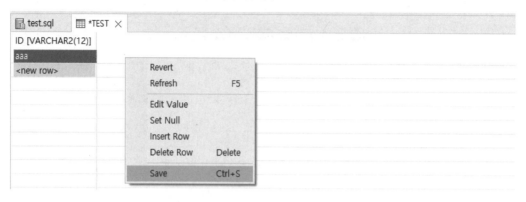

자, 이제 ConnectionTest.java 예제를 실행해 보자. 지금까지 진행한 작업들을 잘 따라 했다면 다음과 같이 성공 메시지가 출력된다.

```
Connection Success!
```

3 Statement 인터페이스를 이용한 SQL 문장 실행

Connection 객체를 생성하였다면 DB 연결에 성공한 것이다. DB에 연동한 후에 SQL 문장을 DB로 전송하는 역할을 하는 기능은 Statement 인터페이스에 정의되어 있다. Statement 객체는 Connection 인터페이스의 메소드를 이용해서 생성한다. 하나의 Connection 객체에서 여러 개의 Statement 객체를 생성할 수 있다.

```
Statement stmt = con.createStatement();
```

Statement 인터페이스의 대표적인 메소드는 아래와 같다.

```
int executeUpdate(String sql)
```

상단의 executeUpdate(String sql) 메소드는 실행할 SQL 문장을 파라미터 값으로 지정하는데 SELECT 문장 이외의 DML (INSERT, UPDATE, DELETE) 문장을 실행할 때 사용된다. SQL 문장을 실행한 후에는 적용된 행의 수를 반환한다. 즉, DELETE 문장을 실행했을 경우에는 삭제된 행 수, UPDATE 문장을 실행했을 때는 수정된 행 수가 반환된다.

```
ResultSet executeQuery(String sql)
```

상단의 executeQuery 메소드는 SELECT 구문을 실행할 때 사용되는 메소드이다. SQL 문장을 실행한 후 SELECT 문장에 의해서 가져온 레코드셋이 반환되며 ResultSet 변수가 참조하게 된다.

다음과 같은 SQL 문장이 실행되었다면

```
Statement stmt = con.createStatement();
String sql = "SELECT * FROM member";
rs = stmt.executeQuery(sql);
```

하단과 같이 rs 변수가 SELECT 문장에 의해서 반환된 레코드셋을 참조한다.

상단과 같이 ResultSet 타입의 변수가 레코드셋을 참조하게 되면 ResultSet 인터페이스에서 제공하는 메소드들을 이용해서 테이블에 존재하는 컬럼의 값들을 얻어올 수 있다.

4 ResultSet 인터페이스를 사용해서 컬럼의 데이터 얻어 오기

상단 Statement 인터페이스의 기능 설명에서 살펴보았듯이 Statement 인터페이스의 executeQuery 메소드를 실행하면 SELECT 문장에 의해서 반환되는 레코드셋을 ResultSet 인터페이스 타입의 레퍼런스 변수가 참조하게 된다. 그러나, 처음에 ResultSet 인터페이스 타입의 변수 값이 포인팅 하는 라인은 레코드가 존재하는 부분이 아니고 레코드셋의 최상단 부분이다.

따라서, 컬럼의 데이터를 가져오려면 데이터가 존재하는 레코드 부분으로 포인터를 이동해야 한다.

상단의 경우 rs.next() 메소드를 호출하면 포인터가 레코드 부분으로 이동한다.

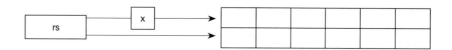

상단 그림과 같이 rs 변수가 포인팅하는 행이 실제 데이터가 존재하는 레코드 부분이면, ResultSet에서 제공되는 getXXX() 메소드들을 사용해서 원하는 컬럼의 값을 가져올 수 있다. XXX 부분에는 컬럼에 저장된 데이터 타입이 지정되면 된다. 즉, 문자열 타입의 데이터를 가져오려면 getString(String columnLabel)이나 getString(int columnIndex), 정수 타입의 데이터를 가져오려면 getInt(String columnLabel)이나 getInt(int columnIndex), Timestamp 타입의 데이터를 가져오려면 getTimestamp(String columnLabel)이나 getTimestamp(int columnIndex) 메소드를 사용해서 컬럼의 데이터를 얻어 올 수 있다. 이외에도 다양한 타입의 데이터를 얻어올 수 있는 getXXX() 메소드들이 정의되어 있다. getXXX() 메소드의 파라미터로는 컬럼의 순서를 지정해도 되고, 컬럼의 이름을 지정해도 된다. 그러나 가독성 향상을 위해서 이름을 지정하는 것을 권장한다.

```
String name = rs.getString(1);
String age = rs.getInt("age");
```

상단과 같이 getXXX() 메소드를 이용해서 컬럼의 데이터를 얻어 오면 ResultSet이 가리키고 있는 라인의 컬럼 값이 반환된다.

```
boolean next()
```

상단의 next() 메소드가 호출되면 포인터가 다음 레코드로 이동하면서 다음 이동할 레코드가 존재하면 true, 없으면 false를 반환한다. 따라서 존재하는 모든 레코드에 대한 컬럼 값들을 얻어 오려면 하단 코드와 같이 while 문을 사용하면 된다.

```
Statement stmt = con.createStatement();
String sql = "SELECT * FROM member";
ResultSet rs = stmt.executeQuery(sql);
    while(rs.next()){
            System.out.println("아이디 : " + rs.getString(1) + ",비밀번호 : "
        + rs.getString("passwd") + ",이름 : " + rs.getString("name") +
        ",나이 : " + rs.getInt("age") + ",주소 : " + rs.getString("addr") +
        ",이메일 : " + rs.getString("email"));
    }
```

• ResultSet의 주요 메소드

메소드	설명
close()	ResultSet 객체를 닫는다.
getXXX(int ColumnIndex)	레코드 값을 지정한 XXX 타입으로 가져온다. (컬럼 인덱스 지정)
getXXX(String ColumnName)	레코드 값을 지정한 XXX 타입으로 가져온다. (컬럼명 지정)
next()	다음 행으로 커서를 이동한다. (다음 행이 없으면 false 반환, 있으면 true 반환)

상단에서 살펴본 문법을 이용해서 간단하게 CRUD(Create Read Update Delete)를 처리해 보도록 하겠다.

➡ Chapter13₩src₩CRUDTest.java

```java
1    import java.sql.Connection;
2    import java.sql.DriverManager;
3    import java.sql.ResultSet;
4    import java.sql.SQLException;
5    import java.sql.Statement;
6
7    public class CRUDTest {
8
9        /**
10        * CRUD 테스트
11        */
12       Connection con;
13
14       static{
15           try{
16               Class.forName("oracle.jdbc.driver.OracleDriver");
17           }
18           catch(ClassNotFoundException cne){
19               cne.printStackTrace();
20           }
21       }
22       public void connect(){
23           try{
24               con = DriverManager.getConnection("jdbc:oracle:thin:@
25    localhost:1521:XE", "java", "java");
26               System.out.println("Connection Success!");
```

```
27      }
28          catch(SQLException se){
29              se.printStackTrace();
30          }
31      }
32      public void insert(){
33          Statement stmt = null;
34          try{
35              stmt = con.createStatement();
36              String sql = "INSERT INTO member VALUES('aaa','1111','오정원',22,'
37  남자','a@a.com')";
38              int count = stmt.executeUpdate(sql);
39              if(count > 0){
40                  System.out.println("insert success!");
41              }
42              else{
43                  System.out.println("insert fail");
44              }
45          }
46          catch(SQLException se){
47              System.out.println("insert fail");
48              se.printStackTrace();
49          }
50          finally{
51              try{
52                  stmt.close();
53                  con.close();
54              }
55              catch(Exception e){
56                  e.printStackTrace();
57              }
58          }
59      }
60      public void select(){
61          Statement stmt = null;
62          ResultSet rs = null;
63          try{
64              stmt = con.createStatement();
65              String sql = "SELECT * FROM member";
66              rs = stmt.executeQuery(sql);
```

```
67          while(rs.next()){
68                  System.out.println("아이디 : " + rs.getString(1) + ",비밀번호 : "
69              + rs.getString("passwd") + ",이름 : " + rs.getString("name") +
70              ",나이 : " + rs.getInt("age") + ",성별 : " + rs.getString("gender")
71              + ",이메일 : " + rs.getString("email"));
72                  }
73              }
74          catch(SQLException se){
75              se.printStackTrace();
76              }
77          finally{
78              try{
79                  stmt.close();
80                  con.close();
81                  }
82              catch(Exception e){
83                      e.printStackTrace();
84                  }
85              }
86          }
87      public void update(){
88          Statement stmt = null;
89          try{
90              stmt = con.createStatement();
91              String sql = "UPDATE member SET gender = '여자' WHERE id = 'aaa'";
92              int count = stmt.executeUpdate(sql);
93              if(count > 0){
94                  System.out.println("update success!");
95                  }
96              else{
97                  System.out.println("update fail");
98                  }
99              }
100         catch(SQLException se){
101             System.out.println("update fail");
102             se.printStackTrace();
103             }
104         finally{
105             try{
```

```
106      stmt.close();
107              con.close();
108          }
109          catch(Exception e){
110              e.printStackTrace();
111          }
112      }
113  }
114  public void delete(){
115      Statement stmt = null;
116      try{
117          stmt = con.createStatement();
118          String sql = "DELETE member WHERE id = 'aaa'";
119          int count = stmt.executeUpdate(sql);
120          if(count > 0){
121              System.out.println("delete success!");
122          }
123          else{
124              System.out.println("delete fail");
125          }
126      }
127      catch(SQLException se){
128          System.out.println("delete fail");
129          se.printStackTrace();
130      }
131      finally{
132          try{
133              stmt.close();
134              con.close();
135          }
136          catch(Exception e){
137              e.printStackTrace();
138          }
139      }
140  }
141  public static void main(String[] args) {
142      // TODO Auto-generated method stub
143      CRUDTest st = new CRUDTest();
144      st.connect();
145      st.insert();
```

```
146
147            System.out.println("insert 수행 후");
148            st.connect();
149            st.select();
150
151            st.connect();
152            st.update();
153
154            System.out.println("update 수행 후");
155            st.connect();
156            st.select();
157
158            st.connect();
159            st.delete();
160
161            System.out.println("delete 수행 후");
162            st.connect();
163            st.select();
164        }
165
166    }
```

🛠 코드 분석

1~5	DB 작업에 필요한 인터페이스들을 import하는 부분이다.
32~59	테이블에 새로운 레코드 하나를 추가하는 기능을 정의한 메소드 부분이다.
35	Statement 객체를 생성하는 부분이다.
36~37	Insert 문장을 생성한 부분이다
38	Insert 문장을 실행하는 부분이다. SELECT 문장 이외의 DML 문장을 실행할 때는 executeUpdate(String sql)을 이용한다. 문장을 실행한 후에는 insert된 행의 수를 반환한다.
39	insert된 레코드 개수가 한 개 이상인지를 판단해 주는 부분이다.
50~58	insert 작업이 끝난 후 사용한 자원을 소멸시키는 부분이다.
60~86	member 테이블에서 데이터를 조회하는 기능을 하는 메소드를 정의한 부분이다.
66	SELECT 문장을 실행하는 부분이다. SELECT 문장을 실행할 때는 executeQuery(String sql) 메소드를 사용하고 SELECT 문장에 의해서 가져온 레코드셋이 반환된다.
67~72	레코드가 존재하는 만큼 반복하면서 해당 레코드의 컬럼 값들을 출력하는 부분이다.
87~113	특정 레코드의 컬럼 값을 수정하는 기능을 하는 메소드를 정의한 부분이다.

92	UPDATE 문장을 실행하는 부분이다.
114~140	특정 레코드를 삭제하는 기능을 하는 메소드를 정의한 부분이다.
119	특정 레코드를 삭제하는 부분이다.

상단의 예제(CRUDTest.java)가 제대로 실행되려면 member 테이블이 생성되어 있어야 한다. 본 교재를 순서대로 따라했다면 member 테이블이 이미 생성되어 있을 것이다. Member 테이블이 생성되어 있지 않으면 하단 그림과 같이 SQL 구문을 실행하여 member 테이블을 생성한 후 예제 (CRUDTest.java)를 실행한다.

🖱 **실행결과**

Connection Success!
insert success!
insert 수행 후
Connection Success!
아이디 : aaa,비밀번호 : 1111,이름 : 오정원,나이 : 22,성별 : 남자,이메일 : a@a.com
Connection Success!
update success!
update 수행 후
Connection Success!
아이디 : aaa,비밀번호 : 1111,이름 : 오정원,나이 : 22,성별 : 여자,이메일 : a@a.com
Connection Success!
delete success!
delete 수행 후
Connection Success!

상단에서 학습한 내용으로 간단하게 로그인 처리를 해 보도록 하겠다.
우선 코드 작성 전에 하단 박스의 내용과 같이 member 테이블에 테스트용 데이터들을 삽입한다.

• Chaper13\memberInsert.sql

```
INSERT INTO member VAIUES('aaa','aaa','오정원',22,'남자','a@a.com');
INSERT INTO member VAIUES('bbb','bbb','김개똥',21,'남자','b@b.com');
INSERT INTO member VAIUES('ccc','ccc','김말숙',22,'여자','c@c.com');
INSERT INTO member VAIUES('ddd','ddd','박말숙',22,'여자','d@d.com');
INSERT INTO member VAIUES('eee','eee','오말숙',22,'여자','e@e.com');
COMMIT
```

• 회원 한 명에 대한 정보를 저장하는 클래스

➡ Chapter13₩src₩User.java

```java
1    public class User {
2
3        private String id;
4        private String passwd;
5        private String name;
6        private int age;
7        private String gender;
8        private String email;
9
10       public User(String id, String passwd, String name, int age, String
11   gender, String email) {
12           super();
13           this.id = id;
14           this.passwd = passwd;
15           this.name = name;
16           this.age = age;
17           this.gender = gender;
18           this.email = email;
19       }
20
21       public String getId() {
22           return id;
23       }
24       public void setId(String id) {
25           this.id = id;
26       }
27       public String getPasswd() {
28           return passwd;
29       }
```

```java
30        public void setPasswd(String passwd) {
31            this.passwd = passwd;
32        }
33        public String getName() {
34            return name;
35        }
36        public void setName(String name) {
37            this.name = name;
38        }
39        public int getAge() {
40            return age;
41        }
42        public void setAge(int age) {
43            this.age = age;
44        }
45        public void setGender(String gender) {
46            this.gender = gender;
47        }
48        public String getGender() {
49            return gender;
50        }
51        public void setEmail(String email) {
52            this.email = email;
53        }
54        public String getEmail() {
55            return email;
56    }
57        @Override
58        public String toString() {
59        // TODO Auto-generated method stub
60            return "아이디 = " + id + ", 비밀번호 = " + passwd + ", 이름 = " + name + ",
61    나이 = " + age + ", 성별 = " + gender + ", 이메일 = " + email;
62        }
63
64    }
```

🖥️ 코드 분석

member 테이블에 정의되어 있는 각 컬럼의 값을 저장할 속성들을 정의한 클래스이다.
즉, 사용자 한 명의 정보를 저장할 수 있는 클래스이다.

→ Chapter13₩src₩LoginSVC.java

```
1    import java.sql.Connection;
2    import java.sql.DriverManager;
3    import java.sql.ResultSet;
4    import java.sql.SQLException;
5    import java.sql.Statement;
6    import java.util.HashMap;
7
8    public class LoginSVC {
9
10       Connection con;
11       static{
12           try{
13               Class.forName("oracle.jdbc.driver.OracleDriver");
14           }
15           catch(ClassNotFoundException cne){
16               cne.printStackTrace();
17           }
18       }
19       public void connect(){
20           try{
21               con = DriverManager.getConnection("jdbc:oracle:thin:@
22    localhost:1521:XE", "java", "java");
23               System.out.println("Connection Success!");
24           }
25           catch(SQLException se){
26               se.printStackTrace();
27           }
28       }
29       public User login(String id, String passwd) {
30           // TODO Auto-generated method stub
31           User user = null;
32           Statement stmt = null;
33           ResultSet rs = null;
34           try{
35               connect();
36               stmt = con.createStatement();
37               String sql = "SELECT * FROM member WHERE id = '" + id + "' AND " +
38                   "passwd = '" + passwd + "'";
39               rs = stmt.executeQuery(sql);
```

```
40              if(rs.next()){
41                  id = rs.getString("id");
42                  passwd = rs.getString("passwd");
43                  String name = rs.getString("name");
44                  int age = rs.getInt("age");
45                  String gender = rs.getString("gender");
46                  String email = rs.getString("email");
47
48                  user = new User(id, passwd, name, age, gender, email);
49              }
50          }
51          catch(SQLException se){
52              se.printStackTrace();
53          }
54          finally{
55              try{
56                  stmt.close();
57                  con.close();
58              }
59              catch(Exception e){
60                  e.printStackTrace();
61              }
62          }
63          return user;
64      }
65
66  }
```

⚙️ 코드 분석

29~64	실질적으로 로그인 처리를 하는 메소드를 정의한 부분이다.
35	connect() 메소드를 호출해서 Connection 객체를 생성하는 부분이다.
37~38	파라미터로 넘어온 아이디/비밀번호와 같은 아이디/비밀번호 레코드를 조회하는 SELECT 문장을 정의한 부분이다. 오라클에서 문자 값을 표시할 때는 "" 로 써 주어야 하기 때문에 id 변수와 passwd 변수 값 앞뒤로 ""를 붙여 주고 있다.
39	SELECT 문장을 실행해서 레코드 셋을 얻어오는 부분이다.
40~49	SELECT 문장의 조건에 맞는 레코드가 반환이 되었으면, 즉 rs.next() 값이 true이면 해당 레코드의 각 컬럼 값들을 얻어 와서 얻어 온 값들로 User 객체를 생성하는 부분이다.
63	user 레퍼런스 변수 값을 리턴해 주는 부분이다. 인증이 되었으면 인증된 User의 정보가 리턴되고 인증이 실패하면 null이 리턴된다.

- 사용자로부터 콘솔에서 아이디와 비밀번호를 입력받고 입력받은 아이디와 비밀번호로 인증하는 메소드를 호출하는 클래스

→ Chapter13₩src₩LoginMain.java

```java
import java.util.Scanner;

public class LoginMain {

    /**
     * 로그인 테스트
     */
    public static void main(String[] args) {
        // TODO Auto-generated method stub
        boolean isStop = false;
        Scanner sc = new Scanner(System.in);
        LoginSVC loginSVC = new LoginSVC();

        do{
            System.out.println("로그인 화면입니다.");
            System.out.println("아이디와 비밀번호를 입력하세요.");
            System.out.print("아이디 : ");
    String id = sc.next();
            System.out.print("비밀번호 : ");
            String passwd = sc.next();

            User user = loginSVC.login(id,passwd);
            if(user == null){
                System.out.println("아이디나 비밀번호가 일치하지 않습니다.");
            }
            else{
                System.out.println("로그인한 사용자 정보");
                System.out.println(user);
                isStop = true;
            }
        }
        while(!isStop);
    }

}
```

코드 분석

사용자로부터 콘솔에서 아이디와 비밀번호를 입력받고 로그인 요청을 하는 클래스이다.

실행 결과

로그인 화면입니다.
아이디와 비밀번호를 입력하세요.
아이디 : r
비밀번호 : r
Connection Success!
아이디나 비밀번호가 일치하지 않습니다.
로그인 화면입니다.
아이디와 비밀번호를 입력하세요.
아이디 : aaa
비밀번호 : aaa
Connection Success!
로그인한 사용자 정보
아이디 = aaa, 비밀번호 = aaa, 이름 = 오정원, 나이 = 22, 성별 = 남자, 이메일 = a@a.com

ResultSet의 커서를 앞뒤로 이동하기

• 커서 타입

타입	설명
ResultSet.TYPE_FORWARD_ONLY	ResultSet의 커서가 앞으로만 이동 가능하다.
ResultSet.TYPE_SCROLL_INSENSITIVE	ResultSet 위 커서가 앞뒤로 이동 가능하지만 해당 데이터의 변경이 바로 적용되지 않는다.
ResultSet.TYPE_SCROLL_SENSITIVE	ResultSet 위 커서가 앞뒤로 이동 가능하고 해당 데이터의 변경이 바로 적용된다.
next()	다음 행으로 커서를 이동한다. (다음 행이 없으면 false 반환, 있으면 true 반환)

• resultSetConcurrency

타입	설명
ResultSet.CONCUR_READ_ONLY	ResultSet을 이용해서 데이터를 읽을 수만 있다.
ResultSet.CONCUR_UPDATABLE	ResultSet을 통해 데이터를 수정할 수도 있다.

• 커서 이동 관련 메소드

메소드	설명
getColumnCount()	ResultSet에 저장되어 있는 테이블의 컬럼의 수를 반환한다.
getColumnLabel(int column)	해당 번호의 컬럼의 레이블(title)을 반환한다.
getColumnName(int column)	해당 번호의 컬럼의 이름을 반환한다.
getColumnType(int column)	해당 번호의 컬럼의 데이터 타입을 int 형으로 반환한다.
getColumnTypeName(int column)	해당 번호의 컬럼의 데이터 타입을 String 형으로 반환한다.

➡ Chapter13₩src₩ScrollTest.java

```java
1    import java.sql.Connection;
2    import java.sql.DriverManager;
3    import java.sql.ResultSet;
4    import java.sql.SQLException;
5    import java.sql.Statement;
6
7    public class ScrollTest {
8
9        /**
10        * 커서 앞뒤 이동
11        */
12       Connection con;
13
14       static{
15           try{
16               Class.forName("oracle.jdbc.driver.OracleDriver");
17           }
18           catch(ClassNotFoundException cne){
19               cne.printStackTrace();
20           }
21       }
22
23       public void connect(){
24           try{
25               con = DriverManager.getConnection("jdbc:oracle:thin:@
26               localhost:1521:XE", "java", "java");
27               System.out.println("Connection Success!");
```

```
28              }
29          catch(SQLException se){
30              se.printStackTrace();
31          }
32      }
33  public void select(){
34      Statement stmt = null;
35      ResultSet rs = null;
36      try{
37          stmt = con.createStatement(
38                  ResultSet.TYPE_SCROLL_INSENSITIVE ,
39                  ResultSet.CONCUR_UPDATABLE);
40
41          String sql = "SELECT * FROM member";
42          rs = stmt.executeQuery(sql);
43
44          System.out.println("앞으로 이동하면서 출력");
45      while(rs.next()){
46              System.out.println("아이디 : " + rs.getString(1) + ",비밀번호 : "
47              + rs.getString("passwd") + ",이름 : " + rs.getString("name") +
48              ",나이 : " + rs.getInt("age") + ",성별 : " + rs.getString("gender")
49              + ",이메일 : " + rs.getString("email"));
50          }
51
52          System.out.println("뒤로 이동하면서 출력");
53          while(rs.previous()){
54              System.out.println("아이디 : " + rs.getString(1) + ",비밀번호 : "
55              + rs.getString("passwd") + ",이름 : " + rs.getString("name") +
56              ",나이 : " + rs.getInt("age") + ",성별 : " + rs.getString("gender")
57              + ",이메일 : " + rs.getString("email"));
58          }
59
60          System.out.println("첫 번째 레코드");
61          if(rs.first()){
62              System.out.println("아이디 : " + rs.getString(1) + ",비밀번호 : "
63              + rs.getString("passwd") + ",이름 : " + rs.getString("name") +
64                  ",나이 : " + rs.getInt("age") + ",성별 : " +
65                  rs.getString("gender") + ",이메일 : " + rs.getString("email"));
66          }
67
```

```
68              System.out.println("마지막 레코드");
69              if(rs.last()){
70                  System.out.println("아이디 : " + rs.getString(1) + ",비밀번호 : "
71                  + rs.getString("passwd") + ",이름 : " + rs.getString("name") +
72                  ",나이 : " + rs.getInt("age") + ",성별 : " +
73                  rs.getString("gender") + ",이메일 : " + rs.getString("email"));
74              }
75
76              System.out.println("세 번째 레코드");
77              if(rs.absolute(3)){
78                  System.out.println("아이디 : " + rs.getString(1) + ",비밀번호 : "
79                  + rs.getString("passwd") + ",이름 : " + rs.getString("name") +
80                  ",나이 : " + rs.getInt("age") + ",성별 : " + rs.getString("gender") +
81                      ",이메일 : " + rs.getString("email"));
82              }
83
84          }
85          catch(SQLException se){
86              se.printStackTrace();
87          }
88          finally{
89              try{
90                  stmt.close();
91                  con.close();
92              }
93              catch(Exception e){
94                  e.printStackTrace();
95              }
96          }
97      }
98      public static void main(String[] args) {
99          // TODO Auto-generated method stub
100         ScrollTest st = new ScrollTest();
101         st.connect();
102         st.select();
103     }
104
105 }
```

코드 분석

38	ResultSet의 커서 타입을 스크롤 가능한 타입으로 정의하였다.
45~50	ResultSet이 커서를 앞으로 이동하면서 레코드의 컬럼 값들을 출력하는 부분이다.
53~58	ResultSet이 커서를 뒤로 이동하면서 레코드의 컬럼 값들을 출력하는 부분이다.
61~66	ResultSet이 커서를 맨 앞으로 이동시키고 레코드의 컬럼 값들을 출력하는 부분이다.
69~74	ResultSet이 커서를 맨 뒤로 이동시키고 레코드의 컬럼 값들을 출력하는 부분이다.
77~82	ResultSet이 커서를 세 번째 레코드로 이동시키고 레코드의 컬럼 값들을 출력하는 부분이다

실행결과

Connection Success!
앞으로 이동하면서 출력
아이디 : aaa,비밀번호 : aaa,이름 : 오정원,나이 : 22,성별 : 남자,이메일 : a@a.com
아이디 : bbb,비밀번호 : bbb,이름 : 김개똥,나이 : 21,성별 : 남자,이메일 : b@b.com
아이디 : ccc,비밀번호 : ccc,이름 : 김말숙,나이 : 22,성별 : 여자,이메일 : c@c.com
아이디 : ddd,비밀번호 : ddd,이름 : 박말숙,나이 : 22,성별 : 여자,이메일 : d@d.com
아이디 : eee,비밀번호 : eee,이름 : 오말숙,나이 : 22,성별 : 여자,이메일 : e@e.com
뒤로 이동하면서 출력
아이디 : eee,비밀번호 : eee,이름 : 오말숙,나이 : 22,성별 : 여자,이메일 : e@e.com
아이디 : ddd,비밀번호 : ddd,이름 : 박말숙,나이 : 22,성별 : 여자,이메일 : d@d.com
아이디 : ccc,비밀번호 : ccc,이름 : 김말숙,나이 : 22,성별 : 여자,이메일 : c@c.com
아이디 : bbb,비밀번호 : bbb,이름 : 김개똥,나이 : 21,성별 : 남자,이메일 : b@b.com
아이디 : aaa,비밀번호 : aaa,이름 : 오정원,나이 : 22,성별 : 남자,이메일 : a@a.com
첫 번째 레코드
아이디 : aaa,비밀번호 : aaa,이름 : 오정원,나이 : 22,성별 : 남자,이메일 : a@a.com
마지막 레코드
아이디 : eee,비밀번호 : eee,이름 : 오말숙,나이 : 22,성별 : 여자,이메일 : e@e.com
세 번째 레코드
아이디 : ccc,비밀번호 : ccc,이름 : 김말숙,나이 : 22,성별 : 여자,이메일 : c@c.com

메타데이터는 ResultSetMetaData 인터페이스에서 제공되는 메소드를 이용해서 얻어 올 수 있다.

• ResultSetMetaData의 자주 사용되는 메소드

메소드	설명
getColumnCount()	ResultSet에 저장되어 있는 테이블의 컬럼 수를 반환한다.
getColumnLabel(int column)	해당 번호의 컬럼의 레이블(title)을 반환한다.
getColumnName(int column)	해당 번호의 컬럼의 이름을 반환한다.
getColumnType(int column)	해당 번호의 컬럼의 데이터 타입을 int 형으로 반환한다.
getColumnTypeName(int column)	해당 번호의 컬럼의 데이터 타입을 String 형으로 반환한다.

➡ Chapter13₩src₩ResultSetMetaDataTest.java

```java
1    import java.sql.Connection;
2    import java.sql.DriverManager;
3    import java.sql.ResultSet;
4    import java.sql.ResultSetMetaData;
5    import java.sql.SQLException;
6    import java.sql.Statement;
7
8    public class ResultSetMetaDataTest {
9
10       /**
11        * ResultSetMetaData 테스트
12        */
13       Connection con;
14
15       static{
16          try{
17              Class.forName("oracle.jdbc.driver.OracleDriver");
18          }
19          catch(ClassNotFoundException cne){
20              cne.printStackTrace();
21          }
22       }
23       public void connect(){
24          try{
```

```
25          con = DriverManager.getConnection("jdbc:oracle:thin:@
26    localhost:1521:XE", "java", "java");
27              System.out.println("Connection Success!");
28          }
29        catch(SQLException se){
30            se.printStackTrace();
31          }
32      }
33
34    public void printMetaData(){
35        Statement stmt = null;
36        ResultSet rs = null;
37        ResultSetMetaData rsmd;
38        try{
39            connect();
40        stmt = con.createStatement();
41            String sql = "SELECT * FROM member";
42            rs = stmt.executeQuery(sql);
43            rsmd = rs.getMetaData();
44
45          System.out.println("전체 컬럼 개수 : " +rsmd.getColumnCount());
46          System.out.println("두 번째 컬럼의 이름 : " + rsmd.getColumnName(2));
47              System.out.println("두 번째 컬럼의 데이터 타입 : " + rsmd.
48    getColumnTypeName(2));
49              System.out.println("두 번째 컬럼의 데이터 타입의 크기 :" + rsmd.
50    getPrecision(2));
51            int isNull = rsmd.isNullable(2);
52            if(isNull == 0){
53             System.out.println(" 두 번째 컬럼은 Not Null");
54            }
55            else{
56             System.out.println(" 두 번째 컬럼은 Nullable");
57            }
58              System.out.println("두 번째 컬럼의 자바 타입 : " + rsmd.
59    getColumnClassName(2));
60          }
61        catch(SQLException se){
62            se.printStackTrace();
63          }
64        finally{
```

```
65              try{
66                  stmt.close();
67                  con.close();
68              }
69              catch(Exception e){
70                  e.printStackTrace();
71              }
72          }
73      }
74      public static void main(String[] args) {
75          // TODO Auto-generated method stub
76          ResultSetMetaDataTest rt = new ResultSetMetaDataTest();
77          rt.printMetaData();
78      }
79
80  }
```

코드 분석

43	ResultSetMetaData 객체를 얻어 오는 부분이다.
45	총 컬럼의 개수를 출력하는 부분이다.
46	두 번째 컬럼의 이름을 얻어 오는 부분이다. 파라미터 부분은 컬럼의 순서를 의미한다. 컬럼 순서는 1부터 시작한다.
47~48	해당 컬럼의 데이터 타입을 얻어 오는 부분이다.
49~50	해당 컬럼의 데이터 타입의 크기를 얻어 오는 부분이다.
51	해당 컬럼의 null 허용 여부 값을 가져오는 부분이다. 리턴되는 값이 0이면 Not Null이고 1이면 Nullable이다.
58	해당 컬럼의 데이터 타입에 해당하는 자바 클래스 타입을 얻어오는 부분이다.

실행 결과

Connection Success!
전체 컬럼 개수 : 6
두 번째 컬럼의 이름 : PASSWD
두 번째 컬럼의 데이터 타입 : VARCHAR2
두 번째 컬럼의 데이터 타입의 크기 :16
두 번째 컬럼은 Nullable
두 번째 컬럼의 자바 타입 : java.lang.String

트랜잭션이란 여러 개의 DML 문장을 하나의 논리적인 실행 단위로 묶어서 해당 단위로 묶인 DML 문장 중에 하나라도 정상적으로 수행되지 않고 실패하면 전체를 취소하는 기능이다. 물론 트랜잭션 중에 수행된 모든 작업이 성공하면 트랜잭션 성공 처리를 한다. 만약 주문 요청을 처리하는 경우라면 다음과 같은 두 개의 DML 문장이 실행된다.

1〉 결재가 처리되어 결재 테이블에 insert 처리
2〉 주문 목록 테이블에 insert 처리

상단의 주문 요청을 처리할 때 결재 처리가 되지 않았는데 주문 목록에 주문 데이터가 삽입되거나 결재 테이블에 결재 정보가 들어갔는데 주문 목록 테이블에 데이터가 들어가지 않으면 잘못된 요청 처리가 될 것이다. 이런 경우에는 상단 두 개의 insert 문장을 트랜잭션으로 묶어서 두 작업 중 하나라도 실패하면 전체를 취소하는 처리를 해 주어야 한다.

기본적으로 자바의 Connection 객체는 SQL 문장을 실행하면 트랜잭션이 적용되지 않고 작업이 즉시 완성된다. 따라서 여러 작업을 하나의 트랜잭션으로 묶어 주고 싶으면 Connection 객체의 다음 메소드(setAutoCommit)를 호출해서 트랜잭션을 적용해 주어야 한다.

```
Connection con = DriverManager.getConnection("jdbc:oracle:thin:@localhost:1521:orcl","java", "java");
con.setAutoCommit(false);
```

상단 코드와 같이 con.setAutoCommit(false); 메소드를 실행하면 해당 Connection 객체를 이용해서 실행한 DML 문장들은 COMMIT() 메소드를 호출해야 작업이 완성되고, ROLLBACK() 메소드를 호출하면 작업이 취소된다.

트랜잭션 예제 코드(ResultSetMetaDataTest.java)를 작성하기 전에 다음과 같은 SQL 문장을 실행하여 pay 테이블과 orderList 테이블을 생성해야 한다.

• Chapter13₩order.sql

```sql
CREATE TABLE pay
(
 memId VARCHAR2(12) PRIMARY KEY,
 orderId VARCHAR2(12),
 price NUMBER
);

CREATE TABLE orderList
(
 orderId VARCHAR2(12) PRIMARY KEY,
 productName VARCHAR2(20)
)
```

➡ Chapter13₩src₩TransactionTest.java

```java
1    import java.sql.Connection;
2    import java.sql.DriverManager;
3    import java.sql.SQLException;
4    import java.sql.Statement;
5
6    public class TransactionTest {
7
8        /**
9         * Transaction 테스트
10        */
11   Connection con;
12
13       static{
14          try{
15              Class.forName("oracle.jdbc.driver.OracleDriver");
16          }
17          catch(ClassNotFoundException cne){
18              cne.printStackTrace();
19          }
20       }
21       public void connect(){
22          try{
23              con = DriverManager.getConnection("jdbc:oracle:thin:@
24   localhost:1521:XE", "java", "java");
```

```
25              con.setAutoCommit(false);
26              System.out.println("Connection Success!");
27          }
28      catch(SQLException se){
29              se.printStackTrace();
30          }
31      }
32  public void insert(){
33      connect();
34      Statement stmt = null;
35      boolean orderSuccess = false;
36      try{
37          stmt = con.createStatement();
38          String sql = "INSERT INTO pay VALUES('aaa','001',1000)";
39          stmt.executeUpdate(sql);
40          sql = "INSERT INTO orderList VALUES('001')";
41          stmt.executeUpdate(sql);
42          orderSuccess = true;
43      }
44      catch(SQLException se){
45      System.out.println("insert fail");
46          se.printStackTrace();
47      }
48      finally{
49          if(orderSuccess){
50              try{
51              con.commit();
52              }
53              catch(Exception e){
54                  e.printStackTrace();
55              }
56          }
57          else{
58              try{
59              con.rollback();
60              }
61              catch(Exception e){
62
63              }
64          }
```

실전 예제로 기초부터 탄탄히 배우는 자바 프로그래밍

```
65              try{
66                  stmt.close();
67                  con.close();
68              }
69              catch(Exception e){
70                  e.printStackTrace();
71              }
72          }
73      }
74      public static void main(String[] args) {
75          // TODO Auto-generated method stub
76          TransactionTest tt = new TransactionTest();
77          tt.insert();
78      }
79
80  }
```

🔧 코드 분석

25	트랜잭션을 설정해서 해당 Connection 객체로 실행한 작업이 COMMIT() 메소드를 호출하면 완성되고 ROLLBACK() 메소드를 호출하면 전체가 취소되게 처리하는 부분이다.
35	주문 요청이 성공했는지 실패했는지 결과를 저장할 변수를 boolean 타입으로 정의한 부분이다.
40	전체 작업이 취소되는 것을 테스트하기 위해서 두 번째 INSERT 문장에 문법적으로 에러를 발생시킨 부분이다.
41	두 번째 insert 문장까지 예외가 발생하지 않고 정상적으로 실행되면 orderSuccess 변수에 true 값을 할당하는 부분이다.
49~56	orderSuccess 값이 true일 때 Connection 객체의 COMMIT() 메소드를 호출하여 전체 작업을 완성시키는 부분이다.
57~71	orderSuccess 값이 false일 때 Connection 객체의 ROLLBACK() 메소드를 호출하여 전체 작업을 취소하는 부분이다. 이 예제에서는 두 번째 insert 문장을 실행할 때 에러가 발생하여 첫번째 insert 작업도 취소된다. 따라서, pay 테이블과 orderList 테이블 모두에 데이터가 들어가지 않는다.

우선 상단 코드를 실행하면 하단 그림 화면처럼 두 번째 insert 문장을 실행하다가 에러를 발생시킨다.

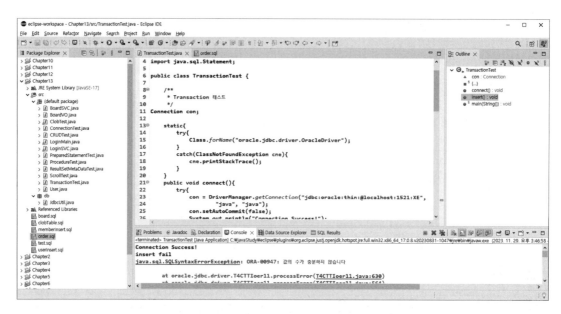

에러를 확인하고 sql 페이지에서 SELECT * FROM pay 문장과 SELECT * FROM orderList 문장을 실행하면 데이터가 테이블에 존재하지 않는 것을 확인할 수 있다.

1> SELECT * FROM pay

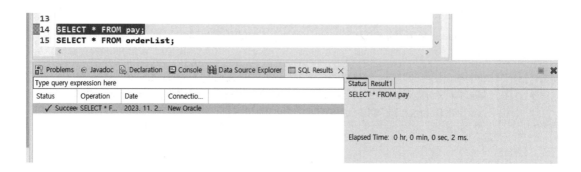

2> SELECT * FROM orderList

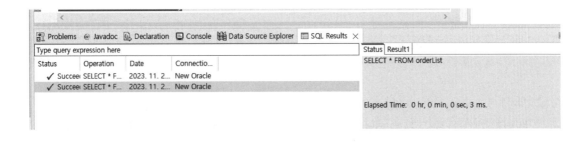

6 PreparedStatement

PreparedStatement 인터페이스는 Statement 인터페이스의 자식 인터페이스로, Statement 인터페이스가 정적인 SQL 문장을 실행하는 데 주로 사용된다면 PreparedStatement 인터페이스는 동적인 SQL 문장을 실행하는 데 주로 사용된다.

오라클 서버는 클라이언트에서 SQL 문장이 전송되어 오면 해당 SQL 문장을 실행하고 실행한 SQL 문장 정보를 서버상에 저장해 놓는다. 그리고 동일한 SQL 문장이 전송되어 오면 서버에 저장되어 있는 정보를 이용해서 해당 문장을 실행하기 때문에 처음에 같은 문장을 실행할 때보다 나중에 동일한 문장을 실행하는 것이 훨씬 빠르다. 그렇지만 다시 전송되어 오는 문장은 첫 번째 문장과 대소문자만 바뀌어도 해당 구문을 처음 구문과 다른 구문으로 판단하여 구문 분석 작업부터 다시 한다. 따라서 오라클에서는 성능 향상을 위해서 SQL 문장에서 조건 값만 바뀔 때는 바인딩 변수로 조건 값을 받도록 하면 조건 값만 바뀌어서 반복해서 전송되어 오는 SQL 문장을 다른 SQL 문장으로 판단하지 않기 때문에 파싱 작업을 다시 하지 않아서 처리 속도가 빨라진다.

이 오라클의 바인딩 변수 처리 방식을 이용하는 것이 PreparedStatement 객체이다. PreparedStatement 객체는 객체를 생성할 때 SQL 구문을 미리 파싱한다. 따라서 PreparedStatement 객체를 생성할 때 SQL 구문을 파라미터로 지정해 주어야 한다.

```
PreparedStatement pstmt = con.prepareStatement("SELECT * FROM member WHERE id = ?");
```

SQL 문장을 실행하기 전에 상단 코드에서 "?"(placeholder) 부분에 값을 바인딩시킨 후 SQL 문장을 실행한다.

```
pstmt.setString(1,"java")
ResultSet rs = pstmt.executeQuery();
```

상단 코드에서 pstmt.setString(1,"java") 부분의 앞에 파라미터 1은 "?"의 순서이다. 한 SQL 문장에서 "?"는 여러 개가 올 수 있는데 해당 "?"에 값을 바인딩시킬 때 첫 번째 파라미터로 "?" 문자의 순서를 지정하면 된다.

즉, 몇 번째 "?" 부분에 값을 바인딩할 것인지를 나타내는 것이다. 두 번째 파라미터 값은 바인딩할 값이다. setString뿐만이 아니라 데이터 타입에 따라서 다양한 setXXX 메소드가 제공된다. 값을 바인딩한 후 SQL 문장을 실행할 때는 execute 메소드에 파라미터로 SQL 문장이 오지 않아도 된다. PreparedStatement 객체를 생성할 때 이미 SQL 문장 구조를 파싱했기 때문에 실행할 때마다 구문 분석을 하지는 않는다.

PreparedStatement를 이용한 예제를 작성한다.

→ Chapter13₩src₩PreparedStatementTest.java

```
1      import java.sql.Connection;
2      import java.sql.DriverManager;
3      import java.sql.PreparedStatement;
4      import java.sql.ResultSet;
5      import java.sql.SQLException;
6
7      public class PreparedStatementTest {
8
9          /**
10          * PreparedStatement 테스트
11          */
12         Connection con;
13
14     static{
15             try{
16                 Class.forName("oracle.jdbc.driver.OracleDriver");
17             }
18             catch(ClassNotFoundException cne){
19                 cne.printStackTrace();
20             }
21         }
22         public void connect(){
```

```
23          try{
24              con = DriverManager.getConnection("jdbc:oracle:thin:@
25   localhost:1521:XE", "java", "java");
26              System.out.println("Connection Success!");
27          }
28          catch(SQLException se){
29              se.printStackTrace();
30          }
31       }
32      public void insert(){
33          PreparedStatement pstmt = null;
34
35          try{
36              String sql = "INSERT INTO member VALUES(?,?,?,?,?,?)";
37              pstmt = con.prepareStatement(sql);
38              pstmt.setString(1, "java");
39              pstmt.setString(2, "java");
40              pstmt.setString(3, "오정원");
41              pstmt.setInt(4, 22);
42              pstmt.setString(5, "남자");
43              pstmt.setString(6, "java@java.com");
44
45              int count = pstmt.executeUpdate();
46              if(count > 0){
47                  System.out.println("insert success!");
48              }
49              else{
50                  System.out.println("insert fail");
51              }
52          }
53   catch(SQLException se){
54              System.out.println("insert fail");
55              se.printStackTrace();
56          }
57          finally{
58              try{
59                  pstmt.close();
60                  con.close();
61              }
62              catch(Exception e){
```

```java
63                  e.printStackTrace();
64              }
65          }
66      }
67      public void select(){
68          PreparedStatement pstmt = null;
69          ResultSet rs = null;
70
71          try{
72              String sql = "SELECT * FROM member";
73              pstmt = con.prepareStatement(sql);
74
75              rs = pstmt.executeQuery();
76              while(rs.next()){
77                  System.out.println("아이디 : " + rs.getString(1) + ",비밀번호 : "
78                  + rs.getString("passwd") + ",이름 : " + rs.getString("name") +
79                  ",나이 : " + rs.getInt("age") + ",성별 : " + rs.getString("gender")
80                  + ",이메일 : " + rs.getString("email"));
81              }
82          }
83          catch(SQLException se){
84              se.printStackTrace();
85          }
86          finally{
87              try{
88                  pstmt.close();
89                  con.close();
90              }
91              catch(Exception e){
92      e.printStackTrace();
93              }
94          }
95      }
96      public void update(){
97          PreparedStatement pstmt = null;
98
99          try{
100             String sql = "UPDATE member SET gender = ? WHERE id = ?";
101             pstmt = con.prepareStatement(sql);
102             pstmt.setString(1, "여자");
```

```
103            pstmt.setString(2, "java");
104
105            int count = pstmt.executeUpdate();
106            if(count > 0){
107                System.out.println("update success!");
108            }
109            else{
110                System.out.println("update fail");
111            }
112        }
113        catch(SQLException se){
114            System.out.println("update fail");
115            se.printStackTrace();
116        }
117        finally{
118            try{
119                pstmt.close();
120                con.close();
121            }
122            catch(Exception e){
123                e.printStackTrace();
124            }
125        }
126    }
127    public void delete(){
128        PreparedStatement pstmt = null;
129
130        try{
131            String sql = "DELETE member WHERE id = ?";
132        pstmt = con.prepareStatement(sql);
133            pstmt.setString(1, "java");
134
135            int count = pstmt.executeUpdate();
136            if(count > 0){
137                System.out.println("delete success!");
138            }
139            else{
140                System.out.println("delete fail");
141            }
142        }
```

```
143          catch(SQLException se){
144              System.out.println("delete fail");
145              se.printStackTrace();
146          }
147          finally{
148              try{
149                  pstmt.close();
150                  con.close();
151              }
152              catch(Exception e){
153                  e.printStackTrace();
154              }
155          }
156      }
157      public static void main(String[] args) {
158          // TODO Auto-generated method stub
159          PreparedStatementTest pt = new PreparedStatementTest();
160          pt.connect();
161          pt.insert();
162
163          System.out.println("insert 수행 후");
164          pt.connect();
165          pt.select();
166
167          pt.connect();
168          pt.update();
169
170          System.out.println("update 수행 후");
171          pt.connect();
172          pt.select();
173
174          pt.connect();
175          pt.delete();
176
177          System.out.println("delete 수행 후");
178          pt.connect();
179          pt.select();
180      }
181
182  }
```

36	member 테이블에 insert할 값들을 "?"로 정의하는 부분이다.
37	PreparedStatement 객체를 생성할 때 SQL 구문 구조를 파라미터로 지정하는 부분이다.
38~43	member 테이블에 insert할 값들을 바인딩시키는 부분이다.
45	SQL 문장을 실행할 때는 파라미터로 SQL 문장을 지정하지 않는다.
73	PreparedStatement 객체를 생성하는 부분이다.
100	update 문장에서 수정할 값과 조건 값으로 사용될 값들을 "?"로 정의하는 부분이다.
102~103	gender 값과 id 값을 바인딩시키는 부분이다.
131	delete 문장에서 id 값을 "?"로 정의하는 부분이다.
133	id 값을 "java"로 바인딩시키는 부분이다.

실행 결과

Connection Success!
insert success!
insert 수행 후
Connection Success!
아이디 : aaa,비밀번호 : aaa,이름 : 오정원,나이 : 22,성별 : 남자,이메일 : a@a.com
아이디 : bbb,비밀번호 : bbb,이름 : 김개똥,나이 : 21,성별 : 남자,이메일 : b@b.com
아이디 : ccc,비밀번호 : ccc,이름 : 김말숙,나이 : 22,성별 : 여자,이메일 : c@c.com
아이디 : ddd,비밀번호 : ddd,이름 : 박말숙,나이 : 22,성별 : 여자,이메일 : d@d.com
아이디 : eee,비밀번호 : eee,이름 : 오말숙,나이 : 22,성별 : 여자,이메일 : e@e.com
아이디 : java,비밀번호 : java,이름 : 오정원,나이 : 22,성별 : 남자,이메일 : java@java.com
Connection Success!
update success!
update 수행 후
Connection Success!
아이디 : aaa,비밀번호 : aaa,이름 : 오정원,나이 : 22,성별 : 남자,이메일 : a@a.com
아이디 : bbb,비밀번호 : bbb,이름 : 김개똥,나이 : 21,성별 : 남자,이메일 : b@b.com
아이디 : ccc,비밀번호 : ccc,이름 : 김말숙,나이 : 22,성별 : 여자,이메일 : c@c.com
아이디 : ddd,비밀번호 : ddd,이름 : 박말숙,나이 : 22,성별 : 여자,이메일 : d@d.com
아이디 : eee,비밀번호 : eee,이름 : 오말숙,나이 : 22,성별 : 여자,이메일 : e@e.com
아이디 : java,비밀번호 : java,이름 : 오정원,나이 : 22,성별 : 여자,이메일 : java@java.com
Connection Success!
delete success!
delete 수행 후
Connection Success!

아이디 : aaa,비밀번호 : aaa,이름 : 오정원,나이 : 22,성별 : 남자,이메일 : a@a.com

아이디 : bbb,비밀번호 : bbb,이름 : 김개똥,나이 : 21,성별 : 남자,이메일 : b@b.com

아이디 : ccc,비밀번호 : ccc,이름 : 김말숙,나이 : 22,성별 : 여자,이메일 : c@c.com

아이디 : ddd,비밀번호 : ddd,이름 : 박말숙,나이 : 22,성별 : 여자,이메일 : d@d.com

아이디 : eee,비밀번호 : eee,이름 : 오말숙,나이 : 22,성별 : 여자,이메일 : e@e.com

7 CLOB 데이터 다루기

CLOB 데이터를 다루어 보도록 하겠다. CLOB이란 오라클에 존재하는 데이터 타입으로 대량의 텍스트 데이터(4GB)를 저장할 수 있다. 우선 아래 그림과 같이 clobtable을 생성한다.

• Chapter13\clobTable.sql

```sql
CREATE TABLE clobtable (num number PRIMARY KEY,content clob);

CREATE SEQUENCE clob_seq;
```

clobtable에 데이터를 삽입하고 출력하는 예제를 작성해 보겠다.

➡ Chapter13\src\ClobTest.java

```java
1    import java.sql.Connection;
2    import java.sql.DriverManager;
3    import java.sql.PreparedStatement;
4    import java.sql.ResultSet;
5    import java.sql.SQLException;
6
7    public class ClobTest {
8
9        Connection con;
10       StringBuffer sb=null;
11
12       static{
13           try{
14               Class.forName("oracle.jdbc.driver.OracleDriver");
15           }
16           catch(ClassNotFoundException cne){
17               cne.printStackTrace();
18           }
19       }
```

```
20
21      public void connect(){
22          try{
23              con = DriverManager.getConnection("jdbc:oracle:thin:@
24      localhost:1521:XE", "java", "java");
25              System.out.println("Connection Success!");
26          }
27          catch(SQLException se){
28              se.printStackTrace();
29          }
30      }
31
32      public void insert(){
33          String sql="INSERT INTO clobtable (num,content) VALUES (clob_seq.
34      nextval,?)";
35          PreparedStatement pstmt=null;
36          ResultSet rs=null;
37
38          try{
39              connect();
40              sb=new StringBuffer();
41              for(int i=0;i<=10000;i++){
42                  sb.append("홍길동");
43              }
44
45          pstmt=con.prepareStatement(sql);
46              pstmt.setString(1, sb.toString());
47              int count =   pstmt.executeUpdate();
48              if(count > 0){
49                  System.out.println("insert success!");
50              }
51              else{
52                  System.out.println("insert fail");
53              }
54          }catch(Exception e){
55              e.printStackTrace();
56          }
57          finally{
58              try{
59                  pstmt.close();
```

```
60              con.close();
61          }
62              catch(Exception e){
63                  e.printStackTrace();
64          }
65          }
66      }
67      public void select(){
68          String sql = "SELECT * FROM clobtable";
69          PreparedStatement pstmt = null;
70          ResultSet rs = null;
71
72          try{
73              connect();
74              pstmt = con.prepareStatement(sql);
75              rs = pstmt.executeQuery();
76              while(rs.next()){
77                  System.out.println("번호 : " + rs.getString(1) + ",내용 : "
78  rs.getString(2));
79              }
80          }
81          catch(SQLException se){
82              se.printStackTrace();
83          }
84          finally{
85  try{
86                  pstmt.close();
87                  con.close();
88              }
89              catch(Exception e){
90                  e.printStackTrace();
91              }
92          }
93      }
94
95      public static void main(String args[]){
96          ClobTest ct = new ClobTest();
97          ct.insert();
98          ct.select();
99      }
100
101  }
102
```

33~34	clobtable 테이블에 데이터를 insert하는 구문을 정의하는 부분이다.
39	Connection 객체를 생성하는 부분이다.
40	conent 컬럼에 입력할 문자열을 저장할 StringBuffer 객체를 생성하는 부분이다.
41~43	반복하면서 "홍길동" 문자열을 StringBuffer 객체에 추가하는 부분이다.
46	10g부터는 CLOB 타입의 데이터를 바인딩시킬 때도 setString 메소드로 바인딩시킬 수 있다.
77~78	10g부터는 CLOB 타입의 데이터를 얻어 올 때도 getString() 메소드를 사용할 수 있다.

실행 결과

CLOB 타입 컬럼의 데이터는 크기가 너무 커서 이클립스 콘솔에 제대로 출력이 되지 않으므로 표준 콘솔에서 작업을 하는 것이 좋다. 시스템 콘솔에서 JDBC 관련 API를 사용하는 자바 소스를 실행하려면 우선 코드에서 DB 드라이버를 인식할 수 있도록 오라클 드라이버(ojdbc6.jar) 파일을 자바 클래스 패스에 복사해야 한다.

① ClobTest.java 파일을 C:₩javaStudy₩eclipse-workspace₩clob 디렉터리 안에 복사한다.

② 하단 그림과 같이 ojdbc11.jar 파일을 C:₩javaStudy₩eclipse-workspace₩lib 디렉터리에 복사한다. lib 디렉터리는 수동으로 생성한다.

③ C:\javaStudy\eclipse-workspace\lib 디렉터리를 환경 변수의 CLASSPATH로 설정한다.

④ CMD 창에서 ClobTest.java 파일을 컴파일한 후 실행한다.

⑤ 실행 결과는 다음과 같다.

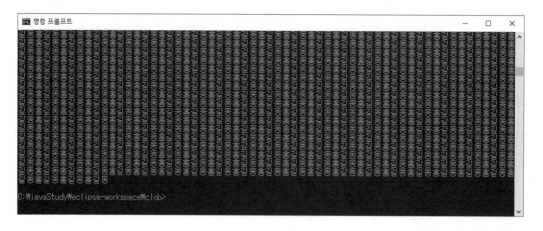

8 Stored Procedure와 CallableStatement

Stored Procedure란 저장된 프로시저라고도 말하며, 이것은 데이터베이스 내에 프로시저를 선언하여 클라이언트가 필요할 때마다 호출하여 사용하도록 하는 프로시저이다. 이것은 클라이언트에서 SQL 문을 실행하는 것과 달리 데이터베이스 쪽에서 프로시저로 존재하는 것이기 때문에, 클라이언트에서 저장된 프로시저를 호출만 해 주면 그 프로시저 내용이 오라클 내부에서 바로 처리되므로 실행속도 또한 더 빠르며, 네트워크에서 사용하는 쿼리 량도 줄어드므로 부하가 적다는 장점이 있다. 그리고 데이터베이스 내에 존재한다는 특성 때문에 각 DBMS마다 프로시저를 생성하는 문법도 다르다. Stored Procedure는 DBMS의 문법에 해당하는 것이므로, 여기서는 간단히 의미만 알아보았으며 나머지 자세한 내용은 관련 DB 서적을 참고하길 바란다. 자세한 내용은 생략하도록 하겠다.

CallableStatement는 데이터베이스 내의 저장 프로시저(Stored Procedure)를 호출하기 위해 존재하는 API이다. CallableStatement 객체는 다음과 같이 사용할 수 있다.

프로시저 예제 코드를 작성하기 전에 하단과 같은 SQL 문장 작성하여 실행한다.

➡ Chapter13₩userInsert.sql

```
1    CREATE OR REPLACE PROCEDURE user_insert(user_id VARCHAR2,
2    user_passwd VARCHAR2,user_name VARCHAR2,user_age NUMBER,
3    user_addr VARCHAR2,user_email VARCHAR2)
4    IS
5    BEGIN
6    INSERT INTO member VALUES(user_id,user_passwd,user_name,user_age,user_
7    addr,user_email);
8    END;
9    /
```

코드 분석

1	PROCEDURE를 생성하는 부분이다. OR REPLACE 옵션은 기존에 동일한 이름의 프로시저가 존재하면 해당 프로시저를 지우고 다시 만드는 옵션이다.
2~3	파라미터 값으로 user_id,user_passwd,user_name,user_age,user_addr,user_email 값을 받는 부분이다.
4	이 부분부터 프로시저에서 실행될 SQL 문장을 정의하는 부분이다.
5~7	프로시저에서 실행될 문장들을 하나의 단위로 묶어 주는 부분이다.
8	상단의 프로시저 내용을 실행하는 부분이다.

이클립스에서 제공해주는 SQL 툴에서 기본적으로 프로시저가 인식되지 않기 때문에 프로시저는 콘솔에서 실행해 주는 것이 좋다.

① userInsert.sql 파일을 하단 그림에서 보여 주는 경로에 복사한다.

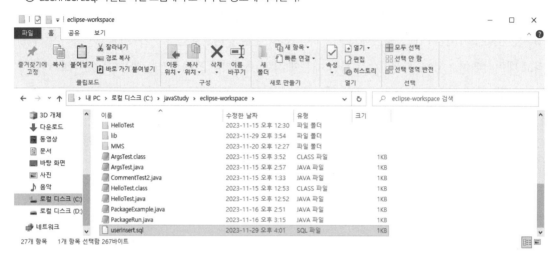

② 하단 그림처럼 CMD 창에 들어가서 userInsert.sql 파일을 실행한다. 콘솔에서 SQL 파일 내용을 실행할 때는 @+SQL파일 명으로 실행하면 된다.

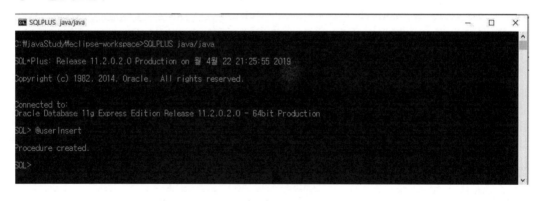

상단과 같이 프로시저가 생성되었으면 프로시저를 실행하는 자바 코드를 생성해 보겠다.

```java
1    import java.sql.CallableStatement;
2    import java.sql.Connection;
3    import java.sql.DriverManager;
4    import java.sql.PreparedStatement;
5    import java.sql.ResultSet;
6    import java.sql.SQLException;
7
8    public class ProcedureTest {
9
10       /**
11        * Procedure 테스트
12        */
13       Connection con;
14       static{
15           try{
16               Class.forName("oracle.jdbc.driver.OracleDriver");
17           }
18           catch(ClassNotFoundException cne){
19               cne.printStackTrace();
20           }
21       }
22       public void connect(){
23           try{
24               con = DriverManager.getConnection("jdbc:oracle:thin:@
25   localhost:1521:XE", "java", "java");
26               System.out.println("Connection Success!");
27           }
28           catch(SQLException se){
29               se.printStackTrace();
30           }
31       }
32       public void select(){
33           String sql = "SELECT * FROM member";
34           PreparedStatement pstmt = null;
35           ResultSet rs = null;
36
37           try{
38               connect();
39               pstmt = con.prepareStatement(sql);
40               rs = pstmt.executeQuery();
```

```java
41              while(rs.next()){
42                  System.out.println("아이디 : " + rs.getString(1) + ", 비밀번호 : "
43                      + rs.getString(2) + ", 이름 : " + rs.getString(3) + ", 나이 : "
44                      + rs.getInt(4) + ", 성별 : " + rs.getString(5) + ", 이메일 : "
45                      + rs.getString("email"));
46              }
47          }
48          catch(SQLException se){
49              se.printStackTrace();
50          }
51          finally{
52              try{
53                  pstmt.close();
54                  con.close();
55              }
56              catch(Exception e){
57                  e.printStackTrace();
58              }
59          }
60      }
61      public void insertMember(){
62          CallableStatement cs = null;
63
64          try{
65      connect();
66              String sql = "{call user_insert(?,?,?,?,?,?)}";
67              cs = con.prepareCall(sql);
68              cs.setString(1, "protest");
69              cs.setString(2, "1111");
70              cs.setString(3, "김다슬");
71              cs.setInt(4, 19);
72              cs.setString(5, "여자");
73              cs.setString(6, "pro@pro.com");
74              int count = cs.executeUpdate();
75              if(count > 0){
76                  System.out.println("insert success");
77              }
78              else{
79                  System.out.println("insert fail");
80              }
```

```
 81                 }
 82             catch(Exception e){
 83                 e.printStackTrace();
 84             }
 85             finally{
 86                 try{
 87                     cs.close();
 88                     con.close();
 89                 }
 90                 catch(Exception e){
 91                     e.printStackTrace();
 92                 }
 93             }
 94         }
 95     public static void main(String[] args) {
 96         // TODO Auto-generated method stub
 97         ProcedureTest pt = new ProcedureTest();
 98
 99         System.out.println("프로시저 호출 전 데이터");
100         pt.select();
101
102     System.out.println("프로시저 호출 후 데이터");
103         pt.insertMember();
104         pt.select();
105     }
106
107 }
```

🖳 코드 분석

32~60	member 테이블에서 데이터를 얻어 와 출력하는 기능을 정의한 메소드 부분이다.
62	CallableStatement 변수를 선언하는 부분이다.
66	프로시저를 호출하는 SQL 문장을 정의한 부분이다.
67	CallableStatement 객체를 생성하는 부분이다.
68~73	SQL 구문에 각 값을 바인딩시키는 부분이다.
74	프로시저를 실행하는 부분이다.

프로시저 호출 전 데이터

Connection Success!

아이디 : aaa, 비밀번호 : aaa, 이름 : 오정원, 나이 : 22, 성별 : 남자, 이메일 : a@a.com

아이디 : bbb, 비밀번호 : bbb, 이름 : 김개똥, 나이 : 21, 성별 : 남자, 이메일 : b@b.com

아이디 : ccc, 비밀번호 : ccc, 이름 : 김말숙, 나이 : 22, 성별 : 여자, 이메일 : c@c.com

아이디 : ddd, 비밀번호 : ddd, 이름 : 박말숙, 나이 : 22, 성별 : 여자, 이메일 : d@d.com

아이디 : eee, 비밀번호 : eee, 이름 : 오말숙, 나이 : 22, 성별 : 여자, 이메일 : e@e.com

프로시저 호출 후 데이터

Connection Success!

insert success

Connection Success!

아이디 : protest, 비밀번호 : 1111, 이름 : 김다슬, 나이 : 19, 성별 : 여자, 이메일 : pro@pro.com

아이디 : aaa, 비밀번호 : aaa, 이름 : 오정원, 나이 : 22, 성별 : 남자, 이메일 : a@a.com

아이디 : bbb, 비밀번호 : bbb, 이름 : 김개똥, 나이 : 21, 성별 : 남자, 이메일 : b@b.com

아이디 : ccc, 비밀번호 : ccc, 이름 : 김말숙, 나이 : 22, 성별 : 여자, 이메일 : c@c.com

아이디 : ddd, 비밀번호 : ddd, 이름 : 박말숙, 나이 : 22, 성별 : 여자, 이메일 : d@d.com

아이디 : eee, 비밀번호 : eee, 이름 : 오말숙, 나이 : 22, 성별 : 여자, 이메일 : e@e.com

JDBC 응용 예제

지금까지 학습한 JDBC 기능을 이용해서 게시판 프로그램을 작성해 보자. 코드를 작성하기 전에 하단 SQL 문장을 실행하여 board 테이블과 board_seq 시퀀스를 생성한다.

➤ Chapter13₩board.sql

```
1    CREATE TABLE board(
2        id NUMBER PRIMARY KEY,
3        writer VARCHAR2(12),
4        passwd VARCHAR2(12),
5        subject VARCHAR2(50),
6        email VARCHAR2(25)
7    );
8    CREATE SEQUENCE board_seq;
```

🖥️ 코드 분석

8	sequence 객체를 생성하는 부분이다. sequence 객체는 자동으로 증가되는 정수 값을 반환해 주는 메소드이다. board_seq.nextval 속성을 호출할 때마다 값이 자동으로 증가되면서 반환된다. 즉, 처음에 호출했을 때는 1, 두 번째 호출할 때는 2… 로 자동으로 증가되는 값이 반환된다.

• JDBC 작업 시 반복적으로 사용되는 기능들을 static 클래스로 정의한 클래스

➤ Chapter13₩src₩db₩JdbcUtil.java

```
1    package db;
2
3    import java.sql.Connection;
4    import java.sql.DriverManager;
5    import java.sql.ResultSet;
6    import java.sql.Statement;
7
8    public class JdbcUtil {
9
10       static{
11           try{
```

```
12                Class.forName("oracle.jdbc.driver.OracleDriver");
13            }
14        catch(ClassNotFoundException e){

16            }
17        }
18      public static Connection getConnection(){
19          Connection con = null;
20          try{
21              con = DriverManager.getConnection("jdbc:oracle:thin:@
22    localhost:1521:XE", "java","java");
23                con.setAutoCommit(false);
24          }
25        catch(Exception e){
26            e.printStackTrace();
27        }
28        return con;
29      }

31      public static void close(Connection con){
32          try{
33              con.close();
34          }
35        catch(Exception e){
36            e.printStackTrace();
37          }
38      }
39      public static void close(Statement stmt){
40          try{
41              stmt.close();
42          }
43        catch(Exception e){
44            e.printStackTrace();
45          }
46      }
47      public static void close(ResultSet rs){
48          try{
49              rs.close();
50          }
51        catch(Exception e){
```

```
52              e.printStackTrace();
53          }
54      }
55      public static void commit(Connection con){
56          try{
57              con.close();
58          }
59          catch(Exception e){
60              e.printStackTrace();
61          }
62      }
63      public static void rollback(Connection con){
64          try{
65              con.close();
66          }
67          catch(Exception e){
68              e.printStackTrace();
69          }
70      }
71
72  }
```

코드 분석

상단의 코드처럼 JDBC 프로그래밍에서 반복적으로 사용되는 부분을 별도의 클래스로 정의하고 사용하면 각 자바 클래스에서 DB 처리 관련 기능이 필요할 때 하나의 클래스(JdbcUtil)에서 필요한 메소드만 호출하면 되기 때문에 중복 코드를 없앨 수 있다.

23	Connection 객체에 트랜잭션을 지정하는 부분이다.

• 게시판 글 하나의 정보를 저장하는 클래스

→ Chapter13₩BoardVO.java

```
1   public class BoardVO {
2
3       private int id;
4       private String writer;
5       private String passwd;
6       private String subject;
7       private String email;
8
9       public BoardVO(int id, String writer, String passwd, String subject,
```

```java
10          String email) {
11      super();
12      this.id = id;
13      this.writer = writer;
14      this.passwd = passwd;
15      this.subject = subject;
16      this.email = email;
17  }
18  public int getId() {
19      return id;
20  }
21  public void setId(int id) {
22      this.id = id;
23  }
24  public String getWriter() {
25      return writer;
26  }
27  public void setWriter(String writer) {
28      this.writer = writer;
29  }
30  public String getPasswd() {
31      return passwd;
32  }
33  public void setPasswd(String passwd) {
34      this.passwd = passwd;
35  }
36  public String getSubject() {
37      return subject;
38  }
39  public void setSubject(String subject) {
40      this.subject = subject;
41  }
42  public String getEmail() {
43      return email;
44  }
45  public void setEmail(String email) {
46      this.email = email;
47  }
48  @Override
49  public String toString() {
```

```
50          // TODO Auto-generated method stub
51          return "id = " + id + ", 작성자 = " + writer + ", 제목 = "
52                  + subject + ", 이메일 = " + email;
53      }
54
55  }
```

코드 분석

게시판 글 정보 하나를 저장할 클래스이다

48~53	BoardVO 객체의 정보를 리턴해 주는 toString() 메소드를 재정의한 부분이다.

• 게시판의 실질적인 비즈니스 로직이 정의되는 클래스

→ Chapter13₩BoardSVC.java

```
1   import static db.JdbcUtil.close;
2   import static db.JdbcUtil.getConnection;
3
4   import java.sql.*;
5   import java.util.Scanner;
6   import static db.JdbcUtil.*;
7
8   public class BoardSVC {
9
10      Connection con;
11      public BoardVO getBoardVO(Scanner sc) {
12
13          System.out.println("===게시물 등록===");
14          System.out.print("작성자 : ");
15          String writer = sc.next();
16          System.out.print("비밀번호 : ");
17          String passwd = sc.next();
18          System.out.print("제목 : ");
19          String subject = sc.next();
20          System.out.print("이메일 : ");
21          String email = sc.next();
22
23          BoardVO boardVO = new BoardVO(0, writer, passwd, subject, email);
24          return boardVO;
25      }
```

```
26      public void writeArticle(Scanner sc) {
27          BoardVO boardVO = getBoardVO(sc);
28          con = getConnection();
29          PreparedStatement pstmt = null;
30
31          String sql = "INSERT INTO board VALUES(board_seq.nextval,?,?,?,?)";
32          try{
33              pstmt = con.prepareStatement(sql);
34              pstmt.setString(1, boardVO.getWriter());
35              pstmt.setString(2,boardVO.getPasswd() );
36              pstmt.setString(3, boardVO.getSubject());
37              pstmt.setString(4, boardVO.getEmail());
38
39              int count = pstmt.executeUpdate();
40              if(count > 0){
41                  commit(con);
42              }
43              else{
44                  rollback(con);
45              }
46          }
47          catch(Exception e){
48              e.printStackTrace();
49          }
50          finally{
51              close(pstmt);
52              close(con);
53          }
54      }
55      public void showArticleList() {
56          con = getConnection();
57          PreparedStatement pstmt = null;
58          ResultSet rs = null;
59          String sql = "SELECT * FROM board";
60          try{
61              pstmt = con.prepareStatement(sql);
62              rs = pstmt.executeQuery();
63              while(rs.next()){
64                  System.out.println("id = " + rs.getInt("id") +
65                          ", 작성자 = " + rs.getString("writer")
```

```
66                        + ", 제목 = " + rs.getString("subject") +
67                        ", 이메일 = " + rs.getString("email"));
68                }
69            }
70        catch(Exception e){
71            e.printStackTrace();
72        }
73        finally{
74            close(rs);
75            close(pstmt);
76            close(con);
77        }
78    }
79    public void showArticle(Scanner sc) {
80        System.out.println("검색할 글 아이디를 입력하세요");
81        System.out.print("글 아이디 : ");
82        int id = sc.nextInt();
83        BoardVO boardVO = getArticle(id);
84        System.out.println(boardVO);
85    }
86    private BoardVO getArticle(int id) {
87        // TODO Auto-generated method stub
88        BoardVO boardVO = null;
89        con = getConnection();
90        PreparedStatement pstmt = null;
91        ResultSet rs = null;
92        String sql = "SELECT * FROM board WHERE id = ?";
93        try{
94            pstmt = con.prepareStatement(sql);
95            pstmt.setInt(1, id);
96            rs = pstmt.executeQuery();
97            if(rs.next()){
98                int dbId = rs.getInt("id");
99                String writer = rs.getString("writer");
100               String passwd = rs.getString("passwd");
101               String subject = rs.getString("subject");
102               String email = rs.getString("email");
103               boardVO = new BoardVO(dbId, writer, passwd, subject, email);
104           }
105        }
```

```
106         catch(Exception e){
107             e.printStackTrace();
108         }
109         finally{
110             close(rs);
111             close(pstmt);
112             close(con);
113         }
114         return boardVO;
115     }
116     public void deleteArticle(Scanner sc) {
117         // TODO Auto-generated method stub
118         System.out.println("삭제할 글 아이디를 입력하세요");
119         System.out.print("글 아이디 : ");
120         int id = sc.nextInt();
121
122         int count = deleteArticle(id);
123         if(count > 0){
124             commit(con);
125         }
126         else{
127             rollback(con);
128         }
129     }
130     private int deleteArticle(int id) {
131         // TODO Auto-generated method stub
132         int deleteCount = 0;
133         con = getConnection();
134         PreparedStatement pstmt = null;
135
136         String sql = "DELETE board WHERE id = ?";
137         try{
138             pstmt = con.prepareStatement(sql);
139             pstmt.setInt(1, id);
140             deleteCount = pstmt.executeUpdate();
141         }
142         catch(Exception e){
143             e.printStackTrace();
144         }
145         finally{
```

```
146            close(pstmt);
147            close(con);
148        }
149        return deleteCount;
150    }
151    public void updateArticle(Scanner sc) {
152        // TODO Auto-generated method stub
153        System.out.println("수정할 글의 아이디를 입력하세요");
154        System.out.print("글 아이디 : ");
155        int id = sc.nextInt();
156
157        BoardVO boardVO = getArticle(id);
158        System.out.println("수정할 데이터를 입력하세요");
159        System.out.println("원래 작성자 : " + boardVO.getWriter());
160        System.out.print("수정할 작성자 : ");
161        String writer = sc.next();
162
163        System.out.println("원래 비밀번호 : " + boardVO.getPasswd());
164        System.out.print("수정할 비밀번호 : ");
165        String passwd = sc.next();
166
167        System.out.println("원래 제목 : " + boardVO.getSubject());
168        System.out.print("수정할 제목 : ");
169        String subject = sc.next();
170
171        System.out.println("원래 이메일 : " + boardVO.getEmail());
172        System.out.print("수정할 이메일 : ");
173        String email = sc.next();
174
175        boardVO.setWriter(writer);
176        boardVO.setPasswd(passwd);
177        boardVO.setSubject(subject);
178        boardVO.setEmail(email);
179
180        int count = updateArticle(boardVO);
181        if(count > 0){
182            commit(con);
183        }
184        else{
185            rollback(con);
```

```
186              }
187          }
188      private int updateArticle(BoardVO boardVO) {
189          // TODO Auto-generated method stub
190          int updateCount = 0;
191          con = getConnection();
192          PreparedStatement pstmt = null;
193
194          String sql = "UPDATE board SET writer = ?,passwd = ?, subject = ?,
195      email = ?" + " WHERE id = ?";
196          try{
197              pstmt = con.prepareStatement(sql);
198              pstmt.setString(1, boardVO.getWriter());
199              pstmt.setString(2, boardVO.getPasswd());
200              pstmt.setString(3, boardVO.getSubject());
201              pstmt.setString(4, boardVO.getEmail());
202              pstmt.setInt(5, boardVO.getId());
203              updateCount = pstmt.executeUpdate();
204          }
205          catch(Exception e){
206              e.printStackTrace();
207          }
208          finally{
209              close(pstmt);
210              close(con);
211          }
212          return updateCount;
213      }
214
215  }
```

⚙️ 코드 분석

6	JdbcUtil 클래스의 static 메소드들을 static import 처리하는 부분이다.
11~25	글 하나의 정보를 콘솔로부터 입력받아 BoardVO 객체를 생성해서 리턴해 주는 메소드가 정의되어 있는 부분이다.
23	콘솔로부터 입력받은 데이터들을 이용해서 BoardVO 객체를 생성하는 부분이다.
26~54	새로운 글을 board 테이블에 insert 하는 기능을 정의한 부분이다.
27	새로 저장할 글정보를 콘솔로부터 입력받아 리턴해 주는 getBoardVO 메소드를 호출하는 부분이다.

40~45	insert된 행이 하나 이상이면 insert가 성공한 것이므로 commit() 을 실행하고 insert된 행 수가 0 이면 insert에 실패한 것이므로 rollback()을 실행하는 부분이다. JdbcUtil에 static 메소드로 정의된 메소드들은 static import가 처리되어 있으므로 rollback()이나 commit() 메소드처럼 메소드 이름만으로 호출이 가능하다.
55~78	전체 게시판 글 내용을 출력해 주는 메소드 부분이다.
79~85	특정 id 값을 가지고 있는 글 하나의 정보를 출력해 줄 메소드를 정의한 부분이다.
82	콘솔로부터 id 값을 읽어 들이는 부분이다.
83	해당 id 값을 가지고 있는 글 정보 하나를 BoardVO 타입의 객체로 얻어 오는 부분이다.
84	얻어 온 BoardVO 객체의 정보, 즉 글 하나의 정보를 출력하는 부분이다.
86~115	특정 id 값을 가지고 있는 글 정보를 DB에서 가져와서 해당 정보들을 포함하고 있는 BoardVO 객체를 리턴해 주는 메소드를 정의한 부분이다.
116~129	삭제할 글의 id를 콘솔로부터 입력받아서 해당 글을 삭제하는 기능을 하는 메소드를 정의한 부분이다.
120	삭제할 글의 id 값을 읽어 들이는 부분이다.
122	실질적으로 DB에서 해당 id 값을 가지고 있는 글을 삭제하는 메소드를 호출하는 부분이다.
123~128	삭제된 행 수가 1 이상이면 commit()을 호출하고 삭제된 행 수가 0개이면 rollback()을 호출하는 부분이다. insert, delete, update 문장들은 해당 Connection 객체의 setAutoCommit(false)가 지정되어 있을 때는 commit()을 호출하면 작업이 완성되고, rollback()을 호출하면 작업이 취소된다.
130~150	실질적으로 파라미터로 넘어온 id 값을 가지고 있는 글을 DB에서 삭제하는 메소드이다.
149	최종적으로 삭제된 행 수를 리턴해 주는 부분이다.
151~187	특정한 글의 수정 처리를 해 주는 메소드 부분이다.
154~155	수정할 글의 id 값을 콘솔로부터 읽어 들이는 부분이다.
157	해당 id 값을 가지고 있는 글의 정보를 BoardVO 객체 형태로 얻어 오는 부분이다.
158~173	수정할 글의 수정 데이터 정보를 콘솔로부터 입력받는 부분이다.
175~178	콘솔로부터 읽어 들인 데이터들을 boardVO 객체의 속성 값으로 설정하는 부분이다.
188~213	실질적으로 DB에서 해당 글의 정보를 수정하는 메소드이다.
212	수정된 행 수를 리턴해 주는 부분이다.

• 콘솔에서 사용자의 메뉴를 입력받는 클래스

➡ Chapter13₩src₩BoardMain.java

```java
1    import java.util.Scanner;
2
3    public class BoardMain {
4
5        public static void main(String[] args) {
6            BoardSVC boardSVC = new BoardSVC();
7            Scanner sc = new Scanner(System.in);
8
9            while(true) {
10               System.out.println("=====게시판=====");
11               System.out.println("a. 글 등록");
12               System.out.println("b. 글 목록 보기");
13               System.out.println("c. 글 내용 보기");
14               System.out.println("d. 글 삭제하기");
15               System.out.println("e. 글 수정하기");
16               System.out.println("f. 종료하기");
17               System.out.print("메뉴를 선택하세요 : ");
18
19               String menu = sc.next();
20               switch(menu) {
21               case "a":
22                   boardSVC.writeArticle(sc);
23                   break;
24               case "b":
25                   boardSVC.showArticleList();
26                   break;
27               case "c":
28                   boardSVC.showArticle(sc);
29                   break;
30               case "d":
31                   boardSVC.deleteArticle(sc);
32                   break;
33               case "e":
34                   boardSVC.updateArticle(sc);
35                   break;
36               case "f":
37                   return;
38               default :
39                   System.out.println("명령 입력이 잘못되었습니다. 다시 입력해 주세요.");
40               }
```

```
41              }
42          }
43
44      }
```

⚙ 코드 분석

상단의 코드는 사용자로부터 메뉴를 입력받는 코드이다.

🖱 실행결과❶ 글 등록 후 목록 보기 실행 결과

=====게시판=====
a. 글 등록
b. 글 목록 보기
c. 글 내용 보기
d. 글 삭제하기
e. 글 수정하기
f. 종료하기
메뉴를 선택하세요 : a
===게시물 등록===
작성자 : 1
비밀번호 : 1
제목 : 1
이메일 : 1
=====게시판=====
a. 글 등록
b. 글 목록 보기
c. 글 내용 보기
d. 글 삭제하기
e. 글 수정하기
f. 종료하기
메뉴를 선택하세요 : b
id = 1, 작성자 = 1, 제목 = 1, 이메일 = 1

```
=====게시판=====
a. 글 등록
b. 글 목록 보기
c. 글 내용 보기
d. 글 삭제하기
e. 글 수정하기
f. 종료하기
메뉴를 선택하세요 : c
검색할 글 아이디를 입력하세요
글 아이디 : 1
id = 1, 작성자 = 1, 제목 = 1, 이메일 = 1
```

```
=====게시판=====
a. 글 등록
b. 글 목록 보기
c. 글 내용 보기
d. 글 삭제하기
e. 글 수정하기
f. 종료하기
메뉴를 선택하세요 : e
수정할 글 아이디를 입력하세요
글 아이디 : 1
수정할 데이터를 입력하세요
원래 작성자 : 1
수정할 작성자 : 2
원래 비밀번호 : 1
수정할 비밀번호 : 2
원래 제목 : 1
수정할 제목 : 2
원래 이메일 : 1
수정할 이메일 : 2
=====게시판=====
a. 글 등록
b. 글 목록 보기
c. 글 내용 보기
d. 글 삭제하기
e. 글 수정하기
```

f. 종료하기

메뉴를 선택하세요 :

b

id = 1, 작성자 = 2, 제목 = 2, 이메일 = 2

실행결과④ 특정 글 삭제 후 목록 보기 요청

=====게시판=====

a. 글 등록

b. 글 목록보기

c. 글 내용보기

d. 글 삭제 하기

e. 글 수정하기

f. 종료하기

메뉴를 선택하세요 : d

삭제할 글 아이디를 입력하세요

글 아이디 : 1

=====게시판=====

a. 글 등록

b. 글 목록 보기

c. 글 내용 보기

d. 글 삭제하기

e. 글 수정하기

f. 종료하기

메뉴를 선택하세요 : b

=====게시판=====

a. 글 등록

b. 글 목록 보기

c. 글 내용 보기

d. 글 삭제하기

e. 글 수정하기

f. 종료하기

메뉴를 선택하세요 :

람다식

이 장에서는 Java SE 8에서 추가된 람다식에 대해서 살펴본다. 람다식이 지원되면서 이전 버전에서 익명 클래스를 사용하던 내용을 좀더 간결하게 구현할 수 있게 되었고, 메소드 기능을 변수에 저장할 수도 있게 되었다. 이 장에서는 람다식 표현법, 자바에서 제공하는 함수형 인터페이스, 메소드 참조, 생성자 참조 등에 대해서 살펴본다.

람다식 소개

람다식(Lambda Expressions)은 Java SE 8에서 새로 도입되었고, 자바 8에서 가장 핵심적인 기능이다. 람다식을 통해 함수식을 생성할 때 클래스를 만들지 않고 바로 람다식(익명 메소드)을 만들어서 사용할 수 있게 되었다. 또한 이 람다식을 변수에 저장할 수 있는 기능이 제공되어 메소드를 다른 메소드의 매개 변수에 전달되거나 리턴 값으로 받는 것이 가능해졌다. 람다식은 기존의 메소드 정의 방식보다 좀 더 간결하게 표현할 수 있다. 메소드 정의 방식과 람다식 사용 방식의 차이점을 비교해 보자.

메소드 생성	람다식 생성

int add(int x, int y) {
return x + y;
}
	(x, y) -> x + y

위의 표에서는 같은 메소드를 두 가지 방법으로 정의하고 있다. add( ) 메소드는 int 타입의 매개 변수 2개를 입력 값으로 받아서 합을 구한 후 반환한다. 메소드 생성 영역에서는 기존의 메소드를 정의한 방식이다. 반면에 우측은 Java 8에서 추가된 방식이다. 이 방식은 add( ) 메소드를 람다식으로 표현한 것이다. 람다식 생성 부분에는 리턴 타입, 메소드의 이름, 매개 변수의 데이터 타입이 생략되어 있다. 람다식은 메소드의 핵심 기능만 정의하여 기존의 불필요한 코드를 최소화하고 가독성을 높인다.

람다식은 자바가 함수형 프로그래밍을 지원할 수 있도록 해 준다. 기존의 자바에서도 메소드의 형태로 함수식을 만들어서 사용하지만, 자바에서 메소드는 클래스에 포함되므로 독립적인 함수식을 만들어서 사용할 수 없었다. 따라서 함수(메소드)를 생성할 때 메소드 형식에 맞추기 위해 불필요한 코드를 작성해야 한다. 그러나 함수형 프로그래밍의 장점이 부각되면서 대표적인 객체 지향 언어인 자바에서도 람다식을 제공하게 되었다. 람다식의 지원으로 기존의 방식보다 좀 더 간결하게 필요 기능을 작성할 수 있게 되었다.

1 람다식 표현법

람다식은 다음과 같이 표현한다.

> (데이터 타입 매개변수, ...) -> { 실행문, ... }

소괄호 ( )에는 함수의 입력 값, 즉 매개 변수를 입력하는 부분이다. 매개 변수의 이름은 개발자가 임의적으로 지정할 수 있고 데이터 타입은 때에 따라서 생략도 가능하다. -> 기호는 좌측의 매개 변수를 이용해서 우측의 중괄호 { } 부분을 실행하라는 뜻이다. 중괄호 { } 안에는 메소드의 실행문을 적으면 된다.

다음은 상황별로 람다식의 표현법을 예시로 나타낸 것이다.

> 1. 기본형이다. 예시의 람다식은 int형 매개 변수 x가 입력 값이고 리턴 값은 없다.
> (int x) -> { System.out.println(x); }
>
> 2. 매개 변수의 타입을 추론할 수 있는 경우(데이터 타입을 명시하지 않아도 문제되지 않는 경우)에는 타입을 생략할 수 있다.
> (x) -> { System.out.println(x); }
>
> 3. 매개 변수나 실행문이 하나라면 소괄호()와 중괄호{}를 생략 가능하다. 이때 세미콜론 ;은 붙이지 않는다.
> x -> System.out.println(x)
>
> 4. 매개 변수가 없을 경우에는 빈 괄호()를 사용한다. 괄호는 생략할 수 없다.
> ( ) -> { System.out.println(x); }
>
> 5. 함수식이 하나의 return 문으로만 이루어진 경우에는 중괄호 {}를 생략할 수 없다.
> (x, y) ->{ return x + y; }
>
> 6. return 문 대신 표현식만 사용할 수 있으며, 이때 리턴 값은 표현식의 결과 값이 된다. 이때 세미콜론 ;은 붙이지 않는다.
> (x, y) -> x + y

02 함수형 인터페이스

람다식을 사용하다 보면 마치 함수형 프로그래밍처럼 메소드를 정의하고 사용하는 것처럼 보인다. 그러나 근본적으로는 자바는 객체 지향 언어이므로, 클래스 없이 메소드만 따로 만들 수 없다. 자바에서 메소드는 클래스의 멤버 함수, 즉 구성 요소이기 때문이다. 그래서 엄밀히 따지자면 람다식은 새로운 메소드를 생성하는 것이 아니라, 이미 어떤 클래스에서 생성된 메소드를 구현하는 것이다. 정확하게 말하자면 이 메소드는 아직 기능이 구현되지 않은 추상 메소드다. 이 추상 메소드는 인터페이스에 정의되어 있으며, 해당 인터페이스에서 유일하게 구현되지 않은 메소드이기 때문에 람다식에서 구현할 때 이 추상 메소드 이름을 명시하지 않아도 된다. 이처럼 하나의 추상 메소드만 선언된 인터페이스를 **함수형 인터페이스(functional interface)**라고 한다. 그리고 람다식이 구현한 추상 메소드를 정의한 인터페이스를 람다식의 **타겟 타입**이라고 한다.

함수형 인터페이스는 람다식의 매개 타입으로 사용된다. 예를 들면 다음과 같은 메소드에서 소괄호( ) 안에 적힌 int는 매개 타입이고 num1은 매개 변수다. 즉, 인터페이스가 int처럼 매개 타입이 되고 인터페이스 타입의 변수는 num1처럼 매개 변수가 된다. 이 변수에는 람다식을 대입할 수 있으므로, 함수형 인터페이스는 람다식의 매개 타입이 된다고 말할 수 있다.

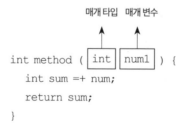

```
int method ( int num1 ) {
    int sum =+ num;
    return sum;
}
```

람다식을 생성하면 하나의 익명 객체가 생성되어서 다른 메소드의 인수로 전달될 수도 있고, 변수로 저장하여 사용하거나 리턴 값으로 받을 수도 있다. 이때 람다식의 객체 타입은 람다식이 구현하는 추상 메소드의 인터페이스, 즉 타겟 타입의 인터페이스다. 람다식을 변수에 저장해서 사용할 때는 다음과 같이 작성한다.

```
인터페이스 변수 = ( 매개 변수, … ) -> { 실행문, … }
```

다음은 Runnable 인터페이스로 스레드를 생성하고 실행하는 코드다. 좌측은 자바 8 이전 버전에서 사용하던 방식이고 우측에는 람다식으로 구현했다.

자바 8 이전 스레드 생성 및 실행	람다식으로 스레드 생성 및 실행

Runnable thread1 = new Runnable( ) {
　　@Override
　　public void run( ) { /*실행 코드*/}
};
thread1.run();
	Runnable thread2 = ( ) -> { /*실행 코드*/ };
	thread2.run();

자바 8 이전에는 new 연산자로 Runnable 인터페이스의 객체를 생성하고 인터페이스 타입의 변수 thread1에 대입한다. 추상 메소드 run()을 구현하기 위해서 메소드 이름을 명시하고 중괄호{ } 안에 실행 코드를 작성한다. 그러나 우측을 보면 람다식으로 더 간단하게 구현이 가능하다.

Runnable 인터페이스 타입의 변수를 선언하는 부분까지는 기존 방식과 동일하다. thread2를 선언하고 대입 연산자 우측에는 람다식이 있다. 두 코드를 비교해 보면 람다식을 사용한 코드에서는 new 연산자와 run() 메소드가 생략되고 람다식만 덩그러니 놓여 있다. 이는 람다식이 이 두 역할을 대신하기 때문이다. 즉, 람다식은 객체를 생성하고 추상 메소드를 구현한다. 그리고 이 람다식이 생성한 익명 구현 객체는 변수 thread2에 담긴다. 람다식은 인터페이스 타입의 변수에 할당된다. 이 변수의 타입을 보고 람다식이 어떤 함수형 인터페이스의 추상 메소드를 구현하고 있는지 알 수 있다.

하단 예제는 JDK 8 버전 이전에 스레드를 구현하는 방식이다.

→ Chapter14₩src₩ThreadTest.java

```
1    class ThreadJob implements Runnable{
2        @Override
3        public void run(){
4            System.out.println("자바 7 Thread ");
5        }
6    }
7    public class ThreadTest {
8
9        public static void main(String[] args){
10           new Thread(new ThreadJob()).start();
11       }
12   }
```

JDK 8 버전 이전에 스레드를 구현하는 방식

실행 결과

자바 7 Thread

하단 예제는 람다식을 사용해서 스레드를 구현하는 코드이다.

➤ Chapter14₩src₩LamdaTest.java

```java
1    public class LamdaTest{
2        public static void main(String[] args){
3            new Thread(() -> {
4                System.out.println("람다 Thread ");
5            }).start();
6        }
7    }
```

코드 분석

3~5	Runnable 타겟 인터페이스의 run() 메소드를 람다식을 사용하여 구현한 후 Thread의 생성자로 사용한 부분이다.

실행 결과

람다 Thread

• @FunctionalInterface

함수형 인터페이스는 자바에서 제공하는 것을 사용할 수도 있지만 직접 만들어서 사용할 수도 있다. 직접 함수형 인터페이스를 작성할 때는 **@FunctionalInterface** 어노테이션을 붙인다. 이는 @ Override 어노테이션처럼 자바에서 제공하는 것으로, 해당 인터페이스에 2개 이상의 추상 메소드가 선언되면 컴파일 에러가 발생한다. 따라서 이 인터페이스가 함수형 인터페이스라고 지정해서 추상 메소드를 2개 이상 만드는 실수를 방지하고, 함수형 인터페이스라는 것을 명시적으로 알려 줄 수도 있어 코드의 가독성을 높인다. 이는 다음과 같이 작성하면 된다.

```
@FuntionalInterface
public interface FunInterface {
    public void exMethod1();
}
```

이제 ExInterface 인터페이스에 추상 메소드가 하나 더 추가되면

Invalid '@FunctionalInterface' annotation; FInterface is not a functional interface

라는 컴파일 에러가 발생한다.

```
🗋 FunInterface.java ×
 1 @FunctionalInterface
⊗ 2 public interface FunInterface {
 3     public void e ⊗ Invalid '@FunctionalInterface' annotation; FunInterface is not a functional interface
 4     public void e                                              Press 'F2' for focus
 5 }
 6
 7
```

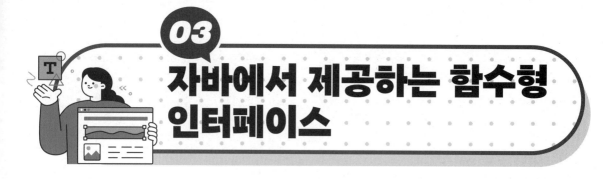

03 자바에서 제공하는 함수형 인터페이스

자바 8에서는 람다식을 위한 함수형 인터페이스를 제공하는 새로운 패키지를 제공한다. 이 패키지의 이름은 java.util.function이다. 이 함수형 인터페이스들은 라이브러리화되어 이미 만들어진 것으로 각자 하나의 추상 메소드를 가지고 있다. 인터페이스가 가지고 있는 추상 메소드의 특성에 따라 람다식은 다른 형태로 표현된다. 이 특성은 매개 변수의 타입이나 개수와 리턴 값의 존재 여부 및 추상 메소드의 기능에 관련된 차이이다. 매개 변수는 입력 값, 리턴 값은 리턴 문장을 가리킨다.

함수형 인터페이스의 대표적인 종류로는 Consumer, Supplier, Function, Operator, Predicate가 있다. 다음의 표는 각 함수형 인터페이스가 가진 추상 메소드와 그 추상 메소드의 특성을 간략하게 정리한 표이다. 자세한 설명은 뒤에 있다.

함수형 인터페이스	추상 메소드	설명
Consumer (소비)	void accept(T t);	입력 값은 있고 리턴 값은 없다.
Supplier (공급)	T get();	입력 값은 없고 리턴 값은 있다.
Function (타입 변환)	R apply(T t);	입력 값과 리턴 값 둘 다 있다. 입력 값을 리턴 타입으로 타입 변환하여 돌려준다.
Operator (연산)	T apply(T t);	입력 값과 리턴 값 둘 다 있다. 입력 값을 연산하고 그 결과 값을 돌려준다.
Predicate (참과 거짓)	boolean test(T t);	입력 값과 리턴 값 둘 다 있다. 입력 값을 조사해 불리언 값으로 돌려준다.

1 Consumer\<T\>

단어 "Consumer"는 사전적으로 '소비자'라는 뜻이다. 소비한다는 말은 값을 입력받아서 사용하기만 하고 반환 값이 없다는 것을 뜻한다. 반환 값이 없다는 것은 return 문이 없다는 의미이고, 해당 메소드의 반환 타입은 void라는 의미이다. 이에 맞게 Consumer에 관련된 인터페이스들은 매개 변수만 존재하고 반환 값이 없는 accept라는 단어가 들어간 추상 메소드를 가지고 있다.

인터페이스 명	추상 메소드	설명
객체를 매개 변수로 입력 받아 소비한다.		
Consumer<T>	void accept(T t)	객체 T를 매개 변수로 받아 소비하고 리턴 값은 없다.
BiConsumer<T, U>	void accept(T t, U u)	객체 T와 U를 입력받아서 매개 변수가 2개이고 리턴 값은 없다.
기본 데이터 타입의 값을 매개 변수로 입력받아 소비한다.		
IntConsumer	void accept(int i)	int 타입의 값을 매개 변수로 받아 소비하고 리턴 값은 없다.
LongConsumer	void accept(long l)	long 타입의 값을 입력받아 소비하고 리턴 값은 없다.
DoubleConsumer	void accept(double d)	double 타입의 값을 입력받아 소비하고 리턴 값은 없다.
객체와 기본 데이터 타입을 함께 매개 변수로 입력받아 소비한다.		
ObjIntConsumer<T>	void accept(T t, int i)	객체 T와 int 타입의 입력 값을 2개의 매개 변수로 받아 소비하고 리턴 값은 없다.
ObjLongConsumer<T>	void accept(T t, long l)	객체 T와 long 타입의 입력 값을 2개의 매개 변수로 받아 소비하고 리턴 값은 없다.
ObjDoubleConsumer<T>	void accept(T t, double d)	객체 T와 double 타입의 입력 값을 2개의 매개 변수로 받아 소비하고 리턴 값은 없다.

• Consumer⟨T⟩

객체 타입 하나를 매개 변수로 입력받아 사용하는 함수형 인터페이스이다. 이 함수형 인터페이스의 추상 메소드는 void accept(T t)를 제공한다. 이 추상 메소드는 리턴 값이 없으므로 리턴 타입은 void라고 명시하고, 매개 변수는 객체 타입이므로 T t로 한다.

• BiConsumer⟨T, U⟩

BiConsumer 함수형 인터페이스는 2개의 객체 타입을 입력받는 것 외에는 Consumer⟨T⟩ 함수형 인터페이스와 동일하다.

• IntConsumer

IntConsumer, LongConsumer 그리고 DoubleConsumer 이 세 함수형 인터페이스는 기본 데이터 타입의 변수를 입력받는 accept 추상 메소드를 가지고 있다. 각자 받는 데이터 타입에 따라 Consumer 이름 앞에 명시되어 있어 구분하기 쉽다. 이 인터페이스 또한 반환값이 없으므로 void 타입의 accept 메소드를 가지며 매개 타입은 각자의 이름에 맞게 사용한다.

이 함수형 인터페이스는 객체 타입과 기본 데이터 타입 둘 다 매개 변수로 받는 인터페이스다.

➡ Chapter14₩src₩ConsumerTest.java

```
1    import java.util.function.BiConsumer;
2    import java.util.function.Consumer;
3    import java.util.function.IntConsumer;
4    import java.util.function.ObjIntConsumer;
5
6    public class ConsumerTest {
7
8        public static void main(String[] args) {
9            //Consumer<T>
10           Consumer<String> c = name -> System.out.println(name + "hello~");
11           c.accept("Ju yeon");
12
13           //BiConsumer<T,U>
14           BiConsumer<String, Integer> bc = (name, grade) -> System.out.
15   println("name : "+ name + "grade : " + grade);
16           bc.accept("Ju yeon", 4);
17
18           //IntConsumer
19           IntConsumer ic = page -> System.out.println("open the bookpage
20   "+page);
21           ic.accept(64);
22
23           //ObjectIntConsumer<T>
24           ObjIntConsumer<String> oic = (obj, price) -> System.out.println(obj
25   + "는"+price + "원이다. ");
26           oic.accept("사과", 4000);
27
28       }
29
30   }
```

🖥 코드 분석

9	각 인터페이스 타입별로 주석 표시를 하였다.

Ju yeonhello~
name : Ju yeongrade : 4
open the bookpage 64
사과는4000원이다.

2 Supplier\<T\>

Supplier는 '제공자'를 의미한다. 이 함수형 인터페이스는 Consumer와 반대로 입력 값은 없고 리턴 값을 제공하는 get으로 시작되는 이름을 가진 메소드들을 제공한다. get 메소드는 매개 변수가 없어서 소괄호( )가 비어 있고 반환 값에 따라 다양한 데이터 타입이 붙어 있다. get 메소드는 호출된 곳에 반환 값을 제공하는 일을 한다.

인터페이스 명	추상 메소드	설명
Supplier\<T\>	T get()	입력 값은 없고 T 객체를 리턴한다.
IntSupplier	int getAsInt()	입력 값은 없고 int 값을 리턴한다.
LongSupplier	long getAsLong()	입력 값은 없고 long 값을 리턴한다.
DoubleSupplier	double getAsDouble	입력 값은 없고 double 값을 리턴한다.
BooleanSupplier	boolean getAsBoolean()	입력 값은 없고 boolean 값을 리턴한다.

→ Chapter14₩src₩SuplierTest.java

```
1    import java.util.function.BooleanSupplier;
2    import java.util.function.DoubleSupplier;
3    import java.util.function.IntSupplier;
4    import java.util.function.Supplier;
5
6    public class SuplierTest {
7
8        public static void main(String[] args) {
9            //Supplier<String>
10           Supplier<String> s = () -> "supplier인터페이스는 리턴 값만 있다.";
11           String result1 = s.get();
12           System.out.println("result1 = " + result1);
13
14           //IntSupplier
15           IntSupplier is = () -> 100;
```

```
16            int result2 = is.getAsInt();
17            System.out.println("result2 = " + result1);
18
19            //DoubleSupplier
20            DoubleSupplier ds = () -> 3.14;
21            double result3 = ds.getAsDouble();
22            System.out.println("result3 = " + result3);
23
24            //BooleanSupplier
25            BooleanSupplier bs = () -> 1 > 2;
26            boolean result4 = bs.getAsBoolean();
27            System.out.println("result4 = " + result4);
28        }
29
30    }
```

코드 분석

9	각 인터페이스 타입별로 주석 표시를 하였다.

실행 결과

result1 = supplier인터페이스는 리턴 값만 있다.
result2 = supplier인터페이스는 리턴 값만 있다.
result3 = 3.14
result4 = false

3 Function<T, R>

Function은 '함수'라는 뜻을 가진 단어이다. Function 인터페이스는 매개 변수와 반환 값 둘 다 가지고 있다. 이 인터페이스는 apply라는 단어로 시작하는 메소드를 제공한다. Function 인터페이스는 매개 변수와 리턴 값 요소를 모두 제네릭 타입으로 지정해서 타입 파라미터가 2개이다. Function 인터페이스는 입력된 매개 변수를 리턴 타입으로 형 변환하여 반환한다. 이를 매핑한다고 말한다.

인터페이스 명	추상 메소드	설명
Function<T, R>	R apply(T t)	객체 T를 입력받아 객체 R로 매핑한다.
BiFunction<T, U, R>	R apply(T t, U u)	객체 T와 U를 입력받아 객체 R로 매핑한다.
기본 데이터 타입의 매개 변수를 입력받아 객체로 변환한다.		
IntFunction<R>	R apply(int value)	int 값을 입력받아 객체 R로 매핑한다.
DoubleFunction<R>	R apply(double value)	double 값을 입력받아 객체 R로 매핑한다.
기본 데이터 타입의 매개 변수를 입력받아 다른 기본 데이터 타입으로 형 변환한다.		
IntToDoubleFunction	double applyAsDouble(int value)	int 값을 입력받아 double 값으로 매핑한다.
IntToLongFunction	long applyAsLong(int value)	int 값을 입력받아 long 값으로 매핑한다.
LongToDoubleFunction	double applyAsDouble(long value)	long 값을 입력받아 double 값으로 매핑한다.
LongToIntFunction	int applyAsInt(long value)	long 값을 입력받아 int값으로 매핑한다.
객체를 입력 받아 기본 데이터 타입으로 형 변환한다.		
ToIntFunction<T>	int applyAsInt(T t)	객체 T를 입력받아 int값으로 매핑한다.
ToIntBiFunction<T, U>	int applyAsInt(T t, U u)	객체 T와 U를 입력받아 int값으로 매핑한다.
ToDoubleBiFunction<T, U>	double applyAsDouble(T t, U u)	객체 T와 U를 입력받아 double값으로 매핑한다.
ToDoubleFunction<T>	double applyAsDouble(T t)	객체 T를 입력받아 double값으로 매핑한다.
ToLongBiFunction<T, U>	long applyAsLong(T t, U u)	객체 T와 U를 입력받아 long 값으로 매핑한다.
ToLongFunction<T>	long applyAsLong(T t)	객체 T를 입력받아 long 값으로 매핑한다.

• Function⟨T,R⟩

Function⟨T,R⟩ 인터페이스는 T객체 타입의 매개 변수를 가지고, 리턴 타입이 R 객체인 메소드R apply(T t)를 가지고 있다. 예를 들어서 Function⟨Integer, String⟩로 설정한다면 인터페이스의 메소드는 정수 값을 입력받아서 문자열 값으로 출력한다. 이는 다음 코드와 같다.

```
Function<Integer, String> integerToString = num -> { return Integer.toString(num);};
String string= integerToString.apply(100);
```

• IntFunction⟨R⟩

int 타입의 값을 매개 변수 값으로 받아서 객체 타입 R로 매핑하는 R apply(int value) 메소드를 제공한다. 위의 예제와 같이 정수의 값을 문자열로 변환하는 작업은 IntFunction⟨String⟩로도 똑같이 구현이 가능하다. Function⟨Integer,String⟩과 IntFunction⟨String⟩의 차이는 매개 변수가 레퍼런스 타입이냐 기본 데이터 타입이냐 하는 것이다. 즉, 전자는 객체 타입이고 후자는 수치 타입의 숫자 값을 의미한다.

```
IntFunction<String> intToString = num ->{ return Integer.toString(num); };
String word = intToString.apply(100);
```

• ToIntFunction⟨T⟩

ToIntFunction⟨T⟩는 객체를 int 타입으로 변환하는 인터페이스다. 따라서 반환 타입은 int이고 매개 변수는 객체 타입인 int applyAsInt(T t) 메소드를 가지고 있다.

```
ToIntFunction<String> strToInt = word -> { return Integer.parseInt(word); };
int num = strToInt.applyAsInt("100");
```

• BiFunction⟨T, U, R⟩

다른 타입의 인자 두 개를 받아서 전혀 다른 타입을 반환한다.

```
BiFunction<Integer, String, String> bifunction = (num, word) -> num + word;
String result = bifunction.apply(100, "점");
```

➡ Chapter14₩src₩FunctionTest.java

```java
1    import java.util.function.BiFunction;
2    import java.util.function.Function;
3    import java.util.function.IntFunction;
4    import java.util.function.ToIntFunction;
5
6    public class FunctionTest {
7
8    public static void main (String[] args){
9        //Function<Integer, String>
```

```
10      Function<Integer, String> integerToString = num  ->  {return Integer.
11   toString(num);};
12      String result1 =  integerToString.apply(100);
13      System.out.println("result1 = " + result1);
14
15      //IntFunction<String>
16      IntFunction<String> intToString = num ->{ return Integer.toString(num);
17   };
18      String result2 =  intToString.apply(100);
19      System.out.println("result2 = " + result2);
20
21      //ToIntFunction<String>
22      ToIntFunction<String> strToInt = word -> { return Integer.
23   parseInt(word); };
24      int result3 = strToInt.applyAsInt("100");
25      System.out.println("result3 = " + result3);
26
27      //BiFunction<Integer, String, String>
28      BiFunction<Integer, String, String> bifunction = (num, word) -> num +
29   word;
30      String result4 = bifunction.apply(100, "점");
31      System.out.println("result4 = " + result4);
32
33     }
34
35    }
```

🖥 코드 분석

9	각 인터페이스 타입별로 주석 표시를 하였다.

🖱 실행 결과

result1 = 100
result2 = 100
result3 = 100
result4 = 100점

▣ Operator 타입

Operator 타입은 '연산자'라는 뜻이 있다. Operator 함수형 인터페이스도 Function 함수형 인터페이스와 같은 메소드를 제공하고 있어서 매개 변수와 리턴 값을 가지고 있다. 그러나 Operator의 apply() 메소드는 Function의 apply() 메소드와 달리 매개 변수의 형 변환이 아닌 연산을 수행하고 동일한 타입의 반환 값을 돌려준다.

인터페이스 명	추상 메소드	설명
UnaryOperator\<T\>	T apply(T t)	객체 하나를 연산하여 T 객체 타입으로 돌려준다.
BinaryOperator\<T\>	T apply(T t, T t)	객체 두 개를 연산하여 T 객체 타입으로 돌려준다.
IntUnaryOperator	int applyAsInt(int)	하나의 int 값을 입력받아 연산 후 int 타입으로 돌려준다.
IntBinaryOperator	int applyAsInt(int, int)	두 개의 int 값을 입력받아 연산 후 int 타입으로 돌려준다.
LongUnaryOperator	int applyAsLong(long)	하나의 long 값을 입력받아 연산 후 int 타입으로 돌려준다.
LongBinaryOperator	int applyAsLong(long, long)	두 개의 long 값을 입력받아 연산 후 int 타입으로 돌려준다.
DoubleUnaryOperator	double applyAsDouble(double)	하나의 double 값을 입력받아 연산 후 double 타입으로 돌려준다.
DoubleBinaryOperator	double applyAsDouble(double, double)	두 개의 double 값을 입력받아 연산 후 double 타입으로 돌려준다.

• UnaryOperator〈T〉

UnaryOperator〈T〉는 T 타입의 객체를 매개 변수로 받아서 같은 객체 타입으로 값을 반환하는 인터페이스다. 제공하는 메소드는 Function 인터페이스와 같은 apply 메소드이지만 연산된 값을 출력한다는 것이 다르다.

```
UnaryOperator<String> uOperator = str-> { return "입력된 문자열 : "+str ; } ;
String result1 = uOperator.apply("java 8");
```

• IntBinaryOperator

두 개의 int 값을 입력받아 연산식 명령을 실행하고 int 값을 반환한다. 연산식은 개발자가 임의적으로 작성할 수 있지만, 연산된 값을 출력하는 return 문을 생략하면 안 된다.

```
IntBinaryOperator ibOperator = (number1, number2) ->{ return number1+number2; };
int result2 = ibOperator.applyAsInt(10,20);
```

```
1    import java.util.function.IntBinaryOperator;
2    import java.util.function.UnaryOperator;
3
4    public class OperatorTest {
5
6        public static void main(String[] args) {
7            //UnaryOperator<String>
8            UnaryOperator<String> uo = word -> { return "입력된 문자열 : "+word ; } ;
9            String result1 = uo.apply("java 8");
10           System.out.println("result1 = " + result1);
11
12           //IntBinaryOperator
13           IntBinaryOperator  ibo  =  (number1,  number2)  ->{  return
14   number1+number2; };
15           int result2 = ibo.applyAsInt(10,20);
16           System.out.println("result2 = " + result2);
17       }
18   }
```

코드 분석

7	각 인터페이스 타입별로 주석 표시를 하였다.

실행 결과

result1 = 입력된 문자열 : java 8
result2 = 30

5 Predicate<T>

Predicate는 '단언하다, 서술하다'의 뜻으로 해석된다. 다시 말하면 '정한다'라고 해석하면 된다. 무엇을 정하느냐 하면 참과 거짓을 결정한다고 보면 된다. Predicate의 추상 메소드 test ()는 매개 변수의 값을 판단하여 boolean 값을 반환한다. 이는 Function <T, Boolean>과 같다.

인터페이스 명	추상 메소드	설명
Predicate\<T\>	boolean test(T t)	객체 T를 조사해서 불리언 값을 돌려준다.
BiPredicate\<T, U\>	boolean test(T t, U u)	객체 T와 U를 조사해서 불리언 값을 돌려준다.
IntPredicate	boolean test(int)	int 값을 조사해서 불리언 값을 돌려준다.
LongPredicate	boolean test(long)	long 값을 조사해서 불리언 값을 돌려준다.
DoublePredicate	boolean test(double)	double 값을 조사해서 불리언 값을 돌려준다.

• BiPredicate〈T, U〉

서로 다른 2개의 객체를 받아 두 객체를 비교하고 참과 거짓을 판단하여 반환한다.

```
BiPredicate<String, String> bp = (str1, str2) ->{return str1.equals(str2); };
boolean result1 = bp.test("java", "Java");
```

➡ Chapter14₩src₩BiPredicateTest.java

```java
1    import java.util.function.BiPredicate;
2
3    public class BiPredicateTest {
4
5        public static void main(String[] args) {
6            // TODO Auto-generated method stub
7            BiPredicate<String, String> bp = (str1, str2) ->{return str1.
8    equals(str2); };
9            boolean result1 = bp.test("java", "Java");
10           System.out.println("result1 = " + result1);
11       }
12
13   }
```

코드 분석

9	대소문자가 다른 문자열이므로 false를 반환한다.

실행결과

result1 = false

04 함수형 인터페이스의 추상 메소드 외의 메소드

자바 8 이전에서는 인터페이스가 가질 수 있는 메소드는 추상 메소드처럼 구현되지 않은 메소드뿐이었지만, 자바 8 이후에서는 인터페이스도 추상 메소드 이외의 다른 메소드를 가질 수 있다. 이를테면 디폴트 메소드와 정적 메소드이다. 이들은 구현되지 않은 추상 메소드와는 달리 이미 구현되어져 있어서 바로 사용할 수 있다. 또한 이미 구현된 것이기 때문에 추상 메소드를 구현하는 람다식에는 영향을 끼치지 않는다.

앞에서는 다양한 표준 함수형 인터페이스들과 그들의 추상 메소드를 살펴봤다. 그리고 이번에는 각 표준 함수형 인터페이스들의 추상 메소드 외에 가지고 있는 디폴트 메소드나 정적 메소드를 살펴보자.

1 andThen()와 compose() 디폴트 메소드

Consumer, Function, Operator 함수형 인터페이스가 가지고 있는 디폴트 메소드다. 이 두 메소드는 두 함수를 연결해서 새로운 함수로 사용할 수 있게 해 준다. 두 메소드는 인터페이스의 처리 순서가 다르다.

두 메소드의 다른 점을 예제를 통해 살펴보자.

```
IntUnaryOperator add = num -> num + 2;
IntUnaryOperator multiply = num -> num * 2;

int result1 = add.compose(multiply).applyAsInt(1);
//return 4
int result2 = add.andThen(multiply).applyAsInt(1);
//return 6
```

compose()는 뒤에 있는 함수부터 처리하고 그 결과를 앞의 함수에게 인자 값으로 넘긴다. 따라서 multiply부터 수행하여 1*2가 실행되고, 결과값 2는 첫 번째 함수 add로 전달된다. 2를 넘겨받은 add 함수에서는 2+2가 수행되어 최종적으로 4를 반환한다.

andThen()은 앞의 함수부터 처리하고 그 결과를 뒤에 있는 함수에 인자로 넘긴다. 따라서 add를 먼저 수행해서 1+2가 실행되고, 결과 값인 3은 multiply에 파라미터로 넘겨서 3*2를 수행하고 6이 최종적으로 반환된다.

➡ Chapter14₩src₩ComposeAndThenTest.java

```java
1    import java.util.function.IntUnaryOperator;
2
3    public class ComposeAndThenTest {
4
5        public static void main(String[] args) {
6            // TODO Auto-generated method stub
7            IntUnaryOperator add = num -> num + 2;
8            IntUnaryOperator multiply = num -> num * 2;
9
10           //compose
11           int result1 = add.compose(multiply).applyAsInt(1);
12           System.out.println("result1 = " + result1);
13
14           //andThen
15           int result2 = add.andThen(multiply).applyAsInt(1);
16           System.out.println("result2 = " + result2);
17
18       }
19
20   }
```

🖥 코드 분석

앞에서 설명한 메소드가 실행되는 부분을 주석으로 처리하여 설명하였다.

🖱 실행결과

result1 = 4
result2 = 6

2 and(), or(), negate() 디폴트 메소드와 isEqual() 정적 메소드

Predicate 종류의 함수형 인터페이스는 and(), or(), negate() 디폴트 메소드를 가지고 있다. 이 세 종류의 디폴트 메소드는 각각 논리 연산자인 AND, OR, NOT과 같은 기능을 하며, 두 Predicate 인터페이스에 대해서 작용되어 boolean 값을 출력한다.

→ Chapter14₩src₩AndOrNegateTest.java

```java
1    import java.util.function.BiPredicate;
2
3    public class AndOrNegateTest {
4
5        public static void main(String[] args) {
6            // TODO Auto-generated method stub
7            BiPredicate<String, String> bp1 = (str1, str2) ->{return str1.
8    equals(str2); };
9            BiPredicate<String, String> bp2 = (str1, str2) ->{return str1.
10   equalsIgnoreCase(str2); };
11
12           BiPredicate<String, String> bp3 = bp1.negate();
13           boolean result1 = bp3.test("java", "Java");
14           System.out.println("result1 = " + result1);
15
16           BiPredicate<String, String> bp4 = bp1.and(bp2);
17           boolean result2 = bp4.test("java", "Java");
18           System.out.println("result2 = " + result2);
19
20           BiPredicate<String, String> bp5 = bp1.or(bp2);
21           boolean result3 = bp5.test("java", "Java");
22           System.out.println("result3 = " + result3);
23
24       }
25
26   }
```

⚙️ 코드 분석

7~8	두 문자를 대소문자를 구분하여 비교하는 equals 메소드를 사용하여 두 개의 매개변수 값을 비교하는 BiPredicate⟨String, String⟩ 객체를 생성한 부분이다.
9~10	두 문자를 대소문자를 구분하지 않고 비교하는 equalsIgnoreCase 메소드를 사용하여 두 개의 매개변수 값을 비교하는 BiPredicate⟨String, String⟩ 객체를 생성한 부분이다.

12	bp1 객체에 negate() 메소드를 적용하는 부분이다.
13	대소문자를 구분하여 "java" 와 "Java" 문자열을 비교한 bp1에 negate() 메소드를 적용하였으므로 결과값은 true이다.
16	bp1 과 bp2를 and() 연산하였다.
17	bp1의 false 와 bp2의 true가 and 연산되어 최종 결과값은 false이다.
20	bp1 과 bp2를 or() 연산하는 부분이다.
21	bp1의 false 와 bp2의 true가 or 연산되어 최종 결과값은 true이다.

🖱️ **실행결과**

```
result1 = true
result2 = false
result3 = true
```

또한 Predicate 인터페이스는 isEqual() 정적 메소드도 가지고 있다. isEqual() 메소드는 두 객체를 비교하여 값이 같으면 true, 다르면 false를 반환한다. Predicate 인터페이스에서는 다음과 같이 사용한다.

```
Predicate<Object> predicateObj = Predicate.isEqual(targetObject);
boolean result1 = predicateObj.test(sourceObject);
```

isEqual() 메소드는 targetObject와 sourceObject를 java.util.Objects 클래스의 equals()의 비교 값으로 제공하고, equals(sourceObject, targetObject)의 리턴 값을 얻어서 새로운 Predicate⟨T⟩를 생성한다.

→ Chapter14₩src₩IsEqualsTest.java

```java
1    import java.util.function.Predicate;
2
3    public class IsEqualsTest {
4
5        public static void main(String[] args) {
6            // TODO Auto-generated method stub
7            Predicate<String> predicateObj = Predicate.isEqual("java");
8            boolean result1 = predicateObj.test("java");
9
```

```
10            System.out.println("result1 = " + result1);
11        }
12
13    }
```

코드 분석

Predicate의 isEquals 메소드를 사용해서 "java" 문자열과 "java" 문자열을 비교하는 예제이다.

실행 결과

result1 = true

3 minBy(), maxBy() 정적 메소드

매개 값으로 제공되는 Comparator을 이용해서 가장 큰 T와 가장 작은 T를 반환하는 BinaryOperator⟨T⟩를 반환한다.

➡ Chapter14₩src₩MinByMaxByTest.java

```
1     import java.util.function.BinaryOperator;
2
3     class Student{
4
5         String name;
6         int number;
7
8         public Student(String name, int number) {
9             super();
10            this.name = name;
11            this.number = number;
12        }
13
14    }
15    public class MinByMaxByTest {
16
17        public static void main(String[] args) {
18            // TODO Auto-generated method stub
19            Student student1 = new Student("오정원", 10);
20            Student student2 = new Student("이정원", 20);
21
```

```
22          BinaryOperator<Student> bo1 = BinaryOperator.minBy((st1, st2) ->
23    Integer.compare(st1.number, st2.number));
24          Student minStudent = bo1.apply(student1, student2);
25          System.out.println("minStudent = " + minStudent.name);
26
27          BinaryOperator<Student> bo2 = BinaryOperator.maxBy((st1, st2) ->
28    Integer.compare(st1.number, st2.number));
29          Student maxStudent = bo2.apply(student1, student2);
30          System.out.println("maxStudent = " + maxStudent.name);
31
32      }
33
34   }
```

코드 분석

3~14	비교할 값으로 사용될 Student 클래스를 정의한 부분이다. 크기를 비교할 때 number 값으로 비교한다.
19~20	비교할 대상 Student 클래스 객체를 두 개 생성하는 부분이다.
22~25	minBy 메소드를 사용하여 number 값이 작은 Student 객체를 찾아내는 BinaryOperator 객체를 사용하는 부분이다.
27~30	maxBy 메소드를 사용하여 number 값이 큰 Student 객체를 찾아내는 BinaryOperator 객체를 사용하는 부분이다.

실행결과

result1 = false

캡처링, 메소드 참조, 생성자 참조

람다식도 람다식 밖에서 정의된 변수를 사용할 수 있다. 이를 람다 캡처링(capturing lambda)이라고 한다. 인스턴스 변수, 정적(static) 변수, 지역 변수 모두 사용이 가능하다. 그러나 지역 변수를 사용할 때는 다음과 같은 점을 유의해야 한다. 인스턴스 변수와 정적 변수는 Heap 영역에 저장된다. 그러나 지역 변수는 메소드 내부에 저장된 변수이기 때문에 콜스택 영역에 저장되고 메소드가 종료되면 함께 소멸된다. 따라서 다른 메소드의 변수인 로컬 변수를 람다식에서 사용할 때는 수정이 불가능하다. 이를 사전에 방지하기 위해서 final 키워드로 선언되거나 그러한 특성을 유지해야 한다. 람다식은 인스턴스 변수와 정적 변수는 자유롭게 가져와서 사용할 수 있지만 지역 변수를 사용할 때는 참조(읽기)만 가능하다.

→ Chapter14₩src₩LocalUseTest.java

```java
1    import java.util.function.IntUnaryOperator;
2    import java.util.function.UnaryOperator;
3
4    public class LocalUseTest {
5
6        public static void main(String[] args) {
7            // TODO Auto-generated method stub
8            final int num = 10;
9
10           //num = 300;
11           UnaryOperator<String> uo = word -> { return "입력된 문자열 : "+word ; } ;
12           String word = uo.apply("java 8");
13
14           IntUnaryOperator iuo = x -> {
15               System.out.println("x : " + x);
16               System.out.println("num : " + num);
17               return x + num;
18           };
19
20           int result = iuo.applyAsInt(10);
21           System.out.println("x + num = " + result);
```

```
22
23          }
24
25      }
```

8	로컬 변수를 수정할 수 없게 하기 위해서 final로 정의했다. 8라인에서 final 예약어를 제거하고 10 라인의 주석을 해제하면 예외가 발생한다.

실행 결과

x : 10
num : 10
x + num = 20

1 메소드 참조

람다식은 인터페이스의 추상 메소드를 구현할 수도 있지만, 이미 구현된 메소드를 참조할 수도 있다. 이를 메소드 참조(Method Reference)라고 한다.

예를 들어 두 개의 값을 받아 큰 수를 반환하는 Math 클래스의 max() 정적 메소드를 호출하는 람다식은 다음과 같다.

```
1   (left, right) ->Math.max(left, right);
//기본

2   Math :: max;
//간략 - 클래스 :: 메소드;
```

IntBinaryOperator intOperator = Math :: max;

2 생성자 참조

생성자 또한 메소드이므로 메소드 참조를 할 수 있다. 생성자 참조는 곧 객체를 생성하는 것이다. 여러 개의 생성자가 선언되어 있을 경우(오버로딩)에는 컴파일러가 자동으로 함수형 인터페이스의 추상 메소드(타겟 타입)와 동일한 매개 변수 타입과 개수로 정의된 생성자를 선택한다. 만일 해당하는 생성자가 없다면 컴파일 에러가 발생한다.

```
(a, b) ->{ return new Class(a, b); }
//기본
Class :: new;
//간략
```

→ Chapter14₩src₩MethodAndConstructorTest.java

```java
1   import java.util.function.BiFunction;
2   import java.util.function.IntBinaryOperator;
3
4   public class MethodAndConstructorTest {
5
6       public static void main(String[] args) {
7           IntBinaryOperator intOperator = Math :: max;
8           int result1 = intOperator.applyAsInt(10, 20);
9           System.out.println("result1 = " + result1);
10
11          BiFunction<String, Integer, Student>  bf = Student :: new;
12          Student student1 = bf.apply("오정원", 10);
13          System.out.println("name = " + student1.name + ", number = " +
14  student1.number);
15
16      }
17
18  }
```

🖥 코드 분석

7	Math 클래스의 max 메소드를 사용하는 IntBinaryOperator를 생성한 부분이다.
11	Student 객체의 생성자를 사용해서 Student 객체를 생성하는 BiFunction을 생성한 부분이다.

result1 = 20
name = 오정원, number = 10

스트림 /
병렬 처리

이 장에서는 스트림과 병렬 처리에 대해서 살펴본다. Java 8 이전 버전에서 배열과 컬렉션 객체의 요소를 다룰 때는 반복문을 사용하여 요소를 하나씩 꺼내어 처리해야 했다. 이 방식은 컬렉션이나 배열 객체에 요소가 많아지고 요구 사항이 복잡해지면 코드도 복잡해지고 가독성이 떨어졌다. Java 8 이후 버전에서는 스트림이라는 기능을 제공하여 배열이나 컬렉션 객체의 요소를 효율적으로 다룰 수 있게 되었으며, 스트림에서는 람다식을 지원하여 코드가 훨씬 간결해졌다. 또한 Java 8 이후 버전에서는 컬렉션 요소의 병렬 처리를 지원하여 하나의 작업을 여러 개의 단위로 분리하여 동시에 작업을 처리할 수 있게 되어 처리 속도를 향상시켰다.

01 스트림 생성

1 배열을 사용한 스트림 생성

배열을 사용하여 스트림을 생성할 때는 Arrays.stream(배열 객체)를 사용하면 된다.

배열 객체를 사용하여 스트림을 생성하는 예제를 작성해 보자.

→ Chapter15₩src₩ArrayStreamTest.java

```java
1   import java.util.Arrays;
2   import java.util.stream.Stream;
3
4   public class ArrayStreamTest {
5
6       public static void main(String[] args) {
7           // TODO Auto-generated method stub
8           String[] arr1 = new String[]{"111", "222", "333"};
9           Stream<String> stream1 = Arrays.stream(arr1);
10          stream1.forEach(System.out::println);
11          System.out.println();
12          System.out.println();
13          Stream<String> stream2 = Arrays.stream(arr1, 0, 2);
14          stream2.forEach(System.out::println);
15      }
16
17  }
```

코드 분석

8	스트림에 사용된 배열 객체를 생성한 부분이다.
9	arr1 배열 객체의 전체 요소를 사용하여 Stream 객체를 생성한 부분이다.
10	람다식을 사용하여 stream1 객체의 모든 요소를 하나씩 반복하면서 출력하는 부분이다.
13	arr1 배열 객체의 0번 인덱스 요소부터 2-1번 인덱스 요소를 사용하여 Stream 객체를 생성한 부분이다. Arrays.stream(arr1, 0, 2); 부분에서 arr1은 사용된 배열 객체, 0은 startIndexInclusive이며 2는 endIndexExclusive이다.
14	stream2 객체의 요소들을 하나씩 반복해서 출력하는 부분이다.

```
111
222
333


111
222
```

2 컬렉션을 사용한 스트림 생성

컬렉션을 사용하여 스트림을 생성하려면 Collection.stream 메소드를 사용하면 된다.

컬렉션 객체를 사용하여 스트림을 생성하는 예제를 작성해 보자.

→ Chapter15₩src₩CollectionStreamTest.java

```
1    import java.util.Arrays;
2    import java.util.List;
3    import java.util.stream.Stream;
4
5    public class CollectionStreamTest {
6
7       public static void main(String[] args) {
8          List<String> list = Arrays.asList("aaa", "bbb", "ccc");
9          Stream<String> stream1 = list.stream();
10         stream1.forEach(System.out::println);
11      }
12
13   }
```

코드 분석

8	List 컬렉션 객체를 생성하는 부분이다.
9	List 컬렉션 객체를 사용해서 Stream 객체를 생성하는 부분이다.
10	Stream1 객체의 요소를 하나씩 출력하는 부분이다.

aaa
bbb
ccc
222

Stream.builder()를 사용하여 스트림에 값을 직접 입력하는 예제를 작성해 보자.

→ Chapter15₩src₩BuilderStreamTest.java

```
1    import java.util.stream.Stream;
2
3    public class BuilderStreamTest {
4
5        public static void main(String[] args) {
6            // TODO Auto-generated method stub
7            Stream<String> stream1 =
8                    Stream.<String>builder()
9                    .add("오정원").add("이정원").add("박정원")
10                   .build();
11           stream1.forEach(System.out::println);
12       }
13
14   }
```

코드 분석

7~10	Stream.builder()를 사용하여 add 메소드로 필요한 값을 추가하는 부분이다. Builder() 메소드를 사용하여 Stream 객체를 생성한다.
11	stream1 객체의 값들을 출력하는 부분이다.

실행 결과

오정원
이정원
박정원

Supplier〈T〉 람다식으로 값을 추가할 수 있는 Stream.generate() 메소드를 사용하는 예제를 작성해 보자.

```
 1    import java.util.stream.Stream;
 2
 3    public class GenerateStreamTest {
 4
 5        public static void main(String[] args) {
 6            Stream<String> stream1 =
 7            Stream.generate(() -> "생성요소").limit(5);
 8            stream1.forEach(System.out::println);
 9        }
10
11    }
```

코드 분석

7	생성할 요소와 개수를 지정하여 Stream 객체를 생성한 부분이다.
8	stream1 객체의 요소를 출력하는 부분이다.

실행 결과

```
생성요소
생성요소
생성요소
생성요소
생성요소
```

초기값과 람다식을 이용한 증가 값을 지정하여 값을 추가할 수 있는 Stream.iterate() 메소드를 사용한 예제를 작성해 보자.

```
 1    import java.util.stream.Stream;
 2
 3    public class IterateTest {
 4
 5        public static void main(String[] args) {
 6            // TODO Auto-generated method stub
 7            Stream<Integer> stream1 =
 8                    Stream.iterate(10, n -> n * 2).limit(5);
 9            stream1.forEach(System.out::println);
10        }
11
12    }
```

7~8	초기 값이 10이고, 값에 2씩 곱하면서 5개의 값을 추가하는 부분이다.
9	stream1 객체에 있는 값들을 차례대로 출력하는 부분이다.

실행 결과

```
10
20
40
80
160
```

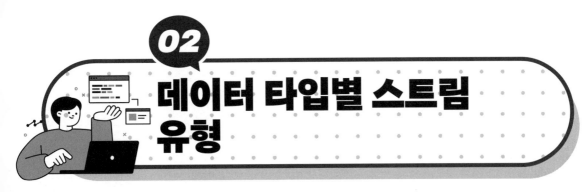

02 데이터 타입별 스트림 유형

1 기본 데이터 타입

기본 데이터 타입 스트림을 range()와 reangeClose() 메소드를 사용해서 생성하는 예제를 작성해 보자. range() 메소드는 마지막 범위 값이 포함되지 않고, rangeClose() 값은 마지막 범위 값이 포함된다. 박싱 처리를 하는 메소드는 boxed()이며, 난수를 발생시키는 메소드는 Random 클래스 객체를 통해서 사용이 가능하다.

➡ Chapter15₩src₩PrimitiveTypeStream.java

```java
1    import java.util.Random;
2    import java.util.stream.DoubleStream;
3    import java.util.stream.IntStream;
4    import java.util.stream.LongStream;
5    import java.util.stream.Stream;
6
7    public class PrimitiveTypeStream {
8
9        public static void main(String[] args) {
10           // TODO Auto-generated method stub
11           IntStream stream1 = IntStream.range(0, 6);
12           System.out.println("stream1");
13           stream1.forEach(System.out::println);
14
15           LongStream stream2 = LongStream.rangeClosed(0, 6);
16           System.out.println("stream2");
17           stream2.forEach(System.out::println);
18
19           Stream<Integer> stream3 = IntStream.range(1, 5).boxed();
20           System.out.println("stream3");
21           stream3.forEach(System.out::println);
22
23           DoubleStream stream4 = new Random().doubles(2);
24           System.out.println("stream4");
25           stream4.forEach(System.out::println);
```

```
26          }
27
28      }
```

11	0부터 5까지의 값으로 스트림을 생성하는 부분이다.
15	0부터 6까지의 값으로 스트림을 생성하는 부분이다.
19	boxed() 메소드를 사용해서 숫자를 객체화 시키는 부분이다.
23	double 타입의 난수 값을 두 개 발생시키는 부분이다.

실행 결과

```
stream1
0
1
2
3
4
5
stream2
0
1
2
3
4
5
6
stream3
1
2
3
4
stream4
0.3902353747098377
0.1168555802149217
```

2 문자열 타입

문자열을 이용해서 스트림을 생성하는 예제를 작성해 보자

→ Chapter15₩src₩StringTypeStream.java

```java
1    import java.util.regex.Pattern;
2    import java.util.stream.IntStream;
3    import java.util.stream.Stream;
4
5    public class StringTypeStream {
6
7        public static void main(String[] args) {
8            // TODO Auto-generated method stub
9            IntStream stream1 = "Java Programming".chars();
10           System.out.println("stream1");
11           stream1.forEach(System.out::println);
12
13           Stream<String> stream2 =
14                   Pattern.compile(",").splitAsStream("오정원,이정원,박정원");
15           System.out.println("stream2");
16           stream2.forEach(System.out::println);
17       }
18
19   }
```

코드 분석

9	문자열에 포함된 각 문자를 사용해서 IntStream 객체를 생성하는 부분이다.
13~14	정규 표현식으로 문자열을 분리하여 Stream 객체를 생성하는 부분이다.

실행결과

stream1
74
97
118
97
32
80
114
111

103
114
97
109
109
105
110
103
stream2
오정원
이정원
박정원

3 파일

파일의 각 라인의 문자열을 사용해서 Stream 객체를 생성하는 Files 클래스의 lines 메소드를 사용하는 예제를 작성해 보자.

→ Chapter15₩src₩FileTypeStream.java

```java
1    import java.io.IOException;
2    import java.nio.charset.Charset;
3    import java.nio.charset.MalformedInputException;
4    import java.nio.file.Files;
5    import java.nio.file.Paths;
6    import java.util.stream.Stream;
7
8    public class FileTypeStream {
9
10       public static void main(String[] args) throws IOException {
11           // TODO Auto-generated method stub
12           Stream<String> stream1 = Files.lines(Paths.get("stream.
13   txt"),Charset.defaultCharset());
14           System.out.println("stream1");
15           stream1.forEach(System.out::println);
16       }
17
18   }
```

코드 분석

12~13	stream.txt 파일로부터 읽어들인 내용을 라인 하나 하나를 값으로 사용하여 Stream 객체를 생성하는 부분이다.

stream1
파일 스트림테스트 1
파일 스트림테스트 2
파일 스트림테스트 3
파일 스트림테스트 4
파일 스트림테스트 5

parallelStream 메소드를 사용하여 스트림 객체를 생성하면 병렬 스트림 객체를 생성할 수 있다. 병렬 스트림을 사용하면 하나의 작업을 여러 개의 스레드로 나누어 동시에 처리할 수 있으므로 성능이 향상된다.

➡ Chapter15₩src₩ParallelStreamTest.java

```java
1    import java.util.ArrayList;
2    import java.util.stream.Stream;
3
4    class Cart{
5
6        String name;
7        int price;
8        int qty;
9
10       public Cart(String name, int price, int qty) {
11           super();
12           this.name = name;
13           this.price = price;
14           this.qty = qty;
15       }
16   }
17
18   public class ParallelStreamTest {
19
20       public static void main(String[] args) {
21           // TODO Auto-generated method stub
22           ArrayList<Cart> cartList = new ArrayList<Cart>();
23           cartList.add(new Cart("소나타", 1000, 2));
24           cartList.add(new Cart("그랜저", 2000, 1));
25           cartList.add(new Cart("제네시스", 3000, 2));
26
27           Stream<Cart> stream1 = cartList.parallelStream();
28           stream1.map(cart -> "이름 : " + cart.name + ", 가격 " + cart.price *
```

```
29      20).forEach(System.out::println);
30         }
31      }
```

23~25	cartList 컬렉션 객체에 값으로 사용할 Cart 객체들을 추가하는 부분이다.
27	병렬 스트림 객체를 생성하는 부분이다.
28~29	스트림의 각 값들(Cart 객체)을 map() 메소드를 사용하여 상품 이름과 20을 곱한 가격으로 변경한 후 반복하여 값들을 출력하는 부분이다.

실행결과

```
이름 : 그랜저, 가격 : 40000
이름 : 제네시스, 가격 : 60000
이름 : 소나타, 가격 : 20000
```

배열을 사용해서 병렬 스트림을 생성하는 방법, 배열이나 컬렉션이 아닌 값으로 병렬 스트림 객체를 생성하는 방법 등의 예제를 작성해 보자.

➜ Chapter15₩src₩OtherStreamCreate.java

```
1    import java.util.Arrays;
2    import java.util.stream.IntStream;
3    import java.util.stream.Stream;
4
5    public class OtherStreamCreate {
6
7       public static void main(String[] args) {
8          // TODO Auto-generated method stub
9          String[] arr1 = new String[]{"111", "222", "333"};
10         Stream<String> stream1 = Arrays.stream(arr1).parallel();
11         System.out.println("stream1");
12         stream1.forEach(System.out::println);
13
14         IntStream stream2 = IntStream.range(1, 100).parallel();
15         boolean parellel = stream2.isParallel();
16         System.out.println("stream2 parellel : " + parellel);
17
18             IntStream stream3 = stream2.sequential();
19             parellel = stream3.isParallel();
```

```
20              System.out.println("stream3 parellel : " + parellel);
21
22          Stream<String> stream4 = Stream.of("aaa", "bbb", "ccc");
23          Stream<String> stream5 = Stream.of("111", "222", "333");
24          Stream<String> stream6 = Stream.concat(stream4, stream5);
25          System.out.println("stream6");
26          stream6.forEach(System.out::println);
27
28
29      }
30
31  }
```

코드 분석

10	배열을 사용하여 병렬 스트림 객체를 생성하는 부분이다.
14	일반 숫자를 사용해서 병렬 스트림 객체를 생성하는 부분이다.
15	스트림 객체가 병렬 스트림 객체인지를 판단하는 부분이다.
18	병렬 스트림 객체를 시퀀셜 스트림 객체로 변경하는 부분이다.
19	스트림 객체가 병렬 스트림 객체인지를 판단하는 부분이다.
22~24	두 개의 스트림 객체를 연결하는 부분이다.

실행 결과

stream1
222
333
111
stream2 parellel : true
stream3 parellel : false
stream6
aaa
bbb
ccc
111
222
333

04 데이터 가공하기

스트림 관련 API를 사용하면 스트림에 있는 전체 요소를 원하는 형태로 변환하거나 원하는 요소만 추출할 수 있다. 또한 스트림을 가공하면 결과가 다시 스트림으로 반환되기 때문에 여러 개의 스트림 가공 관련 API를 연속적으로 적용할 수 있다.

1 필터링

스트림에 있는 전체 요소 중에서 원하는 요소만 추출하는 메소드이다. 자바 API에서 제공되는 filter 메소드의 형태는 아래와 같다.

```
Stream<T> filter(Predicate<? super T> predicate)
```

인자로 Predicate 형태의 함수형 인터페이스를 사용하고 Stream을 반환한다.
아래 예제는 Filtering 기능을 사용하는 예제이다

➡ Chapter15₩src₩FilteringTest.java

```
1    import java.util.Arrays;
2    import java.util.List;
3    import java.util.stream.Stream;
4
5    public class FilteringTest {
6
7      List<String> programList =
8      Arrays.asList("Java", "Java Framework", "Spring Framework", "jQuery",
9    "Apache Spark");
10
11     void printStreamData() {
12        Stream<String> stream1 = programList.stream().filter(programList ->
13    programList.startsWith("Java"));
14        stream1.forEach(System.out::println);
15     }
16
```

```
17        public static void main(String[] args) {
18            // TODO Auto-generated method stub
19            FilteringTest ft = new FilteringTest();
20            ft.printStreamData();
21        }
22
23    }
```

코드 분석

7~9	스트림으로 생성해서 사용할 List 객체를 생성하는 부분이다.
11~15	스트림의 요소를 가공해서 각 요소를 출력하는 메소드를 정의한 부분이다.
12~13	filter() 메소드를 사용해서 스트림 요소 중 "Java" 문자열로 시작되는 요소들을 필터링하는 부분이다.
19~20	printStreamData() 메소드를 호출하는 부분이다.

실행 결과

Java
Java Framework

2 매핑

매핑은 map() 메소드를 사용해서 스트림의 요소 하나 하나를 다른 값으로 가공해 주는 기능이다. 자바 API에서 제공되는 map 메소드의 형태는 아래와 같다.

```
<R> Stream<R> map(Function<? super T,? extends R> mapper)
```

R은 새로운 스트림 요소의 데이터 타입이다. 인자로는 Function 타입의 람다식을 사용하며 스트림 객체를 반환한다. 아래 예제는 mapping 기능을 사용하는 예제이다.

➡ Chapter15₩src₩MappingTest.java

```
1    import java.util.Arrays;
2    import java.util.List;
3    import java.util.stream.Stream;
4
5    public class MappingTest {
```

```
 6
 7        List<String> programList =
 8        Arrays.asList("Java", "Java Framework", "Spring Framework", "jQuery",
 9    "Apache Spark");
10
11        void printStreamData() {
12            Stream<Integer> stream1 = programList.stream().map(String::length);
13            stream1.forEach(System.out::println);
14        }
15
16        public static void main(String[] args) {
17            // TODO Auto-generated method stub
18            MappingTest ft = new MappingTest();
19            ft.printStreamData();
20        }
21
22    }
```

코드 분석

7~9	Mapping 기능을 적용할 Stream 객체를 생성한 부분이다.
12	programList 스트림 객체의 각 요소에 map 메소드를 적용하여 각 요소의 길이로 새로운 스트림 객체를 생성하는 부분이다.
13	stream1 스트림 객체의 각 요소를 출력하는 부분이다.

실행 결과

```
4
14
16
6
12
```

이번에는 mapping의 결과가 int 요소의 스트림으로 반환되는 경우를 살펴보자. 자바 API에서 제공하는 매핑 메소드의 형태는 아래와 같다.

IntStream mapToInt(ToIntFunction<? super T> mapper)

아래는 매핑을 적용하는 결과가 IntStream으로 반환되는 예제이다.

→ Chapter15₩src₩MapToIntTest.java

```java
1    import java.util.ArrayList;
2    import java.util.stream.IntStream;
3    import java.util.stream.Stream;
4
5    class Member{
6
7        private String name;
8        private int age;
9        private String addr;
10
11       public Member(String name, int age, String addr) {
12           super();
13           this.name = name;
14           this.age = age;
15           this.addr = addr;
16       }
17
18       public String getName() {
19           return name;
20       }
21
22       public void setName(String name) {
23           this.name = name;
24       }
24
25       public int getAge() {
26           return age;
27       }
28
29       public void setAge(int age) {
30           this.age = age;
31       }
32
33       public String getAddr() {
34           return addr;
35       }
36
37       public void setAddr(String addr) {
38           this.addr = addr;
```

```
39          }
40
41     }
42
43    public class MapToIntTest {
44
45        public static void main(String[] args) {
46            // TODO Auto-generated method stub
47            ArrayList<Member> al = new ArrayList<Member>();
48            al.add(new Member("오정원", 22, "서울시"));
49            al.add(new Member("박정원", 23, "대전시"));
50            al.add(new Member("이정원", 24, "대구시"));
51            al.add(new Member("서정원", 25, "부산시"));
52
53            Stream<Member> stream1 = al.stream();
54            IntStream stream2 = stream1.mapToInt(Member :: getAge);
55            stream2.forEach(System.out::println);
56        }
57
57    }
```

코드 분석

5~41	Stream 객체의 요소로 사용될 Member 클래스를 정의한 부분이다.
47~51	ArrayList 객체를 생성하고 Member 객체 네 개를 요소로 추가한 부분이다.
53	ArrayList 객체를 사용하여 Stream 객체를 생성한 부분이다.
54	각 Member 객체의 age 속성값으로 새로운 Stream 객체를 생성한 부분이다.

실행 결과

```
22
23
24
25
```

스트림의 요소를 가공하여 DoubleStream을 반환하는 API 또한 지원한다. 자바 API에서 제공하는 매핑 메소드의 형태는 아래와 같다.

```
DoubleStream mapToDouble(ToDoubleFunction<? super T> mapper)
```

아래는 매핑을 적용하는 결과가 DoubleStream으로 반환되는 예제이다.

➡ Chapter15₩src₩MapToDoubleTest.java

```java
1    import java.util.ArrayList;
2    import java.util.stream.DoubleStream;
3    import java.util.stream.Stream;
4
5    class Student{
6
7        String name;
8        double kor;
9        double mat;
10       double eng;
11
12       public Student(String name, double kor, double mat, double eng) {
13           super();
14           this.name = name;
15           this.kor = kor;
16           this.mat = mat;
17           this.eng = eng;
18       }
19
20       public Double getAvg() {
21           return (kor + mat + eng) / 3;
22       }
23
24   }
24
25   public class MapToDoubleTest {
26
27       public static void main(String[] args) {
28           // TODO Auto-generated method stub
29           ArrayList<Student> al = new ArrayList<Student>();
30           al.add(new Student("오정원", 90, 70, 80));
31           al.add(new Student("박정원", 100, 90, 90));
32           al.add(new Student("이정원", 80, 90, 90));
33           al.add(new Student("서정원", 90, 90, 90));
34
35           Stream<Student> stream1 = al.stream();
36           DoubleStream stream2 = stream1.mapToDouble(Student :: getAvg);
37           stream2.forEach(System.out::println);
38       }
```

```
39
40    }
```

29~33	ArrayList 객체를 생성하고 Student 객체 네 개를 요소로 추가한 부분이다.
35	ArrayList 객체를 사용하여 Stream 객체를 생성한 부분이다.
36	각 Student 객체의 getAvg() 메소드를 호출하여 평균값으로 새로운 Stream 객체를 생성한 부분이다.

실행 결과

```
80.0
93.33333333333333
86.66666666666667
90.0
```

스트림의 요소를 가공하여 LongStream을 반환하는 API 또한 지원한다. 자바 API에서 제공하는 매핑 메소드의 형태는 아래와 같다.

LongStream mapToLong(ToLongFunction<? super T> mapper)

아래는 매핑을 적용하는 결과가 LongStream으로 반환되는 예제이다.

→ Chapter15₩src₩MapToLongTest.java

```java
1     import java.util.ArrayList;
2     import java.util.stream.LongStream;
3     import java.util.stream.Stream;
4
5     class Product{
6
7         String name;
8         long qty;
9         long price;
10
11        public Product(String name, long qty, long price) {
12            super();
13            this.name = name;
14            this.qty = qty;
15            this.price = price;
```

```
16          }
17
18      public Long getTotalPrice() {
19          return qty * price;
20      }
21
22  }
23
24  public class MapToLongTest {
24
25      public static void main(String[] args) {
26          // TODO Auto-generated method stub
27          ArrayList<Product> al = new ArrayList<Product>();
28          al.add(new Product("소나타", 4, 30000000));
29          al.add(new Product("SM5", 3, 35000000));
30          al.add(new Product("K9", 5, 70000000));
31          al.add(new Product("그랜저", 7, 30000000));
32
33          Stream<Product> stream1 = al.stream();
34          LongStream stream2 = stream1.mapToLong(Product :: getTotalPrice);
35          stream2.forEach(System.out::println);
36      }
37
38  }
```

🗔⚙ 코드 분석

5~22	스트림의 요소로 사용될 Product 객체를 클래스로 정의한 부분이다.
27~31	ArrayList 객체를 생성한 후 Product 객체들을 요소로 추가한 부분이다.
33	ArrayList 객체를 사용하여 스트림 객체를 생성한 부분이다.
34	각 Product 객체의 getTotalPrice() 메소드를 호출하여 금액을 구한 후 Stream 객체를 새로 생성하는 부분이다.

🖱 실행 결과

```
120000000
105000000
350000000
210000000
```

스트림 API에서 제공되는 flatMap 메소드는 각 요소들을 복수 개의 요소로 변환하여 새로운 스트림 객체를 반환한다. 자바 API에서 제공하는 flatMap 메소드의 형태는 아래와 같다.

<R> Stream<R> flatMap(Function<? super T,? extends Stream<? extends R>> mapper)

아래는 flatMap 메소드를 사용한 예제이다.

➡ Chapter15₩src₩FlatMapTest.java

```java
1    import java.util.ArrayList;
2    import java.util.Arrays;
3    import java.util.stream.Stream;
4
5    public class FlatMapTest {
6
7        public static void main(String[] args) {
8            // TODO Auto-generated method stub
9            ArrayList<String> al = new ArrayList<String>();
10           al.add("사과,배,복숭아");
11           al.add("소나타,그랜저,SM5");
12
13           Stream<String> stream1 = al.stream();
14           Stream<String> stream2 = stream1.flatMap(str -> Arrays.stream(str.
15   split(",")));
16           stream2.forEach(System.out::println);
17       }
18
19   }
```

⚙ 코드 분석

9~11	"," 문자로 구분된 두 개의 문자열을 요소로 하여 ArrayList 객체를 생성하는 부분이다.
13	ArrayList 객체를 사용해서 스트림 객체를 생성하는 부분이다.
14~15	flatMap 메소드를 사용해서 각 문자열 요소를 ","로 분리한 후 새로운 스트림 객체를 얻어오는 부분이다.

사과
배
복숭아
소나타
그랜저
SM5

3 정렬

자바 스트림에서는 요소 정렬을 위해서 sorted 메소드를 제공한다. 자바 API에서 제공하는 sorted 메소드의 형태는 아래와 같다.

Stream<T> sorted()

natural order로 정렬한다. 요소가 객체인 경우는 Comparable을 구현해야 한다. Comparable를 구현하지 않으면 java.lang.ClassCastException이 발생한다.

Stream<T> sorted(Comparator<? super T> comparator)

아래는 sorted 메소드를 사용한 예제이다.

➔ Chapter15₩src₩SortedTest.java

```java
1    import java.util.Arrays;
2    import java.util.Comparator;
3    import java.util.stream.IntStream;
4    import java.util.stream.Stream;
5
6    public class SortedTest {
7
8        public static void main(String[] args) {
9            // TODO Auto-generated method stub
10           IntStream stream1 = Arrays.stream(new int[] {10,5,7,8,12,9});
11
12           System.out.println("오름 차순 정렬");
13           stream1.sorted().forEach(System.out :: print);
14           System.out.println();
15
```

```
16        Stream<String> stream2 = Arrays.stream(new String[]
17    {"aaa","bbb","ccc"});
18        System.out.println("내림 차순 정렬");
19        stream2.sorted(Comparator.reverseOrder()).forEach(System.out ::
20    print);
21
22      }
23
24    }
```

코드 분석

10	정수 배열을 사용하여 Stream 객체를 생성한 부분이다.
13	sorted 메소드를 사용하여 오름차순 정렬을 실행하는 부분이다.
16~17	문자열 배열을 사용하여 스트림 객체를 생성하는 부분이다.
19~20	sorted 메소드를 사용하여 내림차순 정렬을 실행하는 부분이다.

실행 결과

```
오름 차순 정렬
57891012
내림 차순 정렬
cccbbbaaa
```

4 반복

peek 메소드는 모든 요소에 대해서 차례대로 작업을 할 때 사용된다. 반환 값은 없다. 자바 API에서 제공하는 peek 메소드의 형태는 아래와 같다.

```
Stream<T> peek(Consumer<? super T> action);
```

아래는 peek 메소드를 사용한 예제이다.

➡ Chapter15₩src₩PeekTest.java

```
1    import java.util.stream.IntStream;
2
3    public class PeekTest {
4
5        public static void main(String[] args) {
```

```
 6              // TODO Auto-generated method stub
 7              IntStream stream1 = IntStream.of(20, 30, 50);
 8              int sum = stream1.peek(System.out::println).sum();
 9              System.out.println("sum = " + sum);
10         }
11
12     }
```

코드 분석

7	IntStream 객체를 생성한 부분이다.
8	각 요소를 하나씩 출력하고 총합을 구한 부분이다.
9	총합을 출력하는 부분이다.

실행결과

```
20
30
50
sum = 100
```

데이터 집계하기

데이터들을 가공하여 평균, 카운트, 최소값, 최대값 등을 얻어내는 작업이다.

1 기본 집계

아래 내용은 자바에서 제공하는 집계 관련 기본 메소드들의 형태이다.

long count()

Optional<T> max(Comparator<? super T> comparator)

Optional<T> min(Comparator<? super T> comparator)

OptionalDouble average()

int sum()

아래는 기본 집계 메소드를 사용한 예제이다.

➡ Chapter15₩src₩AggregateTest.java

```java
1    import java.util.Arrays;
2
3    public class AggregateTest {
4
5        public static void main(String[] args) {
6            // TODO Auto-generated method stub
7            long count = Arrays.stream(new int[] {10,20,30,40}).count();
8            System.out.println("count = " + count);
9
10           double avg = Arrays.stream(new int[] {10,20,30,40}).average().
11   getAsDouble();
12           System.out.println("avg = " + avg);
13
14           int max = Arrays.stream(new int[] {10,20,30,40}).max().getAsInt();
```

```
15          System.out.println("max = " + max);
16
17          int min = Arrays.stream(new int[] {10,20,30,40}).min().getAsInt();
18          System.out.println("min = " + min);
19
20          int sum = Arrays.stream(new int[] {10,20,30,40}).sum();
21          System.out.println("sum = " + sum);
22
23      }
24
25  }
```

🔧 코드 분석

7	스트림 객체 요소들의 개수를 구하는 부분이다.
10~11	getAverage() 메소드의 리턴 타입은 Optional⟨T⟩ 이므로 getAsDouble() 메소드를 사용하여 타입을 변환하였다. 평균을 구한 부분이다.
14	max() 메소드의 리턴 타입은 Optional⟨T⟩ 이므로 getAsDouble() 메소드를 사용하여 타입을 변환하였다. 최대 값을 구한 부분이다.
17	min() 메소드의 리턴 타입은 Optional⟨T⟩ 이므로 getAsDouble() 메소드를 사용하여 타입을 변환하였다. 최소 값을 구한 부분이다.
21	총합을 구한 부분이다.

🖱 실행 결과

```
20
30
50
sum = 100
```

2 reduce 사용

자바에서 제공되는 reduce 메소드를 사용하면 원하는 형태로 데이터를 집계할 수 있다. Stream 자바 API에서 제공하는 reduce 메소드의 형태는 아래와 같다.

```
Optional<T> reduce(BinaryOperator<T> accumulator)

T reduce(T identity, BinaryOperator<T> accumulator)
```

reduce 메소드는 Stream, IntStream, LongStream, DoubleStream에서 제공되면 인자 값으로 Type+Operatoer를 사용한다. 인자 값으로 identity가 있는 메소드는 스트림에 요소가 없으면 identity 값을 반환한다. Identify를 인자로 가지지 않는 reduce 메소드는 스트림에 요소가 없으면 NoSuchElementException이 발생된다.

아래는 reduce() 메소드를 사용한 예제이다.

→ Chapter15₩src₩ReduceTest.java

```
1    import java.util.Arrays;
2
3    public class ReduceTest {
4
5        public static void main(String[] args) {
6            // TODO Auto-generated method stub
7            int sum = Arrays.stream(new int[] {10,20,30,40}).reduce((x, y) -> x
8    +y).getAsInt();
9            System.out.println("sum = " + sum);
10
11           double multiply = Arrays.stream(new int[] {10,20,30,40}).reduce(1,
12   (x, y) -> x * y);
13           System.out.println("multiply = " + multiply);
14
15       }
16
17   }
```

 코드 분석

7~8	identity 인자 값이 없는 reduce 메소드의 리턴 타입은 해당 타입의 Optional 객체이므로 getAsInt() 메소드를 사용해서 결과 값을 int 형으로 변환한 부분이다.
11~12	Identity 인자 값이 있는 reduce 메소드의 리턴 타입은 해당 타입이므로 데이터 타입을 변환하지 않았다.

실행결과

```
sum = 100
multiply = 240000.0
```

데이터 수집하기

데이터를 수집하는 collect() 메소드는 Collector 타입의 인자를 받는다. 빈번하게 사용되는 기능은 Collectors 클래스에서 제공된다.

1 Joining

joining() 메소드는 스트림의 문자열들을 연결해서 연결된 문자열을 반환한다. 자바 API에서 제공하는 joining() 메소드의 형태는 아래와 같다.

```
public static Collector<CharSequence,?,String> joining()
```

아래 형태의 joining() 메소드를 사용하면 문자열의 구분자, 접두사, 접미사를 사용해서 문자열을 생성할 수 있다.

```
public static Collector<CharSequence,?,String> joining(CharSequence delimiter,
                                                       CharSequence prefix,
                                                       CharSequence suffix)
```

아래 형태의 joining() 메소드를 사용하면 문자열 사이의 구분자만 사용할 수 있다.

```
public static Collector<CharSequence,?,String> joining(CharSequence delimiter)
```

아래는 joining() 메소드를 사용한 예제이다.

➡ Chapter15₩src₩JoiningTest.java

```
1    import java.util.Arrays;
2    import java.util.stream.Collectors;
3
4    public class JoiningTest {
```

```
5
6        public static void main(String[] args) {
7            // TODO Auto-generated method stub
8            String joinString = Arrays.stream(new String[] {"aaa","bbb","ccc"}).
9    map(a -> a + "-").collect(Collectors.joining());
10           System.out.println("joinString : " + joinString);
11
12           String joinString2 = Arrays.stream(new String[] {
13   "aaa","bbb","ccc"}).collect(Collectors.joining("-","[","]"));
14           System.out.println("joinString2 : " + joinString2);
15
16           String joinString3 = Arrays.stream(
17   new String[] {"java","Fighting"}).collect(Collectors.joining(" "));
18           System.out.println("joinString3 : " + joinString3);
19       }
20
21   }
```

🔧 코드 분석

8~9	map 메소드를 사용해서 스트림 요소에 "-"를 연결한 문자열들을 joining() 메소드를 사용해서 하나의 문자열로 연결하는 부분이다.
12~13	구분자, 접두사, 접미사를 사용할 수 있는 joining() 메소드를 사용해서 스트림 객체의 요소들을 문자열로 생성한 부분이다.
16~17	구분자만 사용할 수 있는 joining() 메소드를 사용해서 스트림 객체의 요소들을 문자열로 생성한 부분이다.

🖱 실행결과

joinString : aaa-bbb-ccc-
joinString2 : [aaa-bbb-ccc]
joinString3 : java Fighting

2 toList()

toList() 메소드는 스트림 객체의 요소들을 List 타입으로 반환해 주는 메소드이다. 자바 API에서 제공하는 toList() 메소드의 형태는 아래와 같다.

```
public static <T> Collector<T,?,List<T>> toList()
```

아래는 toList() 메소드를 사용한 예제이다.

→ Chapter15₩src₩ToListTest.java

```
1    import java.util.ArrayList;
2    import java.util.List;
3    import java.util.stream.Collectors;
4    import java.util.stream.Stream;
5
6    class Cart1{
7
8        String name;
9        int price;
10       int qty;
11
12       public Cart1(String name, int price, int qty) {
13           super();
14           this.name = name;
15           this.price = price;
16           this.qty = qty;
17       }
18
19       public String getName() {
20           return name;
21       }
22   }
23
24   public class ToListTest {
25
26       public static void main(String[] args) {
27           // TODO Auto-generated method stub
28           ArrayList<Cart1> al = new ArrayList<Cart1>();
29           al.add(new Cart1("사과", 1000, 3));
30           al.add(new Cart1("배", 2000, 2));
31           al.add(new Cart1("복숭아", 4000, 5));
32           al.add(new Cart1("포도", 1000, 4));
33
34           Stream<Cart1> stream1 = al.stream();
35           List<String> nameList = stream1.map(Cart1::getName).
36   collect(Collectors.toList());
37           System.out.println(nameList);
38
39       }
```

```
40
41    }
```

🗜️ 코드 분석

34	Cart1 객체를 요소로 가지는 ArrayList 객체를 사용해서 스트림 객체를 생성한 부분이다.
35~36	Cart1 객체의 상품 이름으로 구성되는 ArrayList 객체를 생성한 부분이다.

🖱️ 실행결과

[사과, 배, 복숭아, 포도]

맵 형태로 반환하는 toMap() 메소드도 지원된다.

3 summarizingInt()

summarizingInt() 메소드는 getCount(),getSum(),getAverage(),getMin(),getMax()를 한번에 실행한 결과를 반환한다. summarizingInt() 메소드는 각 기본 타입(int, long, double)별로 제공된다.

public static <T> Collector<T,?,Integer> summingInt(ToIntFunction<? super T> mapper)

아래는 summarizingInt() 메소드를 사용한 예제이다.

➡️ Chapter15₩src₩SummarizingIntTest.java

```java
1    import java.util.ArrayList;
2    import java.util.IntSummaryStatistics;
3    import java.util.stream.Collectors;
4    import java.util.stream.Stream;
5
6    class Cart2{
7
8        String name;
9        int price;
10       int qty;
11
12       public Cart2(String name, int price, int qty) {
13           super();
```

```
14            this.name = name;
15            this.price = price;
16            this.qty = qty;
17        }
18
19        public String getName() {
20            return name;
21        }
22
23        public int getPrice() {
24            return price;
25        }
26    }
27
28    public class SummarizingIntTest {
29
30        public static void main(String[] args) {
31            // TODO Auto-generated method stub
32            ArrayList<Cart2> al = new ArrayList<Cart2>();
33            al.add(new Cart2("사과", 1000, 3));
34            al.add(new Cart2("배", 2000, 2));
35            al.add(new Cart2("복숭아", 4000, 5));
36            al.add(new Cart2("포도", 1000, 4));
37
38            Stream<Cart2> stream1 = al.stream();
39            IntSummaryStatistics priceStatic  = stream1.collect(Collectors.
40    summarizingInt(Cart2 :: getPrice));
41            System.out.println(priceStatic);
42        }
43
44    }
```

코드 분석

39~40	각 Cart2 객체의 가격으로 통계 정보를 구하는 부분이다.

실행 결과

IntSummaryStatistics{count=4, sum=8000, min=1000, average=2000.000000, max=4000}

유사한 메소드로 summingDouble, summingInt, summingLong도 지원된다.

4 그룹 짓기

groupingBy() 메소드를 사용하면 특정 조건을 기준으로 그룹 지을 수 있다. 자바 API에서 제공되는 groupingBy() 메소드의 형태는 아래와 같다.

```
public static <T,K> Collector<T,?,Map<K,List<T>>> groupingBy(Function<? super T,? extends K> classifier)
```

결과는 맵 형태로 반환된다.

아래는 groupingBy() 메소드를 사용한 예제이다.

→ Chapter15₩src₩GroupingByTest.java

```java
1   import java.util.ArrayList;
2   import java.util.List;
3   import java.util.Map;
4   import java.util.stream.Collectors;
5   import java.util.stream.Stream;
6
7   class Cart3{
8
9       String name;
10      int price;
11      int qty;
12
13      public Cart3(String name, int price, int qty) {
14          super();
15          this.name = name;
16          this.price = price;
17          this.qty = qty;
18      }
19
20      public String getName() {
21          return name;
22      }
23
24      public int getPrice() {
25          return price;
```

```
26         }
27     }
28
29     public class GroupingByTest {
30
31         public static void main(String[] args) {
32             // TODO Auto-generated method stub
33             ArrayList<Cart3> al = new ArrayList<Cart3>();
34             al.add(new Cart3("배", 1000, 3));
35             al.add(new Cart3("배", 2000, 2));
36             al.add(new Cart3("복숭아", 4000, 5));
37             al.add(new Cart3("포도", 1000, 4));
38             al.add(new Cart3("복숭아", 1000, 4));
39             al.add(new Cart3("포도", 1000, 8));
40
41             Stream<Cart3> stream1 = al.stream();
42             Map<String, List<Cart3>>  mapGroupByName
43 = stream1.collect(Collectors.groupingBy(Cart3 ::getName));
44             System.out.println(mapGroupByName);
45         }
46
47     }
```

🖥 코드 분석

42~43	요소로 추가된 각 Cart3 객체들을 이름값으로 그룹핑 하는 부분이다.

🖱 실행 결과

{배=[Cart3@6aceb1a5, Cart3@2d6d8735], 복숭아=[Cart3@ba4d54, Cart3@12bc6874], 포도=[Cart3@de0a01f, Cart3@4c75cab9]}

partitioningBy() 메소드는 인자로 Predicate를 사용하여 요소들에 대한 평가 결과로 true와 false 값을 얻어 낼 수 있다. 자바 API에서 제공되는 partitioningBy() 메소드의 형태는 아래와 같다.

public static <T> Collector<T,?,Map<Boolean,List<T>>> partitioningBy(Predicate<? super T> predicate)

아래는 partitioningBy() 메소드를 사용한 예제이다.

➡ Chapter15₩src₩PatitionByTest.java

```java
1   import java.util.ArrayList;
2   import java.util.List;
3   import java.util.Map;
4   import java.util.stream.Collectors;
5   import java.util.stream.Stream;
6
7   class Cart4{
8
9       String name;
10      int price;
11      int qty;
12
13      public Cart4(String name, int price, int qty) {
14          super();
15          this.name = name;
16          this.price = price;
17          this.qty = qty;
18      }
19
20      public String getName() {
21          return name;
22      }
23
24      public int getPrice() {
25          return price;
26      }
27  }
28
29  public class PatitionByTest {
30
31      public static void main(String[] args) {
32          // TODO Auto-generated method stub
33          ArrayList<Cart4> al = new ArrayList<Cart4>();
34          al.add(new Cart4("배", 1000, 3));
35          al.add(new Cart4("배", 2000, 2));
36          al.add(new Cart4("복숭아", 4000, 5));
37          al.add(new Cart4("포도", 1000, 4));
38          al.add(new Cart4("복숭아", 1000, 4));
39          al.add(new Cart4("포도", 1000, 8));
```

```
40
41          Stream<Cart4> stream1 = al.stream();
42          Map<Boolean, List<Cart4>>  mapGroupByName
43          = stream1.collect(Collectors.partitioningBy(cart -> cart.getPrice()
44  > 2000));
45          System.out.println(mapGroupByName);
46
47      }
48
49  }
```

🖥️ 코드 분석

42~44	Cart4 객체의 price 값이 2000 이상인 것을 조건으로 요소들을 평가하여 그루핑하는 부분이다.

🖱️ 실행 결과

{false=[Cart4@12bc6874, Cart4@de0a01f, Cart4@4c75cab9, Cart4@1ef7fe8e, Cart4@6f79caec],
true=[Cart4@67117f44]}

5 collectingAndThen(), 매칭

collectingAndThen() 요소를 수집한 후의 작업을 추가할 수 있는 메소드이다. 자바 API에서 제공되는 collectingAndThen() 메소드의 형태는 아래와 같다. 하단 요소에서 finisher가 추가적으로 수행할 작업을 의미한다.

public static <T,A,R,RR> Collector<T,A,RR> collectingAndThen(Collector<T,A,R> downstream,
                                                    Function<R,RR> finisher)

아래는 collectingAndThen() 메소드를 사용한 예제이다.

➡ Chapter15₩src₩CollectingAndThenTest.java

```
1   import java.util.ArrayList;
2   import java.util.Collections;
3   import java.util.List;
4   import java.util.stream.Collectors;
5   import java.util.stream.Stream;
```

```
 6
 7    class Cart5{
 8
 9        String name;
10        int price;
11        int qty;
12
13        public Cart5(String name, int price, int qty) {
14            super();
15            this.name = name;
16            this.price = price;
17            this.qty = qty;
18        }
19
20        public String getName() {
21            return name;
22        }
23
24        public int getPrice() {
25            return price;
26        }
27
28
29    }
30
31    public class CollectingAndThenTest {
32
33        public static void main(String[] args) {
34            // TODO Auto-generated method stub
35            ArrayList<Cart5> al = new ArrayList<Cart5>();
36            al.add(new Cart5("배", 1000, 3));
37            al.add(new Cart5("배", 2000, 2));
38            al.add(new Cart5("복숭아", 4000, 5));
39            al.add(new Cart5("포도", 1000, 4));
40            al.add(new Cart5("복숭아", 1000, 4));
41            al.add(new Cart5("포도", 1000, 8));
42
43            Stream<Cart5> stream1 = al.stream();
44            List<Cart5> cartList = stream1.collect(Collectors.
45    collectingAndThen(Collectors.toList(), Collections :: unmodifiableList ));
```

```
46              System.out.println(cartList);
47          }
48
49      }
50
```

코드 분석

44~45	toList 메소드를 사용해서 List 타입으로 collect한 후 수정 불가한 List로 변경하는 부분이다.

실행결과

[Cart5@12bc6874, Cart5@de0a01f, Cart5@4c75cab9, Cart5@1ef7fe8e, Cart5@6f79caec, Cart5@67117f44]

매칭 관련 메소드는 아래와 같다.

• 요소 하나라도 만족하는 요소가 있는지를 판단

boolean anyMatch(Predicate<? super T> predicate);

• 모든 요소가 조건을 만족하는지를 판단

boolean allMatch(Predicate<? super T> predicate);

• 모든 요소가 조건을 만족하지 않는지를 판단

boolean noneMatch(Predicate<? super T> predicate);

아래는 매칭 관련 메소드를 사용한 예제이다.

➡ Chapter15₩src₩MatchingTest.java

```
1   import java.util.Arrays;
2   import java.util.List;
3
4   public class MatchingTest {
5
```

```
 6        public static void main(String[] args) {
 7            // TODO Auto-generated method stub
 8            List<String> houseList = Arrays.asList("아파트", "빌라", "원룸");
 9
10            boolean any = houseList.stream()
11              .anyMatch(house -> house.startsWith("아"));
12            boolean all = houseList.stream()
13              .allMatch(house -> house.length() > 2);
14            boolean none = houseList.stream()
15              .noneMatch(house -> house.length() < 3);
16
17            System.out.println("any = " + any);
18            System.out.println("all = " + all);
19            System.out.println("none = " + none);
20        }
21
22    }
```

🖵⚙ 코드 분석

11	하나의 요소라도 "아" 문자열로 시작하는 것이 있는지 판단한다. "아파트" 요소가 있어서 true를 반환한다.
13	모든 요소의 문자열 길이가 2 이상인지 판단하는 부분이다. "빌라", "원룸" 요소가 2보다 크지 않아서 false를 반환한다.
15	모든 요소의 길이가 3보다 작지 않은지 판단하는 부분이다. "빌라", "원룸" 요소가 3보다 작아서 false를 반환한다.

🖱 실행결과

any = true
all = false
none = false

6 counting(), minBy(), maxBy()

counting()는 T 요소의 개수를 반환한다. 자바에서 제공하는 counting() 메소드의 형태는 아래와 같다.

public static <T> Collector<T,?,Long> counting()

minBy()는 T 요소의 최소값을 반환한다. 자바에서 제공하는 minBy() 메소드의 형태는 아래와 같다.

```
public static <T> Collector<T,?,Optional<T>> minBy(Comparator<? super T> comparator)
```

maxBy()는 T 요소의 최대값을 반환한다. 자바에서 제공하는 manBy() 메소드의 형태는 아래와 같다.

```
public static <T> Collector<T,?,Optional<T>> minBy(Comparator<? super T> comparator)
```

아래는 counting(), minBy(), maxBy() 메소드를 사용한 관한 예제이다.

➔ Chapter15₩src₩CountingMinByMaxByTest.java

```java
1   import java.util.Arrays;
2   import java.util.Comparator;
3   import java.util.List;
4   import java.util.Optional;
5   import java.util.stream.Collectors;
6   import java.util.stream.Stream;
7
8   class Fruit{
9
10      String name;
11      int price;
12
13      public Fruit(String name, int price) {
14          super();
15          this.name = name;
16          this.price = price;
17      }
18
19      public int getPrice() {
20          return price;
21      }
22
22      @Override
23      public String toString() {
24          // TODO Auto-generated method stub
25          return "name = " + name + ", price = " + price;
26      }
```

```
27       }
28
29    public class CountingMinByMaxByTest {
30
31        public static void main(String[] args) {
32            // TODO Auto-generated method stub
33            List<Fruit> intList = Arrays.asList(new Fruit("사과", 1000),
34    new Fruit("배", 900),new Fruit("바나나", 2000));
35            Stream<Fruit> stream1 = intList.stream();
36
37             Optional<Fruit> maxFruit =
38      stream1.collect(Collectors.maxBy(Comparator.comparing(Fruit ::
39    getPrice)));
40            //Optional<Fruit> minFruit =
41    //  stream1.collect(Collectors.minBy(Comparator.comparing(Fruit ::
42    getPrice)));
43            //long counting = stream1.collect(Collectors.counting());
44
45            System.out.println(maxFruit.get());
46            //System.out.println(minFruit.get());
47            //System.out.println(counting);
48        }
49
50    }
```

코드 분석

37~39	maxBy() 메소드를 적용한 부분이다.
40~42	minBy() 메소드를 적용한 부분이다.
43	counting() 메소드를 적용한 부분이다. 스트림을 집계하면 스트림이 닫히므로 하나의 기능 단위로 주석 처리를 하면서 사용한다.

실행 결과 ❶ maxBy 실행

name = 바나나, price = 2000

실행 결과 ❷ minBy 실행

name = 배, price = 900

3